呂文浩著

五四啟蒙思想的
延續與反思

潘光旦 社會思想研究

序言

　　在中國現代學術史上，潘光旦的重要地位大約毋庸置疑。韓明謨先生在《中國社會學名家》一書中，就將他列為中國社會學「較突出並有代表性」的四大名家之一（另三家為孫本文、陳達和費孝通）。與此同時，他還是現代中國首屈一指的優生學家、性心理學家，有成績的民族學家和重要的社會史家。作為學者的潘光旦，可以說既學有專攻，又博識多能，屬於那種思想敏銳、特色獨具而又積極用世的「學術大家」一類。

　　記得 1980 年代，中國社會學開始「重建」、社會史研究潮流剛剛興起之時，我和許多青年學子一樣，都經歷過一個熱心「悅讀」潘光旦和費孝通著作的時期。潘氏的《明清兩代嘉興的望族》、《中國伶人血緣之研究》兩書和費氏的《鄉土中國》等書，堪稱那個時代社會學與歷史學互相滋養的代表之作，它們曾帶給無數雄心勃勃的學子以學養的積澱、研究的激勵和方法的啟迪。後來，在探討民族性改造思想和「中華民族」觀念形成認同的過程中，潘氏那種介於種族和國家之間的獨到「民族」界說，以及在《性心理學》譯注中所體現出來的中西文化融會功夫，又曾激起自己由衷的贊佩和敬意。像他那樣有社會關懷、富思想能力、輕學科界限且底蘊深厚的學者，得到學人喜愛、漸受學術史家重視和研究，實在是理所當然的。

不過，若要將潘光旦放在中國現代思想史上去看，或選擇潘光旦作為思想史研究的專門對象，人們的觀點則可能會有所不同。我不得不坦承，在閱讀呂文浩這本《五四啟蒙思想的延續與反思──潘光旦社會思想研究》之前，我是從未認真思考過潘光旦算不算一個重要而有特色的思想家、他在中國現代思想史上究竟具有何種意義、地位或代表性這一問題的。但讀過此書之後，或者說在閱讀此書的過程中，我卻又有了一些新的認知和想法。

長期以來，我們的近現代中國思想史書寫，主要以政治思想史為主、文化和經濟等思想史為輔，關心和敘述的都是精英人物尤其是「思想家」的思想。近些年，葛兆光等先生提倡「一般思想史」研究，呼籲人們重視那些對現實社會生活發生了切實影響的普遍思想觀念，我是深表贊成的。不過在我看來，這種「一般思想」不僅要具備普遍的「社會性」，還要能體現打破各門學科、各個領域專門界限之思想的「基礎性」；同時，其思想者主體也不能只局限於某個特定的階層，如葛先生所提到過的「一般水準的普通知識份子和普通文化人」，而更需考慮「精英」與「大眾」互動的複雜情形。特別是在近現代中國傳統社會及其觀念發生重要轉型的特殊時代，此種一般思想觀念形態的形成，顯然無法漠視精英分子的思想參與和作用過程。

在閱讀呂文浩此書的時候，我忽然感到，如果出於上述思路，那麼那些精英人士在大眾媒體上，就戀愛、婚姻、家庭、性、生育、民族、國家、文明等社會生活的「基本問題」所發表的有特色有影響的「社會思想」，是否也應該成為近現代中國「一般思想史」所關注的對象，並程度不同地構成其可供選擇的思想內涵呢？這的確是需要認真考慮的問題。在此書中，文浩雖沒有明確談及「一般思想史」，但通觀全書，他無疑十分重視這些「社會思想」的內容，甚至可以說，他正是將這些「社會思想」視作潘光旦思想的核心部

分而加以深入闡述和精心分析的。在「導言」裏文浩還曾強調，潘光旦「捲入時代思潮的程度既深且廣」，其中一個重要的表現，就是在上述許多社會文化問題上，他多參與過公開的討論和論爭。我不知道像這樣從「社會思想」重要性的視角來理解潘光旦在「中國現代思想史」上的獨特意義，是否與文浩一致？或者說至少能為文浩所認同？

當然，文浩主要從「後五四時代知識份子」突出代表的角度，以知識、學術與思想的關係問題為方法論意識來揭示潘光旦的思想史地位，也是別具見解、很富啟發性的。誠如他所言，以潘光旦為突出代表之一的後五四時代知識份子，他們大多是依託於學院體制的職業學者，其充當思想界的重要角色，往往在思想論述中打上深深的學術烙印：「也許他們的主張多具書生意氣，但其優勢也是很明顯的，他們的西學知識不再是支離破碎的、一知半解的，他們對於社會問題和文化問題的判斷，往往經過科學的盤詰，具有更加紮實的學理依據。」（見該書「導言」）。因而他們對傳統和西方文化往往採取較為平靜與理性的態度，對五四一代知識份子激進的思想批判，亦多能予以雙重的反省。這在某種程度上，毋寧說也正體現了時代思想水準的總體提升。

潘光旦留學時所學專業為優生學，回國後又長期任職於社會學界，在他身上，那種經由優生學訓練和社會學薰陶而形成與強化的「社會選擇」（他有時又自稱為「人文選擇」）的獨特思想方法，可以說是牢不可破、自覺到家的。他以此觀察和思考各種社會和文化問題，也以此評斷世間諸事。這是他作為學者型社會思想家的一個突出的特色。因此當他讀到胡適主張對西方文化取「Wholesale acceptance」（全盤接受）態度時，便忍不住要起而辯論，因為「Wholesale」乃好壞不分、整個「批發」，恰是要省略掉那萬萬不可省卻的「選擇」功夫。後來胡適雖接受潘氏批評，承認自己的說

法有「語病」，自嘲即便是 99%也不能算作「全盤」，但其實他卻未見得真正領悟了潘氏所批評的要領。

正因為重視「選擇」，潘光旦對主張改造中國民族性的思想同道張君俊也要嚴厲批判，指責他對自然選擇和社會選擇說缺乏瞭解，強調「民族素質的改造，除去選擇，更無第二條路可走」。為此，他主張「婚姻要選擇，生育也要選擇」，一切的一切都要選擇。而為了選擇，控制和引導的功夫實在又必不可少。[1]

這種主動「選擇」的運思方式既成習慣，也就有力地保證了潘光旦總體思想的理性品格。比如對於中國古代經書，他既反對那種「完全唾棄不講」的簡單態度，也並不贊同「談不上整理、談不上選擇」地去讀經；他強調中華民族「有過幾千年的閱歷與經驗」，這「整個民族的生活經驗」，的確值得「當代人的一盼」，但又認為只有用現代眼光加以「選擇性整理」，它們才能在一定程度上，為「轉移世界環境」作出應有的貢獻，等等（可參見文浩本書第八章「潘光旦的中西文化觀」的有關論述），不一而足。

「選擇」既是自然的、又是社會與人文的；既是歷史的，又是當下的，它是一種需要、一種本能、也應該是一種自覺的生存狀態與方式。潘光旦特別將「選擇」與英文中的「adaptation」過程緊密聯繫起來，把「adaptation」苦心孤詣地譯成「位育」而不翻作「適應」，真的是耐人尋味、啟人深思。在他看來，翻作「適應」，很容易使人狹隘地誤解為是對環境的一味「遷就」，這樣人的能動選擇性就不免要被忽視和輕視，這是他所最不能容忍的。

「位育」一詞的靈感來自《中庸》。所謂「喜怒哀樂之未發謂之中，發而皆中節謂之和。中也者天下之大本也，和也者天下之達道也。致中和，天地位焉，萬物育焉」。故「位育」又被稱之為「中

---

[1] 參見潘光旦〈評《民族素質之改造》〉，《潘光旦文集》第 9 卷，北京大學出版社，2000，第 588～589 頁。

和位育」，它體現著一種自然與人道的動態合一境界。這樣的翻譯是否準確姑且不論，但它卻無疑凝聚了潘光旦融會中西的旨趣與精神。那種學者自是的「書生之氣」，也在這一創構之詞中一併彙集，彰顯無遺。

「位育」之道提醒人們在做選擇時，不僅要有一種自然適度的節制，還務必保持一種平靜無偏的心態。自大的態度和自卑的情結，都容易導致錯誤的判斷和選擇。在這個問題上，潘光旦對「早婚」話語的論析很有典型性。清末以降，以梁啟超為首的啟蒙思想家總愛將早婚與國家積弱聯繫起來，認為早婚傷身弱種，罪大惡極，以至人人以為至理、信奉不移。而潘光旦卻從優生學原理出發，並引證當時大量的科研成果指出，早婚遲婚其實各有優劣，早婚既不必與傷身有直接關聯，也並不必然導致缺陷較多的產兒。梁啟超式的論調之所以流行，不過是國人積久的自餒心理作怪罷了：「自餒心之所至，至認種種不相干或不甚相干之事物為國家積弱之原因，從而大聲疾呼，以為重大癥結端在乎是，早婚特其一例耳」。[2]這種近代中國少有的「異見」，對我們理解「禁早婚」的主流話語之特性，意義不言自明；而潘光旦思想的反思特質，也可以由此略見一斑。

作為一個社會思想家，潘光旦關於「社會選擇」或「人文選擇」的思想還有待於人們去作進一步的揭示與闡發。而這種思想有時來源於或體現為他對社會日常生活的深入觀察和批判意識。比如他對中國人遊藝生活中「麻將」的流行及其社會效應的分析，就頗有些發前人所未發之妙論。在他看來，「中國人的民族性與麻將牌中間，實在有一種固結不解的心理因緣在」。麻將牌與外國紙牌的玩法不同，它完全用不著「合作的功夫」，不僅用不著合作，而且合作還

---

[2] 潘光旦：〈中國之家庭問題〉，《潘光旦文集》第 1 卷，第 168 頁，可參見此書第六章「潘光旦關於婚姻家庭問題的見解」中的有關論述。

要不得。玩家一定得假定「其餘三人無一不是你的敵人，要對他們鉤心鬥角，一刻不可懈怠。……他無時不在想佔便宜，或至少叫別人也占不到便宜」。[3]他的意思是說，中國人對麻將牌的酷愛與民族病態心理有關，而反過來，此種日常娛樂方式的社會選擇，又不斷固結強化著此種民族心理。諸如此類的社會批評，在潘光旦的文字中並不少見，文浩此書中也多有論述，它實際上反映了「後五四時代知識份子」在力圖超越此前啟蒙思想家的同時，對其啟蒙主題也有一種深沉的延續與自覺的繼承。

關於潘光旦的思想，認知的視角自然很多，其豐富的內涵，也絕非淺學者所能盡揭。文浩研究潘光旦多年，又受過社會學與歷史學兩種學科的訓練，故在綜合認知和整體把握其思想方面，具有明顯的優勢。通讀該書，我覺得他對潘氏思想的重要內容、特點與意義等問題，都有出色的闡述和深入的論析。在解讀潘氏思想的過程中，他注意揭示其思想的「學理」依據一點，給我的印象尤為深刻。我與文浩是同道也是朋友，對他的為學態度和認真勁頭向有感觸。他劬學覃思、不喜「花槍」、重視資料、講究表述，這種風格也是我所喜歡的。蒙文浩信任，命作序言，因得以先睹大著為快，並草此讀後之感，以與作者和讀者交流。

3　潘光旦著，潘乃谷、潘乃和編：《鐵庵隨筆》，百花文藝出版社，2002，第182 頁。

目次

導言

一、一別卅載又逢君

　　1922 年有幾個月的時間，從政治舞臺退隱到學術文化領域的梁啟超，待在北京清華園，給這所留美預備學校的一批高年級學生講授「中國五千年歷史鳥瞰」（或稱「中國歷史研究法」）。[1]7 月底，梁啟超拿起學生交來的課卷，一一批閱。一份題為〈馮小青考〉的論文引起了他的注意。在文章中，作者依據西方最新的精神分析學理論，對有關明末奇女子馮小青的文獻資料進行精細分析後，大膽斷言：馮小青是一個影戀（即自戀）的絕佳例子！這一結論可謂思前人所未思，發前人所未發，石破天驚。作者還通過馮小青的個人遭遇，探討了中國傳統社會女子相當普遍的性心理變態；就如何改變這種狀況，也提出了他的解決辦法。這些，都彰顯出這一個案研究背後較大的學術與社會關懷。

　　那幾年，以佛洛依德的精神分析學說為視角研究文學作品在國內外還是一種新的學術風尚，美國學者阿爾伯特・莫戴爾的《近代文學與性愛》一書，中國文學家郭沫若的〈《西廂記》藝術上的批

---

[1] 潘光旦在《馮小青》一書的「敘言」中作「中國五千年歷史鳥瞰」（《潘光旦文集》第 1 卷，北京大學出版社，2000，第 3 頁），在〈清華初期的學生生活〉（《潘光旦文集》第 10 卷，第 574 頁）中作「中國歷史研究法」，指的應是一回事。

1

1922 年 7 月底，梁啓超給〈馮小青考〉的評語

圖片來源：《潘光旦文集》第 1 卷（北京大學出版社 2000 年版）

判與其作者的性格〉一文，均是較為著名的精神分析嘗試。〈馮小青考〉的作者寫道：「同一批評及介紹王實甫之西廂，而一個只看字面的金聖歎就遠不逮識得背景的郭沫若，可斷言也。」[2] 莫戴爾書中涉及自戀或影戀的材料很少，僅有理論而無實例，而馮小青的例子恰好可以填補這個空白。[3]

---

[2]　潘光旦：〈馮小青考〉，《潘光旦文集》第 8 卷，第 70 頁。

[3]　〈馮小青考〉中已提及莫戴爾，但比較籠統，參見《潘光旦文集》第 8 卷，

　　梁啟超是開創一代風氣的新史學大師。早在 1902 年，他就以
〈新史學〉一文扛起了「史界革命」的大旗。一般認為，這一時期
梁啟超對傳統史學的批判主要是他政治理論的組成部分，「對新史
學未作實質性的學術建設」[4]，但就在學術界的影響力而言，〈新史
學〉的強烈政治批判性，「對史學的更新起到了開創的作用，成為
學術革命的一面大旗」。[5]1922 年 1 月，梁啟超的《中國歷史研究法》
一書出版，這是他退居學術界後所寫的一本正面建設中國新史學的
著作，風行一時，在學術界，尤其是史學界影響非常之大。〈馮小
青考〉的作者，是梁啟超「中國五千年歷史鳥瞰」班上的學生；〈馮
小青考〉，也算得上是梁啟超提倡新史學後出現的研究實績。[6]這篇
論文既見文史考證的功夫，又能純熟運用西方精神分析學的理論方
法，字裏行間沁透著一種變革社會的情懷，可以想見，梁啟超看到
這些特點，無疑是非常興奮的。他寫出了如下的評語：

> 對於部分的善為精密觀察，持此法以治百學，蔑不濟矣。以
> 吾弟頭腦之瑩澈，可以為科學家；以吾弟情緒之深刻，可以
> 為文學家。望將趣味集中，務成就其一，勿如鄙人之氾濫無
> 歸耳。

第 70 頁。潘光旦後來曾為《近代文學與性愛》一書寫過書評（原載《優生》
第 1 卷第 3 期，1931 年 9 月 15 日），其中交代了此書與他的馮小青研究的
關係。

[4]　黃敏蘭：《中國知識份子第一人——梁啟超》，湖北教育出版社，1999，第
359～360 頁。

[5]　黃敏蘭：《中國知識份子第一人——梁啟超》，第 365 頁。

[6]　潘光旦曾在回憶中說：「在出國前的一二年，我就曾經亂抓一陣所謂『精神
分析派』的書刊，配合上《虞初新志》裏支如增所寫的〈小青傳〉，在梁任
公先生的『中國歷史研究法』班上，寫繳了一篇〈小青的分析〉（即〈馮小
青考——引者注〉），也算是『歷史』，也算是做了『研究』，也算是提供了
一個『研究的方法』」，參見潘光旦：〈清華初期的學生生活〉，《潘光旦文集》
第 10 卷，第 574 頁。

大師的評價之高、期許之深，足以對一個青年學生產生巨大的鼓舞作用。這個青年學生在看到先生的批語之後一個月左右，就與他的同學搭乘輪船，漂洋過海，到美國留學去了。他的心底，一直感念著先生的獎掖之恩，決心要在學術界做出一番事業來。

他確實沒有辜負先生的厚望，日後在優生學、社會學、民族學、性心理學、儒家社會思想、西方社會思想和翻譯等方面，都做出了突出貢獻。儘管涉及領域較為廣闊，但也並未走上先生所告誡避免的「氾濫無歸」的學術道路——他將自己廣博洋溢的學術思想限定在「強種優生」的河道裏，在改善民族素質的研究上發揮了重要作用。[7]而且，他不是一個把自己關在書齋，兩耳不聞窗外事的學者，而是深深地捲入了時代的思潮，廣泛地參與了自 1920 年代中期到 1949 年社會巨變約二十餘年間的學術、思想論辯。從實際貢獻和影響力來說，他都不失為 1920 年代至 1940 年代中國學術文化界的關鍵人物之一。

他的名字是潘光旦，一個在 1949 年前的學術文化界，許多人耳熟能詳的名字。

然而，1949 年那場中國歷史上空前的社會巨變後，在將近三十年的時間裏，他的公眾影響力越來越減弱，在學術界也愈益少為人知，五、六十年代年代接受大學教育的青年一輩知道他的人已經很少了。這與幾十年前他在學術文化界的影響力相比，令人真有天壤之感。偶爾被提及的時候，他以這樣的形象出現：一個不合時宜、不斷接受思想改造的舊知識份子；在專業領域，一些人知道他在做民族研究，善於摳「老書」（歷史文獻），拖著一條腿，還偏要跋山涉水，到鄂西、川東、湘西做實地調查。1957 年的「反右」

---

[7] 有人認為潘光旦沒有吸取梁啟超的告誡，學術領域涉獵過多，妨礙了專精。而費孝通並不這樣看。這裏採取費孝通的看法，參見費孝通：〈重刊潘光旦譯注靄理士《性心理學》書後〉，《潘光旦文集》第 12 卷，第 739 頁。

運動中，他被認定是「章羅聯盟」的一員，歸入另冊。此後，他還活了 10 年，但這 10 年，作為一個學者，除了不斷地學習、檢討以外，他再也沒有發表過學術論著，在報刊上也很少見到他的名字。1967 年 6 月 10 日，「文革」開始後的第二個年頭，他就被這場史無前例的政治風暴捲去了生命，除了他的家人和親朋好友知曉以外，在社會上無聲無息。可以告慰的是，儘管在政治上被打擊排斥，不能自由表達意見，但他在生命的最後十幾年裏卻並未因此意態消沉，而是抓住一切可以利用的時間鉤稽、整理中國民族史料，翻譯西方經典名著，作出了同時代同樣遭遇的知識份子難以企及的成就。[8] 當然，這些成果的最後問世，他生前並沒有看到。他所作的有益工作終獲善報，對於一切善良的人們都是一個鼓舞，它讓人們相信：密佈天際的烏雲有時令人有難見天日的窒息之感，但那終究是不會長久的，人們所期待的風清雲淡和旭日高照是一定會來臨的。

「潘光旦」浮出水面，重新進入人們的視野是在中國大陸實行改革開放政策之後。他的生平事蹟和學術成果像許多曾經被淹沒在歷史塵埃裏的對象一樣，不斷地被人們發掘出來，放射出奪目的光彩。

1979 年，中國大陸恢復社會學的學科地位，開始了漫長的重建歷程。兩年後，1949 年前若干有代表性的社會學舊著重新出版，其中有一本是潘光旦編譯的《優生原理》。這本書是潘光旦在抗戰的烽火中寫就的，是他研究優生學最後的結晶，集中概述了他在這個領域最基本的一些理念。這本書在醫學界「優生科學」研究領域，

8　這些成果後來經他的後人整理出版了，分別是：《中國民族史料彙編》(《史記》、《左傳》、《國語》、《戰國策》、《資治通鑒》之部和明史之部)，天津古籍出版社 2005、2007 年出版；和胡壽文合譯的英國達爾文著《人類的由來》，商務印書館 1983 年初版，後收入漢譯世界學術名著叢書。這兩部書篇幅都很大，可見潘光旦當年為之付出了多少心血。

引起過一些關注，儘管潘光旦所謂的優生學，其主導思想與當代優生科學著眼於「預防性優生學」的實用性、大眾化特點有很大不同。[9]這本書也讓社會學者多少瞭解到潘光旦如何以優生學為切入點從事社會學性質的研究。不過，潘光旦與一般社會學者在學術路徑上有許多差異，在那個熱火朝天地引進當代西方社會學的重建年代，它還不能直接進入社會學者的學術體系，實實在在地發揮建設性作用。在 1987 年出版的兩本題為《中國社會學史》的專著裏，讀者幾乎看不到潘光旦的位置。[10]

1983 年，潘光旦的遺稿《中國境內猶太人的若干歷史問題──開封的中國猶太人》和《人類的由來》（譯稿，達爾文原著），經他的女兒女婿整理，分別由北京大學出版社和商務印書館出版。人們開始認識到，在民族研究和生物學研究方面，潘光旦是一位功力深厚的學術前輩。

1987 年，三聯書店重新出版了四十多年前潘光旦譯注的《性心理學》（靄理士原著）。這本書譯筆流暢自如，可以看出，譯者顯然具有廣博的知識背景，對於原著有透闢的理解。更為難能可貴的是約十萬字的譯注，把中國傳統文獻與習慣中的那些性事例一一放在西方性心理學的燭照下，彰顯其意義。一時間，「滿城爭說靄理士」（呂叔湘先生語），《性心理學》風靡一時。多年以後，筆者的一位 1949 年出生，「生在紅旗下，長在紅旗下」的前輩同事，一提潘光旦就說，「那是一個性學家」，而他對潘光旦的其他方面知之甚少。

9　蔣功成：〈新舊優生學的區別及其社會建構〉，《淮陰師範學院學報》（社會科學版）第 30 卷第 2 期，2008。

10　即韓明謨：《中國社會學史》，天津人民出版社，1987；楊雅彬：《中國社會學史》，山東人民出版社，1987。1990 年代中期以後，這兩位前輩學者在有關社會學史的論著中，論及潘光旦的地方增加了不少，而且對潘光旦評價很高。究其原因，大約是當時的資料條件與認識水準限制所致。

1993 年，在潘氏家屬的直接推動下，《潘光旦文集》開始陸續
出版，直到 2000 年，14 卷本全部出齊。這套文集約 640 萬字，彙
集了潘光旦一生的主要著述，是目前瞭解潘光旦本人著述最集中、
最重要的文獻。這套文集出版後，學術界關注者甚多，但比較集中
的、高水準的評論似不多見，因此，2003 年出版家錢伯城在談到
14 卷本《潘光旦文集》的出版時說：「在我看來，這是學術界與出
版界的一件大事。但至今似乎沒有看到什麼評介文章，學術界或出
版界似乎也未見若何反應，使人有冷漠之感。『千秋萬歲名，寂寞
身後事』，古人早有此歎。但真有價值的著作，必將傳世，原不在
於一時的宣傳或吹捧。」[11]

在《潘光旦文集》陸續出版的多個年頭裏，1995 年出版過《潘
光旦民族研究文集》（民族出版社），1997 年出版過兩卷本的《尋
求中國人位育之道——潘光旦文選》（國際文化出版公司），1999
年出版過一套四卷本的《潘光旦選集》（光明日報出版社）。隨後，
2002 年出版了潘光旦的《夔庵隨筆》（百花文藝出版社），其中收
錄了 14 卷本《潘光旦文集》未收的若干篇短文。1999 年出版的《中
和位育——潘光旦百年誕辰紀念》（中國人民大學出版社）和 2000
年出版《潘光旦先生百年誕辰紀念文集》（中央民族大學出版社）
則彙集了不少回憶文章和研究論文，是研究潘光旦生平與學術思想
的參考材料。

自 1990 年代中期以來的十餘年間，海內外陸續有多位青年學
生將研究潘光旦作為碩士論文、博士論文、博士後報告研究課題，
至少有 15 篇，這些學位論文或博士後報告作者的學科歸屬，以歷
史學為最多（9 篇），其次是教育學（4 篇）和社會學（2 篇），詳
見本書的「主要參考文獻」。

---

[11] 錢伯城：〈《潘光旦文集》札記〉，《東方文化》2003 年第 4 期。

　　青年一輩裏，近年來發表相關研究論文較多，在潘光旦的優生學研究方面成果較為突出的還有蔣功成。他具有生物學背景，曾獲上海交通大學科學史專業博士學位。他的七篇有關優生學史的論文，其中有四篇直接以潘光旦的優生學研究或進化思想為題，[12]其餘三篇對潘光旦的優生學思想也多有論述。[13]

　　研究社會學史的學者也大大受益於 1990 年代中期以來出版的這些研究資料。1980 年代，社會學界注意潘光旦的人並不多，而自 1990 年代中期以後，他則受到了前所未有的重視。

　　1996 年，中國社會學史專家韓明謨教授，對成長時期高等院校和科學研究系統的中國社會學（1928～1952）有所評論。他認為，從整體學術水準上說，尚未出現過一個令人傾倒的理論思想體系或獨樹一幟的學派，學者們的學術研究不過是各有側重；但「其中較突出的並有代表性的，我認為應該推文化和心理論者孫本文、生物論者潘光旦、人口論者陳達、社區論者費孝通四人」。關於潘光旦，他說：「潘光旦一生致力於優生學、儒家社會思想和家庭問題，其主要貢獻是對中國古代社會思想的整理和挖掘，晚年對土家族和畬族進行研究並作出重大貢獻。」[14]2005 年，韓先生出版了一本《中國社會學名家》（天津人民出版社），評述的對象就是上述四位「較突出的並有代表性的」社會學家孫本文、潘光旦、陳達、費孝通。

12　〈潘光旦先生對生育節制等問題的看法〉，《中國優生與遺傳雜誌》第 14 卷第 12 期，2006；〈潘光旦與進化論在中國的發展〉（與羅玉明合作），《自然辯證法研究》第 20 卷第 9 期，2004；〈潘光旦優生學研究述評〉，第 29 卷第 2 期，2007；〈文化的生物學解釋與還原──評《潘光旦文集》中的人文生物學與新人文思想〉，《社會學研究》2007 年第 6 期。

13　〈偽科學，壞科學？──優生學所受到的批判及其分析〉，《科學技術與辯證法》第 24 卷第 5 期，2007；〈新舊優生學的區別及其社會建構〉，《淮陰師範學院學報》（社會科學版）第 30 卷第 2 期，2008；〈優生學與中國近代精英主義婚姻倫理觀──從《善惡家族》一書翻譯之婚姻故事說起〉，《中國科技史雜誌》2007 年第 1 期。

14　韓明謨：〈中國社會學一百年〉，《社會科學戰線》1996 年第 1 期。

其他社會學史學者也都在他們的通論性著作中辟專章、專節論述潘光旦，如 2000 年楊雅彬出版的《近代中國社會學》（中國社會科學出版社）有三處介紹了潘光旦的社會學研究，篇幅亦較大。可惜，該書對潘光旦社會學思想一般性的介紹較多，而且限於資料，介紹得還不夠全面。又如 2004 年閻明出版的《一門學科與一個時代——社會學在中國》（清華大學出版社）在多處論述到潘光旦，比較集中的是第八章第二節「民族的位育」和第三節「從歷史到現代的橋樑」，對潘光旦的社會學研究、社會思想多有評述。

這幾年，在年齡上長筆者一輩，五十歲上下的一些學者，從他們所擅長的學術領域出發，開始關注潘光旦的學術思想或生平經歷，並已有若干成果問世。在歷史學界，錢杭關注潘光旦譯恩格斯《家族、私產和國家的起源》一書所加的 15 萬字譯注，認為其可以拓寬目前中國社會史研究的視野；[15]李長莉結合潘光旦對《浮生六記》的評價，從一個側面分析了作為五四後「科學專業型」的文化人，潘光旦在婚姻、家庭研究上所提出的主張對於社會思潮的意義；[16]楊奎松深入考察了新中國成立初期思想改造運動中的潘光旦。[17]在社會學界，馬戎對於潘光旦有關人文思想與人文教育的論述進行了簡述，並探討了今天實行人文教育的必要性與可能的途徑。[18]

翻看這些年海內外出版的學術期刊或著作，可以發現，引用《潘光旦文集》的論著已頗為不少。一般的文化報刊上，也常出現

---

[15] 錢杭：〈談「多元視野」〉，《天津社會科學》2004 年第 5 期。

[16] 李長莉：〈《浮生六記》與「五四」文化人的三種解讀——一種民間傳統在現代家庭觀念中的延續與變異〉，陳平原主編：《現代中國》第七輯，北京大學出版社，2006。

[17] 楊奎松：〈思想改造運動中的潘光旦——潘光旦「歷史問題」的由來及其後果〉，《史林》2007 年第 6 期。

[18] 馬戎：〈人文思想與中國現代教育〉，《社會學的應用研究》，華夏出版社，2002。

記述潘光旦生平業績或闡釋潘光旦某方面思想的文章。在進行專題研究方面，青年學者多年來一直充當著主力軍的角色，雖然目前比較有深度的論著還不多見，相信未來若干年，他們較為成熟的論著將會陸續發表。目前已有成熟的學者開始涉足潘光旦研究領域，上舉李長莉和楊奎松的專題論文都頗有深度。

在傳記方面，2006 年 9 月，拙著《潘光旦圖傳》（湖北人民出版社）和王燕妮的《光旦之華》（長江文藝出版社）同時出版，儘管這兩本書比較簡略，但都受到了讀者的歡迎。這說明，希望瞭解潘光旦的讀者很多，即使沒有很翔實的傳記，他們因久慕潘光旦之名而知之不多，也願意加以關注。

潘光旦不僅有學問、有思想，也有故事。2008 年 9 月，西南聯大、清華大學社會學系 1949 屆畢業生張祖道出版了一本記述翔實生動，並附有多幅照片的書——《1956，潘光旦調查行腳》（上海錦繡文章出版社），講了潘光旦許多啟人深思的故事。此書的內容是 1956 年 11 月 25 日至 1957 年 1 月 31 日《新觀察》雜誌記者張祖道、《文匯報》記者楊重野陪同潘光旦在鄂西、川東調查土家族的實況日錄。書中所記，不僅包括調查土家族的過程，還附有潘光旦的許多談話記錄，為我們近距離瞭解、感受潘光旦提供了不可多得的素材。

二、後五四時代知識份子與思想史

以研究中國現代知識份子知名的學者許紀霖曾將 1949 年前的知識份子劃分為三代：晚清一代、五四一代、後五四一代。其中後五四時代又可分為前後兩批，前一批出生於 1895～1910 年之間，後一批基本出生於 1910～1930 年之間。他明確將潘光旦歸結在後

五四一代的前一批人裏，其特點是：「他們在求學期間直接經歷過五四運動的洗禮，是五四中的學生輩（五四知識份子屬於師長輩），這代人大都有留學歐美的經歷，有很好的專業訓練。如果說晚清與五四兩代人在知識結構上都是通人，很難用一個什麼家加以界定的話，那麼這代知識份子則是知識分工相當明確的專家，比如哲學家馮友蘭、賀麟，歷史學家傅斯年、顧頡剛，政治學家羅隆基，社會學家潘光旦、費孝通，文學家朱自清、聞一多、巴金、冰心等即是。前兩代人是文化精英，主要靠社會影響出名，而這代人的聲望主要局限在知識圈內。五四一代開創了新知識範型之後，後五四一代作出了一系列成功的範例，三、四十年代中國文學和學術的高峰主要是這代人的貢獻。」[19]許紀霖還指出，一般說來，三代知識份子的安身立命可以表現為三種不同的人生關懷：社會（政治）關懷、文化（價值）關懷、知識（專業）關懷，「作為任何一代和任何一個知識份子，這三種關懷都是有可能而且有必要同時具備的。然而，因為社會環境、時代風氣和士人心態的不同，不同時代的知識份子往往會側重於某個層面。」[20]

這個概括是很有見地的。潘光旦這一代人儘管承襲了前兩代知識份子對社會政治變革和文化啟蒙的意識，但是，作為有著良好學術訓練的一代人，他們希望能夠把這種對社會、文化的關懷納入學術的探討之中，而且學術不僅是實現其他外在目的之手段，而是其本身就有著自足的價值。不像晚清一代和五四一代，後五四一代往往是學院中人，即使在面向社會公眾的刊物上發言，他們也時時不忘「學術規範」。潘光旦在不少編譯性的文章或著作裏，忠實地說明瞭資料的來源以及自己做了哪些增刪的工作。在翻譯外文學術著

---

[19] 許紀霖：〈20世紀中國六代知識份子〉，《另一種啟蒙》，花城出版社，1999，第81頁。

[20] 許紀霖：〈20世紀中國六代知識份子〉，《另一種啟蒙》，第82頁。

作時，他為了適應中國讀者的需要，往往取一些中國典籍或習俗裏常用的語彙，但往往會加上譯注，說明原義以及這樣變通的原因。這種知識的關懷已經滲透到他的日常工作、生活習慣裏，根深蒂固。他們這一代人中的一些人，具有很強的專業精神，甚至一門心思做學問，只在專業刊物上發表研究論著，從不對自己專業領域以外的社會政治事務發表看法。當然，潘光旦不在其列。

潘光旦一生的治學範圍極為廣闊，在優生學、社會學、民族學、性心理學、儒家社會思想、西方社會思想乃至於翻譯等方面，他都有開創性的貢獻，都有能夠站得住腳的學術論著。他的研究領域儘管鋪得比較開，但學術關懷與學術規範依然清晰可見，在嚴謹的學術論著中他所做的是「科學研究」，而不是那種出於社會關懷或文化關懷的「科學提倡」。

1927 年，吳稚暉的「全集」出版，第一集是堂而皇之的「科學」，但仔細看去，一部分屬於提倡性質的，其餘的連提倡的意味都不很明顯，和具體的科學研究更不相干，然而在編書人的眼裏，這都是科學文字，凡作科學文字的人，都不妨奉為圭臬。潘光旦翻看了吳氏「全集」的目錄，聯想到大約三十年前英國科學家赫胥黎的「全集」。赫氏的「全集」有兩大部分，第一部分是赫氏的通俗論文、演講的底稿與在生物科學以外的研究錄，總名為《赫氏論文集》，共有 9 冊，由 Appleton 公司出版；第二部分是赫氏生物科學研究的成績，是赫氏一生用了積銖累寸的功夫得來的，每一篇都有特殊的貢獻，在科學史上有永久的價值，這部分共 4 冊，由 Macmillan 公司出版。「如其把這兩部分的內容比較一下，可知在第一部分裏的文章，不論他包含多少科學的材料，終究只好放在第一部分裏，在第二部分裏是完全沒有位置的。為什麼？因為他只有提倡性質，而沒有研究性質。」以此眼光來看吳稚暉的「全集」，潘光旦說他並不是要對吳老先生有什麼批評，「吳老先生雖很難說

是一個科學家，但是他有他的學術上的貢獻，我們不能小覷。不
過編書的人把他一部分的文墨歸併起來，貿貿然冠以科學二字，
很足以表出我們中國人分不清科學研究和科學提倡的迷糊心理罷
了」。[21]中國科學社也是一例。潘光旦認為，科學社的領袖人物都
有相當的能力，但他們做的是科學提倡的工作，並不是科學研究
的工作，這說明中國的科學還沒有跳出提倡時期，進入實地研究
時期。

　　潘光旦還注意到教學研究要和思想宣傳區分開來。他認為，作
為大學教師，給學生講授的，應該是思想的方法、思想的資料、思
想的歷史與派別等，至於學生在學成之後究竟服膺那一派或幾派的
思想，甚至於加上一番發明綜合的功夫之後，自成一些學派，那都
是學生自己選擇與努力的結果，與教師與課程皆無關係。教師不應
該以給學生灌輸某一種思想流派或主義為己任。儘管潘光旦作為知
識份子，有他的社會關懷與政治上的信仰，但這些與教學研究活動
應該保持一定的距離，而且，作為學者，他還希望把自己的社會政
治關懷融入學術探討中，從而能夠給予這些關懷以堅實的依據。[22]

　　後五四時代知識份子的學術關懷，從這些地方可以看得很清
楚了。

　　在這個時代，活躍在思想界的相當一部分人，是依託於學院體
制的職業學者，他們一面耕耘學術園地，一面借助於同人刊物、出
版社或政黨來表達他們對於社會政治、文化啟蒙等問題的見解。有
研究者為了凸顯近代學術體制創建對於知識份子的生活方式、思
維方式的制約作用，將傳統社會那些具有一定文化知識並從事腦
力勞動的士人稱為「讀書人」，將近代從事學術研究的主體稱為「知

---

[21] 潘光旦：〈讀書問題〉，《潘光旦文集》第 2 卷，第 24〜25 頁。
[22] 參見潘光旦《自由之路》（《潘光旦文集》第 5 卷）一書中的〈異哉所謂教
師的思想問題〉、〈宣傳不是教育〉與〈再論宣傳不是教育〉等文。

識人」。[23]這種看法有其道理。另外，也要看到，這些「知識人」的相當一部分，除了生產、傳播知識以外，往往也有著強烈的社會關懷、文化關懷。換言之，他們同時也是眼光超越於一己階層利益的「知識份子」。從 1920 年代的《現代評論》、《新月》、《中國評論週報》（英文），到 1930 年代的《獨立評論》、《自由評論》，到 1940 年代的《今日評論》、《當代評論》、《世紀評論》、《觀察》、《新路》等刊物，我們看到，主辦者和撰稿者大都是具有社會關懷、文化關懷的「知識人」。他們經由這些現代傳媒結成了具有密切聯繫的社會文化網路（許紀霖稱之為「知識人社會」）。知識份子雖然不再通過從政直接發揮影響力，看似被邊緣化了，但插上了大學和現代傳媒的翅膀之後，比之傳統讀書人，他們在文化輿論方面的影響力，無疑是飛得更高、更遠了。[24]

　　大量具有西方現代知識的職業學者在思想界扮演了極其重要的角色，這是中國歷史上此前從未出現的新現象。從這個時期開始，活躍在中國舞臺上的思想論述被打下深深的學術烙印。在某種意義上來說，與晚清一代和五四一代相比，後五四一代學者的社會關懷、文化關懷也許不及前輩廣闊，他們的社會政治歷練以及對於國情的瞭解也許不及前輩深刻，也許他們的主張中夾雜了很多書生意氣的成分，但其優勢也是很明顯的，他們的西學知識不再是支離破碎的、一知半解的，他們對於社會問題和文化問題的判斷，往往經過科學的盤詰，具有更加紮實的學理依據。從潘光旦的論述裏，經常能夠看到，他以自己的學術造詣糾正了不少當時流行的缺乏學理根據的思想言論。

23　參見左玉河：《中國近代學術體制之創建》第二章〈從讀書人到知識人：現代學術研究職業化取向〉，四川人民出版社，2008。

24　許紀霖等：《近代中國知識份子的公共交往（1895-1949）》第一章〈總論：近代中國的「知識人社會」〉，上海人民出版社，2008。

如果從掌握西學知識的程度來看,後五四一代知識份子比起前兩代知識份子,的確具有很大的優勢。

晚清以來,中國社會政治與思想文化的衰微愈發暴露,有識之士大都看到,不引進西學是沒有出路的。甲午以後,青年學子紛紛求學海外,日本以「地近、費省、文同」,吸引了大量中國留學生。清末十年,從日本譯介的西學知識達到前所未有的高潮,梁啟超所謂「壬寅、癸卯間,譯述之業特盛,定期出版之雜誌不下數十種。日本每一新書出,譯者動數家。新思想之輸入,如火如荼矣」。但梁啟超同時也指出,當時的西學輸入,既蕪雜又膚淺,但即使這種粗淺的西學,也受到了中國社會的歡迎,「蓋如久處災區之民,草根木皮,凍雀腐鼠,罔不甘之,朵頤大嚼,其能消化與否不問,能無召病與否更不問也,而亦實無衛生良品足以為代」。

日本只是中國人接受西學的中轉站,最佳的引進西學途徑應該依靠留學西方直接「取經」,但晚清的西方留學生不僅人數較少,而且多為學習自然科學與技術科學者,除了嚴復等極少數人以外,基本上沒有參與晚清的引進西學事業。因此,梁啟超有這樣的論斷:「晚清西洋思想之運動,最大不幸者一事焉。蓋西洋留學生殆全體未嘗參加於此運動;運動之原動力及其中堅,乃在不通西洋語言文字之人。坐此為能力所限,而稗販、破碎、籠統、膚淺、錯誤諸弊,皆不能免;故運動垂二十年,不能得一健實之基礎,旋起旋落,為社會所輕。就此點論,則疇昔之西洋留學生,深有負於國家也。」[25]

從清末十年到五四新文化運動時期,中國知識份子對西方思想的引進,隨著留學西方的潮流鋪展開來,程度在逐年緩慢地提高,但一時還不能見到根本的改觀。

---

[25] 上兩段論述參見梁啟超:《清代學術概論》,江蘇文藝出版社,2007,第90~91頁。

　　五四時代的親歷者在談到當時引介西學的情況時說:「當時西洋學說源源輸入中國,而學界又甚幼稚,只求其新,不問其能否適應中國需要,無政府主義、馬克思主義、基爾特社會主義、工團主義、多元學說、實驗主義、階級鬥爭無一不在中國流行。凡能寫作一篇文章或翻譯一本書籍,世人即認他為該學說的權威,學校請他講學,民間請他演講,風頭之強,令人莫名其妙。」[26]當時的價值觀幾乎是惟新是高,鄙薄中國傳統文化已成風尚,「當時名流絕口不說『子云詩曰』,而在演講之時,若引吾國先哲之言,則滿座將有噓噓之聲。倘若自創一個舶來式的姓名,如云狗獺洛夫,則聽眾必熱烈鼓掌。這總是外國人的姓名,何況又像俄國人的姓名。」[27]

　　這種情況一直持續到 1920 年代中期。潘光旦在一篇談當時知識介紹狀況的文章中說:「試翻閱流行之若干定期刊物,可知介紹西方現存智識之文字,至少居十之七八。最顯而易見者為譯文;其次,集若干文稿,略加編訂;再次,就某本西書或某篇文字,改頭換面,顯屬西人所謂 review 之作,而不居其名。譯稿或編譯之稿往往僅具原著之姓名,而於原登之刊物,年月,及作者之身份,了不敘明;於身份一端,譯者或竟茫然,亦自無從敘起;最甚者且並原著者之姓名而略之,第言某某譯,即算了事。中國之讀者易與,不加指摘,於是其闕漏乃愈甚。」[28]

　　確實是需要受過嚴格西學訓練的留學生登場演出了。事實上,正是潘光旦等留學歐美的一批學者,超越此前發揮重要作用的留日學者,在引入西學以推進中國社會政治秩序和學術文化變革上發揮了中堅力量的作用。中國近代留學史學者曾指出,留美學生在清末

---

[26] 薩孟武:《學生時代》,廣西師範大學出版社,2007,第 178 頁。
[27] 薩孟武:《學生時代》,第 178～179 頁。
[28] 潘光旦:〈讀書問題〉,《潘光旦文集》第 2 卷,第 7 頁。

民初開始大批湧現，五四之後形成留美高潮，二、三十年代成長為一個可觀的新知識群體，在學術界叱吒風雲，大致左右了中國新型學術的發展方向，初步奠定了中國現代學術文化的根基，從學術的角度實實在在地推進了中國文化的現代轉型。[29]清華作為清末民國最重要的派遣留美學生的機構，在遴選學生、留美預備訓練等方面發揮了相當重要的作用。潘光旦就是受清華惠澤的一人。只有從這個知識更新與思想轉型的歷史過程來看，我們才能充分理解潘光旦這批人的出現對於中國現代思想史的意義。

研究潘光旦的社會思想，不能脫離他的學術研究成果，因為潘光旦是一個學者型的社會思想家，其社會思想往往與學術背景有千絲萬縷的聯繫。比如，同樣主張「自由」，他所理解的自由，並不是在政治哲學領域內的個人政治權利意義上的自由，而是建立在科學基礎上的「自知之明，自勝之強」——他希望能夠通過現代科學的幫助，使一個人對自己的才能、意志、品性等有清楚的認識，既不妄自尊大，也不妄自菲薄，在適合自己的位置上，充分地獲得發展（「自知之明」）。對自己的慾望，能夠收放自如，有節制地舒展（「自勝之強」）。潘光旦在社會政治活動中，常與清華出身的自由主義知識份子群體有廣泛的人脈聯繫，在思想氣質上也有相通之處，但在自由觀念的理解上，他與一般自由主義者竟有如許分別——一個是有科學訴求的社會思想，一個是政治哲學領域的政治思想，雖然兩者也有重疊的部分。

潘光旦在學術界、思想界引起最大爭議的是其優生學思想。他以優生學家的身份在社會學界從事教學研究活動，還曾擔任過多年清華大學社會學系的系主任，但他所做的社會學研究，與當時通行的社會學，卻有著不小的距離，以致於有人非常排斥他的這種優生

---

[29] 參見李喜所：〈近代留美學生的文化定位〉，《中國留學史論稿》，中華書局，2007，第 315 頁。

學式的社會學，認為從根本上說就是錯誤的，而更多的人對他的優生學研究抱著半信半疑的態度。優生學從來就是一個有很大爭議的學科，潘光旦於 1920 年代在美國留學期間選擇了優生學作為自己的學術方向，必然要面臨優生學家通常所要接受的挑戰，他的學術生涯可以說是一直與各種學術論爭相伴的。在優生學方面，周建人、孫本文、陶希聖、張君俊等學者先後與他有過思想交鋒。潘光旦從優生學思想出發，反對當時流行的那種男女同一意義上的婦女運動，在一定程度上有回歸傳統社會男女角色安排的傾向，在 1920 至 1940 年代引起了許多知識女性的批評。

1930 年代初期，魯迅在〈理水〉裏諷刺過文化山上的一群學者，其中那個拿拄杖的學者，指的就是潘光旦。在魯迅筆下，那個拿拄杖的學者有這些言論：「禹來治水，一定不成功，如果他是鯀的兒子的話」；「我曾經搜集了許多王公大臣和豪富人家的家譜，很下過一番研究功夫，得到一個結論：闊人的子孫都是闊人，壞人的子孫都是壞人——這就叫作『遺傳』。所以，鯀不成功，他的兒子禹一定也不會成功，因為愚人是生不出聰明人來的」；「鄉下人都是愚人。拿你的家譜來」；轉向鄉下人時大聲道：「我一定會發見你的上代都是愚人……」[30]

在其他社會文化領域，如性問題、中西文化問題、教育問題與社會問題上，他捲入時代思潮的程度既深且廣，與胡適、張競生、宣揚中國本位文化的「十教授」、吳景超、林同濟、吳世昌、蔡尚思、劉緒貽等學者，甚至國民黨中央宣傳部副部長潘公展都有過思想討論或交鋒，有的交鋒還不止一度。對於一個牽涉面如此廣闊的學者型社會思想家，實在有加強正面研究之必要。我們需要理解他的學術道路與社會背景的關係，也需要分析其學術思想的內在理

---

[30] 魯迅：〈理水〉，《故事新編》，人民文學出版社，1998，第 29～30 頁。

路,在此基礎上,才可以更準確地把握他的社會思想。有了這些基礎的工作,再來考察潘光旦所捲入的種種學術論爭、思想論爭,一方面可以避免一些不必要的誤解,另一方面也可以從中解讀出更多的歷史含義。

　　知識史或學科史與思想史的研究長期以來處於分裂狀態。知識史或學科史的研究往往由接受過該學科規範訓練、棲身於該學科領域的學者來做(如法律學界的學者研究法律史,社會學界的學者研究社會學史等等),這種學術上的慣常做法使得知識史或學科史失去了其更為寬廣的關懷,僅僅作為某一學科體系的比較邊緣的部分而存在。而以往思想史的研究更多考慮到觀念本身的演化,將思想意識和將產生它的社會條件聯繫起來已屬難能可貴,將思想觀念所由產生的知識背景加以揭示,長期以來乏人問津。

　　不過,這種分裂狀況近年來已有很大改觀。一方面是歷史學者紛紛拓展研究領域,進入以往甚少關注的知識史與學科史領域,給以往缺乏歷史視角的知識史與學科史研究注入了新的活力。典型者如近年來福建教育出版社出版的大型資料叢書《民國時期社會調查叢編》,主事者並不來自社會學界或社會學史界,而是一班對於社會調查資料深感興趣的歷史學者在圖書館裏廣泛搜索,一點一滴做起來的。筆者曾接受過社會學訓練,熟悉中國社會學史研究,一向熟知中國現代社會調查始於 1914 年社會實進社所做的302 個人力車夫調查,但在參與《民國時期社會調查叢編》的主要編者之一,中國人民大學清史研究所黃興濤教授組織的學術活動時,初聞他的「社會調查肇興於清末論」,既感驚異,又頗受震動。歷史視角的引入,確實改變了以往知識史與學科史研究領域的單一生態,過去不受重視的內容,如上面所舉清末的社會調查,作為社會調查歷史發展的初始階段被提出來予以強調。另一方面,強調知識史對於思想史研究的重要性者已頗有其人,十餘年來也產生

了一批重要的研究成果。陋見所及，近代史領域主要的個案研究成果如下：(1)鄭師渠：〈晚清國粹派與社會學〉，《近代史研究》1992年第 5 期；(2)雷頤：〈「中國農村派」對中國革命的理論貢獻〉，《近代史研究》1996 年第 2 期；(3)黃興濤：〈民族自覺與符號認同：「中華民族」觀念萌生與確立的歷史考察〉，《中國社會科學評論》2002年創刊號（香港）；(4)黃興濤：〈近代中國新名詞的思想史意義發微──兼談對於「一般思想史」之認識〉，《開放時代》2003 年第 4期；(5)孫宏雲：〈汪精衛、梁啟超「革命」論戰的政治學背景〉，《歷史研究》2004 年第 5 期；(6)查曉英：〈地質學與現代考古學知識在中國的傳播〉，《歷史研究》2006 年第 4 期；(7)郭雙林：《西潮激盪下的晚清地理學》，北京大學出版社，2000；(8)孫宏雲：《中國現代政治學的展開：清華政治學系的早期發展（1926～1937）》，三聯書店，2005；(9)姚純安：《社會學在近代中國的進程（1895～1919）》，三聯書店，2006。

依循這種研究路徑所做出的相當一部分成果，將眼光放在晚清與民初西學傳入未久，學科化程度尚淺的時期，這時晚清一代、五四一代的知識份子因關懷社會政治變革與文化啟蒙，較多地汲取了西學的養分，以其來豐富他們的思想資源與概念工具。1920 年代中後期以後，隨著現代學術體制的漸趨完善，留學西方尤其是美國的學人陸續回國，中國學術文化進入了一個新階段。這時絕大多數學者富有社會責任感，他們的眼界並沒有局限在學院的高牆之內，而是廣泛地捲入了時代思潮，使這個時期的思想討論與文化論爭有了更為紮實的學理根據，呈現出更為繽紛的色彩。但遺憾的是，目前的研究還比較少，亟需加強。

關於知識史對於思想史研究的意義，葛兆光和黃興濤提出過值得重視的意見。葛兆光的兩卷本《中國思想史》導論部分討論了知識史與思想史的關係，特別強調「知識的儲備是思想接受的前提，

知識的變動是思想變動的先兆」。[31]黃興濤倡導從新名詞入手研究中國近代思維方式與價值觀念的轉變，其中的相當一部分新名詞與清末民初自然和人文社會科學的學科術語的形成與流播有關。但黃先生所著意的新名詞並不是某一單一學科範圍內的術語，而是被許多學科特別是人文社會科學共同享用的名詞、術語和概念，尤其是報紙雜誌等大眾媒體和一般教科書所流通，普通綜合類詞典所收錄，一般人所能理解的那些新詞彙。[32]

筆者認為，既要考察知識史對於思想史研究的推動作用，同時也要看到任何一種知識生產活動都不是在「世外桃源」中進行的，它受到當時社會背景和思想背景的限制，研究社會背景與思想背景對於知識生產活動的推動與制約，同樣是很重要的。

本書注重知識史與思想史的雙向互動關係，擬在兩個維度上展開論述：一方面探討塑造潘光旦學術研究形態與思考方向的社會背景與思想動因，一方面著重揭示其思想主張背後的學理依據。在此基礎上，還將著力闡述他的學術研究與社會思想給當時的思想界增添了哪些新的因素，在哪些方面提高了思想討論的水準。換言之，也就是注重揭示一種思想學說所發揮的社會文化作用。

---

[31] 葛兆光：《七世紀前中國的知識、思想與信仰世界》，復旦大學出版社，1998，第 29 頁。

[32] 黃興濤：〈近代中國新名詞的思想史意義發微──兼談對於「一般思想史」之認識〉，《開放時代》2003 年第 4 期。

第一章　家世與國內求學時代

　　潘光旦出生於 1899 年。他出身於一個末代士紳之家。父親潘鴻鼎屬於致力於地方教育與社會事業的清末立憲派。和千千萬萬立憲派成員一樣，潘鴻鼎一方面具有儒家思想的情懷，另一方面也吸取了一些新知識，謀求在體制內進行社會政治改良。潘光旦生活於這樣一個既尊重傳統，又力求以新知識來改造舊有的政治社會環境的士紳社會。耳目所及，他受到這個階層的思想、行為以及品味的薰陶，同時承載著這個階層的傳統思想意識和新的人生理想追求，開始了他學習新知識以改造中國社會的人生旅程。在某種意義上說，從作為清末立憲派的士紳父親，到融會中西學問以改造中國的兒子潘光旦，有助於我們理解這樣一個歷史過程——如何在尊重儒家思想傳統的基礎上，不斷增加西方新知，把更新、改造中國思想傳統與社會政治制度從清末士紳的階段推進到民國的新型知識份子階段。

　　潘光旦在清末民初接受初等、中等教育。他固然深受傳統價值觀之影響，但所受教育仍以新式為主，其思想中現代的成分當然也遠遠超過他的父輩。清末十年，廢科舉、興學堂，群趨遊學異邦。隨著「留學熱」的出現，許多進步知識份子通過學堂、報刊、譯書等途徑，把歐美、日本等先進國家的新知識、新理論、新思潮輸入國內，形成了近代史上西學傳播的一個高峰。那時，甲午以後興起的留學日本的熱潮仍在持續，但在清末的最後幾年，吸引力更大的留學歐美已處於上升趨勢。1911 年，在以美國退還的庚款設立的

遊美學務處基礎上，設立了一所專門培訓留美預備學生的學校——清華學堂（民國後改稱清華學校），它為那些略有資產，但家境不甚富裕的中產階級子弟追求遠大前程，打開了一扇重要的窗戶。1913 年，潘光旦遵父親遺命進入清華學校，開始了長達 9 年的學習生涯。清華歲月為潘光旦打下了很好的英文和中西學的底子，也奠定了他一生成就的根基。

一、詩書之家覓新知

　　1899 年 8 月 13 日，短暫的戊戌維新運動失敗將近一年的一個普通日子，在江蘇省寶山縣羅店鎮（今上海市寶山區羅店鎮）一戶世代鄉紳之家，一個男嬰呱呱墜地。他是這個家庭裏的第二個男孩。羅店在歷史上長時期經濟繁榮，富商雲集。同時，它也是一個人文薈萃，名人輩出的古鎮，明清兩代出過進士 8 人，舉人 22 人。這個小男孩的父親，1897 年參加江南鄉試時中了舉，次年進京趕考又中了進士，為二甲十三名，散館後被授為翰林院編修。男孩的降生，為這個崇尚科舉功名與多子多福的鄉紳家庭又添一樁喜事。父親是翰林的事實，或許讓這個孩子深為自豪，並成為他此後特立獨行不斷前進的一個動力源泉。多年以後即使成為學有所長、即將出國的青年時，他還用父親的身份「打擊」了另一位日後聲名甚隆的人物對自己的不服氣。[1]不過，當時誰也沒有料想到，這個小男孩，日後會超越父親的成就，成為中國學術文化界的一個關鍵性人物。

---

[1]　聞一多先生曾向何炳棣講述過潘光旦和羅隆基的趣事：一次潘光旦批評羅隆基某篇文章不通。羅隆基很生氣地說：「我的文章怎會不通，我父親是舉人」。潘光旦馬上回答：「你父親是舉人算得了什麼，我父親是翰林！」，參見何炳棣：《讀史閱世六十年》，廣西師範大學出版社，2005，第 183 頁。

　　父親給這個男孩起名潘光亶，他後來上學時嫌「亶」字筆劃繁多，簡化為「旦」字，以後人們熟知的就是「潘光旦」了。在他之前，有一個哥哥潘光喬，在他之後，又有一個弟弟潘光迥。

　　日後常利用家譜開展學術研究的潘光旦，對自己家族的文獻，既熟悉又有感情。他的曾祖父潘世珍所寫家譜手稿、祖父的詩集，以及父親在京師大學堂學習時期的讀書筆記，都曾長期在他的手裏保存。[2]在一篇文章中，他記述道：「自己翻看上代的遺文，也泰半是縷述難中顛連困苦的作品。」[3]

　　據早期的家譜記載，寶山潘氏他們這一支，始遷祖是明代成化至嘉靖年間的潘乾（即潘用中）。1931 年，潘光旦在〈讀《唐錞父子墓誌銘》後論三事〉一文中提及，他曾讀過明代作家歸有光的文集《震川先生集》，從其中收錄的《潘用中墓誌銘》與《潘府君室沈孺人墓誌銘》得知，他的家族明代中期先從徽州遷到南京，後又從南京遷至羅店，又知羅店潘氏的始遷祖應是潘煦，第二代潘廉，族譜上原列始遷祖潘乾已是第二代。潘乾的兒子「事震川先生在師友之間」，所以歸有光的敘述應是有確鑿根據的，潘光旦由此「深怪上世為族譜者但知墨守舊稿，並此種現存之材料而不知利用，坐使以訛傳訛，三百年來莫之能改」。自從發現家族源出於徽州後，他便開始了對徽州的根祖認同。1934 年潘光旦與友人一道到徽州旅行時說，「我們先去拜訪本邑的耆宿葉則柔先生；我們問起最近縣修志的進行狀況，和近來徽屬以內各大氏族散佈的形勢，承他一一見告。我自己的一族，據說在歙縣範圍以內，只南鄉一帶較多，邑城的北門一帶也還很有幾家，可惜我不能多耽擱，否則大可加以訪問，也許可以發現一些當初『始遷』的原委和情況」。1957 年他看到皖南大阜譜，得知「我家亦從閩來」。

2　參見 1947 年 1 月 18 日日記，《潘光旦文集》第 11 卷，第 232 頁；以及潘光旦：〈兩年前的今日〉，《潘光旦文集》第 11 卷，第 71～72 頁。

3　潘光旦：〈兩年前的今日〉，《潘光旦文集》第 11 卷，第 71 頁。

因此，羅店潘氏的來源，據潘光旦在幾十年間不斷深化的認識，可以具體追溯到的線索是：福建→徽州→南京→羅店。據歸有光文，遷羅第三代潘乾（用中）卒於嘉靖十九年（西元 1540 年），享年 56 歲，推算其生年大約在 1485 年（成化二十一年）。潘氏遷入羅店的時間也許就在明成化年間。

潘光旦早年的家族生活，材料不多，我們只知道他幼時曾參加過範圍較大的祠祭，由一位比他高兩輩的族叔祖主祭，到場的約有百數十人。程序是先宣讀祭文，其後參加的人按長幼之序下跪叩頭，然後是午膳便筵，飯後分赴各處祖墳祭掃。據潘氏族人潘乃鵬回憶：「解放前每年清明節都在祠堂裏舉行祭祖活動……其費用是由祖上傳下的土地的地租收益開支。地租和其他收益由族中推舉專人保管，供祠堂和宅邸的修葺和看守祠堂人的費用（修門窗抹桐油）之用，祠堂廳正中後方有一大型櫥櫃，呈階梯形，內依次排列著先祖的靈位，高者在中在上，旁為妻室，依次向二側和下端排列。平時關閉，祭掃時開放。看守祠堂者為一對老年夫婦，當然也有後代。」他還說：「記得有一次是由潘光旦主祭，人矮胖，殘一腿。」[4]

作為世代鄉紳又是出過翰林之家，潘光旦的家族在寶山縣較有影響。民國年間編修的縣誌對潘光旦的曾祖父、祖父及父親的生平與業績均有或詳或略的記載。

曾祖父潘世珍的記載僅寥寥數語，附在祖父的小傳裏，「能書善畫，作小幅山水，蒼秀有致」。祖父潘啟圖是循規蹈矩的一介書生，以擔任私塾老師來謀生，「啟圖性狷介，不妄交一人，授徒裏門。終日督課，不少懈。晨出暮返，必循故道，目不旁瞬，為文務深奧，不求合有司之準繩。中更喪亂播遷，書籍毀於兵火，鬱抑侘傺，發而為詩，以諸生終年，僅中壽。嗣以子鴻鼎貴，贈如其官，

---

[4] 上面三段關於潘光旦家世的論述，基本依據潘光旦次女潘乃穆教授的未刊稿〈潘光旦與羅店潘氏家譜〉（作於 2004 年 9 月）整理。

著見藝文。」[5]類似潘啟圖一樣的讀書人，在文風昌盛的寶山縣，應多如過江之鯽，他之所以被縣誌記載，恐怕是因為其子潘鴻鼎的科舉功名。

羅店潘氏一族累世書香門第，但直到潘鴻鼎時才取得了較為顯赫的功名。潘鴻鼎就是潘光旦的父親，縣誌中的「人物志」、「藝文志」、「選舉志」與「教育志」裏都有他的相關記載。其生平業績大致如下：

> 弱冠補諸生，中光緒戊子副榜，肄業龍門書院，丁酉舉於鄉，戊戌成進士，改庶吉士，辛丑散館授編修，充國史館協修。時值新政浡興，注重科學，乃入進士館習法政[6]，畢業後派赴日本考察，殫心政學，論撰多所發明。壬寅與舉人袁希濤輩創立縣學堂，規劃宏遠，開郡屬風氣先。甲辰復於江灣籌設蠶桑學堂，提倡實業；又以本邑田賦混淆，民困滋甚，於戊申年籌設繪丈學堂，養成學生大舉清丈，手訂章程百餘條均切實適用。宣統己酉被舉為本省諮議局議員，遞舉為資政院議員。民國改元，國務院總理陸徵祥招赴京師，薦任為僉事。當閣制甫定之際，法治未備，事無巨細，獨任其煩，恆日不暇給，從未乞假休沐，積勞逾年，以風疾卒，年僅四十有九。鴻鼎天性孝友，家故儒素，俸入悉以奉母，贍舉家服用，伯仲姒娌無間言，稱義門焉。生平札記著錄積稿甚富，多未卒業，惟所輯《續東華錄》行於世。[7]

5　張允高、錢淦、吳葭、王鍾琦等纂修：《寶山縣續志　附再續志、新志備稿》（1921 年、1931 年修），臺北成文出版社有限公司 1975 年影印，第 734～735 頁。

6　上引縣誌「大學及高等專門學校畢業人員表」中云：「京師進士館法政科，光緒三十二年部試列優等」，第 496 頁。

7　《寶山縣續志》卷十四，張允高、錢淦、吳葭、王鍾琦等纂修：《寶山縣續

縣誌裏的記載，有兩點最值得注意。首先，潘鴻鼎肄業於清末著名的龍門書院。這個書院建於清同治四年（1865 年），「實為海濱文化之導師」，「其治學以理學為宗，經世之學為輔，旁及詩古文詞」。[8]這一時期中國社會時興改造舊書院，建立新式書院，一些新知識，如史地、算學、格致等科，開始在書院設置，新建的龍門書院也不例外。[9]清末在江蘇省教育界有影響的人物如袁希濤、沈恩孚等都出自這裏，他們與潘鴻鼎年歲相仿，求學的時間應相差不遠，他們互有交往，乃至於合作。如袁希濤與潘鴻鼎在 20 世紀初合作辦理縣學堂、繪丈學堂[10]，養成新式人才，而沈恩孚的十妹沈恩佩後嫁給潘鴻鼎，兩人結為姻親。潘鴻鼎等人熱心於清末地方的新式教育與社會事業，當與在龍門書院受到新知識的教育有關。

其次，潘鴻鼎的科舉功名（1897 年參加江南鄉試中舉，1898 年中進士，為二甲十三名，散館後授翰林院編修）使他得以躋身士紳行列。作為晚清寶山縣最著名的士紳，一方面他的社會聲望使他承擔了傳統士紳通常從事的地方教育與社會事業，另一方面他被民選推舉為省諮議局議員，遞舉為資政院議員，參與了立憲派的大量活動。據研究者稱，「立憲派是一群篤信君主憲政救國論的結合，他們大多是受過傳統教育的紳士，以儒家的思想為正宗。但是其中亦有曾經留學日本，或進過新式學堂的，或多或少具備了一些時代

志　附再續志、新志備稿》（1921 年、1931 年修），第 710～711 頁。《寶山縣續志》卷十五述潘鴻鼎與上海朱壽朋、嘉定章圭璪、青浦沈彭年等同輯《續東華錄》（第 846 頁），但查閱《光緒朝續東華錄》，僅署名「朱壽朋編」，其他幾人未見署名。

8　沈恩孚：〈上海龍門書院紀略〉，《人文月刊》第 8 卷第 9～10 期合刊，1937 年 12 月 15 日。

9　參見耿雲志：《近代中國文化轉型研究導論》，四川人民出版社，2008，第 102 頁。耿書說龍門書院創辦於 1864 年，而上引沈恩孚文說是創辦於同治四年（1865 年），略有差異。

10　關於袁希濤和潘鴻鼎合作辦學的具體事實，《寶山縣續志》卷七「教育志」的相關條目有記載。

的知識與觀念。他們大多家道殷富，是社會的中堅勢力。他們的年齡，平均在四十歲上下，正是有為之時」。[11]他們的社會改良活動，擴大了社會新生勢力；他們向統治者要求權利，推動政治體制的改革，客觀上有利於社會的進步。可以說，他們和革命派一起，從不同的方面著手，共同撼動了清王朝的統治基礎，最終使其趨於崩潰。

　　潘鴻鼎生於 1865 年（清同治四年），清末新政時期他的年歲正值四十上下，確然是可以奮發有為之時，但他的家道卻並不殷富。據他的兒子潘光旦在 1951 年參加土改時的自述：「我的祖先十六代以前就離開農村，進入市鎮，一向商讀兼營，不識農民疾苦；商讀的結果，據譜系記載，老輩傳說，既沒有做過大官的人，也沒有發過大財的人，因此，除了拼拼湊湊不到十畝的祖宗長眠的墳地而外，從未有過田產；除了清明祭掃而外，根本和農民沒有多大接觸。」[12]1952 年，潘光旦回憶：「祖父是個秀才，坐了一輩子的『冷板凳』，家用完全靠少量的束脩和婦女們的針黹的收入。父親中了進士，點了翰林，但也沒有做官，清代末年做過資政院的議員；民國成立後，在當時的國務院裏工作過，不久就死在任上。……我又知道，至少最近四代以來，我家始終沒有住過自己的房屋，即從曾祖的年代到今天，始終做人家的房客，並且時常遷徙。」[13]潘鴻鼎得以躋身地方上流社會，完全靠的是他的科舉功名。

　　潘鴻鼎接受儒家傳統思想的教育，取得過顯赫的功名，又在龍門書院學過一些新知識，在進士館學習過法政，還曾到日本考察過幾個月。這些經歷，使他同時兼有傳統觀念與西方新知兩種背景。寶山潘氏他的這一支堂名原是求古堂，但潘鴻鼎不滿意這個堂名而

[11] 張朋園：《立憲派與辛亥革命》，吉林出版集團有限責任公司，2007，第187 頁。

[12] 潘光旦：《蘇南土地改革・前記》，《潘光旦文集》第 7 卷，第 5 頁。

[13] 潘光旦：〈為什麼仇美仇不起來──一個自我檢討〉，《潘光旦文集》第 10 卷，第 503 頁。

改稱「取新堂」[14]，這能透露出他的一些思想傾向。對於時代，他有求變的表現；但作為取得過功名的傳統士紳，他受傳統的賜予太多，不能也不願完全擺脫傳統，雖要求改變而不能全變。頗類似於研究者分析立憲派領袖人物張謇時所說的：「他是一個士大夫，有領導風氣的責任感；他吸收新知，推進新的建設，但是他又怕時代的巨輪轉得太快，又有退縮畏懼之感。他知道自己地位崇高，革命黨不至於威脅到他什麼，但是他又常常顧慮自己的安全。」[15]所以，像潘鴻鼎這樣的立憲派，雖有志於社會改革，但他們在摧毀舊的社會秩序上，與革命派有時是同盟軍，有時又處於對立地位。

在清末，政府嚴禁人民集會結社，除中國同盟會等秘密革命團體外，公開的政黨組織「無從發生」。自武昌起義和中華民國南京臨時政府成立之後，「集會結社，猶如瘋狂，而政黨之名，如春草怒生，為數幾至近百」。起初，由於北方尚在清廷控制之下，這些新生的政黨大都集中在上海、武漢、南京等革命軍佔領的地區，尤以「上海為中心」。及清帝退位，北京臨時政府成立後，隨著國家政治中心的北移，各黨本部也紛紛北遷入京。據當時報載，北京「黨會既多，人人無不掛名一黨籍。遇不相識者，問尊姓大名而外，往往有問及貴黨者」。潘鴻鼎與沈彭年等三十餘人於 1912 年 2 月下旬在上海發起成立國民黨。他們當時宣佈：「本黨同志集合至五百人以上時，即開成立大會，公舉黨首及各職員」，「未經成立以前，暫稱國民黨同志會」。該會成員始終不多，僅為「江浙間樸學士人，素昔從事教育及地方公益者」所組成。由於勢單力薄，它從未頒佈任何政綱，在現實政治鬥爭中也無甚表現。1912 年 5 月 9 日，國民黨同志會與統一黨、民社等合併為共和黨，選舉黎元洪為理事長，張謇、章炳麟、伍廷芳、那彥圖為理事，林長民、湯化龍等

---

[14] 參見潘乃穆：〈潘光旦與羅店潘氏家譜〉（未刊稿，作於 2004 年 9 月）
[15] 張朋園：《立憲派與辛亥革命》，第 186 頁。

54 人為幹事，後又置交際員 126 人。潘鴻鼎位列 54 名幹事之一。共和黨是當時實力最強的兩大政黨之一，在北京臨時參議院的地位僅次於同盟會。在政治傾向上，他們是與同盟會相對立的。[16]

潘鴻鼎不以著述見稱於世，在政治上雖躋身於立憲派的行列，參與了一些促進政治體制改革的事情，但並非領袖人物，所以在全國範圍影響不是很大；其事功主要見於寶山縣的地方文教事業，其影響力在寶山縣最大，其次波及於江蘇省。他的立身行事準則，對兒子的影響倒是很深遠。潘光旦說，「父親出門的日子多，在家之日，亦不甚管教我」[17]，又說，「因為他去世得早，生前又盡瘁於鄉國的事務，對於兒輩的教育沒有能多操心」[18]，但身教勝於言傳，潘鴻鼎的思想意識通過一些不太多的事例，給幼年的潘光旦留下了深刻的印象。

十一、二歲時，潘光旦寫了一篇〈嚴光不仕光武論〉的翻案文章，大意是說嚴光的「清高」是很不對的，「天下興亡，匹夫有責」，如果人人學他，天下不就完了麼？父親看了他的文章後說，小孩子不要隨便做翻案文章，不要妄議古人。這件事給潘光旦的印象很深，他說後來他對舊學很是愛好，對古人有些崇拜，這件事情很有幾分決定性的影響。[19]

潘鴻鼎接受了新知識的影響，並在縣裏辦起了新式學堂，這不能不影響到兒子的求學方向。潘光旦在 1905 年只上了一年私塾，

---

[16] 參見李新主編：《中華民國史》第二編第一卷（中華書局，1987）的第一章〈北京臨時政府的建立和國內政局〉（徐輝琪、曾業英撰寫），尤其是第 31 頁和第 49 頁；以及朱漢國、楊群主編：《中華民國史》（四川人民出版社，2006）第 2 冊「政黨志」部分，第 469 頁，這部分的撰寫者是劉衛東、劉一皋。

[17] 潘光旦：〈為什麼仇美仇不起來——一個自我檢討〉，《潘光旦文集》第 10 卷，第 505 頁。

[18] [英]靄理士著，潘光旦譯注：《性的教育》，《潘光旦文集》第 12 卷，第 10 頁。

[19] 參見潘光旦：〈為什麼仇美仇不起來——一個自我檢討〉，《潘光旦文集》第 10 卷，第 505 頁。

便轉到新式學堂學習。1912 年在「兩等學堂」畢業後，父親便從北京寄回家信，要他應下年清華學校的入學考試。儘管父親於 1913 年 3 月在北京去世，家庭經濟頓感困難，但其遺命還是得到了執行。[20]

由於一位世交的朋友有手淫的習慣，有一次，潘鴻鼎在給大兒子潘光裔的信中，很詳細地討論到這個問題。[21]潘鴻鼎給大兒子潘光裔的信，潘光旦應該也能看到，因為那時潘光旦還在家鄉學習。潘鴻鼎和兒子討論手淫問題，究竟說了些什麼，文獻不足，雖不易知道，但決不會是那種視之為罪孽的觀點。他自己在日本考察時特意帶回來一本科學的性衛生書籍，應多少能說明一點問題。更有意思的是，後來潘光旦在清華學校讀書時期，曾遭遇過一位切心於勸青年入教的宗教家，這些人往往用手淫這個題目來開談，不說手淫的習慣是一椿罪孽，便說它是百病之源，包括瞎眼、耳聾、瘋狂、肺結核等等在內。就罪孽說，便應懺悔，就病源說，便應立志戒絕，而無論懺悔或立志，都需要上帝的力量。這樣，就很自然地過渡到宗教的題目上去了。「佛教有『當頭棒喝』的說法。這就是一部分基督教傳教師的當頭棒喝了！」潘光旦便遇到過這樣一位會使「當頭棒」的宗教家，「所幸罪孽不深，沒有被他喝倒。」[22]潘光旦曾自稱是一個很早感受到性衝動的人，他沒有被傳教師「喝倒」，「所幸罪孽不深」是一個很詼諧的說法，實際上起積極作用的應該是潘鴻鼎對兒子比較寬容的性教育態度。

潘光旦十二、三歲的時候，從父親的書櫥裏發現一本他從日本帶回來的有關性衛生的科學書籍。父親沒有阻止他，反而容許他閱讀，並且很開明地加以鼓勵，說這是青年人應當看而童年人不妨看

---

[20] 參見潘光旦：〈清華初期的學生生活〉，《潘光旦文集》第 10 卷，第 564 頁。

[21] 參見潘光旦為譯注靄理士的《性的教育》所寫的「譯序」，《潘光旦文集》第 12 卷，第 10 頁。

[22] [英]靄理士著，潘光旦譯注：《性心理學》，《潘光旦文集》第 12 卷，第 375 頁。

的一本書。[23]父親明知書中的種種，不是這個年齡的小孩子所能完全瞭解的，但他相信，即便看了也不會有什麼不健康的影響。有時候潘光旦讀些包含性愛成分的小說，他也不加禁止。[24]潘鴻鼎這種做父親的氣度，即使放在今天，也是不多見的。後來，在性心理學方面做研究時，潘光旦常常想起早年父親開明的態度。1934 年譯《性的教育》時，他在「譯序」裏深情地贊許父親：「顯而易見他是一個對於青年有相當信任心的人；他雖不是一個教育專家，他卻深知在性的發育上，他們需要的是一些不著痕跡的指引，而決不是應付盜賊一般的防範與呵斥禁止。」[25]1941 年譯畢《性心理學》時，他又說：「先君的這樣一個態度，對於譯者後來的性的發育以及性的觀念，有很大的甄陶的力量，這在譯者後來的《性的教育》一本譯稿裏，曾一度加以論及，認為是最值得感謝與紀念的。」[26]

　　與一般家庭的「嚴父慈母」模式恰好相反，潘光旦兄弟的雙親是「嚴母慈父」。[27]

　　母親沈恩佩（璇圓）出身於江蘇吳縣的一個書香世家。其沈氏家族人才輩出。潘光旦的外高伯祖沈起鳳是乾隆時期的文人兼劇作家，其所撰筆記《諧鐸》常被潘光旦在著述中徵引，尤見於譯注本《性心理學》。他說：「《諧鐸》的作者是譯者的外高伯祖，外氏相傳，《鐸》中所記，除一部分顯然為寓言外，其餘都有事實的根據，決非憑空虛構。」[28]沈起鳳在崑曲方面的貢獻，至今留存的是四種雜

23　《性心理學・譯序》記潘光旦讀這本日本醫師所作的關於性衛生的書是 12 歲，與《性的教育》「譯序」中所說的 13 歲略有差異。究竟是 12 歲還是 13 歲，一時不易考訂清楚；筆者估計只是歲數的演算法不同，因而也無須費力考訂，因為問題實在太細小。在此姑且籠統地說「十二、三歲」。

24　參見潘光旦：《性的教育・譯序》，《潘光旦文集》第 12 卷，第 10 頁。

25　潘光旦：《性的教育・譯序》，《潘光旦文集》第 12 卷，第 10 頁。

26　潘光旦：《性心理學・譯序》，《潘光旦文集》第 12 卷，第 205 頁。

27　據潘乃穆教授說，這是他的叔父潘光迥先生告訴她的。

28　[英]靄理士著，潘光旦譯注：《性心理學》，《潘光旦文集》第 12 卷，第 595 頁。

劇，合稱為《四種曲》。潘光旦在《中國伶人血緣之研究》一書中也特別提及，並說：「作者和沈氏有些淵源，知道他一些底細，而乾隆以來私家劇說，談到他的又極少，所以敢在此補這麼一筆。」[29]

1933 年春天，潘光旦去蘇州參加了母族的掃墓。十一、二個墳墓之中，最老的是外高祖父母和外曾祖父母的墓。潘光旦的外高祖是乾隆年間的一個進士，9 歲以第一名入邑庠，後來成為江南的解元，家史相傳，他本來有中狀元的希望，因不肯依附和珅，把殿試都放棄了。在談外高祖父的事蹟時，他引到了家譜上的話：「和珅耳公名，陰使諷公曰：能謁我，大魁可券，公夙以風節自勵，謝不與通，由是遂黜。」[30]

在這樣的書香家庭氛圍中長大的沈恩佩，是那個年代裏知書識禮、性格堅強、相夫教子的典範婦女。她對兒輩要求嚴格。潘光旦回憶道：「記得小時在家，日間如果和別家孩子爭吵打架，夜間母親一定要和我算帳，說理而外，往往加上一些輕微的體罰，直在我，如此，曲在我，更自難免。一切衝突總是錯的。」[31]在傳統士紳家族裏，強調禮讓、教養，從母親這些舉動裏，潘光旦學會了做人的道理。

在學生時代，潘光旦時常參加各種課外活動的集會，母親告誡他說：人不是蛔蟲，何以作此生涯。大約三十年後，1947 年秋天，作為教育部召開的聯合國教科文組織中國委員會成立會的代表，潘光旦在南京開會，聽到熟人們皆在忙著開會，他不禁想起了已過世的母親詼諧的譏諷，感歎道：「事隔三十年，不想此種生涯，竟成一大部分人士生涯的常軌。」[32]

---

[29] 潘光旦：《中國伶人血緣之研究》，《潘光旦文集》第 2 卷，第 116 頁。

[30] 潘光旦：〈蘇州之行〉，《潘光旦文集》第 11 卷，第 66 頁。

[31] 潘光旦：〈為什麼仇美仇不起來——一個自我檢討〉，《潘光旦文集》第 10 卷，第 505 頁。

[32] 潘光旦：〈南行記感〉，《潘光旦文集》第 10 卷，第 107 頁。

　　除了教孩子做人的道理外，潘光旦的母親還恪守著一個書香門第女性對書籍的敬畏。她注重孩子教育，教子苦讀的事蹟很多，據潘光旦的外甥女回憶：「其中經常為人稱道、我印象最深的是，有一年她從家鄉逃難到上海，家中一應細軟行李都不帶，只帶了四擔子的書。潘先生便是由這樣一位母親教養出來的。她是對潘先生少年時代影響最深的人。」[33]吳縣沈家，和寶山潘家一樣，都是書香門第，都有重視子孫讀書的風氣。

　　1936 年母親從上海來北平清華園，一直住到抗戰爆發時才回去。潘光旦喜歡用兩塊木板將一套書夾起來，立在書架上，在每套書系上一根竹製的書籤，籤上寫著書名。連繫兩塊木板的細帶是母親親手所織。母親手握一個木製小梭，用彩色的紗線織出寬窄不同、花紋各異的帶子。潘光旦詩句中所謂「忍看慈母手中線，翻作殘編夾上綿」，指的就是這事。這種帶子也送給親朋使用。[34]

　　潘光旦的舅舅沈恩孚是清末民初江蘇有名的教育家和社會名流，曾任江蘇教育會會長，發起中華職業教育社，籌創南京河海工程專門學校，負責董理同濟大學，創辦鴻英圖書館等。潘光旦 14 歲失怙，舅舅的關心愛護對他的成長有很積極的作用。1913 年他遵父親遺命報考清華學校時，舅舅正在南京，主管江蘇省的教育，潘光旦 1962 年回憶說：「『朝裏有人』，報名固然方便，錄取也就不大成為問題：十一個額子中，我和舅父的大兒子，即我的表弟，就占了兩額，此中不可能沒有『關節』；有人好意的推測說，大概我當時的英文程度不壞，其實當時我連動詞中現在式和過去式的意義何居，即什麼是『時』，都還搞不清楚。」[35]這篇回憶具有唐德剛

---

[33] 張雪玲：〈懷念昂舅潘光旦先生〉，陳理、郭衛平、王慶仁主編：《潘光旦先生百年誕辰紀念文集》，中央民族大學，2000，第 63 頁。

[34] 潘乃穆執筆：〈回憶父親潘光旦先生〉，潘乃穆等編：《中和位育——潘光旦百年誕辰紀念》，中國人民大學出版社，1999，第 342～343 頁。

[35] 潘光旦：〈清華初期的學生生活〉，《潘光旦文集》第 10 卷，第 564 頁。

所說的那個時代中國大陸知識份子的「自罵自」風格，多少有些過甚其詞，不過有經驗的讀者還是能夠把握其中真實的成分。[36]

其實，報考清華時潘光旦的英文不佳，並不足以構成什麼問題，依當時的英文教育水準，非教會學校系統的一個高小畢業生所能學到的英文委實有限。清華學校當年所招考的中等科學生中，英文程度普遍不高，這也是實情。比潘光旦高一級的聞一多，入學後頭一年就留級，因為此前他根本沒有讀過英文，否則以他的聰明和用功是不會留級的。[37]潘光旦的「自貶」大約是想讓讀者產生舅父當年在他報考和錄取的事情上徇了私情，從而認為當時的「資產階級」不大高明的印象，實際情況可能未必如此。但從一般意義上來說，「朝裏有人好辦事」，在報考和備考各種事情上比一般考生多通點氣，也是可以想像的。更應該注意的是潘光旦在學校中、生活中早就具有接觸英文及外面世界的途徑。20 世紀初，潘光旦的父親從日本考察回來後，在寶山縣開辦過好幾個男女洋學堂，設有英文課，且「他的朋友中很有幾個是方言館出身的人，有的當著公使，他經常和他們通信，信封上開著『羅馬府……』等字樣，通行無礙；他每次從北京歸來，行李上總貼著中英文字對譯的紙條，如『潘大人』對『His Excellency Pan』之類，我從小看得很熟」。[38]這些日常生活上的細節，為潘光旦以後上清華學校，追求新知識作了很自然的鋪墊。有了這些日常生活上的薰陶，再加上在新式學堂六年的學習生涯，他報考清華學校並得以錄取應該是水到渠成的事情，倒未必是潘光旦水準差，因舅父的「打通關節」才得以錄取的。

---

[36] 唐德剛為臺北《傳記文學》雜誌創刊 20 周年寫了一篇〈以一人而敵一國〉（收入其文集《書緣與人緣》，廣西師範大學出版社，2006），其中說中國內地的《文史資料選輯》是「自罵自」，臺北的《傳記文學》是「自捧自」，但有經驗的讀者都會從中獲得有價值的事實。這是非常有見地的看法。

[37] 參見梁實秋：《談聞一多》，傳記文學出版社（臺北），1967，第 3 頁。

[38] 潘光旦：〈清華初期的學生生活〉，《潘光旦文集》第 10 卷，第 563 頁。

　　1926 年留美回國後，潘光旦有八年時間在上海工作，舅舅當時也在上海，他們不可能沒有來往。潘光旦在鴻英圖書館主辦的《人文月刊》上發表了多篇文章，恐怕與舅舅的聯繫不無關係。舅舅的兩個兒子沈有乾、沈有鼎，潘光旦和弟弟潘光迥前後數年間都是清華學校畢業的。相互之間保持密切關係，亦在情理之中。沈恩孚曾寫信與潘光旦討論過潘著〈中國人文思想的骨幹〉一文，後收入他的《沈信卿先生文集》中的《蒹梧軒文存》卷三（1944 年線裝本）。1936 年，潘光旦家門前的藤蘿架上千載難逢地結出了一對並蒂的葫蘆，兩邊對稱，長得很好看。清華大學生物系的張景鉞教授告訴他，結出這樣葫蘆的幾率是億兆次都難得一見，潘光旦喜出望外，將此葫蘆視為珍寶，擺在書齋，還拜請擅長書法的舅父沈恩孚手書了「葫蘆連理之齋」的匾額。[39]後來舅舅還給潘光旦贈過兩副對聯，以為勉勵。

　　在潘光旦父輩的社交圈裏，基本上是這種過渡時代的士紳。潘光旦與他們及其後人是有不少接觸的。舅舅沈恩孚就不用說了。黃炎培，舅舅的至交，潘光旦 1941 年加入中國民主同盟就是因黃炎培和羅隆基的私人關係。[40]和他的父親相熟，一起發起「國民黨同志會」的沈彭年（沈商耆），1928 年曾為他的《人文生物學論叢》一書題寫書名，「先生為教育界前輩，曾一度長東南大學」。[41]1926

---

[39] 參見潘乃穆執筆：〈回憶父親潘光旦先生〉，潘乃穆等編：《中和位育——潘光旦百年誕辰紀念》，第 342 頁；潘光旦本人對此的記述見《鐵螺山房記》，《潘光旦文集》第 9 卷，第 541 頁，惟此處寫作「胡盧連理之齋」，未知何故；潘光旦曾於 1957 年 1 月 10 日在湖北恩施對和他一起調查土家族的張祖道繪聲繪色地講述了「葫蘆連理之齋」的由來，是所有記述中最為詳細，最為生動的，參見張祖道：《1956，潘光旦調查行腳》，上海錦繡文章出版社，2008，第 178～179 頁。

[40] 《潘光旦先生的第三次檢討（摘要）》，清華大學節約檢查委員會宣傳組編：「三反快報專刊」《批判潘光旦先生的反動思想》，第 7 頁，1952 年 6 月。

[41] 沈彭年題寫書名見《潘光旦文集》第 1 卷書前所附圖片；引文見潘光旦：

年夏，潘光旦留美回國後到政治大學教書，在 1935 年或 1936 年加入「國社黨」，都是因張君勱的私人關係，儘管不贊同國家社會主義，因張君勱的再三勸說，還是簽名加入了，之所以不退出，是因為交情關係，覺得張君勱「天真」，而且「我和張君勱是同鄉，又是兩代世交，封建關係比較深，我也不好意思硬要他把我掛名黨籍除去。」[42]

作為末代的士紳，潘鴻鼎這一批人儘管吸收了一些新知識，但在知識結構上，在安身立命處，還沒有脫離儒家思想的束縛。他對少年潘光旦作翻案文章，批評「嚴光不仕光武」，頗不以為然。他不許孩子隨便做翻案文章，妄議古人。這既是年長的社會閱歷使然，也是他尊重古人，願意從古人本來的處境去理解他們的精神追求，不願以外在的標準來強加於古人。這種精神氣質感染了少年潘光旦，促使他對古人的精神境界多作「瞭解之同情」。

潘光旦出身於這種士紳家庭，他耳目所薰染的，大都是這個階層感興趣的問題，如政治體制的改良，新式文化教育事業的發展，等等。他的思想意識和階層品味也都在這些有形無形的生活細節中受到陶冶。1914 年 11 月，潘光旦入清華剛剛一年，他在《清華週刊》上發表兩則「雜記」。其中之一記錄了他的一位父執的傳統文人趣味：「余父執施琴南先生，鄉望也。工吟詠，並善屬對。早歲入庠，而困數奇。於是家居絕塵想，常以詩酒自娛。嘗自屬一對，至奇特。上聯為『草竹兩三竿』，下聯為『文章大小宋』。蓋以篆文書之，正反較視如一也。」[43]潘光旦後來在職業生涯中，頗具嚴謹的科學面目，基本上以白話文寫作，但終生也喜歡對對子，寫舊體

《優生概論》「再版弁言」，《潘光旦文集》第 1 卷，第 248 頁。

[42] 《潘光旦先生的第三次檢討（摘要）》，清華大學節約檢查委員會宣傳組編：「三反快報專刊」《批判潘光旦先生的反動思想》，第 6 頁，1952 年 6 月。

[43] 潘光亶（潘光旦）：〈雜記〉，《潘光旦文集》第 8 卷，第 1 頁。

詩，擺弄傳統的筆墨紙硯，為人寫條幅，為自己的書題簽等等，表示出他對傳統士紳階層的品味，有相當程度的理解和接受。

二、西風習習溫舊學

　　1905 年潘光旦曾在家鄉寶山縣羅店鎮的私塾讀書，此時私塾已經採用課本，開始傳授新知識。[44]1906 年在上海大東門內火神廟某小學讀書，1907 至 1912 年回到羅店入羅陽初等學堂肄業，至 1912 年冬畢業。[45]這期間，他在新式學堂所接受的，自然還是新知識的教育。從他後來片段的記述來看，他和清末其他學生接受的教育差不多——比如讀過一種講世界地理常識的書《地球韻言》。[46]上過修身課，先生極言「合群」的重要，上唱歌課，還唱過合群歌，裏面多有「眾擎易舉，獨力難成」一類的成語。[47]

　　1913 年，年僅 14 歲的潘光旦離開溫暖的江南水鄉，北上清華，開始他追求新知識的一個新的階段。如果說，在家鄉七年的初等教育，讓他初識新知識的門徑，那麼在清華學校這個專門為留學美國

---

[44]　潘光旦：〈為什麼仇美仇不起來——一個自我檢討〉，《潘光旦文集》第 10 卷，第 506 頁。1935 年 12 月發表在北平《世界日報》上苪頻的訪問記中說潘光旦「曾經讀過一年私塾，仍是讀四書五經一類的書籍，可是沒有做過八股文章。所以他現在還說：『可惜生得太晚了，不然做做八股文章也不錯。』據說他現在能夠寫得好文章，私塾並沒有對他有點幫助。」（潘乃穆等編：《中和位育——潘光旦百年誕辰紀念》，第 53 頁）這段話揭示的事實與潘光旦自己的記述略有出入，在沒有更多資料可以依憑的情況下，姑不妨並存。潘光旦所上的私塾，很可能是清末那種改良的私塾，新舊知識並重的。短期的私塾教育並沒有幫助他打下傳統文獻的底子，對於我們的論題來說，這一事實或許更重要一些。

[45]　潘乃穆輯：〈潘光旦生平和著作年表〉，《潘光旦文集》第 11 卷，第 674 頁。

[46]　參見潘光旦：〈從太原到太谷（自太谷寄）——豫晉行程的第四段〉，《潘光旦文集》第 11 卷，第 108 頁。

[47]　參見潘光旦：〈民族先天果無恙麼？〉，《潘光旦文集》第 8 卷，第 423 頁。

作預備訓練的學校，則使他在西方的語言文化與科學知識等方面受到系統的訓練。

留學西方在當時已經是青年們嚮往的一條陽關大道，群趨之惟恐不及。家境富裕的可以送子弟自費留學，或經由教會學校派送。對於絕大多數中等階級的人家來說，清華學校實行公費，畢業後可派送留學，這是一個非常難得而且可以努力爭取的機會。所以，清華的學生以官僚、地主、買辦、士紳與小資產階級子弟占壓倒多數，工農出身子弟極少，大官僚、大地主、大買辦家庭出身的也不多。

1911 年建校後的十餘年間，清華學校的主要任務很明確，就是向美國大學輸送插班的中國學生。與此相適應，它的教育程度大體上相當於美國的中學加上大學一、二年級水準。清華學校學制前後有所變更，不過在主要時期裏，基本維持著中等科與高等科各四年，總共八年的學制。為了每年派送足夠多的學生出國留學，學校還招收了大量插班生。那些在教會大學或新式學校受教育的優秀中國學生，受到清華公費留學的誘惑，往往願意到清華插班，「加工」上一兩年就出國留學。但真正對清華校風形成決定性影響的不是他們，而是那些從中等科讀起，在清華待的年頭較長的學生。潘光旦、聞一多、羅隆基、吳景超、吳澤霖與顧毓琇等就是這樣的人。他們十來歲到校，朝夕相處多年，結下了深厚的感情，對清華的情結也最深，即所謂「養成清華『學風』的是他們，沾染上清華習氣最深的也是他們」。[48]1914 年，潘光旦進入的是中等科，加上因病休學的一年，他在清華學校待了整整九個年頭。這九年是他人生價值觀正在形成，求知能力異常旺盛的少年、青年時代，因此，他與清華的感情之深厚，是不言而喻的。

---

[48] 潘光旦：〈清華初期的學生生活〉，《潘光旦文集》第 10 卷，第 564 頁。

　　從知識傳授來說，由於有一個留學美國的「遠大目標」放在前面，所以學校的一切教學活動都圍繞這一目標設計。如吳景超後來回憶時所說：「在智育方面，清華那時的訓練，與別的學校不同的，就是英文的注重。那時清華的學生，畢業後都可以到美國去讀五年書，為使學生赴美後可以在語言上不感困難起見，清華的注重英文，自然有他的道理。我記得在清華中等科，除了英文讀本，英文文法，是用英文外，就是地理與代數所用的課本，也是用英文。」[49]潘光旦也有同感，他說：「如今回想，如果一個學生能堅持愛國而不做洋奴的立場，有著『西為中用』的決心和要求，這四年的訓練（指中等科的四年——引者注）的訓練是很好的，紮實、細緻、準確、全面，同學們的感受雖各有不同，每一個人對英語的讀、聽、說、寫，基本上都掌握到了；再加上四年高等科的文學選讀和語法修詞[辭]等課，和其它課程中的英語的運用，又把所掌握到的鞏固了下來，並且更趨成熟。」[50]這種系統而密集的英文訓練，確如潘光旦所說，在「西為中用」上可發揮重要的作用。吳景超從如何提升中國學術的水準的角度來評論，「這種訓練，現在回憶起來，實在是很好的。中國的社會科學，自然科學，都很幼稚，一個想做學問的人，如不在中文以外，弄通一國的文字，用他來做研究學問的工具，那麼他的成就，是頗有限制的。」[51]

　　用英文上課的課程，均排在上午精力充沛時，據梁實秋回憶：「上午的所有課程有一特色，即是每次上課之前學生必須作充分準備，先生指定閱覽的資料必須事先讀過，否則上課即無從聽講或應付。上課時間用在練習討論者多，用在講解者少，同時鼓勵學生發

49　吳景超：〈回憶清華的學生生活〉，「1947 年校慶紀念特刊」《清華週刊》複第 10 期，1947 年 4 月 27 日。

50　潘光旦：〈清華初期的學生生活〉，《潘光旦文集》第 10 卷，第 569～570 頁。

51　吳景超：〈回憶清華的學生生活〉，「1947 年校慶紀念特刊」《清華週刊》複第 10 期，1947 年 4 月 27 日。

問。我們中國學生素來沒有當眾發問的習慣，美籍教師常常感覺困惑，有時指名發問令其回答，造成討論的氣氛。美國大學裏在課外指定閱讀的資料分量甚重，所以清華先有此種準備，免得到了美國頓覺不勝負荷。我記得到了高等科之後，先生指定要讀許多參考書，某書某章必須閱讀，我們在圖書館未開門之前就排起了長龍，搶著閱讀參考書架上的資料，遲到者就要等候。」[52]中國傳統的教學方式，比較注重教師講授和學生記筆記的填鴨式教學，不太強調鍛煉學生自主學習、思考的能力。而清華從美國學來的這套教學方式，不僅有利於學生到美國後儘快適應新的教學方式，而且在這個過程中訓練出了一種新的思考方式，這對於加快中國學術的更新速度，無疑是有積極作用的。

潘光旦在功課上能夠達到門門優秀，是「溫嶠羞居第二流」。[53]他的同班同學姚崧齡回憶，潘光旦「在校時，所習各科，成績均極優異」。1921 年秋學校請美國明尼蘇達大學教授魁格里博士（Dr. Harold G. Quigley）開設「現代西方文化」一課，定為他們這一級的必修課，每週演講三小時，討論兩小時，指定課外讀物甚多，要求按周繳呈讀書報告，潘光旦用英文寫就的讀書報告，每篇常在一千至兩千字，「教授認為內容精審者，輒囑在課堂宣讀」。[54]

在 1922 年出國之前，潘光旦已經可以不查字典隨意閱覽英文原著。比較典型的一個事例是，1920 年他曾經把圖書館書庫裏面還不公開的靄理士（Havelock Ellis）六大冊《性心理研究錄》逐一借出讀了一遍。靄氏不僅是性心理學大師，而且還是英國出名的文豪，

[52] 梁實秋：〈清華八年〉，莊麗君主編：《世紀清華》，光明日報出版社，1998，第 360 頁。

[53] 參見潘光旦：〈為什麼仇美仇不起來——一個自我檢討〉，《潘光旦文集》第 10 卷，第 506 頁；張祖道：《1956，潘光旦調查行腳》，第 205 頁。

[54] 姚崧齡：〈關於潘光旦先生的補充〉，潘乃穆等編：《中和位育——潘光旦百年誕辰紀念》，第 140～141 頁。

學識淵博，涉獵面很廣，他的書並不容易讀。潘光旦在弱冠之年就具備了通讀原書的能力，是很不簡單的。1930 年代潘光旦回母校清華大學執教，曾說過沒有想到班上學生與他們這些早期學生相比，英文程度有這麼大差距，言下不無失望之意。[55]潘光旦回憶說，「他們（指留美時期的老師──引者注）總恭維我功課好，英文寫得有派頭，說話時發音用字和美國人一樣。上課討論，美國學生說差了的往往最後由我說對了；先生宣讀學生的短篇佳作，我的往往是第一篇，長的佳作還要替我向專門期刊介紹揭登。」[56]在 1960 年代潘光旦的日記中，常常可以看到許多喝過洋墨水的名家找潘光旦商討英文翻譯，這些人之中，有社會學家吳澤霖、作家冰心、報人儲安平等。潘光旦的英文程度之所以這麼好，除了個人的不懈努力以外，飲水思源，應該歸功於他在清華學校所受到的紮實訓練。

　　除了課程上的英文和西方知識的訓練以外，在校園文化上，清華學校也是一派西洋作風。學校開展了廣泛的體育運動，舉行演說、辯論比賽，培養學生的活動能力與民主精神。各年級的級會常通過開會的形式來練習學生的組織能力，「章程的擬訂、通過、修正，人員的選舉，提案的處理，包括提議、附議、修正、擱置或最後表決……等等，一切模擬議會政治那一套，倒是麻雀雖小，五臟俱全。」[57]「1919 年起的學生運動向學校爭取到全校學生會的組織後，有了明確的全校代議機構，稱為『評議會』，由各級會推選一定名額的『評議員』組成。從此，一般對這一套開會的清規戒律更熟悉了，少數被選進領導機構的同學當然是尤其熟練。」[58]1920 年

[55] 鯤西：〈記潘光旦師〉，潘乃穆等編：《中和位育──潘光旦百年誕辰紀念》，第 130 頁。

[56] 潘光旦：〈為什麼仇美仇不起來──一個自我檢討〉，《潘光旦文集》第 10 卷，第 496 頁。

[57] 潘光旦：〈清華初期的學生生活〉，《潘光旦文集》第 10 卷，第 579 頁。

[58] 潘光旦：〈清華初期的學生生活〉，《潘光旦文集》第 10 卷，第 579～580 頁。

後，學生通過學生會向學校提出要求，一度還成立了所謂「學生法庭」，選出了審判官與檢察官。學校很支持學生的要求，特地撥出一筆錢，為「法官們」縫製了「法服」。潘光旦就曾當過第一任也是最後一任的檢察官之一，峨冠博帶、大搖大擺地在同學們面前炫耀過一番。

正是由於有這種從課內到課外，全面而細緻地對西方文化的學習、體驗，清華學生對西方文化的吸收與理解，均達到較高程度。正如潘光旦在 1952 年思想改造過程中所說的：「這種教育不同於國內一般的資本主義教育，它的半殖民地的臭味，特別濃厚；也不同於教會學校教育和一般的半殖民地教育，不同在這種臭味更加全面，牽涉到整個的世界觀、人生觀，不限於宗教信仰、語言文字、或某一種的業務技能等方面。出洋留學的途徑不限於清華，一般留學歸來的往往被稱為鍍過金，但於留學前又接受過清華教育的人又和他們不同，金，金元帝國之金，對這批人來說，不止是鍍滿了表皮，並且入骨三分，滲透腠理。」[59]

清華的教學活動既是為著「遠大」的留學目標制定的，再加上當時社會上對西方文化的崇尚日深，清華學校校園內彌漫著鄙薄中國傳統文化的氣息。教師中的三種人與中國傳統文化的關係是這樣的：美籍教師可以不必說；用英文教學的中國教師在英文教學上認真負責，辦法也多，學生的英文程度好主要是他們的貢獻，但是，「他們對祖國的歷史文化，幾千年來豐富多彩的積蓄，一般很少理解，乃至瞧不大起。對漢文的修養一般也是單薄得可憐，個別的根本不會寫漢文，有的寫來別字連篇」[60]；教國文、中國歷史、中國地理等極少數課程的中國教師幾乎全是老先生，大多有科舉功名，一般上課也認真，批改作業也勤快，但教學方法陳舊，

---

[59] 潘光旦：〈清華初期的學生生活〉，《潘光旦文集》第 10 卷，第 597 頁。
[60] 潘光旦：〈清華初期的學生生活〉，《潘光旦文集》第 10 卷，第 568 頁。

加以方言的隔閡，教學效果很差，並且成為同學們奚落與談笑的
對象。

　　清華的漢文課堂上，一方面是老先生的教學效果差，一方面是
一班淘氣的少年學生不相配合，老先生們已意識到中國傳統文化
就是學得再好，也有點不合時宜了，所以對這種局面只好容忍。午
前英文課堂和午後中文課堂的差異就是一個明顯的寫照：「午前是
整齊、嚴肅、緊張，而不礙活潑。一到午後，同一批人，同一個課
室，卻是凌亂、浮動、鬆懈、而死氣沉沉。打盹的而外，有看小說
的，寫家信的，有吃花生米的……更有在點過名以後，就跳窗溜走
的。」[61]

　　學校裏的風氣雖然如此，但潘光旦等少數同學有他們的主見，
他們對這種情況很不滿意。潘光旦以後在回憶中說：「說他們愛國
也罷，封建保守也罷，看來都有一些。他們總想多學習些漢文和中
國固有的文化，而他們一進清華就看到，依靠課堂教育，就是沒有
希望的，必須自己想些辦法。」[62]在當時的學校環境下，還是有路
可循，有師可求的，如自己閱讀學校豐富的漢文藏書，課餘向老先
生們質疑問難等等。就時間上來說，可利用的也不少，如中文課堂
不聽講，看自己想看的書，晚上自修的時間可以讀線裝書、臨大小
楷等等。另外，就是利用寒暑假的整塊時間，研讀部頭較大的書。
對於這個寶貴的時間，潘光旦決不輕易放過。他說：「我的計畫是
每個暑假學習一種經書或史書，也曾搞過一整暑假的《說文》。這
樣，除了生病以外，搞過七八個暑假，算是對漢文和舊文獻獲得了
一些認識，打上了些底子。」[63]由於努力學習中文的是校內的少數
人，潘光旦說：「這一段回憶可能沒有太多的代表性，但清華畢業

---

[61] 潘光旦：〈清華初期的學生生活〉，《潘光旦文集》第 10 卷，第 570 頁。
[62] 潘光旦：〈清華初期的學生生活〉，《潘光旦文集》第 10 卷，第 572 頁。
[63] 潘光旦：〈清華初期的學生生活〉，《潘光旦文集》第 10 卷，第 572 頁。

生中，凡是漢文程度較好的人，一定是在努力學習英文的同時，不肯隨波逐流而獨自下過功夫的人，初不問這功夫如何下法，是可以斷言的。」[64]出國留學時，他隨身帶了一部縮印的《十三經注疏》。

費孝通先生說：「在他同代的學者中，在國學的造詣上超過潘先生的固然不少，但同時兼通西學者則屈指難計。」[65]這道出了潘光旦的特點。在潘光旦的著作裏，往往是中西並茂，難分軒輊，如果把他的著作引文作了一個整體的分析，會發現兩者都很突出。

從潘光旦的求學經歷來看，自 1905 年束髮上學以來，他的正規學校教育基本上是新式教育，用他後來自我批判時的話說是「全部是資產階級的教育」，「大部分的封建文化，……倒是自修得來的」。[66]潘光旦自修傳統文史典籍，一方面是出自於士紳家庭影響而來的對儒家思想的感情，另一方面也許是對清華學校裏過分鄙薄中國舊學風氣的一個反動。但是，從小到大，他一直接受新式教育，尤其是在西方學問占絕對強勢地位的清華學校學習，而且西學課程還掌握得很紮實，這些情況都自然而然地將潘光旦引向另一個方向：運用西方的理論方法對傳統文獻加以新的、富於科學色彩的解釋。這一時期，這種取向最典型的作品莫過於作於 1922 年留美前夕的〈馮小青考〉。馮小青是明末萬曆年間一位早慧的不幸女子，其事蹟在江浙一代流傳甚廣，潘光旦運用精神分析學的視角觀察，打破了延續近三百年的或頌揚或哀婉之音，大膽斷言：馮小青根本上是一個「病人」，所患不是生理的病，而是性心理的病，病名叫「影戀」，這一發現頗為驚人。[67]

---

[64] 潘光旦：〈清華初期的學生生活〉，《潘光旦文集》第 10 卷，第 572 頁。

[65] 費孝通：〈潘、胡譯《人類的由來》書後〉，潘乃穆等編《中和位育──潘光旦百年誕辰紀念》，第 258 頁。

[66] 潘光旦：〈為什麼仇美仇不起來──一個自我檢討〉，《潘光旦文集》第 10 卷，第 506 頁。

[67] 關於馮小青事蹟在明末以來的傳播與解釋，以及潘光旦馮小青研究的意義

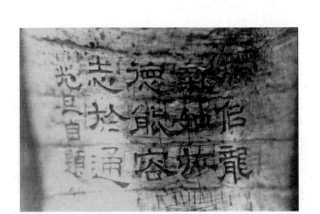

自製老竹根煙斗，斗腹銘文：形似龍，氣如虹，德能容，志於通。

圖片來源：《潘光旦文集》第 11 卷，北京大學出版社，2000 年版

　　潘光旦這類對中西學問兼籌並顧的人，在清華園雖不算多，但作為一個群體來說，仍相對地具有一定的集團性優勢。[68]他們遠比局限於經史子集的舊式文人眼界開闊，他們聲氣相通，在學術界、思想界領一時風騷。他們給近代以來的中西文化與社會政治探討提供了新的理論視角和思維方法，所注入的學理因素使論爭具有更為紮實的根基。在學術史上他們是不少現代學科的奠基人之一，或使傳統的文史研究具有了嶄新的面貌。如聞一多的中文功底一向很好，他在後來接受了西學的系統訓練後能夠進行中西詩歌的比較，也能夠運用文化人類學的理論方法來解釋古典文獻，得出迥異於一

等情況的綜合性敘說，可參見張春田：〈「影戀」，性心理與「病」——潘光旦寫馮小青〉，《書城》2008 年第 9 期。

[68] 十餘年來學術界有所謂「清華學派」的提法，各家的說法雖在範圍上、角度上有所差異，但有一點是相同的，就是中西貫通的學術風格在清華人數相對較多，具有集團性的優勢。關於「清華學派」的研究，比較集中的論述，可參見胡偉希著《觀念的選擇：20 世紀中國哲學與思想透析》（雲南人民出版社，2002）和徐葆耕著《清華學術精神》（清華大學出版社，2004）的有關章節或篇目，以及孫宏雲的論文〈「清華學派」的淵源與建構〉（桑兵、關曉紅主編：《先因後創與不破不立：近代中國學術流派研究》，三聯書店，2007）等。

般學者所習慣的結論。又如吳景超，據他的同級同寢室的同學梁實秋描述，他「好讀史遷，故大家稱呼之為太史公」。[69]吳景超後來雖然成為一位社會學家，但他結合秦漢史和社會學，曾經寫過多篇歷史社會學的論文，試圖以中國的歷史材料來說明社會科學上一般性的問題。在他這一代社會學家裏，潘光旦運用傳統文獻的範圍之廣，種類之繁，並世無雙。

後來，學術環境變化了，下一代的社會學家裏，除了瞿同祖、董家遵等少數有家學淵源的學者以外，絕大多數人運用傳統文獻的興趣與能力已遠不如前輩。[70]難怪清華社會學系 1930 年代的學生王勉（筆名「鯤西」）說：「潘先生對於中國古典經籍的熟悉和舊文修養也是我們後來的學生所萬萬不及……至於詩，他自言不能詩，然而從他時時徵引舊詩看來，無論從愛好和趣味來看都不平常。」[71]王勉先生尚屬愛好中國文史典籍的學者，後來他走上了文史編輯的工作崗位。在他眼裏，像潘光旦這樣文化底蘊的獨特人物，已如東去之水，不再復返了。

---

[69] 梁實秋：〈憶清華〉（節錄），鍾叔河、朱純編：《過去的學校》，湖南教育出版社，1982，第 119 頁。

[70] 關於民國時期社會學者的歷史研究的概略觀察，可參見筆者的論文：〈他山之石——民國社會學者的歷史研究〉，中國社會科學院近代史研究所編：《中國社會科學院近代史研究所青年學術論壇（2006 年卷）》，社會科學文獻出版社，2007。

[71] 鯤西：〈記潘光旦師〉，潘乃穆等編：《中和位育——潘光旦百年誕辰紀念》，第 130 頁。

第二章 從優生學向社會學的擴展

　　潘光旦在學術史上的地位，最為人們知曉並留存在記憶中的，大約主要是優生學家、社會學家、性心理學家和民族學家。其中，又以優生學家的歷史形象最為突出。在一定意義上，這也符合歷史實際。潘光旦主要是以優生學家的身份在社會學界活動的，因為，在他看來，優生學是一種以進化論和遺傳學為基礎，而以社會學為構架的學問，他本人的優生學研究主要在社會學的層面展開。潘光旦的學生與同事全慰天先生曾說過：「潘先生提倡的社會思想大都和他的優生原理有聯繫，是他的屬於自然科學方面的優生原理在社會科學方面的發展。他早先是優生學家，後來才是優生學家兼社會學家。」[1]

　　這一章主要解釋潘光旦如何選擇優生學作為專業，又如何從優生學擴展到社會學領域。當時西方風起雲湧的優生運動，以及晚清以來國內知識界、思想界的優生學知識介紹與種族改良討論，是重要的社會與思想背景。潘光旦個人的生活、學術經歷怎樣塑造了他的優生學研究的類型和風格，他從優生學擴展到社會學所經由的邏輯環節是什麼，這些都是我們將要著力考察的。

---

[1]　全慰天：〈潘光旦傳略〉，潘乃穆等編：《中和位育——潘光旦百年誕辰紀念》，第 10 頁。

一、西方優生運動的波瀾

今天「優生學」在西方已經是一個歷史名詞，甚至已經被科學共同體的成員規定為不允許在正式的科學文獻中出現。1996 年，中共中央對外宣傳辦公室明確要求不用 eugenics 一詞來翻譯和介紹中國當代的優生學工作。1998 年，在中國召開的第十八屆國際遺傳學大會，也通過不再在科學文獻中使用 eugenics 一詞的聲明。優生學之所以遭受到如此嚴厲的批判，一方面是與西方種族主義措施造成的慘痛記憶有關，另一方面與其精英主義立場導致的對人權的侵犯有關（最典型的是 1930 年代在德國和美國盛行一時的強制絕育律）。但是，當我們把眼光拉回到 20 世紀初的前後幾十年間，那時的優生學卻是一門受人尊崇的科學（儘管也有批評的聲音）。從改善人口品質入手來改革社會，不僅見於優生學家的主張，而且寄託了西方許多有影響的知識份子的理想。

通過滋優汰劣的辦法來改善人口品質，進而促成實現合乎理想的美好社會，這種優生學的觀念源遠流長，在古代希臘、中國、印度的文獻裏都不乏記載。近代科學意義上的優生學的發軔與 19 世紀中葉生物學的達爾文革命密切相關。達爾文認為物種進化的重要原因是自然選擇。據科學史家評述：「屬於一個種族的個體，天賦性能各不相同。達爾文對於這些變異的原因不表示意見，只是把變異當做事實加以接受。如果生殖過多或追求配偶的競爭過大，任何在爭取生存和爭取配偶的鬥爭中，有用的性能都具有『生存價值』，而使具有這種性能的個體佔有優勢，有更大的機會延長生命或得到配偶，順利地生產壓倒多數的後裔以繼承這一有益的變異性。由於不具有這種性能的個體逐漸被淘汰了，這一特殊性便有擴

大到全種族之勢。種族改變了，一個不同的永久的種別慢慢地確立起來。」[2]由於當時生物學知識的限制，達爾文還沒有能夠排除拉馬克主義在生物進化過程中的作用，即認為由於用進廢退的長期作用而後天獲得的特性可以遺傳。儘管有許多局限性，達爾文把人類看作自然歷史的一部分，由此所闡述的遺傳的觀念，對於現代遺傳學、優生學的建立，都起到重要的作用。

　　達爾文的表弟高爾頓（Francis Galton，潘光旦譯為「戈爾登」），被公認為優生學的創始人。1869 年，高爾頓把達爾文《物種起源》中的遺傳觀念應用於人類智力的遺傳，證明在體質方面和分子速度方面的定律也適用於智力方面，確立了才能遺傳的原則。19 世紀末韋斯曼（August Weismann）在生物學上嚴格區分生殖細胞和軀體細胞，認為軀體細胞只能產生與自己相同的細胞，而生殖細胞不僅可以產生生殖細胞，還產生體內的一切無數類型的細胞，軀體細胞也是通過生殖細胞的裂變分化出來的；身體所遭到的改變，可能損害生殖細胞，但卻不能改變它的性質。韋斯曼的發現，徹底否定了拉馬克主義後天獲得性可以遺傳的觀念，把以往許多人們歸結於環境影響的因素，重新歸結於遺傳上面，這樣就大大提高了遺傳在影響人類文明因素中的比重。韋斯曼的學說，使高爾頓的才能遺傳原則更加鞏固。如果說，以往人們對環境的影響過於高估，那麼，韋斯曼的發現則告訴人們：教育的作用沒有通常設想的那麼大，它只能使已經存在的特點突出起來，而不能「無中生有」。這樣，要提高一個種族的生物特性，唯一的辦法就是給它的比較優秀的特點以發展的機會，同時清除或減少那些低劣的特性。這也就是所謂「積極優生學」和「消極優生學」的目標。

---

[2]　W. C.丹皮爾著，李珩譯，張今校：《科學史——及其與哲學和宗教的關係》，商務印書館，1979，第 373 頁。

　　動物育種的經驗給人類以啟發，人類也可以借鑒人工育種的原則來改進人類自身的品質，優生學就這樣產生了。優生學，嚴格地說，就是根據了遺傳原理的人類育種學。[3]高爾頓之後，在生物統計學上發展、完善優生學的是皮爾遜（Karl Pearson）。1900 年，三位生物學家重新發現了 1865 年孟德爾（G. J. Mendel）豌豆實驗發現的生物性狀的顯品、隱品規律，是遺傳學在遺傳機制上的重大突破，對於優生學也具有重大影響。1910 年以後，摩爾根（T. H. Morgan）及其同事進行的果蠅實驗，證實並完善了孟德爾定律，對基因、染色體、性別決定因素的規律的研究有許多突破性進展。[4]所有這些遺傳學的新進展，都使得新生的優生學的自然科學基礎益趨堅實。

　　十九、二十世紀之交，優生運動在英國凝聚成了強大的衝擊力。優生學在 20 世紀早期的美國也非常繁榮。談到 20 世紀初優生運動在西方的聲勢，潘光旦曾說：「不說別的，就是優生與種族衛生兩種其實類似的活動已經在最近三十年的西洋文化界與學術界裏起了軒然大波，現在還在不住的動盪震撼……關於這一類活動的事實，因為介紹得不多，國人還沒有十分注意到，所以不感覺到它們影響的遠大。但是在西方思想界裏，即素以懷疑派著稱的人，最近也改變了他們的態度。例如美人孟根，向來是攻擊智力測驗最有力的一人[5]，現在卻接受了它的結論了，並且自己還認了錯。羅素在《人類往那裏走》那本討論集裏討論到科學的前途，結論中竟把優生認為最主要的保障和出路。西方文化的時代精神，德人所時常稱道的 Zeitgeist 要是真有的話，於此也可以窺見一斑

3　參見潘光旦：《優生原理》，《潘光旦文集》第 6 卷，第 325 頁。

4　[美]伊恩·夏因、西維亞·羅伯爾著，王一民、王仲民譯：《遺傳學的先驅摩爾根評傳》，商務印書館，1993，第 133～134 頁。

5　優生學家為了區分人類社會價值的高低，一般而言，非常支持智力測驗作為檢驗智力水準高低的手段。

了。」[6]除了這裏提到的孟根和羅素，知識界認同優生學的大有人在。如英國性心理學家、文藝評論家靄理士也曾對優生學感興趣，不僅把優生學的思想納入自己性心理學的學術框架，還寫過一本優生學著作《英國天才的研究》。又如英國人本主義哲學家席勒（F. C. S. Schiller），在優生運動正盛時，也對優生學發生興趣，寫過一本《優生與政治》。

在西方一些國家，優生學不僅是一種學術思潮，而且在組織上、實踐上也取得了若干進展。

在英國，1904 年高爾頓在倫敦大學設立一個研究員名額，是為高爾頓國家優生研究院之始，1905 年複添研究員名額一個，1911 年高爾頓去世以後，遺囑設立優生學教授一席，由皮爾遜擔任，倫敦大學國家優生研究院始完全成立，另外，1908 年在倫敦有優生學教育會的設立。在歐洲大陸上，優生運動發軔最早是在德國，1904 年普祿茲創辦《民種生物學與社會生物學研究錄》，是優生學定期印刷品之始，次年他集合德、奧、瑞典、瑞士四國同道，組織國際民種衛生會，優生運動之有國際組織自此始，1911 年萬國衛生展覽會舉行於德國，是為優生展覽會之始。美國的優生運動後來居上，1910 年達文波特（C. B. Davenport，潘光旦譯名「達文包」）於紐約之冷泉港創辦優生學館，1910 至 1924 年間，先後訓練出優生研究員不下 260 人，其大多數分散國內各處，行其所學。1912 年、1921 年和 1932 年，三屆國際優生會議先後舉辦。1925 年，在世界範圍內，24 個國家已有正式優生組織（不包括有非正式優生組織的若干南美小共和國），優生學組織共有一百多個，其中美國最多（32 個），德國次之（19 個），英國又次之（9 個）。[7]

---

[6] 潘光旦：《人文史觀》，《潘光旦文集》第 2 卷，第 320 頁。

[7] 主要參見潘光旦：《優生概論》，《潘光旦文集》第 1 卷，第 319～339 頁。

人工絕育是消極優生學的最後一個辦法，非萬不得已，絕不輕易實施。美國在以法律手段實施絕育方面，據統計，截止 1921 年 1 月 1 日，共有 15 個州曾通過人工絕育律，從 1907 年至 1921 年 1 月 1 日，曾對 3233 人實施過絕育手術。[8]「在那時候，絕育的方法確乎還是一個新花樣，新試驗，提倡的人雖多，懷疑與期期以為不可的也不在少數」。但 1920 年代初期以後，形勢變化很快，絕育律迅速推廣開來。據統計，美國絕育成績突出的加利福尼亞州，從 1909 年推行絕育法令起，到 1936 年 12 月 31 日止，就施行過 11484 次絕育手術。在希特勒統治下的德國，居然把絕育作為強種政策的一大支點，並且推行得異常努力。[9]

優生運動在 20 世紀初期的幾十年裏，曾在西方世界引起過不少波瀾，吸引了不少學者加入優生學的研究者隊伍，它在社會思想界也有不少贊同者。潘光旦就是在這樣一種學術思想和社會氛圍的影響下接受優生學訓練的。1920 年代，他曾在紐約的優生學館師從有「美國優生運動的組織者」之稱的達文波特學習優生學，又曾在哥倫比亞大學師從摩爾根學習遺傳學。

二、選擇優生學作為專業

早在 19 世紀末期，面臨日益嚴峻的民族危機，中國的有識之士在種族競爭方面即有「保種」的呼聲，晚清思想界中有影響的人物，如譚嗣同、康有為、章太炎、嚴復等均提出過種族改良的話題。[10]至新文化運動時期，知識份子對優生學的興趣進一步增長，

8　參見潘光旦：《優生概論》，《潘光旦文集》第 1 卷，第 360～365 頁。

9　參見潘光旦：〈優生與抗戰〉，《潘光旦文集》第 5 卷，第 177～182 頁。

10　參見[英]馮客著,楊立華譯《近代中國之種族觀念》,江蘇人民出版社,1999,

陳映璜的《人類學》、陳壽凡編譯的《人種改良學》、周建人與陳長蘅合著的《進化論與善種學》、劉雄的《遺傳學與優生》以及丁文江的長文《哲嗣學與譜牒》等書或文,向國內介紹了優生學的一些基本知識。

有關研究表明,晚清時期的種族改良討論,涉及種族競存、通婚、早婚、女子教育等問題,本土的知識夾雜著新輸入的片段知識為這些問題的討論提供了新的啟示;新文化運動時期,人口的數量與品質、生育節制、戀愛結婚與家庭模式、社會變革與女性解放等問題的討論,都或多或少地涉及優生話語。[11]知識份子對於優生的話題,興趣漸趨增長,至五四時期來自西方的比較純粹的優生學知識輸入也日漸增多。但系統地瞭解優生學的人,仍屬寥寥無幾。在西方國家頗有聲勢的優生運動,在中國還遠遠不成氣候。所以,潘光旦於 1925 年說:「優生運動有二十年之歷史,而中國幾未之聞者。」[12]

《天演論》的譯者嚴復,在致友人熊純如的一封書信中談到:「顧此等皆天演淘汰之見諸事實者;淘汰已至,則存立之機見焉。故西人謂華種終當強立,而此強立之先,以其有種種惡根性與不宜存之習性在,須受層層洗伐,而後能至。故純如欲問中國人當受幾許磨滅,但問其惡根性與不宜之習性多寡足矣:二者固剛剛相掩也。」[13]嚴復在這封信裏,以達爾文的自然選擇學說(即「物競天

第 152～153 頁;[日]阪元弘子著,閻小妹譯:《近代中國的優生話語》,王笛主編:《時間‧空間‧書寫》,浙江人民出版社,2006,第 186～190 頁。

[11] [日]阪元弘子著,閻小妹譯:《近代中國的優生話語》,王笛主編:《時間‧空間‧書寫》,第 190～200 頁。

[12] 潘光旦:《優生概論》,《潘光旦文集》第 1 卷,第 317 頁。

[13] 嚴復信函原載於《學衡》第 20 號,為〈嚴幾道與熊純如書札節鈔〉的「補錄三」,潘光旦:〈二十年來世界之優生運動〉一文轉引,《潘光旦文集》第 1 卷,第 347 頁。按潘光旦此文是 1925 年 5 月 12 日在美國優生學館寫的,發表於 1925 年 11 月 25 日出版的《東方雜誌》第 22 卷第 22 號,原刊本即

擇，適者生存」中的「天擇」）來分析民族性，認為中華民族如欲強大自立，須先使種種劣根性與不宜存之習性，經受自然選擇作用的反覆淘汰、提煉。

除了在清華學校通過閱讀西文，瞭解到有關優生學的情況以外，潘光旦在國內時應已接觸到當時中文報刊上有關優生學的討論。在 1924 年 12 月寫的〈優生概論〉一文中討論英文 eugenics 一詞的各種中文譯名時，他寫道：「國人有直譯作『優生學』者，有譯作『善種學』或『淑種學』者，又有譯作『婚姻哲嗣學』或『哲嗣學』或『人種改良學』者。後二、三譯名不常見，『優生學』及『善種學』或『淑種學』則散見於二、三年來之報章文字。」[14]查此文原刊本（《留美學生季報》第 11 卷第 4 號），亦有這段文字，但收入《優生概論》一書時文後附的「參考文字」（即「參考文獻」），則為原刊本所無。「參考文字」中介紹：潘光旦在美國優生學館時的老師達文波特的英文著作《遺傳與優生的關係》有兩種中譯本，均於 1919 年出版，分別是胡宣明的《婚姻哲嗣學》和陳壽凡的《人種改良學》，兩種都不是全譯本，而且陳譯本曾參考他書，略有增益。[15]潘光旦是出國留學前就讀過這兩種書，還是後來才知道有這兩種書，材料不足，一時不易考定。但有一點是清楚的，那就是，潘光旦之選擇優生學作為專業，顯然是與中國近代部分知識份子對優生學的興趣密切相關的，並不是一種孤立的個人行為。

1922 至 1926 年在美國系統地接受了優生學訓練的潘光旦，在一個新的時代條件下，繼續探討前輩知識份子所關心的種族改良問題。他借鑒了達爾文進化論之後生物學研究的成果，在過於殘酷的

有這段引文，而《學衡》第 20 號出版於 1923 年 8 月，光旦應是在美國讀到的。不論潘光旦是通過什麼途徑讀到這期雜誌，說明潘光旦的學術思想發展是與國內思界界的狀況有密切關係的。

[14] 潘光旦：《優生概論》，《潘光旦文集》第 1 卷，第 251 頁。

[15] 潘光旦：《優生概論》，《潘光旦文集》第 1 卷，第 263 頁。

自然選擇以外，試圖提倡強調人為努力的社會選擇（在普通動植物方面，可稱為人工或人為選擇。在人類方面，可稱社會選擇或文化選擇，潘光旦一向喜歡稱人文選擇）。這基本上是一種通過人為的方法來引導人口品質提高的主張。接受了優生學的潘光旦認為，前輩學者嚴復只知自然選擇，而不知較自然選擇為優的社會選擇。

此後數十年間，潘光旦堅持不輟地結合中國文獻深入研究優生學，即使不被人理解、同情，依然矢志不移。他無疑是民國時期優生學研究中首屈一指的人物。所以，有研究者評論說：只是由於潘光旦，「優生學才在中國成為一個家喻戶曉的說法」[16]，另一個研究者也說：「但就其影響之大來看，在中國的優生學史上尚無出其右者。」[17]

潘光旦在專業方向的選擇上，應該說是找到了一條適合自己志趣的獨特道路。他不像某些同學，在清華學校時期就已經表現出明顯的或文科或理科的傾向，他對兩方面都有興趣，都有相當的修養。而之所以對優生學產生濃厚興趣，或許跟他所經歷的重大人生挫折不無關聯。

1915 至 1916 年，遠離家鄉和親人的少年潘光旦經歷了人生的第一次頓挫。夢想能夠文武雙全的他，在一次跳高鍛煉時受傷，由於沒有得到及時有效治療，結核菌侵入膝蓋，不得不於 1916 年 1 月 18 日在北京協和醫院鋸掉一條腿，從此不得不終生架著雙拐行走。當初他思想上可能經歷了一番波動。據與他同在清華上學的弟弟說，就在這個時候，他加入了基督教。[18]

---

[16] [英]馮客著，楊立華譯：《近代中國之種族觀念》，江蘇人民出版社，1999，第 157 頁。

[17] [日]阪元弘子著，閻小妹譯：《近代中國的優生話語》，王笛主編：《時間・空間・書寫》，第 201 頁。

[18] 潘乃穆執筆：〈回憶父親潘光旦先生〉，潘乃穆等編：《中和位育——潘光旦百年誕辰紀念》，第 351～352 頁。

日後，潘光旦在一篇文章裏寫道：「一個身體上有殘缺的人，也就是面子上有缺欠的人。這樣一個人的人格發展也不外這兩條路：一是用努力來戰勝或補償，那是正常的；一是用想像或言詞來掩飾，那是病態的，是於體格的缺陷之上又添上了精神的缺陷，那人格就越發不完全了。這種精神病態，心理學家叫做『自卑的癥結』，一經養成，是不容易消除的。」[19]潘光旦很快從思想波動中走了出來，他要通過自身的努力來戰勝或補償身體的殘缺。

上生物學課，講到遺傳這一節時，同學們都很有興趣，尤其是潘光旦。老師談到一位德國生物學家做過實驗，把老鼠尾巴斬斷，看看這些老鼠的後代是否短尾。於是大家又得了一個機會來「折磨」潘光旦，他們問他：「你生的子女，將是單腿的呢？將是雙腿的呢？」潘光旦被大家捉弄，至多說一聲「不可胡鬧」，從來不動肝火。[20]

生物學課上、課下的一幕，肯定是長期印在他的腦海中了。他後來在《優生原理》的一條注釋裏說：「編譯者於民國四年喪一足，民國十五年結婚，十六年來，生女兒七人，現存者五人，四肢均無問題。在結婚以前，親友也有替他擔心的，認為子女之中，恐不免發生先天殘廢的狀態，但後來他們就釋然了。」[21]身殘的體驗，同學的取鬧，親友的擔心，都不免使他對人類的遺傳規律多些關注。

1920 年以後的兩年間，他先後接觸到性心理學的兩位大師佛洛伊德和靄理士的著作，並對靄理士的思想產生傾慕之情，由此對人類的生理、心理狀況有了進一步的瞭解和認識。從清華校醫 La Force 那裏，引發了他對優生學的興趣。[22]其實，靄理士雖以性心

---

[19] 潘光旦：《自由之路》，《潘光旦文集》第 5 卷，　第 270 頁。

[20] 參見梅貽寶：〈清華與我（五）〉，潘乃穆等編：《中和位育──潘光旦百年誕辰紀念》，第 104 頁。

[21] 潘光旦編譯：《優生原理》，《潘光旦文集》第 6 卷，第 277 頁。

[22] 雙日：〈園內學人訪問記：社會學系教授潘光旦先生〉，潘乃穆等編：《中和

理學知名，但他也受到 20 世紀初英國風靡一時的優生運動的影響，從而產生了認同，在性心理學著作裏，他也時常提及遺傳與優生因素的重要性。[23]

在清華學校時期，對人本身的生理、心理現象的關注，對社會問題的興趣，都在專業道路尚未選定的潘光旦身上埋下某些根基。對於他在文理科兩方面的素質，1922 年 7 月梁啟超曾有評價，認為他頭腦之瑩澈，可以為科學家，情緒之深刻，可以為文學家。這樣一種情況，促使潘光旦在專業訓練上不局限於文科或理科一科的範圍，而是著重從人本身的生理、心理狀況出發，進而探討人生的問題，社會的問題，以及國家、民族乃至於人類文明的前途。潘光旦曾說過：「我於 1922 年留學美國時，我是懷著一定的目的去的，所以我進入學校後，首先就選修生物學，然後學動物學、遺傳學，這對我的專業是很重要的，我學了很多對我有用的課程。暑假也不休息，有三、四個夏天，我都去參加有關優生、內分泌等訓練班、研究所，去實習，去接觸實際。我努力地學，四年學習完需要的課程，也不要什麼博士學位，那是再延長一兩年就可能得到的一種名分，就於 1926 年秋回國了。」[24]潘光旦選擇優生學，是有深刻的自覺意識的，四年拼命讀書，他認為已經足夠獨立研究的基礎，這樣，沒有去拿對他而言並不困難的博士學位，就啟程回國了。留美時期，他綜合生物學和社會學的基本學術路徑已經確立了。關於他的這種學術風格，編發他的文章的老友梁實秋曾說：「研究社會學的人很少有這樣嚴格的實驗科學的訓練。在潘先生的作品裏，我們卻可以看出自然科學與社會科學之凝合」[25]，也有評論認為，「在

位育——潘光旦百年誕辰紀念》，第 45 頁。

[23] 潘光旦在譯注本靄理士的《性的道德》、《性的教育》兩書的「譯序」裏都提到了這一點。

[24] 張祖道：《1956，潘光旦調查行腳》，第 179 頁。

[25] 潘乃穆輯：〈梁實秋筆下的潘光旦〉，潘乃穆等編：《中和位育——潘光旦百

社會學人中而對生物學尚有如此湛深造詣者，無論是在中國或是美國，先生實為第一人。」[26]

選擇優生學雖有「救國」的考慮，但優生學作為一種學術研究來說，並不是一種簡單的技術科學或政策研究，可以簡單地直接拿來「救國」，它有著遠為廣闊的學術探討空間。潘光旦在留學初期就表達了深入探究學理的願望，他反對那種動輒以「救國」為幌子，來美國學一點粗淺的學問就回國的做法。

1923 年 1 月 1 日，潘光旦剛剛到美國 4 個月左右，為了給清華園的學弟們選擇學校、選擇專業等問題提供一些「過來人」的經驗，他寫了一篇〈一輛前車的話〉，寄回清華園，發表在 3 月份的《清華週刊》上。潘光旦在專業選擇和治學態度上的識見，在此短文中即有體現。他批評了狹隘的「為學救國」觀念，「讀者諸君有罵我無血性的請少安毋躁。不論做一件什麼事，要是把目的看得太分明了，太急切了，便總要蹈一個心切於求、目眩於視的大弊病！招牌太大了，大家便只看見招牌，不看見路。所以有的便急不擇路，有的便抄近路，走捷徑；大家只想以有限之時間，造無邊之善果，結果是什麼？是一個大大的不徹底！二、三十年來出洋了多少人，回國了多少人，糜費了多少金錢，拼湊起來，也只做得三分粉飾功夫！」[27]

他提倡「為學問而學問」的態度，在他看來，只要把適合自己興趣的學問做好了，都能對國家、民族有貢獻，不宜眼光太淺太近。他說：「直到近來這種操切的心理逐漸失勢，為學問做學問的比較的新觀念才有他的位置；於是治標治本的分別談者亦漸少；最近

年誕辰紀念》，第 125 頁。

[26] 李樹青：〈悼念業師潘光旦先生〉，潘乃穆等編：《中和位育——潘光旦百年誕辰紀念》，第 170 頁。

[27] 潘光旦：〈一輛前車的話〉，《潘光旦文集》第 8 卷，第 82 頁。

而留學科目一覽上文藝及純粹科學一類題目乃反有偏重之趨勢焉。平心而論，那一種學問，只要切實做去，不能福利人群？可是一把目的張大之後，大家的注意都移在目的上去做，所謂治標的學問的人的刻不待緩，不用說了，想專做學問的人也隨著風氣，草草率率地收拾一些秕糠回國服務去了。這是留學界目下最不幸的一件現象。」[28]

三、在美國學習優生學

1922 年 9 月 20 日，潘光旦來到美國東部常春藤協會素以學術著稱的達特茅斯學院（Dartmouth College，潘光旦譯為「達茂大學」），插班進入三年級學習。這所學校位於美國東北部的新罕布希爾州，屬美國開化較早的新英格蘭地區。

潘光旦在留學美國期間，大學和研究生時期專業上主要學習的是生物學，中間曾有一年半專攻優生學。1922 至 1924 年他在達特茅斯學院學習生物學，於 1924 年夏獲生物學學士學位。1923 年暑期、1924 年夏至 1925 年夏，在紐約州長島冷泉港的優生學館（Eugenics Record Office，潘光旦一般簡譯為優生學館）學習優生學、人類學一年有半。1925 年夏同時在冷泉港的卡納奇研究院，參加內分泌學的暑期講習班。1925 年 9 月至 1926 年夏，在哥倫比亞大學學習生物學，獲碩士學位。1926 年夏在麻塞諸塞州林洞鎮的海濱生物研究所學習單細胞生物學。留美四年後，潘光旦於 1926 年秋回到祖國。據 1923 年 11 月 26 日的《達特茅斯報》報導，他原計劃在達特茅斯學院畢業後去約翰霍普金斯大學學習醫

---

[28] 潘光旦：〈一輛前車的話〉，《潘光旦文集》第 8 卷，第 82 頁。

學，不知為何，他後來改變了主意，改去優生學紀錄館學習了一年，後又在哥倫比亞大學學習生物學一年[29]。從這些學習經歷來看，他對自然科學的興趣是濃厚的，也確然是受過嚴格的自然科學的訓練。

潘光旦曾經學習過的優生學館位於紐約州長島冷泉港，其前身是美國藝殖會社（American Breeders Association）優生部。藝殖會社成立於 1903 年，是利用遺傳學的知識來研究動植物選種的專業學術團體。不久優生事業日益發達，藝殖會社的名目不足以概括所有這些事業，於 1913 年改稱美國遺傳學會（American Genetic Association）。1910 年，有「美國優生運動的組織者」之稱的達文波特，在冷泉港創立了優生學館，此館最初隸屬於藝殖會社，後長期歸卡納奇研究院領導。優生學館致力於彙集、收藏一切有關優生的文獻記錄，研究人類品性的遺傳法則以及直接間接影響遺傳品性的社會勢力，還從事一切有關優生的組織合作、專業人員訓練等。不出十年，冷泉港幾成世界優生成績之總流通處。[30]

當時在西方流行的優生學，主要有三種取向：(1)最廣義派。對於生殖細胞和軀體細胞不加分別，凡一切可以直接影響到後代幸福的社會改造事業都在研究範圍之內，「換言之，即將優生二字看得太泛，而不瞭解『生』字之特殊意義」。(2)較廣義派。能夠分清生殖細胞與軀體細胞，明白優生的「生」，指的是生殖細胞的而非軀體細胞的，是種族的而非個人的，是治本的優生而非治標的衛生，視遺傳為重而環境為輕。但環境中足以直接間接影響到生殖細胞，因而牽動遺傳的，如煙毒、酒毒、花柳病之類，都在研究範圍之內；其他如性衛生、婦女解放等直接與生殖現象有關的問題，也

---

[29] Gerald H. J.Lee, Pan Guangdan and the Concept of Minzu, P.11, Master Degree Thesis, Cambridge University, 1996.

[30] 參見潘光旦：《優生概論》，《潘光旦文集》第 1 卷，第 322 頁。

都頗受注意。(3)狹義派。「此派專以遺傳之遷善為目的，以選擇的婚姻生產為手段」，換言之，即是通過婚姻選擇與生育後代的方式來實現人類遺傳品性的優化組合，達到種族品質改良的目的。這一派的學者認為，較廣義派所關注的性衛生、煙酒毒等問題，雖與優生學有密切的關係，但因其內容甚為複雜，早已成為若干獨立的研究，可與優生學合作而不宜隸屬於優生學。[31]

在達文波特的影響下，潘光旦接受的是狹義派的優生學。儘管他本人熱心於社會改造，以後跨入社會學研究的圈子，但他並不贊同最廣義派和較廣義派所熱衷的「優境」的學術路徑，尤其不滿於最廣義派，認為儘管它在歐美社會中最占勢力，但卻是最無學理根據的一派。回國後多年，他在一篇文章中寫道，有一次他的一位朋友去聽某思想家言論家著作家的演說，中間講到種族的改良，據說只要多種樹或其他綠色的東西，種族處在遍地綠油油的環境裏，可以得到一種潛移默化的勢力，而日臻於優良健全的境界。當時這位朋友嚇了一跳，心想：要是這是改良種族的不二法門，那麼，熱帶叢林裏的猿猴，甚至於以不圖上進而著名的樹懶，早該兼程演進，趕上我們人類了！潘光旦接著說：「這一類同似的議論，近年來實在不少，我們似乎在別處聽見過，提倡體育可以直接改良種族，提倡醫學衛生，也可以直接改良種族，甚而至於禁絕鴉片，也可以直接改良種族。」[32]後來潘光旦與民族生物學者張君俊在民族品質改良問題上有爭論，其中很重要的一點，就是潘光旦認為張君俊的主張頗有隸屬於第一派之嫌疑。他認為張君俊所主張的改善營養、減少寄生蟲等，都只是普通的公共衛生設計與社會建設設計，與其在名目上所提出的優生學不甚相關。[33]優生學的科班學習，使潘光旦

---

[31]　參見潘光旦：《優生概論》，《潘光旦文集》第 1 卷，第 256～258 頁。
[32]　潘光旦：〈姓、婚姻、家庭的存廢問題〉，《潘光旦文集》第 2 卷，第 406 頁。
[33]　參見潘光旦：《民族特性與民族衛生》，《潘光旦文集》第 3 卷，第 238 頁；

嚴格地將「優生」與「優境」區分開來，在討論一些社會公共問題時具有了新的視野。

　　潘光旦關心的種種社會文化勢力，範圍之廣，種類之繁，應不下於最廣義派和較廣義派，這是他之所以能夠進入社會學界從事教學研究活動，從而被人們稱為社會學家的原因所在。但他所關心的種種社會文化勢力，都需要考慮它們與優生的關係，「其於環境中種種勢力非不注意，然僅就其選擇或淘汰作用做深切之研究。其不發生選擇或淘汰作用者姑從略焉。」[34]舉例來說，如果一種社會制度壓抑了某一種優秀人才的發展，使其生存空間狹窄，沒有留種或留種甚少，他的遺傳品性沒有經婚姻生育的途徑流傳下去，那麼，這種社會制度就是反優生的。潘光旦依託於優生學的社會學研究，大抵就是對於種種社會文化勢力的優生作用的分析。

　　潘光旦與達文波特保持著良好的學術聯繫，他追隨達文波特這位受業老師，前後有一年和兩個暑假之久。[35]某一次達氏對潘光旦說，19 世紀末年他在德國留學時，曾經在舊書攤上看到過孟德爾關於豌豆實驗的劃時代的論文，但當時頗不以為意，也許是對於修道士做的科學研究，多少不免抱著幾分成見，直到 1900 年，科學界重新發現、證實了孟德爾定律，他才覺得被別人著了先鞭，非常之追悔。事過二十多年，言下猶有遺憾。[36]達氏還給潘光旦這個東方弟子手贈了一大本關於美國軍人的體格測量的資料。[37]

潘光旦：〈評《民族素質之改造》〉，《潘光旦文集》第 9 卷，第 589～592 頁。

[34] 潘光旦：《民族特性與民族衛生》，《潘光旦文集》第 3 卷，第 238 頁。

[35] 參見潘光旦：《優生原理》，《潘光旦文集》第 6 卷，第 301 頁。

[36] 潘光旦：《優生原理》，《潘光旦文集》第 6 卷，第 325 頁。

[37] 參見潘光旦：《優生原理》，《潘光旦文集》第 6 卷，第 301 頁。

1924 年，潘光旦獲美國達特茅斯學院學士學位照
圖片來源：《潘光旦文集》第 1 卷（北京大學出版社 2000 年版）

　　除了達文波特以外，潘光旦在優生學館和卡納奇研究院學習期間，與美國優生學、遺傳學界的許多學者都有密切的接觸。如最初設計滾豆實驗以研究植物遺傳品性分佈的美國植物遺傳學家勃雷克斯里（A. F. Blakeslee），他是卡納奇研究院遺傳學研究所的一位研究教授，與潘光旦在優生學館時常見面[38]；根據智商來研究智力的家族遺傳的學者半克（Howard J. Banker）在優生學館做研究時，與潘光旦關係很熟。[39]

　　初看起來，優生學的不少結論頗與現代社會流行的觀念相左，要從心底裏真正地接受它，還需要一番深入的閱讀、交流與思考。對於潘光旦這樣曾經五四新文化思潮洗禮過的青年更是如此。潘

---

[38] 參見潘光旦：《優生原理》，《潘光旦文集》第 6 卷，第 301 頁。
[39] 參見潘光旦：《優生原理》，《潘光旦文集》第 6 卷，第 326 頁。

光旦在接受優生學的一些社會觀念時，一定是經歷過一番與頭腦中固有思想的激烈鬥爭的。在優生學館，他不只是學到了最前沿的優生學知識，還被引導運用優生學特有的學術思維方式來分析社會現象。

潘光旦初讀高爾頓、靄理士、烏資（F. A. Woods）等人的優生學著作時，心裏也是充滿疑惑的，他覺得這些人有些一廂情願，太沒有把後天的文化薰陶放在心上。後來經過細讀和深思，才明白這些學者所討論的遺傳的天才，如詩才、文才、吏才、律才，甚至於將才等等，並不是說每種才具都是囫圇吞棗一般的遺傳下去，而是這樣一種情況：「凡是這一代在文化社會裏做過詩人、文士、循吏、法家、或大將的人，在腦力上、智力上、性情上自有其與眾不同的先天根據；而此種根據，既屬先天，自有遺傳與下一世的傾向；而受此遺傳的下一世，在與上一代大致相同的文化環境裏，也便有做詩人、文士、循吏、法家、或大將的可能性；而這種可能性並且要比在同一環境之內的一般人要大些。」[40]這樣看來，優生學並沒有完全忽視文化因素的重要性，也沒有認為每一種才智的遺傳是必然的，只是指出了這種成功的可能性較一般人要大。這種穩妥的立場，他認為是誰都可以承認的。[41]

有一位外國老師問潘光旦，「你們中國人的牙齒如何？」潘光旦說：「還不壞，至少我的老祖母到了八十多歲還能吃乾炒的硬蠶豆。」老師接著說，「那自然很好，但以後怕也要退化了，不看見大批的外國牙科醫生和各式各樣的牙粉牙膏都向貴國那邊輸送麼？」老師這話不免太得罪牙科醫生和賣牙膏的商人，但他的本意

---

[40] 潘光旦：〈人文史觀〉，《潘光旦文集》第 2 卷，第 388 頁。

[41] 參見潘光旦：〈人文史觀〉，《潘光旦文集》第 2 卷，第 388 頁。如果從這一段話所表白的立場來看，本書導言中所引述的魯迅在〈理水〉一文中對潘光旦的漫畫式諷刺，就是一種未曾深究的印象式批評了。

是採用優生學的眼光觀察一種社會舉措對於優生的效果。牙齒的好壞也是一種遺傳的品性。在以前，牙齒壞的人，在生存競爭裏，比牙齒好的人，總要多吃幾分虧，因而容易失敗；牙齒壞的人因失敗而相對的減少，牙齒好的人就因勝利而相對的增加，這樣就在牙齒的一方面提高了民族健康的程度。牙科與牙齒衛生的講求，就個人健康的立場說，自然是極好，但若因它的姑息回護而使牙齒根本上不健全的民族分子一代多似一代，鬧到一個人人非請教牙科醫生不可的田地，終究也未必是民族的福利。[42]

　　甚至優生學館以外的普通美國人也偶爾會引導他用優生學的眼光分析問題。有一次，潘光旦遇到了一個工人，他聽說潘光旦就學於附近的優生學館，就問他多妻現象為什麼這麼普遍。潘光旦以通常人所熟知的社會原因回答。但這個工人以為不盡是如此，而認為除此之外，還有更根本之原因。大意是：人類初始時代，男子用情專一之程度，本因人而異，姑且分為兩類，一種是有一個女子就可以滿足的，另一種則是一個女子不能滿足的。待社會生活漸漸固定以後，前者成為一夫一妻者，後者成為一夫多妻者。這兩種男子之競存力不同，前者限於一妻，所生之子息較少。後者則妻妾多而子息也較多。積之既久，於是人口中稟有多妻傾向之男子在數量上日佔優勢。今日不安於一夫一妻制者如此之多，原因即在於此。潘光旦馬上想到，這就是天演淘汰與選擇的解釋，很有優生學者思維方式的特點。只是這話出於一個工人之口，殊為他意料所不及。[43]

---

[42]　參見潘光旦：〈優生與社會設計〉，《潘光旦文集》第 9 卷，第 37 頁。潘光旦在回憶這件事後，接著還說：「我們舉這個例子，並不是說牙齒壞的人應該讓他們去，聽受自然的淘汰，要這樣說，豈不是一切只便宜個人不便宜種族的文化遺業都得廢棄麼？那決不是。有一部分自然主義者根本以文化為一種病態，也未嘗不這樣主張過。但我們不是自然主義者。齒牙的衛生，終究是比較無關宏旨的一件事，種族盡可以讓個人多占一些便宜。」

[43]　參見潘光旦：〈中國之家庭問題〉，《潘光旦文集》第 1 卷，第 187～188 頁。

日後潘光旦雖然以社會學為主要研究領域，但因優生學本身的性質是生物學與社會學之和，留學回國以後，他對於生物學乃至於心理學的最新進展也都有所瞭解，他的優生學思想的自然科學基礎基本達到了西方遺傳學 1930 年代的水準。在 1940 年代初完成的《優生原理》的譯注裏，他曾提及閱讀了西文專業期刊中有關生物學上的拉馬克主義的實驗報告：見於 1927、1930、1933、1938 年的《不列顛心理學雜誌》和 1936 年的《遺傳學雜誌》[44]。

留美期間一年半集中的優生學學習，使他有機會接觸到西方優生運動最前沿的學術進展。這是在他之前向國內介紹、提倡優生學的學者，如陳映璜、陳壽凡、周建人、陳長蘅、劉雄與丁文江等，所不能相比的。前人的介紹，比較粗淺，也不夠系統，更談不上有自己的研究。潘光旦在優生學上，顯然具備了專業上的極大優勢，他成為當時中國最有成就、最有影響的優生學家，可說是水到渠成的事情。

潘光旦的優生學研究，不僅表現於個人的學術生涯，而且擴展到他的社會政治活動之中。在美國時，他參加了以清華 1921 級、1922 級與 1923 級的部分同學組成的國家主義團體——大江會，截止 1925 年 6 月，該組織成員共有 29 人。

1925 年 6 月 1 日，長約 18 000 字的〈大江會宣言〉最後定稿。其執筆者是羅隆基和何浩若，其中也吸取了其他人的意見。從當時這些留美生的知識結構看，有理由斷定至少其中關於優生的部分，應該是出自於潘光旦的看法。其文為：

> 社會改造治本之法，我輩認為應從人口問題著手。鼓勵積極的優生，以求優秀分子之增益；提倡消極的節育，以免愚劣分子之充斥，實為目下政府當務之急。其次殘廢痼疾之養

---

[44] 潘光旦：《優生原理》，《潘光旦文集》第 6 卷，第 279 頁。

護，低能瘋痛[癲]之隔離，妾婢娼妓之廢除，乞丐遊民之處置，煙毒賭博之禁絕，凡屬與公共衛生有關之事，亦政府責任攸歸也。以上問題不解決，則中國即不能有健全之人民，即不能有健全之社會，即不能有健全之國家，而同人等提倡之國家主義亦即不能收久長之效用。[45]

據 1923 級清華留美生顧毓琇回憶，這個時期，聞一多對潘光旦說：「你研究優生學的結果，假使證明中華民族應當淘汰滅亡，我便只有先用手槍打死你。」[46]聞一多本具詩人性格，又跟潘光旦關係很近，說話往往沒有什麼忌諱，只有他才能說出這樣激烈的話。這時的清華留美學生群體，占主導地位的思想形態就是以國家主義面目出現的民族主義[47]。潘光旦的優生學的著眼點並不是個人的衛生，而是民族的競存，與大江會諸位同學的思想相當吻合，雖然這時候潘光旦埋頭讀書，參加大江會的實際活動並不算多。

在日後潘光旦的優生學研究選題上，還有一些值得追溯源頭的事情。

留美期間，潘光旦讀到優生學創始人高爾頓的《遺傳的天才》一書，其中有涉及中國的一段。高爾頓說他曾有志於搜集中國歷史上關於遺傳的材料，他所致力的是搜集科甲中人的血緣關係——曾請在中國的某位名人代他搜訪，卻未得到答覆，又在香港報紙上徵集材料，終於徵得一例：有一個女子，初嫁生子，後成狀元；再嫁，

[45] 侯菊坤整理：〈大江會〉，《近代史資料》總第80號，中國社會科學出版社，1992，第166～167頁。
[46] 轉引自聞黎明、侯菊坤編：《聞一多年譜長編》，湖北人民出版社，1994，第246頁。
[47] 余英時在談到聞一多早期的思想時說：「在政治思想上，他是一個國家主義者，其實便是民族主義者的別稱。」參見余英時：〈中國近代思想史上的激進與保守〉，收入其論文集《錢穆與中國文化》（上海遠東出版社，1994），第207頁。

與後夫所生的兒子也成狀元。高爾頓說:「我深信如有可靠之人悉心研究此類事故,則中國實可供給無盡藏之材料。」[48]

在優生學館,一位研究生問潘光旦:「聽說中國實行優生婚姻已數百年,是不是有這回事?」潘光旦問:「你說的『優生婚姻』指的是什麼?」那位研究生答道:「婚姻選擇與裁可之權,既然操於父母之手,其謹嚴審慎程度,肯定要比青年人的為一時血氣與情感所蒙蔽好啊!」潘光旦心想:「優生婚姻雖不止此,但這位同學的話確有道理。」[49]

四、兼顧社會思想的經過與原因

除了生物學方面的學習以外,潘光旦對人文社會科學也有相當的涉獵,這得益於他在清華學校時打下的底子。像潘光旦這樣優秀的清華學生,到美國大學裏插班讀書,並不感到吃力,相反,他頗感遊刃有餘。他在達特茅斯學院讀了半年書後,收到教務長 Laycock 的一封信,信中說:對不起,你應該念四年級。[50]因學有餘力,在美國當時盛行的通才教育方針的指引下,他就可以博覽群書,廣泛地吸收人文社會科學的養分了。他的專業是動物學,特別是遺傳學,但心理學、文學、哲學的書籍,他都有所閱讀。他說:「在美國大學有這麼個辦法,就是如果你上半年功課好,下半年就可多缺課,最多可以五個星期不上課,任你去幹什麼,不扣分。我就用上了這一條,自己去轉圖書館,逛書庫。後來轉來轉去,莫明其妙地就轉到了社會學。」[51]

---

[48] 潘光旦:《優生概論》,《潘光旦文集》第 1 卷,第 278 頁。
[49] 參見潘光旦:〈中國之家庭問題〉,《潘光旦文集》第 1 卷,第 179～180 頁。
[50] 參見郭道暉整理:〈潘光旦談留美生活〉,潘乃穆等編:《中和位育——潘光旦百年誕辰紀念》,第 93 頁。
[51] 郭道暉整理:〈潘光旦談留美生活〉,潘乃穆等編:《中和位育——潘光旦百

　　關於潘光旦在美國學習期間的社會學學習情況，有兩種不同的說法。

　　一種說法是，他在大學裏，正科是生物學，副科是社會學，這兩種學科，對於優生學，都是很有關係的。[52]他沒有出國的時候，想學社會學，在出國的船上時又想學優生學，因為研習優生學必須學生物學，所以他就以生物學為主修科目了。從後來潘光旦學術研究的主要特點來看，此說似乎有一定道理，他後來的學術特點確實是兼有社會學與生物學兩種因素。

　　另一種說法是，潘光旦並未以社會學為副科，而是「完全自學」了社會學。他說：「我原先學生物學，後來因為『優生學』與『社會達爾文主義』的關係，又轉入『社會學』與社會思想的領域。……『社會學』與社會思想，在我是完全自學的，在美國大學裏唯讀了一門所謂犯罪學。其實社會學的書一本也沒有讀完過，有關社會思想的書本則確乎拉拉雜雜的讀了不少，但十之八九不是社會學家寫的，尤其不是美國的社會學家的作品。我對於社會學，尤其是對於美國的社會學，根本沒有太多的理解，總覺得它淺薄而不屑於多下工夫。記得解放前不久，我還寫過一篇〈社會學的點、線、面、體〉，指出它的不著邊際，乃至完全撲空。解放以來搞課改、搞院系調整，社會學系的招牌搖搖欲墜，至少我是在心理上有準備的。半路出家的我，根本對它沒有太多的情感上的聯繫。」[53]

　　寫上引這段話是在 1952 年，潘光旦對自己與社會學的疏離關係多少有些誇大，但也不能說完全沒有道理──如他的學生劉緒貽

年誕辰紀念》，第 97 頁。

[52] 茜頻：〈學人訪問記：社會學家潘光旦〉，潘乃穆等編：《中和位育──潘光旦百年誕辰紀念》，第 56 頁。

[53] 潘光旦：〈為什麼仇美仇不起來──一個自我檢討〉，《潘光旦文集》第 10 卷，第 500～501 頁。

所言，潘光旦是個透明度很高的人，[54]他在社會思想方面的閱讀比較多，對通行的那種社會學，他有很多不同意見，這也都是事實。

　　這兩種說法，前者出自於 1935 年的記者訪問記，後者出自於 1952 年潘光旦的自述，顯然是有些矛盾的，哪一種說法更接近事實呢？從他在清華學校時期的學習、課外閱讀活動來看，潘光旦的文理科素養比較均衡，所以第一種說法中的那種在專業選擇意願上的搖擺應是有根據的。從潘光旦後來在各種文章裏提供的留美時期的學習情況看，比較狹義的專業社會學課程，他似乎上得很少，僅有犯罪學、日本歷史、德國思想等寥寥幾門[55]。他僅選了很少的幾門人文社會科學課程，稱副科是社會學，似乎有點證據不足。另外，從他當時及日後寫的文章的學術傾向來分析，他在大學以社會學為副科可能性不大——他後來的學術傾向中，生物學的根底始終在發揮作用，即便是在構建社會理論時也總能看到生物學的影子。而在社會學方面，他不很像一個地道科班出身的人那麼堅守學科的一些基本立場，表現出來的，卻是對更寬廣的社會思想的興趣。基於這些考慮，儘管還不能充分解釋所有事實，比較而言，筆者更傾向於對兩種說法均作部分認同。

　　不管怎樣，潘光旦在留美的四年時間裏，和在清華學校時期一樣，抓緊所有時間學習，暑期別人休息、旅遊的時間，他都用於上暑期講習班，充實自己的學術修養。而且，留美期間，他的文理科素養都得到了發展，他後來以優生學家兼社會學家的身份活動，可以說是在這個時期奠定基礎的。

---

[54] 劉緒貽：〈博學、濟世、風趣的社會學家潘光旦〉，《社會學家茶座》第 21 輯，山東人民出版社，2007。

[55] 潘光旦選修過犯罪學課程，見他在〈為什麼仇美仇不起來——一個自我檢討〉一文中的記述，以及《性心理學》第四章注釋 91（《潘光旦文集》第 12 卷，第 479 頁）；選修日本歷史與德國思想兩課程，見他在《日本德意志民族性之比較性之研究》的「引言」中的記述（《潘光旦文集》第 1 卷，第 415 頁）。

　　潘光旦能夠兼顧社會思想，與他在清華學校時期對於社會問題的興趣是分不開的。

　　1920 年 3 月中旬，潘光旦與友人聞一多、聞亦傳、吳澤霖等四人成立了⊥社，不久劉聰強和孔繁祁加入，共六人。據吳澤霖回憶：「關於⊥社最初並不想搞什麼組織形式，這些人本來都是知己朋友，天天混在一起，用不著什麼組織形式。其所以要有一名稱而且取名⊥社，主要是一多和光旦的主張，旨在玩弄別人，使人看到『⊥』，就不會讀也不知道什麼意思。」據 1920 年暑期前⊥社向全校解釋的情況，他們採用「⊥」字有兩層意思：「⊥」字是古「上」字，借此以時時上進自勉；會友是六人，「⊥」字恰好是中國數目中的「六」字。

　　⊥社初期的基本活動形式是讀書報告會，與現在大學裏流行的青年學生的讀書會活動相似。基本上按時活動，每星期六下午 4 點半至 6 點半開會，一半時間作報告用，一半時間作討論用。每次三人做讀書報告，三人預備討論。實行過幾次以後，改為每次一個人預備一個問題，詳細寫出來，到開會時宣讀，別人再就他的報告進行討論。三個月期間，讀書報告、問題討論，均寫在同樣式的紙上，積了一百五十多頁。他們開過 10 次常會，計有讀書報告 16 編，問題討論 6 編。按問題分類，讀書錄有：歷史 2，娼妓 2，美學 3，經濟 2，文學 2，哲學 1，農業 1。問題討論有：稱謂姓氏 2，校內問題 2，服飾 1，中國目錄法 1。這三個月時間在⊥社的歷史上被稱為「知識互助期」。

　　1920 年 6 月至 9 月，是⊥社的過渡時期。經過初期富有成效的、嚴格的讀書討論活動之後，社友覺得不夠過癮，因此一度精神很渙散，甚至有兩人萌生退出的心思。暑期裏大家漸漸覺得單純的知識互助不足以滿足自己的需求，都覺得有必要在精神上進行互助。1920 年 9 月以後是「精神互助期」，期間增加了社友梅貽寶和

方重兩人。讀書報告先變為常識報告，又加了一個個人近狀報告。後來常識報告、問題討論都停止了，開會時專報告或磋商個人的狀況或計畫。他們不僅討論了個人宗教信仰的問題，而且對校內放映的影片花了一個月時間進行研究，一面把所得結果和改良意見，登在《清華週刊》上，一面提議學校實行改良。最終結果達到了他們的預期——減少放映次數，改換較良的片子，引用別種「俱樂」方式。[56] 作為⊥社成員，潘光旦先後寫了〈電影與道德〉、〈電影與視覺〉和〈清華電影和今後的娛樂〉等三篇文章，呼應了社友的討論。社友還積極參加災區社會服務活動，八人中有三人到山東平原一帶，三人到直隸唐縣一帶。潘光旦去的是唐縣。⊥社有時也談論一些國家政局的事情。總之，從知識互助，到關心社會改良，到實際參與社會服務，這批五四時代的精神產兒，在知識和情感上迅速地成長起來。

除了在⊥社與志同道合的朋友們討論社會問題外，潘光旦結合自己對於性問題的興趣，也做了一些社會工作方面的探索。在高等科二年的時候，他和同班友人聞亦傳，在性衛生的題目上，合力做了一點社會教育的工作，有半年時間，隨時登門向當時兼任學生課外服務活動導師的梅貽琦請教[57]。五四時期那幾年，潘光旦讀了一些有關娼妓問題的書，想就北京市區做些調查，請學校出一封介紹信給有關市政當局，未料思想保守的校長金邦正堅決不答應，認為這不是學生分內的事，因而調查未果。[58]

從潘光旦留美期間發表的文章來看，他對五四新文化運動時期報刊上討論的社會問題是非常關注的，無論出國之前和出國之後，

---

[56] 以上有關⊥社的歷史事實，主要根據聞黎明、侯菊坤編：《聞一多年譜長編》（湖北人民出版社，1994）中相關年份的資料整理。

[57] 參見潘光旦：〈梅月涵夫子任教廿五年序〉，《潘光旦文集》第 9 卷，第 527 頁。

[58] 參見潘光旦：〈清華初期的學生生活〉，《潘光旦文集》第 10 卷，第 594 頁。

都是如此。如 1924 年留美時，他在一篇文章中說，婚姻問題為三四年來新思潮中最有趣味的一個問題，《婦女雜誌》甚至有配偶選擇專號的印行，他對這些言論曾「一再研索」。[59]這也是他能夠在國外學習生物學、優生學的時候，比較注意優生學在社會層面的研究，以及兼顧社會思想的根本原因。

五、從優生學擴展到社會學的邏輯環節

　　潘光旦的研究領域從優生學擴展到社會學，是經由一個叫「社會選擇論」的概念樞紐實現的。

　　在達爾文和高爾頓時期，生物學家只講自然環境中的種種勢力所引起的選擇或淘汰的影響，即所謂自然選擇。他們那時已經意識到人類並不只生活在自然環境裏，也同樣生活在意識環境或文化傳統裏，所以也有種種社會文化勢力會引起選擇或淘汰的影響。不過，因為他們不是社會學家，只是暗示到了這一點，而未能加以發揮。英國的時事評論家、經濟學家和政治理論家華爾特·白芝浩（Walter Bagehot）倒是在這方面有過發揮，並且一部分的議論比達爾文和高爾頓還要早上幾年。在這方面探究得最早而最詳細的是法國學者拉普池（Vacher de Lapouge），他早在 1896 年就發表了一本題為《社會選擇論》的著作。可惜拉氏其人，是一位有種族偏見的學者，一般將他歸在種族主義者的行列。

　　可能是由於拉氏學說中含有種族主義成分，嚴肅的學者往往不重視他的學說。對於拉氏的種族主義觀點和社會選擇論，潘光旦作了明確的區分，他不取前者，對後者則是讚賞有加，認為：「不過他的作品又和一般的種族武斷論者不同，他有許多不蹈前人窠臼的

---

[59] 參見潘光旦：《優生概論》，《潘光旦文集》第 1 卷，第 284 頁。

真知灼見，而對於一知一見，大都能旁徵博引，加以證實；他的社會選擇論就是很好的一例。」[60]

早在 1924 年底，潘光旦在美國優生學館學習時寫的《優生概論》中就已提及社會選擇論：「達氏（指達爾文——引者注）旋又作〈人工馴育下之動植物變異論〉，而自然選擇之外，治生物學者漸瞭解人工選擇之效用，知其所根據之原則大要與天擇（即自然選擇——引者注）者無殊。由動植物之人工選擇，進而推論人類之文化選擇，於是言文化之選擇效用者乃遝出，其最重要之研究，當推法人拉波池（潘光旦後譯為拉普池——引者注）之《社會選擇論》。」[61]

在 1925 年發表的〈近代種族主義史略〉一文中，潘光旦寫道：「演化論經一部分之社會學界採納後，乃有所謂社會選擇論者出。其大旨謂人群自社會生活成立後，天擇而外，又生種種文化之勢力，以支配人類之競存問題。文化勢力之善者與天擇並行不悖，可使人類日益精進；否則倒行逆施，可使強亡弱存，優敗劣勝，陷種族於危亡之域。此派學說之正宗，其後演為優生哲學，與種族主義本無相須之關係。顧當其初年，學者限於見聞或泥於成說，其所發議論竟與種族主義合轍，我輩第就此種合轍處，而觀其梗概可也。」[62]

潘光旦一向甚為推崇普本拿（Paul Popenoe ）和詹森（R. H. Johnson）合著的《應用優生學》一書，稱這兩位作者對於優生學「有深湛與通盤的瞭解」，此書的 1918 年初版本是他「最早讀到而獲益最多的優生學著作」。抗戰時期他編譯的《優生原理》一書就是以《應用優生學》的修訂版作為藍本的。

---

60 潘光旦：《優生原理》，《潘光旦文集》第 6 卷，第 388 頁。
61 潘光旦：《優生概論》，《潘光旦文集》第 1 卷，第 251 頁。
62 潘光旦：《優生概論》，《潘光旦文集》第 1 卷，第 373 頁。

　　《應用優生學》一書並未有「文化選擇」或「社會選擇」的名詞，也未曾提及拉普池其人其說。潘光旦推測其原因，蓋緣於拉氏是一個種族武斷論者。他說：「編譯者曾加以測度，以為原作者（指普本拿和詹森——引者注）決非不知此人與此種學說之存在；原書所徵引到的荷爾姆斯教授於一九二一年所作《種族的趨向》一書即曾對拉氏與其學說有所介紹；不過拉氏是種族武斷派中一個有力的人物，其論人種優劣，十九歸宿於長頭與圓頭的分別，失諸主觀偏狹，固不待論；也許正因為他在這方面的科學立場不足，所以普、約兩氏不得不把他比較很有價值的社會選擇論也概從捨棄，亦未可知。」[63]

　　潘光旦的老師達文波特和摩爾根，均側重於優生學與遺傳學的自然科學基礎的研究，對於優生學涉及社會學的部分並未多加關注。潘光旦看中了拉普池的社會選擇論，作為自己從優生學過渡到社會學的橋樑，應是出於他自己的學術判斷。他說：「編譯者不敏，始終認為社會選擇或文化選擇確乎有分別提出的價值。優生學是一個綜合的科學，其基礎儘管是生物學的，其堂構終究是社會學的，選擇的發生儘管必須經過生死婚姻的自然途徑，而足以左右生死婚姻的社會勢力與文化勢力則所在而是，並且錯綜複雜到一個程度非分別提出，從長討論，不足以盡其底蘊。編譯者十餘年來在這方面所有的論列，也始終用分論的方法……」[64]可以說，潘光旦在社會學方面的研究，一大部分就是分析種種社會文化勢力對於優生所發生的選擇、淘汰作用。他認為社會選擇論很重要，必須單另提出來討論，所以，才在編譯本《優生原理》中給予兩章的篇幅，鄭重其事地加以強調。

63　潘光旦編譯：《優生原理》，《潘光旦文集》第 6 卷，第 409 頁。
64　潘光旦編譯：《優生原理》，《潘光旦文集》第 6 卷，第 409 頁。

在《優生原理》一書的第七章，潘光旦曾依據俄裔美籍社會學家索羅金在《當代社會學學說》一書的論述，摘錄了他可以接受的部分，把種族偏見的部分撇開未引。據索羅金書，拉普池的學說可作如下簡述：

根據達爾文的進化論，拉普池認為人類文明之前與人類文明初啟之時，自然選擇是物種演化的主要原因。到了人類文明發展以後，自然選擇一方面仍在發揮作用，但其重要性已經由社會選擇取而代之。自然環境的重要地位也逐漸地讓給社會環境，畢竟人類生活在一個人文世界裏面。一切人類文明的創造物，都可以經由生殖與死亡兩大關口發生選擇作用，使人類的種種生物品性在人口總體中的分佈發生變化，從而影響到人口的品質高下和民族的盛衰。拉氏認為就歷史事實和目前趨勢而論，社會選擇的結果是弊大於利，退化多於進化。他認為重要的社會選擇勢力有八個：一是軍事的或戰爭的，二是政治的，三是宗教的，四是道德的或禮教的，五是法律的，六是經濟的，七是職業的，八是人口的都市鄉村之分與人口在鄉村、都市之間的移動。總之，拉氏所列舉的這些勢力都是他認為對人口品質足以造成反選擇或淘汰的勢力，其結果是優秀人口即長顱的亞利安人種在總人口中的比重日漸縮小，人類的前途由此趨於黯淡。拉氏甚至認為，即使實行優生學的措施也無濟於事，充其量只能延緩種族沒落的過程，而不能使這個過程得以避免。[65]

潘光旦對社會選擇勢力的理解要比拉氏寬廣，他說：「其實社會選擇或人文選擇的勢力遠不止這八種。大抵一個觀念、一個標準、一種風俗、一種制度，無論屬於社會生活或文化生活的那一個方面，只要歷史比較長久，所影響的人口部分比較廣大，多少總要

---

[65] 參見[美]索羅金著，黃文山譯：《當代社會學學說》，商務印書館，1935，第 374～388 頁；潘光旦：《優生原理》，《潘光旦文集》第 6 卷，第 388～391 頁。

發生一些選擇或反選擇的效果。」[66]也正是由於潘光旦理解的社會選擇勢力面較寬，才使得他從優生學轉向社會學思想的探討時有了充分施展的空間。潘光旦沒有徵引拉氏論述中讚揚亞利安人種如何優秀的論述，拉氏對人類前途的悲觀論斷也未經提及。顯然他是不接受這些觀點的。比較一下潘光旦的摘錄和索羅金對拉氏的介紹，其間的區別就會看得很清楚。潘光旦只是借用了拉氏學說中所揭示的社會選擇的機制。不同於拉氏的是，他認為人類的前途並不黯淡，通過社會選擇的正面培植，人類是可為的，完全可以通過人為的努力來改善人口的品質。

　　社會選擇論後來演化為優生哲學，與種族主義並非必然糾纏在一起。1935 年，在給陳達的《人口問題》寫的書評裏，潘光旦談及 19 世紀末、20 世紀初法國和德國的一部分人類學者創立了社會選擇論，其中拉普池還曾以「社會選擇論」作為他一本書的題目。他說，「這些學者我們時常稱他們為『社會達爾文主義者』」。[67]潘光旦後來所謂的受社會達爾文主義和優生學的影響轉入社會學與社會思想的領域[68]，社會選擇論是其中的一個重要內容。

　　對潘光旦來說，優生學創始人高爾頓對於優生學學科性質、範圍的界定基本上是可以接受的，即生物學和社會學之和，以生物學為基礎，以社會學為庭構。[69]優生學具有跨學科的綜合性質，但是個人研究的側重點仍可有差異，有些人偏重於探討生物的品性遺傳，有人偏重於探討社會選擇，大抵是生物學根底較淺者喜採取後

---

[66] 潘光旦：《優生原理》，《潘光旦文集》第 6 卷，第 391 頁。

[67] 潘光旦：〈介紹陳通夫先生的《人口問題》〉，《潘光旦文集》第 9 卷，第 227 頁。

[68] 1952 年，潘光旦在檢討稿裏說：「我原先學生物學，後來因為『優生學』與所謂『社會達爾文主義』的關係，又轉入『社會學』與社會思想的領域。」（潘光旦：〈為什麼仇美仇不起來——一個自我檢討〉，《潘光旦文集》第 10 卷，第 500 頁。）

[69] 參見潘光旦：《優生概論》，《潘光旦文集》第 1 卷，第 317 頁。

者。[70]潘光旦留美時的課程學習,生物學方面佔據絕對的多數,說明他在生物學方面打下了堅實的基礎,並非「生物學根底較淺者」。但是,他的學術研究卻著重在社會選擇方面,他在留學時期發表的論文也側重在社會選擇和社會思想方面,歸國後,他延續了這一學術思路。在這個意義上,潘光旦的優生學研究並不是一門自然科學與技術科學,而其主要內容是對社會制度、觀念的探討,其中包含了大量社會學的思想。

科學史學者蔣功成認為,潘光旦所提出的民族衛生或民族健康的方法不同於當時美國所採取的對所謂「劣質人口」進行絕育或隔離的「優生學」措施,倒是更多地類似那種「改良環境及教育之學」的「優境學」手段。但「這種手段並非是指望環境可以直接作用於人而使之體質及性格改變,而是通過改良自然與社會而形成一個良性的選擇環境,在此環境中人類的優良品質不至於被摧殘、被淘汰,惡劣的品性不至於被選擇」。換言之,即「潘先生提出的民族衛生或優生學措施與西方的偏重於生殖或遺傳技術的優生是有明顯不同的。他的理論基礎側重於他所提出的人文選擇,即主要通過對社會環境與文化的改進來促進人群中優秀分子的增加,這一點體現了他治優生學的中國特色」。[71]

社會學在西方近代也是一門新興的學科,從其發展過程來看,有研究者認為:大抵從 1896 年至 1920 年是勃興時期,「此時期的特徵,就內容言,廣采各種科學的材料;就方法言,重視邏輯推理;就觀點言,從各方面解釋社會現象。社會學至此,雖未達於完備之境,卻已呈五花八門之觀」。[72]至 1920 年前後,社會學開始進入建

---

[70] 參見潘光旦 1924 年寫作的〈優生概論〉一文,《潘光旦文集》第 1 卷。
[71] 參見蔣功成:〈潘光旦優生學研究述評〉,《自然辯證法通訊》第 29 卷第 2 期,2007。
[72] 孫本文:《近代社會學發展史》,商務印書館,1947,第 78 頁。

設時期，「就內容言，已由吸收他科材料而至於獨立分部；就方法言，已由推理而漸進於實際研究；就觀點言，已由片面觀察而進於綜合解釋。這是此時期的特徵。大概由勃興時期而進於建設時期，其勢甚緩。固不能劃然指定何年何時」[73]。

　　潘光旦從事的社會學研究，因為優生學與社會達爾文主義的關係，大致屬於「社會的生物基礎說」（The Theory of Biological Foundation of Society）的一種。這一派學者與此前流行的斯賓塞式的社會有機體學說不同，他們相信社會既由人類組成，自必有其生物基礎。其中又有種族論與優生論之別，種族論者有高必奴（Joseph Arthur de Gobineau）、張伯倫（H. S. Chamberlain）、拉普池、阿蒙（Otto Ammon）等[74]。優生論以高爾頓、皮爾遜為代表。潘光旦繼承的主要是高爾頓、皮爾遜一派的優生學及其在美國的最新發展，同時批判地吸收了種族論者拉普池的社會選擇論。這種學術淵源，決定了他從優生學與社會達爾文主義角度進行的社會學研究，作為一門學科，還沒有從其他學科中獨立出來。而他活躍在社會學界的時期，是 1920 年代中期至 1940 年代末期，此時西方以及受西方影響的中國社會學，已經進入了獨立分科的建設時期了。因此，潘光旦的社會學研究，從學術類型上講，已經與同時代的社會學相差了一個時代。難怪他儘管在社會學界從事教學研究活動，但在事實上卻是一個非常「另類」的人物。

　　潘光旦還常使用「人文生物學」一詞。他曾把 1920 至 1940 年代的主要研究論文編為「人文生物學論叢」，前後共七輯。其中四、五、六輯編成後，因抗戰而稿佚，未能以論文集形式出版。何謂「人文生物學」？「人文生物學論叢」第一輯《優生概論》的初版本「敘言」中說：

---

[73] 孫本文：《近代社會學發展史》，第 78 頁。
[74] 參見孫本文：《近代社會學發展史》，第 31～32 頁。

> 「人文生物學」一名詞，初見於美國霍布金斯大學柏爾教授（Raymond Pearl）之論文集。柏氏以一九二六年彙刊其二十年來以統計方法研究人類形態、公眾衛生、與人口消長之論文，顏曰《人文生物學》。今作者亦以「人文生物學」之名詞冠其率爾操觚之文字，非不自知其鄙陋，良以優生一學，以生物為體，以社會為用，採遺傳選擇之手段，以達人文進步之目的，實與「人文生物」之意義，最相吻合故耳。至上編所載各題，亦無一不兼及「人文」與「生物」二方面者，故並納之。[75]

柏爾在《人文生物學》中所討論的主題是「以統計方法研究人類形態、公眾衛生、與人口消長」，與潘光旦的「人文生物學」所著重討論的優生學並不完全一致。但優生學兼具生物學與社會學的兩種特質，與「人文生物」的意義最相吻合；《優生概論》初版本上編的四篇論文，涉及種族、人文地理學、性心理學、人口問題等，潘光旦觀察、解釋的視角兼及「人文」、「生物」兩方面，也符合「人文生物學」的主旨。

「人文生物學」涵蓋了潘光旦在學術研究領域最主要的一些論題，大致是以優生學為主體，旁及若干相關而嚴格說來不屬於優生學範圍的學術研究，這些研究大體上都在生物學與社會現象之間建立了某種聯繫。需要說明的是，「人文生物學」的概念在不同學者那裏，所指可能未必盡同，它只是指對一種研究取向的概括而已。

第三章　潘光旦：社會學界的優生學家

　　中國社會學史學者對於中國社會學發展階段的分期，因著眼點不同，還未形成一致意見。但從他們所揭示的歷史事實來看，可作如下簡要的概括：清末民初，經由日本和歐美兩條管道，西方社會學的一些著作被引介到中國的學術界、思想界。這時，引介的主體是一批關心國是的知識份子，與社會思潮錯綜交織的社會學多為政論提供了理論依據和概念工具。1911 至 1919 年國人開始注重借助於社會學來分析、研究中國社會問題，但學科化程度並不高。[1]從民初至 1927 年，社會學主要在教會大學或西化程度較高的學校（如清華學校等）獲得一定的發展，國立大學也開始有一些零星的社會學課程講授，社會學開始進入中國現代學術體制，加速了學科化的進程，相應地也出現了職業的社會學家，這是中國社會學的幼苗時期。1928 至 1948 年，中國社會學進入成長時期，中共革命根據地、解放區的社會調查研究，中國社會性質問題、中國社會史與中國農村社會性質論戰，鄉村建設運動對中國社會的認識與實踐，以及高等院校和研究機構的學院派社會學研究，共同構成了這一時期中國社會學的全景圖。[2]

　　就學院派社會學而言，1928 年前，已有陶孟和、余天休、陳達、李景漢、孫本文、潘光旦與吳澤霖等留學歐美的學者陸續回

---

[1]　參見姚純安：《社會學在近代中國的進程（1895～1919）》，三聯書店，2006，第 4 頁。

[2]　參見韓明謨：《20 世紀百年學案・社會學卷》「第三至七章」，陝西人民教育出版社，2002。

國，在社會學的教學研究崗位上已經開始了零星的努力。1928 年，又有吳景超和吳文藻兩位留美學者回國。更重要的是，1928 年，在上海的一批社會學教授發起組織了東南社會學社，1930 年在東南社會學社的基礎上，聯合北方的社會學者陳達、許仕廉等擴充為中國社會學社，這標誌著中國社會學學科建設達到一個新的階段。

據孫本文 1947 年 12 月對中國各大學社會學講師、副教授與教授籍貫、出身等項的調查，[3]做一個簡單的分類統計，可以發現：講師以上教員總數為 143 人，其中外籍教員 8 人，中國教員 135 人。中國教員中具有留學經歷者 105 人，中國教員中沒有留學經歷的 30 人。留學出身的 105 人中留美 71 人，留法 11 人，留日 10 人，留英 8 人，留德 4 人，留比 1 人，30 名無留學經歷者大都是這些有留學經歷的學者的學生。這個資料說明，留學西方尤其是美國的學者在成長時期的學院派社會學中佔據了絕對優勢。

潘光旦於 1926 年回國，是 1928 年成立的東南社會學社以及 1930 年成立的中國社會學社參與發起者之一，並先後擔任了中國社會學社第一、四、五、八屆理事，多次提交論文參加了該學社的年會，長期在國內社會學重鎮清華大學、西南聯大社會學系任教，1943 至 1952 年兼任清華大學社會學系主任。潘光旦與社會學界的同人來往甚多，在教學活動中亦深受學生喜愛。從這些情況來看，他是中國社會學成長時期地道的學院派社會學家。韓明謨教授近年來還將他譽為當時成就最突出的四位社會學家之一。

本章將略述作為一個優生學家的潘光旦在社會學界的教學研究活動，並通過考察潘光旦與社會學界的知名人物孫本文、吳景超、陳達、李景漢與費孝通等人的學術聯繫，再現潘光旦在社會學界的學術境遇。總體上說，社會學界擁有當時中國學術界裏西學程度較高、對科學化要求較高的一群知識份子，他們對潘光旦以及以

3　參見孫本文《當代中國社會學》「附錄二」，第 319～327 頁。

潘光旦為代表的優生學研究的態度，大體上可以反映出新知識界對於這門頗有爭議的學科的態度。

一、春風化雨博雅師

從 1926 至 1934 年的八年時間裏，潘光旦一直在上海地區的多個大學任教，先後任職的大學有政治大學、暨南大學、東吳大學、大夏大學、光華大學、中國公學、復旦大學與滬江大學等。在這些大學裏，他教過優生學、進化論、種族問題、社會學與家庭問題等課程。八年間，風塵僕僕，席不暇暖。

特別值得一提的是，在暨南大學兼課時，潘光旦啟發了日後成為著名歷史學家的譚其驤的學術興趣。譚其驤在暨大歷史社會學系上過潘光旦的社會學基礎和種族問題兩門課，深受吸引。儘管他沒有完全接受潘光旦的優生學，卻贊同他的很多見解，並經常提出一些問題求教。他們討論的範圍很廣，有移民問題、血統和人口素質的關係、漢族與少數民族的交流和同化、江南的宗族、一些民族和地區人口的來源等問題。雖然限於譚其驤當時的知識水準，這些討論不可能很深入，但無疑給他留下了深刻的印象。譚其驤的畢業論文以《中國移民史要》為題，由潘光旦指導完成，並得到他的激賞。譚其驤一直保存著這兩冊論文原稿，上面留著潘光旦用紅筆寫下的批語。1930 年 9 月，譚其驤進入燕京大學研究院學習後，仍沿著暨大的畢業論文繼續做研究。之前在他完成六萬多字的《中國移民史要》後，潘光旦認為很有價值，希望他稍作增補，準備介紹到商務印書館出版，而他卻認為，在未作深入研究之前不可能寫好綜述性的「史要」，應一個一個地區或一個一個時代逐步進行，搞清楚當前各地人民的來歷才是研究移民史的首要課題。後來他發表了一

些重要論文，如《中國內地移民史‧湖南篇》和〈近代湖南人中之蠻族血統〉。讀過這些文章尤其是後一篇論文的人會感到，其選題和思考角度與一般純粹史學背景的人不同，裏面有社會學的影響。潘光旦非常欣賞譚其驤的學術才能，兩人保持著終生的交往。1937年 3 月，在潘光旦的推薦下，譚其驤在清華大學社會學系開過一門「近代中國社會研究」課程。1937 年初，潘光旦寫作《明清兩代嘉興的望族》一書時，使用了譚其驤送給他的家譜。[4]

在這八年的時間裏，儘管工作不穩定，潘光旦的研究成果仍然不少，涉及領域有優生學、民族性比較研究、性心理學、人才研究、家譜學等。最主要的學術成果有專著《馮小青》、《中國之家庭問題》、《人文生物學論叢》、〈日本德意志民族性之比較的研究〉、《中國伶人血緣之研究》，譯注靄理士的《性的教育》、《性的道德》以及若干篇家譜學、社會思想史論文。學術成果涉及領域之廣，成果數量之多令人驚訝。這些成就的取得得益於他自己多年來在學術上的積累，其中也包括圖書資料方面的辛勤搜討。如《馮小青》是對1922 年完成的〈馮小青考〉的擴充，靄理士的《性的教育》、《性的道德》是早在清華學校上學時就看過的書，〈日本德意志民族性之比較的研究〉是依據在美國讀書時積累的資料寫成的。1934 年，他說：「我七八年來的收藏雖不算特別多，但心血和金錢，卻也花得不少，就中優生與家譜兩類，尤其是經過一番張羅的苦心，在數量上也很可觀，至少在目前國內的藏書樓裏，怕還尋不到一個對手。」[5]

從學術上來說，這一時期，潘光旦的研究特點是「多線作戰」而且俱有創獲。《馮小青》和譯注靄理士的《性的教育》、《性的道

4　參見潘乃穆（輯）：《潘光旦與譚其驤事輯》，潘乃穆等編：《中和位育——潘光旦百年誕辰紀念》，第 274～277 頁。
5　潘光旦：〈兩年前的今日〉，《潘光旦文集》第 11 卷，第 73 頁。

德》是性心理學研究；〈日本德意志民族性之比較的研究〉是民族性的人類學研究。《中國之家庭問題》、《中國伶人血緣之研究》、《人文生物學論叢》以及若干篇家譜學論文基本上是優生學的中國研究。〈中國人文思想的骨幹〉是社會思想史研究。從 27 歲到 35 歲，潘光旦基本確定了以後學術研究領域的格局和風格。這些領域之間雖然不無聯繫，但仍是相對獨立的不同領域。與其他學者相比，博雅多才是他的基本特徵。

　　1934 年 9 月，潘光旦回到母校清華大學，任清華大學社會學系教授，並從 1936 年 2 月至 1946 年 7 月兼教務長。在 1952 年院系調整前，他沒有離開過清華大學。

　　從 1928 年正式改名國立清華大學以來，清華迅速從一所留美預備學校成長為國內一流的高等學府。在充足而穩定的經費支持下，大學首任校長羅家倫與 1931 年底上任的梅貽琦校長都大力網羅人才，在校內形成了一支強大的教授陣容。1930 年代堪稱清華校史上的黃金時代。

　　清華大學社會學系，初名社會學及人類學系，表示辦學者具有試圖將兩種學科並重的先進學術理念。如系主任陳達教授所稱，「因兩種學問於性質上有重要關係，於訓練上必可得適當的益處。」[6]後因師資關係改為社會學系。該系成立於 1928 年，從 1930 年秋，社會學系才開始增聘教授，招收新生。1934 年潘光旦到校時，系裏的主要教授有陳達、吳景超和俄籍人類學家史祿國（S. M. Shirokogoroff）。系主任陳達教授是資深的人口與勞工問題專家，他治學嚴謹，心無旁騖，是該領域國內最知名的權威學者。吳景超教授在都市社會學領域頗有研究，在早期社會學史上極為活躍，還是胡適主編的《獨立評論》的核心成員之一。俄籍人類學家史祿國

6　陳達：〈社會學及人類學系現況〉，清華大學校史研究室編：《清華大學史料選編》第 2 卷（上），清華大學出版社 1991 年版，第 349 頁。

教授是通古斯研究的國際權威學者，據其唯一的研究生費孝通先生稱，史氏是一戰之後初露頭角的現代人類學的創始人之一，與同輩的功能主義人類學大師馬林諾斯基、布朗和美國的歷史學派人類學家克魯伯並世，「史氏在這批人中出生最晚，生命最短，所講的人類學包羅最廣，聯繫的相關學科最寬，思維的透射力最深，但是表述的能力最差，知名度最低，能理解他的人最少，因而到現在為止，他的學術影響也最小」。[7] 1935 年吳景超和史祿國先後離校，社會調查專家李景漢教授來聘任教。李景漢教授是我國早期社會學史上最知名的社會調查專家，他出版的《北平郊外之鄉村家庭》、《定縣社會概況調查》等著作享譽一時。總的來說，1930 年代初期的幾年裏，清華社會學系師資比較充實，為系史上的鼎盛時期。

　　至 1937 年抗戰爆發前，潘光旦先後在系裏講授過六門課程，分別是家庭演化、家庭問題、優生學、人才論、西洋社會思想史與儒家之社會思想。清華大學校史資料裏有其各門功課的內容簡介，茲摘錄如下：

家庭演化

此學程專究家庭演變之歷史，其內容之重要部分為：（一）家庭在生物演化中之位置；（二）初民之家庭與婚姻；（三）希伯來、希臘、與羅馬之父系家庭制之比較；（四）中國家庭制度演變之大要；（五）西洋近代家庭制之形成；中國新舊文化勢力交流中之家庭。[8]

---

[7]　費孝通：〈人不知而不慍——緬懷史祿國老師〉，《費孝通文集》第 13 卷，第 80 頁。

[8]　清華大學校史研究室編：《清華大學史料選編》第 2 卷（上），第 356 頁。

家庭問題

此學程直接家庭演化，所研討之問題，大半不越下列範圍：
（一）中西家庭理想之比較；（二）社會、個人、家庭三者
之間最合情理的關係；（三）大小家庭制評議；（四）祖先與
老輩問題；（五）婚姻與兩性關係諸問題；（六）幼輩與家庭
教養諸問題；（七）家庭經濟諸問題，包括遺產、女子職業、
日常經濟生活等。[9]

優生學

此學程之目的，在依據生物演化之原理，假藉社會與文化之
種種勢力，而研求所以推進人類身體健康之理論與方法。內
容包括：（一）性與養之比較討論；（二）人品不齊之因緣；
（三）遺傳之理論與方法；（四）自然淘汰與社會選擇；（五）
汰弱的優生術；（六）留強的優生術；（七）當代改革運動之
優生的評價；（八）人類優生經驗及近代的優生運動；（九）
優生與中國民族前途。[10]

人才論

此學程目的在於明瞭人才與人文演進之關係。其注意之點
為：人才之形成；人才之時空分佈；人才在階級間之流動；
人才之維持與增益；天才論與偉人史觀之評論；人文史觀與
其他史觀的調和。[11]

---

[9]　清華大學校史研究室編：《清華大學史料選編》第 2 卷（上），第 356 頁。

[10]　清華大學校史研究室編：《清華大學史料選編》第 2 卷（上），第 356～357 頁。

[11]　清華大學校史研究室編：《清華大學史料選編》第 2 卷（上），第 357 頁。

西洋社會思想史

本學程目的在瞭解中西社會思想之派別與其各個的由來遞
變,而繩以今日比較客觀的社會科學的眼光,於其偏弊武斷
空疏之部分則評論之,於其精粹與切合事理之部分則發揮
之;於每派思想之主要人物與其時代背景,亦在所注意。[12]

儒家之社會思想

中國社會思想史之全部,範圍廣大,尚待整理。惟其中儒家
一部分,一二十年來,經中外學者研討後,已稍有眉目。本
課目的即在介紹此一部分之中國社會思想,內容大率分為三
方面:一為思想之本身;二為思想之適用;三為此種思想與
今日西洋各派社會思想之比較。[13]

　　從這六門課程的內容來看,它們基本上可以涵蓋從 1930 年代
初期到抗戰前潘光旦學術興趣的主要方面,他的學術成果也在此
範圍內。抗戰時期與清華復員時期(1937～1949 年),潘光旦比較
側重於社會思想史的研究。到清華任教以後,潘光旦比較重要的研
究成果有:1935 年發表的長篇論文《近代蘇州的人才》,1937 年完
成的打通家譜學與人才論的《明清兩代嘉興的望族》,1941 年完成
的譯注本《性心理學》,1942 年完成編譯的《優生原理》,1946 年
完成的論文〈派與匯〉,1947 年與費孝通合作的論文〈科舉與社會
流動〉,1947 至 1948 年完成的論文《說「倫」字》、《「倫」有二義》、
〈說「五倫」的由來〉等。

---

[12] 清華大學校史研究室編:《清華大學史料選編》第 2 卷(上),第 359 頁。
[13] 清華大學校史研究室編:《清華大學史料選編》第 2 卷(上),第 359 頁。

1949 年版《優生原理》封面

　　潘光旦很喜歡演講，也喜歡與青年交往。在清華大學的講堂上，他過得很愉快。關於他的演講能力，1936 年 12 月《北平晨報》的一篇訪問記寫道：「潘先生擅演說，口才極好，每時他主講題目的時候，會場特別叫座，尤其是潘先生第一次返母校任教授的那次演說，幾乎大禮堂均告座滿，號召力之大可想而知。」[14]課堂上的潘光旦除了自己擅長演講以外，還喜歡與學生互動。1935 年，有學生記述道：

---

[14]　魯孚：〈教育界人物志：潘光旦教授〉，潘乃穆等編：《中和位育——潘光旦百年誕辰紀念》，第 65 頁。

潘先生的為人也同他的圓圓的臉一樣的和藹可親，在課堂上他很喜歡同學們儘量地發表意見，因為借著這個機會，可以鍛煉一個人的口才與運用思想的能力。他並不喜歡同學生辯論，假如你說得頭頭是道，他總是和氣地微笑而頻頻地點首，並且滿口「是！是！⋯⋯」地答應你。如有不合情理的地方，他總是條理清晰地替你解釋，使得你滿意為止（當然還是有人認為不滿意）。所以他的功課每禮拜有三個鐘頭，總有一個鐘頭或隔一禮拜一個鐘頭作為討論班。不但如此，他為著便利起見，兩三門功課總是聯在一起，下課後並不離開教室，所以同學們也可以利用十分鐘休息的時間，同他話東說西，討論大問題，或談談清華的掌故，他是十分歡迎的。[15]

不僅在課堂上學生感到如沐春風的暢快，甚至在離開教室後，學生還有跟老師潘光旦接近的機會。這位學生繼續寫道：

他家是在新南院，門前佈置得非常的自然而美麗。假如你有什麼不能解決的問題，盡可以上他家裏去請教他。不管是戀愛問題也好，婚姻問題也好，家庭問題也好，出路問題也好，國家大問題也好，他總是誠誠懇懇地替你解答。在他的書室裏，你可以看到滿屋盡是堆著書籍雜誌，其中大部分當然是家譜。倘若你心血來潮時，要看看你過去的宗祖[祖宗]的名氣，他會很和悅地源源[原原]本本搬出來指點給你看。話討論完了，你要離開了，他又很和悅地送你到門口，等到你的影子看不見了，他方一步一步地踱進去。[16]

---

[15] 《清華暑期週刊》記者：〈教授印象記：潘光旦〉，潘乃穆等編：《中和位育——潘光旦百年誕辰紀念》，第48頁。

[16] 《清華暑期週刊》記者：〈教授印象記：潘光旦〉，潘乃穆等編：《中和位育

　　潘光旦在清華大學多年講授優生學或與優生學有關的課程（如家庭演化、家庭問題與人才論等）。但 1938 年教育部頒發大學二、三、四年級課程表，社會學系的課程裏沒有家庭、種族和優生一類的科目，連選修也列不上，曾引起潘光旦的不滿。關於優生學，潘光旦是這樣說的：

> 優生的學說，是多少以生物學為體而以社會學為用的，就品性遺傳而言，固應屬於生物學系，但就流品選擇而言，則應屬於社會學系，而流品選擇一端實較品性遺傳為重要，至少品性遺傳可以併入一般的生物遺傳學程，而流品選擇事實上無所隸屬，勢非另設學程不可，而最適當的設置的地方是社會學系。如今社會學系的課程裏便根本沒有它。[17]

　　1944 年秋教育部召開大學課程修訂會議，社會學系的課程表裏「優生學」獲列選修課程，占 3 學分。[18]這或為潘光旦的意見通過某種管道起到了作用。優生學家潘光旦在當時的學科體系裏，更願意被納入社會學的學科體制。但是，讓他不滿足的是，「正宗」的社會學界似乎並不重視優生學。他知道，這種意識背後的成見是很深的，「優生學一類的課程受人忽視，一部分也是由於成見，而部頒課程在這方面的掛漏也不妨認為無意中對這種成見的一個讓步。這成見是很深廣的」。[19]

——潘光旦百年誕辰紀念》，第 48～49 頁。

[17] 潘光旦：〈優生與抗戰〉，《潘光旦文集》第 5 卷，第 44 頁。

[18] 孫本文：《當代中國社會學》，勝利出版公司，1948，第 227 頁。

[19] 潘光旦：〈優生與抗戰〉，《潘光旦文集》第 5 卷，第 45 頁。

二、「文化與優生學」之爭

　　1924 年潘光旦留美期間，在《東方雜誌》上發表了一篇〈中國之優生問題〉。將文章寄給《東方雜誌》的時候，他同時寄給在五四時期以提倡優生學著名的生物學者周建人一封信，請他寫一個批評，以引起更多人的關注。周建人果然寫了一篇商榷性的文章，討論意見集中在潘光旦對於舊制度的同情態度、文明社會的死亡率是否具有選擇作用、階級與智力的關係以及天才與健康的關係等方面。當時，潘光旦忙於學業，未能寫一篇文章詳細答覆，所以就給周建人寫了一封信，談了他讀周文的感想，也表達了他的謝意。1927 年，潘光旦終於抽出空來，寫了一篇〈讀〈讀中國之優生問題〉〉，收錄在次年出版的論文集《人文生物學論叢》（再版時改名《優生概論》，編為「人文生物學論叢」第一輯）一書中。

　　周建人、潘光旦雖然都在提倡優生學，但對優生學的認識卻有不少差異。那些年，周建人不僅在提倡優生學，還在宣導個性解放、婦女解放、婚姻自由與戀愛自由等五四新文化運動的主流價值觀念；他所提倡的優生學，大都求與這些主流價值觀念不發生矛盾，所以在遺傳與環境兩因素之間取折中態度，常以社會原因來解釋社會現象。而潘光旦受過系統的生物學、優生學訓練，在遺傳與環境之間，比較強調遺傳因素是根本性的，環境只是在遺傳的基礎上起修飾、潤色作用。潘光旦常以生物原因解釋社會現象。從這個意義上來說，周、潘的論爭，具有環境論與遺傳論之間論爭的色彩。他們所討論的問題，較多地涉及對當時中國的社會問題以及未來走向的解釋，因此，並不只是一場學院內的學理之爭，而是具有鮮明的時代色彩。

這場論爭揭開了優生學家潘光旦學術論爭的序幕，同樣在環境論與遺傳論的主題上，1929 年 10 月，潘光旦與文化社會學派的孫本文展開了一場篇幅更長、影響更大的論爭。[20]

孫本文，1892 年生，長潘光旦 7 歲，1915 至 1918 年就讀於北京大學哲學門（系），與日後成為著名哲學家、哲學史家的馮友蘭同班。孫本文在北京大學學習期間，選習了留日歸國的康寶忠教授講授的社會學課程，由此對這門新興的學科發生興趣。1921 至 1926年，孫本文留學美國，先後就讀於伊利諾大學、哥倫比亞大學和紐約大學，專攻社會學，受心理學派、文化學派影響較深。1925 年，孫本文以《美國對華輿論之分析》的博士論文獲紐約大學哲學博士學位，當年 9 月入芝加哥大學社會學系，從事博士後研究。1926年初，孫本文學成回國。從 1926 年 9 月起，孫本文在上海復旦大學任社會學教授兩年半，1929 年 2 月轉入南京中央大學社會學系任教，從此連續 50 年，他一直待在這所學校（中華人民共和國成立後改稱南京大學）。[21]

1928 年 9 月，孫本文留美時期結識的吳景超博士返國，作為東道主，他為其洗塵，並遍邀上海各大學的社會學教授余天休、吳澤霖、潘光旦與應成一等出席作陪，席間大家議定組織一個社會學的學會組織——東南社會學社，並出版學社的機關刊物《社會學刊》。孫本文與潘光旦的相識可能早於這次聚會，但並不相熟。自成立東南社會學社之後，接觸的機會開始多了起來。

---

[20] 當時就有人總結潘光旦與周建人、孫本文的這兩次論戰，將其歸結為「環境論與遺傳論的論爭」，參見如松（任卓宣）：〈評優生學與環境論底爭論——潘光旦、周建人、孫本文諸人意見的清算〉，《二十世紀》，第 1 卷 1 號，1931年 2 月。

[21] 參見明強：〈孫本文先生評傳〉，孫世光編：《開拓與集成——社會學家孫本文》，南京大學出版社，2001。

　　此後不久，孫本文寫了一篇不滿千字的短文〈文化與優生學〉，「內中卻是很不客氣把優生學的錯誤，盡情抉出」。[22]孫本文此文原非專門對潘光旦而發，原文也未點潘光旦的名字，因為當時優生學在國內外都不乏接受者，孫本文在美國學習文化學派的社會學時，熟知西方社會學、人類學界對優生學的批評。孫本文認為，優生學的目標是很純正的，但其觀點與方法都是謬誤的。出於使初學者不致「誤入歧途」的目的，他寫了這篇短文。他對優生學的批評主要有四點：誤以人與動植物同等看待；誤以文化影響為生物特性；誤以智力測驗法為足以辨別先天優劣；誤以財富與勢力為判斷能力優劣的標準。四點之中，他認為最根本的是第二點「誤以文化影響為生物特性」。他說：「總之，優生學的根本錯誤，在於誤解文化影響為生物特性。因此誤解，就欲用生物原則，去改變文化特質，當然是徒勞無功。」[23]〈文化與優生學〉一文，原是交《社會科學雜誌》第三期發表的，因雜誌脫期，讀者反倒先在孫本文的論文集《文化與社會》一書中看到。

　　孫本文是當時東南社會學社唯一的常務委員兼編輯主任，《社會學刊》的主編。他從文化社會學或文化人類學的立場，對優生學採取很嚴格的批評態度，影響較大。致力於優生學研究的潘光旦，當然不能不站出來為自己從事的學科辯護，他很快寫了一篇〈優生與文化──與孫本文先生商榷的文字〉回應。孫、潘當時都在東南社會學社共事，所以潘的文章交給了《社會學刊》。孫本文讀了潘光旦的回應文章後，又寫了一篇〈再論文化與優生學──答潘光旦先生商榷的文字〉，連同自己最初發表的〈文化與優生學〉以及潘光旦寫的回應文章，一起刊登在 1929 年 10 月出版的《社會學刊》

---

[22] 孫本文：〈再論文化與優生學──答潘光旦先生商榷的文字〉，《社會學刊》第 1 卷第 2 期，1929 年 10 月。

[23] 孫本文：〈文化與優生學〉，《社會學刊》第 1 卷第 2 期，1929 年 10 月。

第 1 卷第 2 期上。「戰火」還蔓延到他們各自任課的班上——在上海某大學教授優生學的班上，潘光旦把孫本文的〈文化與優生學〉一文「批評得很厲害」，而孫本文也在對他的學生演講他的主張，批評潘光旦的見解。他們兩人見了面，有時也要談這個問題。[24]

潘光旦的〈優生與文化——與孫本文先生商榷的文字〉、孫本文的〈再論文化與優生學——答潘光旦先生商榷的文字〉，都是圍繞孫本文最初在〈文化與優生學〉中所列的四點質疑展開的。

關於第一點「誤以人與動植物同等看待」，潘光旦認為，這在西方是非常普遍的誤解，而在他看來，「優生學家不主張以育種的方法育人。他們卻主張借重目下種種社會制裁的勢力，例如教育、宗教、輿論、法律等等，使人口中比較優秀的部分可以提早幾年結婚，多生幾個兒女；同時使比較不優秀的部分減少他們的婚姻率與生育率。前者比較積極，後者比較消極。優生學家認為積極的方面比消極的方面尤為重要」，「但是我們應該注意，優生學家雖不主張以育種的方法育人，優生學的一部分的原理卻是完全從育種的經驗裏得來的。至少，優生學家因為目擊動植物育種的好處，才悟到人類自身有自覺的選擇的必要」。對於潘光旦的辯解，孫本文表示「萬索而不得其解」——在他看來，優生學和動植物育種在原則上在方法上是絕對沒有什麼差別的，即便是潘光旦所謂的借重社會制裁的勢力，使優秀者早結婚多生育並減少非優秀者的婚姻率與生育率，和動植物育種的原則和方法也沒有什麼根本不同，「假使必定要使人關在馬棚裏叫他們結婚，叫他們生子，才算是用繁殖動物的方法繁殖人，那未免思想太粗率罷」！

關於第二點「誤以文化影響為生物特性」，潘光旦認為，「優生學家並不是不分清楚文化影響與生物特性，他們實在覺得這兩件事

---

[24] 參見任卓宣（署名「如松」）：〈評優生學與環境論底爭論——潘光旦、周建人、孫本文諸人意見的清算〉，《二十世紀》，第 1 卷 1 號，1931 年 2 月。

物有些分不清楚。不分清楚與分不清楚是兩件事。……換言之，誰都不能不承認：沒有一種文化的影響沒有些少的生物特質做他的張本，也沒有一種生物特性多少不受些文化影響的支配」。總體來看，潘光旦主張：個人的一種優異的文化表現必有先天的根據，而不能都是後天訓練的結果。而孫本文則只承認文化表現的優異是後天習得的，生物機體只提供物質基礎，在其中並不能發揮什麼決定性的作用。

關於第三點「誤以智力測驗法為足以辨別先天優劣」，潘光旦認為，智力測驗試圖在人力可能的範圍內，用比較客觀的標準來量斷人們的天賦智力。雖然不能不用文字和其他文化生活中的事物作為憑藉，但創制測驗方法的人用了全副精神來隔離文化的影響，多少是有成效的，至少可以測驗出一部分的先天智力，而且在教育學界、優生學界得到了廣泛的應用，不能像孫本文那樣給予全面否定性的評價。孫本文則根本否定有所謂「智力」，他認為智力測驗所謂的「智力」並不是「智力」，「這些都是習慣系統罷了，這些是在社會上受了訓練與教育以後所造成的行為模式罷了」；智力測驗法的用處，就在測驗人們的特殊習慣系統，也就是人們的特殊能力，「但須切記，這是後天學得的，而不是先天遺傳的」。

關於第四點「誤以財富與勢力為判斷能力優劣的標準」，潘光旦認為，「這第四點，優生學家並不承認，更沒有主張過，誤與不誤，一概與優生學家無干」。他只承認，至多在統計結果上，可以說，財富的多少與職業的高低，與能力的優劣，不無些少相關之處，而不能直接地將財富與地位作為判斷能力優劣的標準。他還引用自己以往在《人文生物學論叢》一書中的論斷，認為在天惠豐厚、人人有相當職業的美國社會，要比人口過剩、物質不夠支配、信奉安貧樂道人生觀的中國社會更適用財富的標準。孫本文則顯然是根據優生學家具有的階級差等意識，認為他們確實是在事實上以財富和

社會地位（即勢力）為評判能力優劣的標準，他把潘光旦在統計學意義上所說財富和社會地位與能力優劣的正面相關關係，當作一種指數或標準關係。

在《社會學刊》第 1 卷第 2 期上，孫本文的〈文化與優生學〉一文計 4 頁，潘光旦的〈優生與文化——與孫本文先生商榷的文字〉一文計 19 頁，孫本文的〈再論文化與優生學——答潘光旦先生商榷的文字〉一文計 45 頁。《社會學刊》第 1 卷第 4 期上還摘譯了一篇美國人口學家湯普森（W. S. Thompson）原著的《優生學與智力測驗》（金華譯），計 15 頁，也「帶參戰性質」。[25]4 篇文章合計 83 頁，篇幅不可謂不大。孫本文與潘光旦在各自的論爭文章中，都是旁徵博引，從西方搬來「援兵」，引用了支持各自學術立場的大量論述，尤其是孫本文的〈再論文化與優生學——答潘光旦先生商榷的文字〉引證更是極為繁複。他們各自的思想立場——遺傳論與環境論（在學術上為優生學和文化社會學）都得到了充分的表達，思想雖有交鋒，但都是本著自己的立場來看待對方，結果未達成共識。

在此之後的多年裏，論辯雙方各自依然堅持自己的觀點，潘光旦並未因孫本文的嚴厲批評而放棄優生學，孫本文也一直堅持他的環境論。

被列入商務印書館大學叢書，後加以修訂列入「部定大學用書」的孫本文著《社會學原理》，對於優生學，還是堅持了孫一貫的四點基本看法，只是將次序略有調整。他認為，優生學不僅在學理上有這些錯誤，而且提倡的結果，「在社會方面即發生相當的不良影響」。具體說來，「第一，當此社會發展極速的時代，文化勢力足以支配社會的前途；興利除弊以謀社會的改善，厥在文化方面著手進

25　參見任卓宣（署名「如松」）：〈評優生學與環境論底爭論——潘光旦、周建人、孫本文諸人意見的清算〉，《二十世紀》，第 1 卷 1 號，1931 年 2 月。

行，方可得有效的結果；乃優生學者不此之圖，放棄重要的社會原因於不顧，而欲求之於無切實根據的生物原因，以謀社會的改善，影響所及，將使社會力量用之於無用之途。第二，優生學者認人類有先天的優劣，以為各人前途，概由遺傳決定，無可挽回。於是彼等所認為優秀的分子，將自信為先天優秀之人。或至傲惰侈放，無所不為。反之，彼等所認為低劣的分子，將自信先天低劣，無可挽救，致阻其奮發上進之路。此於社會前途，影響甚大。所可幸者，優生學之在今日世界，研究者既少，宣傳所及，不足以引起社會上一般人的注意。將來社會科學發展，或使優生學改變其在學術上的地位，亦未可知」。[26]從這段話可以看出，「文化與優生學」的論爭，既是學理之爭，也是對社會改革不同路向之間的爭論，含有社會層面的意義。

　　1948 年孫本文總結中國社會學五十年的歷史，寫成《當代中國社會學》一書。他將潘光旦列為社會學界側重社會的生物因素的唯一代表人物，重新引述了當年辯論的文字。他說：「這一次我二人的長篇辯論，可說是我國社會學上機會難得的探討學理的文獻，並可以看出文化的立場與生物的立場意見不同的所在，而優生學的理論根據是否健全，也可以辨別了。」[27]最末一句，弦外之音，清晰可聞。

　　孫、潘的論爭非常激烈，火藥味十足，但那只是在學理層面上，兩人互相批評。雖然爭論的結果，還是各行其是，但爭論歸爭論，個人之間並不傷和氣。那一代學者，即便在學理上有如此大的對立，仍能保持君子之風。

　　1930 年中國社會學社成立，潘光旦參與發起並擔任理事，與學社的正理事孫本文「和平共處」。1935 年孫本文在《社會學原理》

---

[26] 孫本文：《社會學原理》上冊，商務印書館，1947，第 186 頁。
[27] 孫本文：《當代中國社會學》，第 253 頁。

1930 年中國社會學社第一次年會合影，第二排中間深衣圓臉者為潘光旦

圖片來源：《潘光旦文集》第 1 卷（北京大學出版社 2000 年版）

「例言」中，感謝七位朋友「對於社會學材料之討論，給予著者不少之鼓勵，使本書克底於成」，潘光旦赫然在列。[28]1941 年秋，陳達、潘光旦、陳長蘅、孫本文、張鴻鈞、許世瑾作為專家共同組成社會部人口政策委員會，對政府的人口政策有所獻議。1948 年，在《當代中國社會學》一書中，儘管孫本文根本否定潘光旦的優生學研究的價值，還將潘光旦作為社會學一家一派的代表人物予以評述。

雖然如此，但學術取向的不同畢竟還是會多少影響到兩人的學術往來。孫本文深感當時可以用作大學教材或參考書的中文社會學書籍太少，而以一人之力尚不足以在短期內完成這樣一部篇幅較大

[28]　孫本文：《社會學原理》上冊，「例言」第 2 頁。

的社會學著作，於是遍邀社會學界同人，就各人所長寫一種或數種，期於普通社會學的各方面，都能有所論述。1929 至 1930 年，孫本文主編的這套叢書陸續由世界書局出齊，後來為了講授的方便，乃將叢書 15 種合編成《社會學大綱》一書，全書九十餘萬字，分訂上下冊。其中的《社會的生物基礎》一種，出版廣告中原擬作者是潘光旦，但後來實際出版的書卻是吳景超寫的。潘光旦是學習生物學出身的，又在社會學界從事教學研究活動，如果與一般社會學者的思想傾向一致，當是這本書作者的不二人選。但可惜的是，他與孫本文的學術取向差異太大，致使這次學術合作未能達成。

三、其他社會學界同仁反應不一

折中遺傳與社會兩種思想立場，偏重於社會方面的社會學家，有吳景超、陳達、費孝通等人。

吳景超，1901 年生，1915 至 1923 年就讀於清華學校，1923 至 1928 年留學美國，先後在明尼蘇達大學、芝加哥大學學習社會學，是地道社會學科班出身的學者。1928 年後回國後擔任南京金陵大學教授，1931 年回母校清華大學社會學系任教。

刊登孫、潘論戰的《社會學刊》第 1 卷第 2 期的「編輯贅言」裏說：「吳景超先生常說：老孫與老潘各走極端，他預備出來折衷一下。聞本刊第三期吳先生就要加入這種論戰云。」不知為何，《社會學刊》第 3 期上沒有吳景超的論戰文章，以後也沒有見到。不過，吳景超的觀點在《社會的生物基礎》一書裏已有詳細的表述。在該書的序言裏，他敘述了自己在接受遺傳論與環境論兩方面學術影響的經歷。他說：「我到美國學社會學，初受業於白納德（L. L. Bernard）教授之門。他最初指示我人口中量的問題的重要。他在美國，又是

一個最先反對本能論的，所以討論遺傳與環境時，特別注重環境。同時吾友潘光旦先生，在美專攻優生學，特別注重遺傳。我因受了白納德教授的影響，不以潘先生的主張為然，曾與他通信辯論這個問題約半年。我的意見，因為這半年的辯論，略為有點修改，不復趨於極端。後來在支加哥大學（今譯芝加哥大學）念了幾門生物學，又聽見一些教授，為遺傳作說客。記得牛門（H. H. Newman）教授，有一次對我們說，我故意注重遺傳，理由是你們受環境說的影響太深，不如是，不能把你們的偏見矯正過來。我受了這兩種不同學說的影響，所以在朋輩中，對於環境與遺傳的論調，比較是不走極端的。」[29]孫本文認為他是一個折中派，他也認同。不過，他強調自己不是那種無原則的「騎牆派」。他說：「其實做學問的態度，不一定要折中，惟見解須隨事實為轉移。假如事實告訴我們遺傳的力量大，我們便信遺傳的力量大。事實告訴我們環境的力量大，我們便信環境的力量大。不問事實如何，惟知各走極端或折中而不變，都是不足為法的。」[30]

　　在《社會的生物基礎》一書裏，他以折中派的眼光分析了遺傳與環境在個人發展中的作用，認為：(1)生理上的特質有遺傳的傾向，疾病本身並不遺傳，但抵抗力的強弱卻有遺傳的根據。(2)不承認智慧階級因卓異的遺傳而出大人物，但並不否認遺傳與成就的關係，所要否認的是卓異的遺傳世襲。「遺傳與遺傳世襲，完全是兩回事，不可混為一談」。(3)在今日遺傳學還未十分發達時，想用優生政策來改良社會，其根據是很薄弱的；當下可做的是，改良社會，使優秀青年得以脫穎而出，使有為青年得以奮發向上，其理論根據是很鞏固的。[31]

---

[29]　吳景超：《社會的生物基礎·自序》，世界書局，1930。
[30]　吳景超：《社會的生物基礎·自序》。
[31]　參見吳景超：《社會的生物基礎》第五、六章。

　　1935 年，吳景超曾就民族自信力的根據問題，與潘光旦展開討論，他所依據的是文化社會學家烏克朋（W. F. Ogburn）的觀點，認為，中國不如人的問題，乃是文化不如人，不是遺傳不如人。（詳見本書第五章第五節）

　　從吳景超的論述來看，他確實不是遺傳也肯定、環境也肯定的「騎牆派」，而是對遺傳的作用有所肯定，但否認遺傳世襲，因而對優生政策持審慎態度的折中派。如果說他有什麼偏向的話，無疑他是偏向於環境派的。

　　在社會學界，對於潘光旦的優生學研究，與吳景超態度相近的還有陳達。

　　陳達，1892 年生，與孫本文同歲，1912 至 1916 年在北京清華學校學習，1916 至 1923 年留美，習社會學，獲哥倫比亞大學博士學位。陳達是當時中國社會學界研究人口和勞工問題的權威學者。潘光旦曾為其所著《人口問題》一書寫過書評。潘光旦對陳著極為讚揚，最主要的原因是，他認為陳達把人口數量和人口品質等量齊觀，在生物遺傳與文化環境兩方面無所軒輊，不像一般的學者只重視人口數量問題。當然，潘光旦從生物論的角度看，陳達對生物因素的論述還有不夠到位的地方。如陳達雖然把「自然選擇」與「社會選擇」相提並論，但對於自然選擇和社會選擇缺乏全面的瞭解，對於自然選擇與民族品性的關係認識不足等。[32]陳達對於人口品質和生物遺傳因素的重視，使他能夠部分認可潘光旦的學術觀點。

　　陳達是清華大學社會學系的創立者，多年擔任系主任，正是他邀請潘光旦來校任教的。1941 年秋，陳達與潘光旦、陳長蘅、孫本文、張鴻鈞、許世瑾等作為專家共同組成社會部人口政策委員會，為政府提供人口政策方面的建議。陳達是委員會昆明區主席，

---

[32] 參見潘光旦：〈介紹陳通夫先生的〈人口問題〉〉，《潘光旦文集》第 9 卷，第 225～230 頁。

潘光旦得以進入這個委員會，恐怕與陳達不無關係。他們制定的政策當中，第二部分是關於人口品質的，有許多優生學的見解，是潘光旦提出的。潘光旦曾以十分感慨的語氣說：「至最近社會部設人口政策研究委員會，於人口品質一端，且進而採及芻蕘，作為國家人口政策之局部張本，於以見勞無不獲，功不唐捐，民族健康，庶有厚望……」[33]

陳達雖然在他的研究中容納了人口品質問題，但他對人口生物因素重要性的認識卻遠遠不及潘光旦，這可在潘光旦為陳達著《南洋移民與其鄉土的社會》一書寫的書評裏看得很清楚。潘光旦認為陳著沒有充分地考慮生物因素，就陳達認為從文化立場無法解釋的現象，他試著從生物角度給予解釋。末尾，他說：「這種說法恐怕太過看重生物的因素，未必為陳先生所贊同」。[34]

陳達雖然不否認遺傳因素的重要性，但對文化環境因素在現實社會中的地位卻更為看重。從他記述的抗戰時期的一次座談會上的發言可略窺一斑：

> 中國兒童福利協會舉行座談會，潘仲昂主席，題為遺傳與環境對於兒童教育的影響。余謂遺傳為重要因素之一，但對於此點，人力很少有左右之功，但教育實有選拔真才之力。我國因教育不普及，有許多才智，目下尚湮沒無聞，今後的努力應注重教育的普及。現在學校裏雖有才智的兒童，但數量有限，舉實例以明之。余在清華時，同級共三十三人，遇級際網球賽時餘亦被選，但在全校網球隊，選擇隊員時餘即名落孫山，余之加入級網球隊，可稱為冒牌的才智。今日所謂才智，實因受教育的人數太少，在此少數人中所選出比較有

---

[33] 潘光旦：《優生與抗戰·弁言》，《潘光旦文集》第 5 卷，第 6 頁。
[34] 潘光旦：〈優生與抗戰〉，《潘光旦文集》第 5 卷，第 139 頁。

才能者大致非奇才異能。將來教育普及之後，受教育者必大
增（例如農工階級），到那時候，冒牌的才智，亦應該名落
孫山。[35]

陳達的發言，大意是：普及教育，使下層的才智之士有機會上
達，擴大選擇範圍才可能選拔出真正的才智之士。在當時中國教
育如此不普及的狀況下，社會的上下層之別，並非真正的智力優劣
之別。

出身於士紳階層的潘光旦認為，人才多出於世家，而在經濟身
份與社會身份之間，他更看重社會身份。至於農工階級，他本人以
及國外許多優生學的人才研究都支持這樣的觀點：這個階級出人
才很少，而且這是有其遺傳的根據的。從這點看，潘光旦和出身於
農民家庭的陳達的基本看法是有差異的。潘光旦具有明顯的階級差
等的優越意識，而陳達則更多階級平等意識。

在社會學界，能夠有陳達這樣的權威學者對潘光旦的優生學研
究多少予以認可，已經是難能可貴的了。社會學界更多的學者，未
深究優生學的底細，但並不根據日常生活經驗和觀念加以排斥。李
景漢或可作為這種學者的代表。

李景漢，1895 年生，1917 年赴美國留學，專攻社會學及社會
調查研究方法，先後在珀瑪拿大學、哥倫比亞大學、加利福尼亞大
學學習，獲學士、碩士學位。李景漢是民國時期社會學界最著名的
社會調查專家。李景漢與潘光旦的個人關係也不錯，潘光旦稱「余
與景漢所習同，所事同，平居之所好亦同」。[36]

1936 年 6 月，李景漢應邀為潘光旦的《民族特性與民族衛生》
一書寫序。李景漢並不專門研究優生學，潘光旦找他寫序，是考慮

---

[35] 陳達：《浪跡十年》，商務印書館，1946，第 467～468 頁。
[36] 潘光旦：《笙巢記》，《潘光旦文集》第 9 卷，第 543 頁。

到他一向在農村做社會調查工作並熟悉明恩溥的《中國人的特性》一書，而潘光旦此書五篇之中的第二篇就是從明氏書中選譯的 15 章，所以希望他能夠就明氏的敘述發表一些意見。李景漢的序言確實絕大部分內容是在講明氏的《中國人的特性》，但在開頭和結尾的幾段裏，他也講到了潘光旦從優生學出發對於民族特性和民族出路的分析。他說，對於民族的這些問題，是要依據客觀的事實來答覆的，「潘光旦先生是用生物的眼光來看民族，認定一個民族先得有比較穩固的生物基礎，才有發展的張本。這一點是向來為人所忽略的」。[37]李景漢一再說他對於優生學「無學識」，是「門外漢」，不願說外行話，但他還是概述了潘光旦此書其他各篇的思路和觀點，表示自己讀後，「獲益甚多，使我對於向來幾個模糊不清的問題得到瞭解釋，對於民族的出路也認識的[得]深刻一些。我想其他的許多讀者也一定與我有同樣的感覺。」[38]

費孝通，1910 年生，屬潘光旦的學生輩學者。他於 1928 至 1930 年在東吳大學醫預科學習，1933 至 1935 年在清華大學研究院師從俄裔人類學家史祿國學習體質人類學。兩個時期的學習，使費孝通對生物學或人類的生物基礎具有相當的認識。在清華做研究生時，費孝通曾發表文章，提出結合體質研究與社會選擇（這裏的社會選擇不是潘光旦所說的社會選擇）的學術思路，他表示，這是不同於優生學的另一條生物觀點的社會學。其大意云：社會分工中最好能夠使不同體質類型的人得到適合於其特點的工作種類，這樣社會才能得到最大的效率。他不同意優生學的理由是，優生學把重點放在為數很少的「上智」與「下愚」上面，希望增加前者，減少後者，但是，社會上為數最多的「中才」被忽略了，而這些人的特點是得到合適的工作就做得好，得不到合適的工作就做不好。生物上的適

---

[37]　李景漢：《民族特性與民族衛生・序》，《潘光旦文集》第 3 卷，第 5 頁。
[38]　李景漢：《民族特性與民族衛生・序》，《潘光旦文集》第 3 卷，第 19 頁。

107

與不適是相對的,除了少數什麼工作都不配做的分子以外,一般人是各有各適合的工作,若一個人做著不適合自己的工作,不能充分表現他的個性,對於社會來說也是人才的浪費。[39]從費孝通的這點分析來看,他側重的是體質測量學與社會職業的配合程度,並沒有涉及遺傳或優生問題。

1943 年,費孝通發表的〈遺傳與遺產〉一文是直接與潘光旦交流意見的。他說:「今年的春天,常有機會領教潘光旦先生的優生論。我對於這種學說雖則多少還有許多隔膜和想不通的地方,但總覺什麼時候人們都把優生視作切身問題,人類社會一定比現在的更為合理一些。反過來說,在現在的社會裏要大家多注意優生,也許不太容易。」[40]其原因何在?他認為,在現在的社會,個人才智的高下、遺傳的優劣,事實上並沒有與其人事業的成敗、地位的尊卑、享受的多少以及名譽的好壞發生密切的關聯。「從表面上說,以學識來選擇人才是最合於優生原則了,但因入學的先決條件在經濟,於是最後決定者仍是遺產」,[41]「若是我們為社會的效率著想,人和事的配合最理想的辦法是根據個人的才智,根據遺傳,則我們現在的社會離標準還是十分遠。我們配合人和事的標準不是遺傳而是遺產」。[42]從這篇文章來看,費孝通並沒有質疑優生學理論是否健全,他關心的是優生學的原理得以發揮作用的社會環境。他提出了一個問題:在當前缺乏公平和合理流動的社會裏面,優生學的辦法有無可操作性。

1947 年 9 月,費孝通應《日本社會學報年報》之約,寫了一篇總結中國社會學發展歷史與現狀的論文《中國社會學的長成》。在

---

39 參見費孝通:〈體質研究與社會選擇〉,《費孝通文集》第 1 卷,第 295～301 頁。
40 費孝通:〈遺傳與遺產〉,《費孝通文集》第 3 卷,第 110 頁。
41 費孝通:〈遺傳與遺產〉,《費孝通文集》第 3 卷,第 111 頁。
42 費孝通:〈遺傳與遺產〉,《費孝通文集》第 3 卷,第 112 頁。

這篇論文裏，他提到了早期中國社會學史上關於遺傳論與環境論的論爭，雖然沒有點名，但無疑指的是孫本文和潘光旦之間的那場論爭。費孝通稱之為最能代表「關在教室裏的社會學」或「經院式的討論」，雖然它本身在學理上有它的價值，但離開了對實際生活的觀察與提煉，對中國社會學的發展意義有限。他說：「這類問題顯然沒有概然性的結論可得的，而且在研究社會現象時無妨從某一方面入手，在實用時又免不了兼籌並顧，所以這種爭論既不是因研究具體社會現象而發生的不同結論，也不是以實用為目的而提出的不同計畫，只是講座之間相互炫耀其學識而已。我並不認為這些辯論是無益的，因為在這類辯論裏至少可以把有關影響社會現象的各種因子的，或是被稱為『基礎』的，各種學說介紹到了中國的讀者面前。我說社會學在中國的初期是舶來品這句話，在這個時期大部分還是正確的。在講座間的辯論裏所應用的論據多引用西洋社會學的理論和事實。西洋社會學裏的各種派別，各從它們所授的生徒，分別傳入中國；中國社會學所不盡同於西洋社會學的在它們和實際社會的關係上：西洋的社會學不論哪　個派別，都反映著一部分的社會現實，但是當它被帶進中國來時，卻只剩了一套脫離了社會現實的空洞理論。這在當時講座間的辯論中是看得出來的，因為他們的互相批評到後來只成了邏輯上的責難，而不是事實上的駁證了。」[43]

作為晚於孫本文、潘光旦的下一代社會學者，費孝通此時所感興趣的是如何在中國開展實地研究，從實地研究中提煉概念，他認為這是中國社會學趨於成熟的標誌。對於早期那些圍繞著引進的西方學理所發生的論爭，他實已失去興趣。但因這些人還是他的老師輩人物，還活躍在社會學界，所以他的措辭相當審慎，語氣也相當客氣。

---

[43] 費孝通：〈中國社會學的長成——為《日本社會學報年報》寫〉，《費孝通文集》第 5 卷，第 411～412 頁。

四、餘言

潘光旦是一個早熟的學者。在留美期間，他就頻頻發表優生學研究成果，並引起了一定的關注乃至於爭議，他作為優生學家的學術生涯，從那時起就已經開始了。那時，潘光旦的優生學研究已經帶有強烈的社會學色彩，他也常與清華留美同學吳景超、吳文藻就環境論與遺傳論的話題展開切磋，可以說，在回國之前，潘光旦已經跨入社會學的圈子。回國之後，他投身於社會學界，是水到渠成的事情。

在西方世界，優生學固然在 20 世紀初的幾十年間風靡一時，但也遭到了來自文化社會學、文化人類學界的不少抵制。孫本文和潘光旦，這兩個分別學習了西方優生學、文化社會學的弟子，把在西方已然發生的論爭在中國又重演了一遍。從學理上說，那場發生 1920 年代末的論爭，沒有運用多少中國的觀念和材料，表面上看這是一幅「西洋景」，但對於參與者而言，他們是嚴肅地在表達他們所接受的學術立場，他們此前此後都在把各自的立場用於研究、解釋中國問題，所以，這場學院內的爭論，也有它的社會層面的含義。就像此前幾年發生的潘光旦與周建人的論爭一樣。一種學術立場代表了一種改造中國社會的路向，只有從這個角度去理解，才能理解它的思想史意義。

在社會學界，潘光旦是一個認真研究學問並取得豐碩成果的人，他以此贏得了人們的尊重和支持。所有排斥和半信半疑的態度，只是由於他選擇了這個極有爭議的學科。他的遭遇，可以說是從這個學科的母胎中帶來的。孫本文、吳景超、陳達、李景漢、費孝通，五位有代表性的社會學家，對於優生學，態度不一，描繪出

了當時中國的西學知識份子對於優生學的種種複雜的反應。直到今天，遺傳學已經取得長足的發展，但類似於這五位社會學者的態度仍存在於學術界中。斥優生學為「偽科學」的人如過江之鯽，不可勝數。半信半疑的人也不在少數，如 1940 年清華大學社會學系的畢業生，今美國史專家劉緒貽教授說，他同意優生學中的消極優生學部分，潘光旦關於積極優生學的論點，雖然費孝通先生評價很高，他開始是將信將疑，後來曾基本否定，現在是基本同意，但有時仍存疑。[44]看來，如何全面評價潘光旦那個時代的優生學，還遠未到塵埃落定的時候。

---

[44]　參見劉緒貽：〈博學、濟世、風趣的社會學家潘光旦〉，《社會學家茶座》第 21 輯。

第四章　潘光旦對社會學的認識

潘光旦以優生學家的身份在社會學界從事教學研究活動。他的優生學研究受到的關注最多，引起的爭議也最大。但潘光旦同時還是一位人文思想家，這一點當時就有人認識到，在某個特定範圍，甚至可以說，他的人文思想留給人們的印象更為深刻。在 1948 年清華大學的院系介紹裏，學生們早已寫道：「潘光旦教授的人文思想較他的優生學更為有名。他的治學原則是通，而這『通』的原則又歸究到人。」[1]

作為一種與自然科學有著千絲萬縷聯繫的優生學，在當今不少學者那裏，似乎已成陳跡，至少是已遠遠沒有 20 世紀初期的煊赫聲勢了。潘光旦未能充分闡述的人文思想倒是顯出了其蓬勃生機和理論潛力，並因之而日益受到學者們的青睞。如何評價潘光旦的學術思想成就，不能把眼光局限在優生學等「過氣」的學科知識，而是要更多地關注到他的人文思想。社會學史學者韓明謨教授說，社會學界皆知潘先生是一位矢志不渝的優生學家。其實，潘先生不過是以優生學作為他追求「提高民族素質」、「探索中華民族強種優生之道」的基礎，在更深一層的思想氣質中，他實是一個人文主義的思想家，他以「不同而和」的思想路線，構築他的人文主義的思想體系。[2]潘光旦的東床胡壽文教授也指出：「大家稱先生為優

---

[1]　《院系漫談》之「通才製造所──社會學系」，清華大學校史研究室編：《清華大學史料選編》第 4 卷，清華大學出版社，1994，第 205 頁。

[2]　參見韓明謨：《中國知識份子的驕傲──紀念潘光旦先生》，潘乃穆等編：

生學家，或許是因為他早年發表過許多提倡優生的作品。……但是，它們所側重的既不是舊時優生學家所熱衷的某種優生的制度，也不是現代優生學家所專精的人類優劣品性的遺傳學原理和控制技術；實際上，這些作品的字裏行間另外沁透著一種遠在優生學之上的重人道的社會理想。」[3]兩位先生的表述不盡相同，但其所指是很清晰的，即在潘光旦的優生學研究背後，另有一種更深層的思想因素——人文思想。

潘光旦的人文思想，以生物學為基礎，融會中西古人文思想和現代哲學社會科學的成就而形成。[4]它強調人本身是目的，其他一切皆是手段，即 1948 年社會學系學生所云「他的治學原則是通，而這『通』的原則又歸究到人」。但必須客觀地說，潘光旦的人文思想，終究因缺乏系統完整的論述，所以在整個思想界的影響力不大。儘管如此，如果前人的思想是確有價值的，就值得發掘出來，使後人有機會在其基礎上加以增益、完善。同時，潘光旦在這種頗具科學色彩的人文思想的基礎上形成了其社會觀，而他對於社會的看法又直接影響了他對於社會學的認識。他眼中的社會學，確實不同於一般中國學者大致滿足於引進西方社會學的一派看法，而是有自己的特色，已然成為他的社會思想的一個有機組成部分。總結潘光旦如何運用各種思想資源，形成他對於社會學的認識，有助於瞭解民國時期中國社會學曾經達到的思想高度。

《中和位育——潘光旦百年誕辰紀念》，第 492 頁。

[3] 胡壽文：〈優生學與潘光旦〉，潘乃穆等編：《中和位育——潘光旦百年誕辰紀念》，第 606 頁。

[4] 潘光旦在給費孝通《生育制度》一書的長篇序言〈派與匯〉中，將他所屬意的這種人文思想概括為「新人文思想」。他提出，這種新人文思想，是在中西古人文思想的基礎上，吸收生物位育論、社會文化的功能學派、實驗論與工具論以及人的科學，熔所有這些成分於一爐。〈派與匯〉收入潘光旦著的文集〈政學罪言〉，《潘光旦文集》第 6 卷。

一、個人與社會並重的社會觀

作為一個生物論者，潘光旦的社會觀深深地打上了 19 世紀中葉以來生物學提供的若干思想原則的烙印，與從社會文化本身出發探討社會的學術取向明顯不同。從這一點出發，他所看到的，人──個人或團體──首先是在自然環境和人文環境中謀取生存、發展的生物機體；即便文明自身具有自我積累、發展的能力，也具有了支配人的力量，它終究不能改變人首先是一個生物體的事實，所有的文明發展，最終都是為人類的幸福服務的。

潘光旦強調，社會的基礎是變異繁多且具有自覺、自動力量的生物個體，面對這樣一個刓圇的個人，我們只能理解他，尊重他，培植他，使他能夠發揮自身的力量，在社會中取得一個適合於自己特性的位置，這是人類之異於無機物和動物的尊嚴之所在，也是人類文明發展不竭的動力。他對人的看法比較側重其生物特性，但是又不把人等同於動物，人之異於動物者何？他的回答是：人的變異性比動物繁多，人對變異性的感知最為深刻。動物之間，雖也有各種程度的來複感應，雖也有其斷續或持久的集體生活，卻說不上有社會關係。社會關係的本質在於對人本身的生物特性──也就是他的繁多的變異性和自覺自動的力量──的尊重，人類社會之所以能夠發展出品類繁多的社會關係在此，人類社會之所以能夠發展出豐富多彩的文化也在此。社會生活的維持需要的是人與人之間的分工合作，這就需要人與人之間有共通的人品。所謂共通的人品並不是相同的貨品，我們不能像工廠出貨一樣地對待人，也就是說不能以一個公式、一個模子、一套做法，來教豐富多彩的人品來就

範。[5]這是不把人當人，不尊重人的表現。有人可能會說，潘光旦所強調的人與動物的區別並不是一個極為顯著的特徵，可以把人和動物截然劃分開來，有如把有無文化當作區分人與動物的標準那樣。問題在於，潘光旦一方面認為人類和動物有區分，不能單以動物看待人類，另一方面，他繼承了生物學的學術傳統，把人類看作是漫長的生物演化史的一環，並不認為人類和動物有「截然劃分」的必要。人類固然有豐富多彩的文化足以自豪，可是，文化是為人所用的工具，而不是役使人的勢力尊者，它最終還不是為了讓作為生物體的人類活得更好麼？

潘光旦並不是有見於人的個別性，而無見於人的一般性，否則以千差萬別、變化無窮的個體聚集在一起，就能組成人類社會嗎？個體的聚集只是群（crowd），而不是搏成一體的社會（society）。要把群搏成社會，需要給裏面加點東西把人凝聚成團體，團體生活也就是社會生活，是人類文明開啟以後人類生活的最大的依託對象。對於「加點什麼東西」的回答，往往就是社會學家形成社會觀的精髓所在。比如社會學奠基人之一的涂爾幹（E. Durkheim）認為，聚集在一起的一群人一定要有一個分工合作的體系，這樣個人相加的結果，不是只構成了個人的總和體，而是形成了一種新的實體，這個實體超出個人之外，對於個人而言，它具有客觀性、外在性、強制性，那就是社會的本質。涂爾幹在這種社會觀的基礎上，建立了他的社會學觀：社會學所要研究的，不是個人層次的東西，而是超出個人之上的社會層次的種種特徵。

在潘光旦的學說裏，社會何以可能？如何把個人生物的集合體搏成一個營共同社會生活的團體？潘光旦認為，個人也是一個實體，他具有人性。人皆具有與他人相同的通性、與他人不同的個性

5　參見潘光旦的〈「倫」有二義——說「倫」之二〉以及〈論教育的更張〉（均見《潘光旦文集》第 10 卷）等文。

以及男女性別之分；如果把這三個方面當作經，那麼，人皆具有
志、情、意一類的看法可以看作是緯，也就是說，志、情、意又自
有其人盡相通、因人而異和因男女屬性的不同而發生變異的地方。
人性的經緯諸端是人人具備的。其中人性中的通性就是社會共同認
可的秩序得以形成的基礎，有了通性作基礎，再加上建立在個性差
異、男女分化基礎上的人們之間廣泛的分工合作體系，社會這個團
體就算是形成了。由於對通性、個性和性別三個因素同等重視，潘
光旦認為，其結果不僅是社會秩序可以維持，而且依託在人性後兩
個方面而產生的文明進步和種族綿延也可以達成。他從純粹社會學
的角度曾經提出過「兩綱六目」的說法，就是這種社會觀的提煉。
「兩綱六目」可圖示如下：

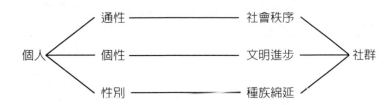

　　所謂「兩綱」指的是個人和社群兩綱，個人是一個實體，作為
個人的集合的社會也同樣是一個實體。在兩綱之間，固然可以說，
個人是群體的基礎，群體的存在和發展離不開個人三個方面屬性的
支持，但是，人是一種群體的動物，他是要在集體共同生活中生存
的，這同樣是他的需求，所以在兩綱之間很難分出高下貴賤。從生
物演化史的歷程裏，潘光旦這樣分析人類何以個體與群體「兩綱」
並重：

> 人以下的動物裏，大多數的物種有個體而沒有群體，或雖有
> 而分工合作之跡不顯；蜂蟻之倫則有分工合作的燦然可觀的

群體，而個體等於抹殺；在這些動物裏，個體與群體，無論倚重在那一方面，全都由於本能，而不邀情理的自覺的認可。到了人類，個體與群體同樣的存在，同樣的邀自覺的認可，而幾千年的生活經驗，更證明兩者是同樣的需要，很難賤彼貴此。一個健全的社會，一種革新社會的嘗試，在理論上應當承認個群兩體的不分軒輊的存在。[6]

在潘光旦的眼裏，「兩綱六目」論更多地屬於「社會理想」的範疇。也就是說，他以「兩綱六目」論作為一個健全的標準，來評判任何一種社會思想：照顧到了「兩綱六目」的所有方面，是健全的。強調任何一個或幾個方面，而忽視乃至刻意抹殺其他方面，是不健全的。

但是，我們不妨以「兩綱六目」論來理解他的社會觀。也就是說，在潘光旦的觀念裏，個人和社會是兩個並立的實體，社會存在的理由和最終目的是為了人類謀取更好的生活，是個人在環境中求得生存發展的依託。社會作為一個實體的地位是存在的，無論是歷史上的社會還是今天的社會，潘光旦所時時惕厲的，是那些社會宰製、支配個人的事實。他看到了社會成為某些政治野心家施展個人野心以奴役億萬生靈的工具，而且古已有之，於今為烈——兩次世界大戰可以說就打在沒有健全的個人，以及個人變成供政治野心家驅策的工具之上。基於這樣的思想認識，潘光旦認為，學術要以培育健全的、團圝的個人為出發點，有了健全的個人，社會才有健全的可能。在以瞭解、說明和解釋，而不是以改造以至於革命為目的之社會思想領域，社會是以什麼方式來阻礙健全的個人的形成呢？在這方面，潘光旦也有一些探討。比如，他認為近代以來盛行的女權運動，有見於女性的通性和個性，忽視女性在生理上

6　潘光旦：〈政學罪言〉，《潘光旦文集》第 6 卷，第 102 頁。

的、心理上的性別特徵，片面地以男性為模仿對象，抹殺了女性作為女性不同於男性的一面。女權運動作為一種社會勢力支配了女性自身的社會定位和社會想像，使一個健全的女性個體成長成為不可能。[7]又如他對近代工業化的分析。他認為工業化的過分發展，提高了一般人物質生活的程度，但是，這種機械的、集體分工合作的社會組織方式卻把人格零星化了，不停地推動著每個人忙於負責其中很小的一部分，這樣，人先是成為機器的奴隸，接著成為制度的奴隸，接著成為社會的奴隸，這樣一個個畸零的個人在第四步最終成為政治的奴隸，甘心供政治野心家的驅策而不自知。推源溯始，工業化在其中扮演的是一個清宮除道乃至推波助瀾的角色。[8]

把個人和社會視作無分高下的、並列的兩極，實際上他是在為個人「爭奪地盤」。因為，他看到了社會對個人具有巨大的支配力量，個人如果「乖乖就範」，那就與一群羊、一夥狼、一堆貨品沒有什麼區別，也就無所謂人的尊嚴可言。在他看來，健全的個人為健全的社會提供基礎，而培養健全的個人，不在於政治、經濟、社會的種種安排，而在於教育。教育要把人的自知之明與自勝之強作為一個基本的要求。換言之，借助於科學的知識，對於一己的所長所短，能夠勝任的事情有一個清楚的瞭解（自知之明）；對一己的慾望能夠得到控制，使一己的情緒能夠收放自如（自勝之強）。

將個人與社會並重，而且把重點放在增加對個人的瞭解上，潘光旦便不可能像涂爾幹那樣，幾乎把一切事物的起源歸之於集體表像向個人「發威施力」。潘光旦一再表示了對這種學術見解的批評，可惜他沒有寫成系統的研究文字，但從他留下的日記中，可以捕捉到這種見解的蹤影。如 1947 年 4 月 17 日的日記裏寫道：「夜就社

---

[7]　潘光旦論婦女問題的文章頗多，可參考其文集中的相關文章。
[8]　參見潘光旦的〈工業化與人格〉一文（《潘光旦文集》第 10 卷）。

會學派思想續作思考,於其偏狹處續得若干駁議。」[9]5 月 8 日又寫道:「涂開姆(即涂爾幹——引者注)之社會學說失諸過於以社會為事物之泉源,為擬一評論節目,借便講論。」[10]

潘光旦對社會學的認識,就是在這種社會觀的基礎上形成的。

二、社會學是一門「很切實的學問」

1942 年 1 月 19 日,潘光旦發表了〈社會與社會學〉一文,收入《自由之路》一書時改題為〈談中國的社會學〉。在文章開頭,他就表明了對於中國和西方社會學的看法:

> 西洋的社會學,以及中國大學校裏所講授的社會學,我一向嫌它過於空疏,不切實際。社會學的對象是社會,社會是許多人的一個集合,是人與人之間關係的總和,是一個很切實的東西,而研究到它的這一門學問,也應當是一門很切實的學問。[11]

接著,他列舉了中國社會學不切實際的三個表現:(1)集中精力研究一些特殊的、邊緣的社會問題,如人口問題、家庭問題、種族問題、犯罪問題、勞工問題與貧窮問題等等,而對於最道地的、可作為社會問題的一個核心的「人事問題」卻不大理會。(2)注重一般的社會,甚至於誤將西方社會當作一般的社會,而忽略中國社會本身的特點,在社會調查資料逐漸豐富起來以後,情況稍好了一點,但對歷史社會學還未引起足夠的重視,因之,對中國社會是知

---

9 《潘光旦文集》第 11 卷,第 254 頁。

10 《潘光旦文集》第 11 卷,第 259 頁。

11 潘光旦:《自由之路》,《潘光旦文集》第 5 卷,第 428 頁。

其然，不知其所以然。(3)在社會資料未經系統的搜集整理之時，簡單地套用一些未必適用的歷史哲學或社會史觀解釋中國社會——這裏主要指的是經濟史觀或唯物史觀。

推究中國社會學之所以具有這「三弊」的原因，潘光旦認為問題的源頭還是從西方社會學沿襲而來的，「這弊病可以叫做『見同而不見異』」。在這種社會觀下，「社會原是一個很籠統的東西，我們口口聲聲講到社會分子，把它比作生物學的細胞、化學的分子、物理學的原子電子，那不等於承認各個社會分子都是一樣的麼？」但是，「如果社會分子都是一樣，上文第一點裏說的人事問題論理是不應當有的，發生了我們也不會看見。肥皂廠裏出產的肥皂，塊塊一樣，我們從沒有聽見肥皂會打架。」[12]從潘光旦的社會觀，我們看到的是人與人之間流品的不齊，以及社會問題的切實、具體。潘光旦說：

> 不過人不是肥皂，從沒有兩個人是完全相像的，所謂人事問題就從這流品的不齊產生。但流品的不齊又有幾個社會學家加以深切注意過呢？……社會是一個籠統的東西，所以中外古今的社會大都逃不出幾個原理的範圍，適用於西洋社會的幾個原理大抵也適用於中國，適用於今日的，大抵也適用於已往，所以事實上也許就沒有特別研究中國社會的必要，更沒有特別研究中國歷史的社會的必要，這顯而易見的又是吃了見同不見異的虧。……要袪除這幾個空疏而不切實際的弊病，從而建立起一派中國社會生活可以利用的社會學來，當務之急是要增加我們辨別同異的眼力。[13]

---

[12] 潘光旦：《自由之路》，《潘光旦文集》第 5 卷，第 431 頁。
[13] 潘光旦：《自由之路》，《潘光旦文集》第 5 卷，第 431～432 頁。

　　「流品不齊」，較集中的論述，見於潘光旦編譯的《優生原理》一書第三章。這是優生學，廣義說來，是生物學的思想根基之一，潘光旦將其作為自己社會觀的基礎。社會學是研究社會的，那麼，種種繁複的社會問題也就豎立在區別流品不齊的各色人等的基礎之上。唯有流品不齊，才有社會問題發生的可能。如果流品齊一，自然也就無所謂什麼社會問題了。潘光旦在這裏從個人推及社會，個人是單個的生物體，社會是生物體的集合，都要服從生物學流品不齊的規律，因而也就有了在這兩個層次上辨別同異的必要。

　　在 1948 年寫作的〈社會學者的點、線、面、體〉一文，潘光旦重申：瞭解每一個人對於社會學是很重要的。以比喻的手法來說，「點」指的是每一個人，「線」指的是人與人之間的社會關係，「面」指的是襯托社會關係的種種事物，「體」指的是引入時間概念後所進入的歷史哲學和種種社會改造論領域。「社會生活從每一個人出發，也以每一個人作歸宿。無論唯社會論一派，或唯文化論一派，把社會與文化的涵煦浸潤說得如何天花亂墜，無孔不入，我們不能想像一個沒有人的社會與文化，也不能理解，我們把每一個人擱過一邊之後，社會與文化還有什麼意義，什麼存在的理由。」[14]對於精研社會關係形式的形式社會學學派，他評論說，他們一方面不考慮構成社會生活的其他事物，如地理環境、經濟條件、文化活動等，另一方面也假設構成社會生活的每個人，即點，而且是大致相同的點，是必然地存在的，是早就現成地安放在那裏的。這樣的社會學，在生物論者潘光旦的眼裏，等於是釜底抽薪，等於是在沙灘上建起一座精美的空中樓閣，怎能不空疏呢？他說：「在不注重點的今日，我總覺得所有的結構論都失諸空疏，甚至於豎立不穩。一個沒有支點、重點、立點的社會結構總像是一個奇跡。

---

[14] 潘光旦：〈社會學者的點、線、面、體〉，《潘光旦文集》第 10 卷，第 258 頁。

許多專拿人以外的事物作為資料的結構論，給我們的是一個鳳去台空或人去樓空的感覺。」[15]

　　簡單地說，潘光旦批評當時的社會學，是「見社會不見人」。這個「人」，不是抽象的，大致相同的「人」，而是很具體的、每個個體都不相同的「人」。社會學研究的出發點就是這些很具體的、每個個體都不相同的「人」。一切社會文化的創造物，說到底都是人的產物，也是為人的幸福服務的。它若不能起到這個作用，遲早是要為人所棄的。離開了人來研究社會，在潘光旦看來，就是捨本逐末。

　　費孝通先生曾指出，潘光旦的新人文思想，就是在謀求社會與個人的辯證統一，既要看到社會作為實體具有巨大的力量，也要看到個人在社會發展中的實際感受和他的主觀能動性所能起到的作用。[16]潘光旦不像別的社會學者那樣，熱衷於拋開人來探討社會的奧秘，他時刻記掛著人在社會中的作用。社會學要實現「人化」，必須把很大一部分精力用在瞭解人性上。他說：

> 換言之，社會學者不得不注意到人性的問題，一般的人性，與個別的人性。我們希望從事社會學的人要多有一些生物，遺傳，生理，心理，以至於病理諸種學科的準備，原因就在此。我們也希望大家多涉獵到人文學科，哲學，歷史，文學，以至於宗教、藝術，原因也不外此，因為，關於人性的瞭解，目前科學所還不能給我們的，以往人類所累積的經驗或許能。[17]

---

[15] 潘光旦：〈社會學者的點、線、面、體〉，《潘光旦文集》第 10 卷，第 261 頁。

[16] 參見費孝通〈個人・群體・社會──一生學術歷程的自我思考〉一文，《費孝通文集》第 12 卷，群言出版社，1999。

[17] 潘光旦：〈社會學者的點、線、面、體〉，《潘光旦文集》第 10 卷，第 261 頁。

　　努力於「人化」社會學的潘光旦，還認為社會學的「人化」應該從「明倫」做起。

　　「明倫」是中國傳統思想的一個詞彙，一般指要求人們對人倫道德有良好的修養。潘光旦繼承了生物演化論的學術傳統和中西人文思想的精神，對「明倫」作出新的解釋。他認為，「倫」字在中國自先秦至漢代的文獻裏很清楚地表明有「類別」和「關係」兩層含義，兩層含義之間具有先後因果的關係，即「關係」的第二義是從「類別」的第一義裏產生或引申出來的。關於「類別」與「關係」之間的區別與聯繫，他說：「沒有了類別，關係便無從發生。類別是事物之間的一種靜態，其根據為同異之辨；關係則代表著一種動態，其表示為互相影響，其於有知覺的物類，特別是人，為交相感應。類別也可以說是體，而關係是用，類別屬於結構，關係乃是功能。類別大體上是生物的表示，而關係則大體上是社會與文化的運用。我說大體上，因為即在人類，一部分的類別的產生是由於後天的緣會，而即在不能說有文化以至於社會的人類以外的動物，我們於其個體之間，也找到不少關係的表示。人禽之分原不是有如一部分人所想像的那麼絕對的。」[18]自漢代以後，由於倫常概念盛行，第一義「類別」開始轉晦，至於不大有人道及。潘光旦由於原來學習生物學，特別注意到：人類是品性變異最多和變異性最大的動物，每個個體都是不相同的，而且由於神經系統最發達、官覺發展最比較平均、辨別能力最巨細不遺，他對於這種不同性有著深刻的自覺。有了這個思想基礎，潘光旦費了很大氣力，從中國文獻裏發掘有關「倫」兩層含義的論述，先後寫成〈說「倫」字──說「倫」之一〉、〈「倫」有二義──說「倫」之二〉、〈說「五倫」的由來〉等三篇專題研究論文。

---

[18] 潘光旦：〈「倫」有二義──說「倫」之二〉，《潘光旦文集》第 10 卷，第 146 頁。

　　對個體差異的認識是近代生物學以及才能心理學發展出來的洞見，才能心理學尤其注意到對人類個體流品不齊的辨別。從生物演化史的歷程來看，人類社會與無機物、動物區別的關鍵就在於，人類自覺地意識到個體的差別性，有了這個意識，人類才可以和兩塊完全相同但毫無知覺的無機物，以及有機有知覺但無自覺的動物區分開來。沒有這一點就沒有人類社會。對個體差異與差等的認識是發展健全的社會關係的基礎：「長幼的關係以年齡與閱歷不同的認識做依據；男女的關係以兩性的分化與相須相成的認識做依據；君臣的關係或領袖與隨從的關係則以德行厚薄才能大小的認識做依據。社會生活的健全靠分子之間關係的正常與各如其分，而關係的正常與各如其分則靠認識準確。」[19]社會關係的探討是社會學範圍的事情，但是，它必須吸取近代生物學與才能心理學研究提供的洞見：人類個體是有差異與差等的。前者所重在關係，後者所重在類別，而關係必須建立在類別的基礎之上。也就是社會學必須建立在生物學與心理學的基礎上，兩方面共同合作，才能夠完整地體現出「明倫」所提出的兩層含義。社會學的「人化」需要從「明倫」做起，其含義大致如此。「明倫」的社會思想，體現了潘光旦試圖在科學地探討人類社會生活事實的基礎上，創建個人和社會各得其所、各自健全發展的理想追求。

　　站在生物論的立場上，對於當時比較側重從社會文化本身來探討社會文化的西方社會學，潘光旦是不大滿意的。在他看來，一般的社會學者不願意把人看作只是動物的一種，也不願意把社會學建立在生物學之上，他們認為人的社會與文化自成一套，另是一界，雖不能說和生物學風馬牛不相及，至少以為社會與文化的產生，其因素或其條件的推尋，最好不乞靈於社會與文化以外的現象。這種「自求多福」的精神有時雖失於偏狹，但也無可厚非。

---

[19] 潘光旦：〈明倫新說〉，《潘光旦文集》第 5 卷，第 24 頁。

他認為成問題的是社會學者事實上始終把人當作動物，甚至當作沒有生氣不能動彈的物體。這是他特別不能原諒的一點。他認為，人之所以異於動物與社會之所以異於蟻聚、蜂擁、羊群、狼夥者，在於兩點：一是人比動物在生物變異上的增多，二是人對此變異的自覺審別力的加大。而絕大部分的社會學者所忽略的，恰好就是這兩點。「他們在社會學的教科書裏雖未嘗不介紹到一些生物學與心理學的基礎，一些遺傳的影響，一些自然變異與流品不齊的因果關係，一些人格與行為的分析，但這些好像只是姑備一格的，或不能免俗，聊復爾爾的，因為一進到社會學自身的範圍，所有的人，在他們的心目中，都變做一些社會的單位，一些社會分子，一些 socii，彼此之間，並沒有多大的分別，即使有些分別，也幾乎全部是社會與文化影響的產物，是環境所刺激、引逼、磨礪而成的。」[20]

潘光旦認為，過分重視社會與文化影響的看法，忽略了人的自覺與自動的力量。忽略了人自身的力量，人就無異於一般動物，因為同樣是十足的被支配者，動物受支配於本能與自然的環境，而人則是受支配於社會與文化的環境，只是支配這兩者的力量不同罷了。「近代的社會，名為社會，而在若干生活方面的表示可能與蟻聚、蜂擁、羊群、狼夥沒有多大分別，因緣雖不止一端，社會學者對於個別與自覺的人格的漠視不能不負一部分的責任。」[21]

生物論者潘光旦作如此主張，其原因是他接受了二、三十年來西方學術界呼籲學術「人化」的思潮。兩次世界大戰期間，人類飽嘗過社會變為蟻聚、蜂擁、以及羊群、狼夥所招致的創痛，學術「人化」日見迫切。作為一門以人為研究對象的學科，社會學可

---

[20] 潘光旦：〈「倫」有二義──說「倫」之二〉，《潘光旦文集》第 10 卷，第 149 頁。

[21] 潘光旦：〈「倫」有二義──說「倫」之二〉，《潘光旦文集》第 10 卷，第 149～150 頁。

以有什麼作為？這是潘光旦考慮的問題。他認為，以人為對象的學術必須先經一番「人化」的刮垢磨光，然後才談得到以物為對象的學術，否則是徒然的。社會學看似無須特別提出「人化」的必要，實則是大有必要。潘光旦一方面批評了社會學無須「人化」論，另一方面也批評了社會學發展慢於理工學術論。他說：「以前宣導人化的少數人士往往以為社會科學的對象既已經是人，便無此需要，真正需要的只是自然科學或理工學術。近人鑒於各國與國際政治經濟形勢日趨混亂，以致對於理工學術的果實不復能作利用厚生的控制時，又以為問題的癥結是在社會學術發展得太慢，比起理工學術來，有龜兔競走之勢，如果能增加速率，迎頭趕上，局勢是不難挽回的。我認為這前後兩種看法都是錯了的，錯在沒有理會社會學術，截至今日為止，根本沒有拿人做對象；它不是走得慢，它認錯了目標，走錯了方向。至少社會學術中的社會學是如此。」[22]

　　鑒於當時的中國社會學發展水準，基本上不可能對社會學「人化」這種思想深層的問題多加考慮，因此，潘光旦甚至設想，建立一個關於人的綜合學科或邊緣學科，在清華大學設專系進行研究。[23]當然，這種超前的想法並不具備付諸實踐的條件，所以，最終也只是一種設想而已。但從這一點，不難看出潘光旦對於時代思潮的高度敏感性。

---

[22] 潘光旦：〈「倫」有二義——說「倫」之二〉，《潘光旦文集》第 10 卷，第 150 頁。

[23] 參見 1946 年 4 月 24 日費孝通致美國人類學家羅伯特·雷德菲爾德的信函，美國芝加哥大學圖書館特藏部藏，轉引自閻明：《一門學科與一個時代——社會學在中國》，清華大學出版社，2004，第 174 頁。

三、社會學研究的基本框架

在潘光旦看來，社會學應注重在科學的基礎上瞭解人性，在瞭解人性的基礎上才談得上瞭解社會的本質。作為人的集合的社會，最終的存在目的，還是要服務於人自身的幸福。作為一門學科來說，社會學既要探討人自身，也要從人與自然環境的關係，人與文化環境的關係中去把握「社會人」的本質特徵。

對於社會學研究的基本框架，潘光旦論述道：「說到社會與社會學，我們總離不開幾個基本的因素：一是自然或環境，二是人或民族，三是文化。……人在自然環境裏，一面要和環境中的事物，一面也要和別的人，取得『安所遂生』的關係，取得所謂位育，就不能不從事於種種活動，此種活動的方式與成果，我們統稱為文化，而各種社會制度便是其中最具體而最有維繫能力的若干部分，也惟其具體有力，所以最關重要。」[24]具體地說，環境、民族、制度三者的關係大致是：

> 環境、民族、制度是一個不可分的三角關係的三邊。當其初，這三邊並不是同時存在的。環境當然是最先存在。人類、或各個不同的種族、或後來的各個民族，原是生物在此環境中演變而成的一個結果，是後起的。人類為求自身的位育，把智慧用在環境上，於是才有文化和制度；文化和制度顯然是三邊中最晚出的一邊。不過，三邊都經演出以後，它們卻一貫的維持著極密切關聯。最初只是環境影響人類或民族，後

---

[24] 潘光旦：《蛻變中的中國社會·序——環境、民族與制度》，《潘光旦文集》第 10 卷，第 46～47 頁。

來民族也就影響環境。起初也只是民族影響制度，後來制度也就影響民族。環境與制度之間，也有同樣的情形。所謂影響，指的是形成、選擇、改變、阻滯、以至於消滅一類的力量的施與和接受。而就環境與制度加諸民族的影響說，最重要的是選擇。[25]

概括起來說，潘光旦眼中的社會學是：對於自然或環境、人或民族、文化三個方面都要有相當的知識儲備，從這三種因素之間的關係探討中可以較為全面地把握人類社會，側重於任何一個方面（在社會學史上尤其是只以社會本身解釋社會，以文化本身解釋文化的路徑），完全抹殺其它兩個方面都會陷於偏蔽。偏蔽是不健全的。這三個方面和它們之間的關係構成一個綜合的參考框架。有了這個框架，個人就可以從自己的興趣出發，儲備相關學科的知識，成就一門專家之學。1935 年潘光旦接受《清華週刊》記者的採訪時，比較清晰地表述了這種社會學觀：

> 學社會學的人，他的成就完全為他的基礎知識所決定。基礎知識越飽滿，則成就越大。若不下基本功夫只談上層建築，將來必會流於浮淺、偏激的路上去的。例如一味述[迷]唯物論的人，他必定沒有充分的生物學知識。同樣，忽略了經濟的原因素[因素]，去解釋社會現象，也是不通的。所以在未學社會學以前，對於自然科學及其他科學應有相當準備。尤其是心理學、生物學，要特別讀得多。歷史就是過去的社會，統計是研究工具，都應當加以深刻的研討。在社會上所謂生物學派、地理學派、心理學派等等的社會學，無非是他們的基本知識的表現罷了，生物學派的人，他們多是生物學家。

---

[25] 潘光旦：《蛻變中的中國社會·序──環境、民族與制度》，《潘光旦文集》第 10 卷，第 47 頁。

> 假如基礎知識有了根底再加上一般的社會學的訓練，自然就
> 會有獨到處了。[26]

潘光旦對社會學的這種界定，還反映在他對社會學創始人孔德「科學層級說」的讚賞。

1930 年寫的〈文化的生物學觀〉一文開頭就介紹了「科學層級說」的要點，不過這裏沒有提孔德的名字和「科學層級說」的名詞。1946 年夏寫的〈派與匯〉一文把孔德和「科學層級說」明確地提了出來。兩文這部分的內容，介紹的要點完全一致。不過後者的內容遠較前者豐實。潘光旦認為 19 世紀西方社會思想史裏面最具「匯」的意味的有五位，即孔德、達爾文、斯賓塞、馬克思和佛洛伊德。五人之中，他對孔德評價最高，因為他的「科學層級說」之「匯」的意味最強。在談到這一學說的寬闊視野時，他寫道：「我們總承認，宇宙肇基於化學、物理的種種活動，進而發生生物、生理、心理的種種現象，再進而產生社會，形成文化。中間的小層次不論，這下、中、上的三層與層層相因的原則是確立了。這最上層的社會與文化，儘管氣象萬千，變化莫測，決不是無端發生的，決不是單獨創出的，也決不是獨立的、隔離的、而與理化生物的境界全不相干的；儘管柳暗花明，別有洞天，卻並不在天上，而依然以尋常的天時地理、山川陵谷做基礎，也始終和洞天以外的天時地理、山川陵谷毗連銜接，可以出入交通。這一點小小的綜合，在目前看來，雖若老生常談，卑不足道，在立說的當初，卻自有其開拓襟懷、網羅萬有的意義，令人油然起宇宙一家、萬物一體的感想，而使紛紜雜遝的思想學說得收衷於一是的效果。」[27]

---

[26] 雙日：〈園內學人訪問記：社會學系教授潘光旦先生〉，潘乃穆等編：《中和位育──潘光旦百年誕辰紀念》，第 45～46 頁。

[27] 潘光旦：〈政學罪言〉，《潘光旦文集》第 6 卷，第 79 頁。

「科學層級說」的基本含義是指，理化現象、有機現象、心理現象、社會現象、文化現像是由低到高的五個階層，這些現象之間最普通的是用下一級層或幾個級層的現象來解釋其上層，上的級層也可以拿來解釋下級層的現象，同一級層的現象之間有前因後果的關係，也可在同級自尋解釋。對於處在最上兩層的社會現象和文化現象而言，這樣綜合解釋的結果可以取得一種全面的認識，任何一種單一因素的解釋都不可能有全域觀。但是，鑒於現象的複雜性，和個人能力的有限性，以一人之力，要面面俱到是不可能的。對此，潘光旦的態度是：「只要我們求學問的時候，做觀察與解釋的時候，不把自己的一種學問當作唯一的學問，自己的觀察法與解釋法當作唯一的觀察法與解釋法，也不把別種學問、別派解釋與觀察忘記了、抹殺了、或小看了，我們便算盡了人事。」[28]

潘光旦吸取了孔德「科學層級說」的基本精神，所以他所見的社會學研究範圍較廣，可以容納從不同角度如地理學派、生物學派、經濟學派、社會學派、機械學派等等立場來解釋社會的學術取向。其綜合性與俄裔美籍社會學家索羅金（Pitirim Sorokin）的《當代社會學學說》一書的結構有接近之處。潘光旦在清華大學和西南聯大講授西洋社會思想史時指定的主要參考書就是索氏的這本書，講授時也大體上按照這本書的體系。[29]索氏此書的譯者黃文山先生在介紹索氏的社會學觀時指出：索氏以為社會學是一種「概括的綜合的科學」，其題材有三：社會學研究各種類社會現象之相互關係（如經濟與宗教的相互關係，家庭與道德的相互關係等）；社會學研究非社會現象（地理學的，生物學的及其他）與社會現象的相互關係；社會學研究各種社會現象之一般的共同特徵。他認為，

---

[28] 潘光旦：《人文史觀》，《潘光旦文集》第 2 卷，第 313 頁。

[29] 參見鯤西：〈記潘光旦師〉，潘乃穆等編：《中和位育——潘光旦百年誕辰紀念》，第 130 頁。

一切社會學學說，不外向這三個方向進行，除此以外，更無所謂社會學。索氏認為，社會現象、非社會現象與社會現象之間，是一種相互影響的關係，可以互為「變數」與「函數」。採取了這樣一種觀點以後，索氏就極力批評任何片面的決定論。[30]潘光旦與索氏的社會學觀，大體相當接近，在若干具體的解釋方面，兩人可能會有差異。比如說，潘光旦在民族對於環境和文化的關係上，採取了自然選擇和社會選擇論的立場，這與他本人的優生學立場有關係，與索氏的觀點就有差別了。

潘光旦在給李樹青的《蛻變中的中國社會》一書的序言開頭說：「樹青對於許多問題的看法，十之八九也就是我時常喜歡提出的看法，而因為他對於土地問題、農業經濟、以及一般的經濟理論，下過不少的工夫，有許多地方他比我看得更周詳，說起來也比我更清楚，更發人深省。」[31]猶憶社會學前輩袁方先生生前曾在一次談話中告訴筆者：「李樹青是潘光旦先生最得意的弟子，他受潘先生影響最深。」從李書中看，無論是在學術取向還是具體觀點上，李樹青確與潘光旦契合很深，徵引潘光旦的觀點或說法的次數也相當地多。李樹青的觀點可以從一個側面幫助我們理解潘光旦對社會學研究內容的看法。李樹青對社會學的研究對象的基本界定是：

> 社會學所研求與探討的基本對象，據我們看來，要不出人類如何適應環境以及由此所發生人類相互間的各種關係。這裏面，首先得討論人類團體的組成與特質，於是有人類學與民族學；其次得分析其所處的環境，有地境學；最後

---

[30] [美]索羅金《當代社會學學說‧譯者序》，附見於 1935 年商務印書館出版的此書前。

[31] 潘光旦：《蛻變中的中國社會‧序——環境、民族與制度》，《潘光旦文集》第 10 卷，第 46 頁。

也是社會學的主要題材，便是人類團體的如何適應其環境以及由此所發生的各種相互的關係。

　　一切科學研究的目的，都是為著人。離開人便沒有科學。這是最基本的前提。大部分的自然科學都是在尋求更好的「利用厚生」之道，使人類可以更成功地去適應環境。社會學所分析的對象，是在看人與其環境接觸以後，人與人間還發生了一些何種關係，因而從之尋求更完美與更適應的關係。這類關係，是人類生存的主題，也是適應環境的基本條件。在研習社會學的人看來，倘如這類關係弄得不好，一切的「利用之道」，儘管如何進步，其結果都會與人類的生存無益，甚或反而有害。社會學的重要在此。[32]

　　在人與環境之間的關係裏，李樹青用的是「適應」一詞，不過，為了避免誤解，他解釋道：「說適應，好像只是人在遷就環境，其實不然。環境的如何利用與如何開發，也正有待於『事在人為』，潘光旦先生主張把適應一詞譯作『位育』，正是這個道理。」[33]這樣一解釋，在思想的實質上他和潘光旦就完全一致了。至於未採用「位育」的譯名，大概是考慮到「適應」是約定俗成的產物。李樹青對社會學的看法並沒有局限在社會本身上，而是考慮到了人類自身的組成與特質以及人類與環境的關係，包含了人類學、民族學、地境學的內容，可以說是非常寬廣的，這一傾向與潘光旦在研究中涉獵面廣頗能相合。與潘光旦看法一致，而李樹青更為強調並貫徹到他的實際研究工作中的是：他認為社會制度是社會學的主要題材，它是因人類適應自然環境的需要而發生的。只有把人與人之間的關係調理順了，人類才能有效地利用物質文明進步帶來的好處。

---

[32] 李樹青：《蛻變中的中國社會》，商務印書館，1947，第 14～15 頁。
[33] 李樹青：《蛻變中的中國社會》，第 15 頁。

潘光旦更為強調的是，人類在面對自然環境和社會文化勢力時發生的一系列影響關係，也就是「形成、選擇、改變、阻滯、以至於消滅一類的力量的施與和接受。而就環境與制度加諸民族的影響說，最重要的是選擇」。就其在潘光旦的實際研究工作中的體現，可作如此概括：如何改造自然環境以及具有悠久歷史的社會文化勢力，使之對人類自身發生正面的選擇作用，抑制或減少對人類發生反選擇的作用。換言之，即在社會的觀念上、制度安排上保持人類品性的變異性，寬容各類品性的人存在，使各人取得適應於其才智水準的社會地位，既不使優者抑鬱於下，也不使劣者僥倖於上。如果劣者處於下，不必妄圖非分，去迷信人類品質平等的不正確信念，從而一定要與優者獲得同等的權利與地位。優生學的觀念、社會選擇的觀念，李樹青是熟悉的，也是接受的，但這畢竟不是他的學術重點，以致於潘光旦在序言裏抱怨李樹青的學術立場不能貫徹始終，他說，「樹青的理論原是從這三邊關係的機架出發的，他對於自然選擇與文化選擇也認識得很清楚；這他在集中第二第五兩部分的各篇文字裏，特別是關於自我主義、家族主義、鄉土主義、社會階梯、社會篩箕的諸篇，最容易看出來。不過他一面承認選擇的影響，一面卻又暗示到民族特質在歷史上沒有起過多大的變化，以至於一再說到文明的盛衰起伏與民族特質無關（見集中關於文明與文化的若干篇）；他似乎忘記了歷史上的中國民族，構成中國社會的民族，可能也經歷過一番蛻變；這是我所不大能瞭解而有待於再和樹青從長商討的。」[34]

　　秉持這樣一種綜合性的、具有全域觀的社會學觀，潘光旦在評論一些優秀的社會學著作時，除了看它在成一家之言的「派」方面的貢獻以外，還特別注重在氣魄上是否能夠兼顧其他立場，成為具

---

[34] 潘光旦：《蛻變中的中國社會·序——環境、民族與制度》，《潘光旦文集》第 10 卷，第 52～53 頁。

有「匯」的意味的全面分析。他對費孝通的《生育制度》一書的評論即是一個很典型的例子。他寫道：

> 孝通在這本稿子裏，大體上並沒有表示一切都要自家來，因為他的準備比一般社會學者或人類學者為廣博，包括多年的生物學的訓練在內。不過提防還是需要的。學者總希望自成一家言，自成一家當然比人云亦云、東拉西扯、隨緣拼湊、一無主張的前代筆記家和當代普通的教科書作家要高出不知多少籌，但如求之太亟，則一切自家來的結果或不免把最後通達之門堵上。孝通在本書裏有若干處是有些微嫌疑的。在不察者可能認為一家之言，必須如此說出，否則不足以為一家之言。但在博洽明達的讀者便不免以「自畫」兩字目之了。有一兩處最後已經孝通自己加以改正。[35]

總結上文，潘光旦提倡的是一種綜合性的社會學，綜合之中有所側重，全面的分析不妨礙專門的研究，專門的研究不妨礙整體的透視。在綜合之中，始終把人的素質考慮進去。

四、區分社會學與社會主義

中國社會學界在中國社會學史包括哪些派別這一問題上，曾經有過兩種不同的看法。第一種以老一代社會學家孫本文為代表。孫本文在 1948 年出版的《當代中國社會學‧凡例》中表明瞭他的觀點：「本書以敘述純正的社會學理論與應用各部門為主，凡涉及宣傳性質的作品，概未列入」；「本書認為已往所出社會史一類著作，應屬於歷史部門而不屬於社會學，故書中未經論及」；「本書認為唯

---

[35] 潘光旦：〈政學罪言〉，《潘光旦文集》第 6 卷，第 75～76 頁。

物史觀的著作不屬於純正的社會學，故凡從此種史觀所編的書籍，概從割愛。」[36]

第二種觀點表現在 1980 年代以來中國內地出版的幾種社會學概論性著作中，如韓明謨、楊雅彬的幾種著作。韓明謨先生的《20 世紀百年學案‧社會學卷》（陝西人民教育出版社，2002）對於這一問題有所討論。這裏以韓書為例，介紹一下第二種觀點。韓明謨認為，中國社會學史應該包括三個方面的內容，即馬克思主義社會學理論研究和實踐的歷史，高等院校與科研系統社會學研究與教學活動的歷史，鄉村建設運動的歷史。韓明謨還批評了孫本文的三條「凡例」，要點有二：社會史的研究即令不能完全歸入社會學，至少也應該算做歷史學與社會學的邊緣學科，在社會學史中不宜完全排除；持歷史唯物主義觀點進行研究的社會學，是中國社會學史的內容。韓明謨認為，孫本文三條「凡例」的中心意思，就是反對馬克思主義社會學在中國的傳播和成長。他並且認為當時排斥馬克思主義以及馬克思主義社會學的觀點，在學院系統的社會學思潮中，是比較普遍的。

韓明謨在論證馬克思主義的辨證唯物論屬於社會學史的內容時，引了費孝通 1947 年寫的一段話：「一直到第二次世界大戰的發生，中國社會學依舊分離在經院理論、實驗區的調查和社會主義者教條性的實踐的三條碰不上的平行線上」，引文出自於〈中國社會學的長成──為《日本社會學會年報》寫〉一文。他認為，雖然費孝通把當時的馬克思主義稱為「社會主義者教條性的實踐」是不恰當的，但是他承認那是「三條平行線」中的一條。

我們仔細地通讀一下費孝通那段話所在的全文，可以看出，總的來說，費孝通對「社會主義者教條性的實踐」這一條線與中國社

---

[36] 孫本文：《當代中國社會學》，勝利出版公司，1948。

會學的發展的關係是看得很淡的。他之所以肯定那也是一條線，是由於他認為社會科學和社會主義在人類生活的改進上應該互相協助。社會學不能代替社會主義，但是，社會學包括在科學研究基礎上的社會設計，有助於社會主義所贊成的某種社會秩序的實現。當時實際的情形是，在激烈的社會變遷過程中兩者分道揚鑣，「在『五四』運動之後的中國社會學和社會主義，不幸的，就這樣走上了分歧的路線。中國的社會學並不是從『五四』運動中直接培養出來的，社會主義這一路才是『五四』的承繼者……在社會主義的旁支裏，卻因為社會學的批評性不適宜於早期的政治運動而加以拒絕了。」[37]社會主義和社會學在實際中分離的基本原因是：社會主義者具有某些教條性的前提；社會主義者在事實材料的搜集上比較缺乏。當然，經過多年的工作積累，三條線的每一條都有了顯著的進步。限於當時的條件，費孝通沒有詳細介紹馬克思主義這一條線上的進步表現，他只講了自己最熟悉的大學方面取得的若干成績。孫本文和費孝通的例子說明，不同程度地忽視馬克思主義的理論探討以及實踐活動與社會學的關係，在當時學院派的社會學家裏面是一個相當普遍的現象。

潘光旦對唯物史觀與社會學的關係怎麼看，他承認當時馬克思主義觀點的理論探討和實踐屬於社會學的內容嗎？

潘光旦讚揚孔德的「科學層級說」，在這個立場之下，潘光旦不贊成任何一種決定論或以單一因素解釋社會現象的做法，他歸之為「偏蔽」。在談到唯物史觀時，他說：「例如許多青年相信唯物史觀或經濟命定論，以為社會的一切，歷史的一切，完全可以用經濟生產的方式來解釋。繩以上文的見解，這一類的解釋，並不是錯，而是偏；並不是不能解釋一部分的社會現象，而是不足以解釋全部

---

[37] 費孝通：〈中國社會學的長成——為《日本社會學會年報》寫〉，《費孝通文集》第 5 卷，第 410～411 頁。

的社會現象。」[38]在談到社會學與社會主義時，他說：「我們如今盡有瞭解社會的方法，正在努力於瞭解的工夫的人也複不少，但是很大的一部分人還是守著這一派或那一派烏托邦主義的變相的社會哲學不變，並且這種人往往是正在求學時代的青年，而其所攻習的往往就是講求科學精神與方法的社會科學！生平最教作者吃一大驚的一件事是，有一次有一位中國社會學家對許多同行說：社會學與社會主義根本上沒有分別。這句話雖不能證明他完全不懂社會主義，至少可以證明他實在不懂社會與社會學。」[39]在為日本學者加田哲二《社會學史》寫的書評裏，潘光旦肯定這本書將社會學與社會主義加以區分，並說：「主義式的社會思想，和社會學萬不能混作一事；可是如今中國國內怪現象之一便是：一壁有社會主義者往往把他們提倡主義的著作稱做社會學，一壁又有本來研究比較嚴格的社會學的人在那裏對人說：社會學和社會主義歸根沒有多大分別！有一次中國社會學會的年會裏，就有海上某大學的某教授這樣的說。」[40]兩次都提到社會學界有人將社會學與社會主義加以混同，他的詫異恰足以說明：他明確反對這種傾向。

那麼，在潘光旦眼裏，社會學者與社會主義者的區別在哪裏呢？他說前者包括兩種人：一是以瞭解以往與當前的社會為滿足的人，即各類謹嚴的社會科學學者。二是持一個執中用兩立場的人，他們先求認識社會，然後再求改造，一面看重事實經驗，一面也不鄙夷理想，而且主張健全而有改造能力的理想應當建築在充分的事實經驗之上。後者即各式社會主義者，他們是什麼樣的人呢？他們是一些根本對已往與當前的社會不求甚解，而一心指望著理想社會

---

[38] 潘光旦：《自由之路》，《潘光旦文集》第 5 卷，第 289 頁。
[39] 潘光旦：《自由之路》，《潘光旦文集》第 5 卷，第 287 頁。
[40] 潘光旦：《一本可讀的「社會學史」》，《華年》第 1 卷第 1 期，1932 年 4 月 16 日。

實現的人。1939 年，潘光旦在〈談中國的社會學〉一文所討論的完全是大學裏講授的社會學，各種社會主義學說與實踐活動不在其列；不僅如此，他還批評了在中國社會史研究進展無多時，經濟史觀或唯物史觀被輕率地搬用過來。

潘光旦對唯物史觀的看法，可以概括如下：唯物史觀只能解釋一部分社會現象，並不是全面的社會分析，固守唯物史觀一隅，忽視乃至抹殺其他解釋是不妥當的。對中國社會的解釋應建立在中國社會史研究揭示的事實基礎之上，不可在中國社會史研究沒有多少進展時輕率地套用唯物史觀。社會主義與社會學根本上是兩回事，基本的區別在於社會學尊重社會事實本身的說明、解釋，而社會主義者不尊重社會事實，單重改造社會的一套理想。

五、餘言

在美國學習時期，潘光旦不是專攻社會學的，他有生物學的訓練，這使得他眼中的社會學具有自然科學的根基。以今天的眼光來看，他的社會思想中最有價值的，恐怕就是他的「新人文思想」了。在這種頗能融會自然與人文社會科學的社會思想指引下，他對社會學的認識也極具特色。在他看來，社會學要研究人或民族在適應、改造自然環境與文化環境過程中所發生的一切關係，而且人或民族本身也處在一種歷史的演化過程之中，在人與自然環境、文化環境之間的關係中，人始終是一個可以發揮主觀能動性的活的載體——他並不是只能聽任這兩種環境的塑造以至於擺佈，他的主觀感受以及主觀能動性會使他對環境採取各種不同的態度。這種將人本身的生理、心理因素探討引入社會學的思路，確實大大超出了以社會文化本身為中心的傳統社會學。

潘光旦試圖克服以往社會學研究中見社會不見人的弊病，把人本身作為關注的對象。這樣說，並不是單單對社會學一門學科提出過於苛刻的要求，潘光旦站在人文思想家的高度對幾乎整個社會科學和自然科學與人的關係都進行了批判性的評論。他認為，各門社會科學名義上以人為研究對象，實際上卻是有名無實，它們所關心的，都是處於人週邊的種種事物，而不是人本身這個核心，是為「迂闊不切」；自然科學中的人體生理學、心理學、醫學一類的科學進了一步，針對著人本身，但是三百年來流行的分析方法造成的結果卻是「支離破碎」，部分的細到瞭解，加起來並不能瞭解完整的人。對於體質人類學、文化人類學、社會學與理解「人」的關係，他是這樣評論的：

> 體質人類學算是最接近的，但它的注意範圍很有限，除了活人的那一個皮囊，叫做形態的，和死人的那一副架子，叫做骨骼的，以及這兩件事物在各種族中間的比較而外，也就說不上多少了。試問我們認識了這個皮囊和掛皮囊的架子，我們就算認識了人麼？所謂文化人類學，名為研究文化的人，實際是研究了人的文化，名為是研究產生者，實際是研究了產物，至多也只是牽涉到一些產生者和產物的關係，以及產物對於產生者的一些反響；有的文化人類學家甚至於只看見文化，只看見文化的自生自滅，根本不看見人，即或偶然見到，所見到的也不過是無往而不受到文化擺佈的一些可憐蟲而已。因此，產生者本身究屬是什麼一回事，我們的認識並沒有因文化人類學者的努力而增加多少。社會學是人倫關係之學，似乎所重在關係的研究，而不在此種關係所從建立的人。社會學的對象是人倫之際，要緊的是那一個際字，好比哲學的一部分的對象是天人之際一般，所以在不大能運用抽

象的腦筋的學子往往不免撲一個空。所撲的既然是一個空，不用說具體的人是撲不著的了。[41]

　　潘光旦所要批評的是，整個自然科學與社會科學對於「人」的忽視。在他看來，抽掉了「人」，一切自然與人文現象的探討，都失去了核心，變得不再具有重要意義。他試圖在社會學中表達他的這種綜合各種因素而一切歸結於「人」的設想。這個設想，即使放在今天，也還是一個遙遠的理想。

---

[41]　潘光旦：〈政學罪言〉，《潘光旦文集》第 6 卷，第 10～11 頁。

第五章　潘光旦的中國民族觀

　　從甲午戰後時代的梁啟超、嚴復，到五四前後的陳獨秀、胡適、魯迅等，都在吸收西方學者或傳教士的中國民族性或國民性論述的基礎上，建構他們自己的中國民族觀念。有研究者認為，近現代中國的「改造國民論」包括兩方面的論述內容：一是民族自我的批判，二是民族自我的改造。[1]這些林林總總的論述的共同特徵是：以西方的學說為立論的根據，企圖藉此彰顯中國本身各方面的缺失與問題所在，由政治體制之改革轉向文化思想層面的反省。這些論述，從清末到 1949 年前後，在中國大陸持續了大約五十年之久，觀點之多，不勝枚舉。1950 年代以後在臺灣，1980 年代以後在中國大陸，都不乏從民族性或國民性的角度展開論述的。

　　潘光旦在清末民初接受教育的時候，正是民族性或國民性探討波瀾初興的時期，以後在學術思想界活動時，他便很自然地把這些話題納入自己的思考範圍。他的研究工作的很大一部分是旨在提高民族素質的優生學，所以，他所關注的，不僅是民族性在社會文化層面的表現，而且深入到民族性得以形成的生物根據。在對中國民族性認識的基礎上，他和當時的許多知識份子一樣，努力探索著中華民族的出路何在。換言之，他所關心的是，中國民族性的優缺點分別是什麼，如何在此基礎上提高中華民族的競存力。

---

[1]　參見潘光哲：〈近現代中國「改造國民論」的討論〉，《開放時代》2003 年第 6 期。

潘光旦對民族性與民族出路的探討，包括了多個學科的內容，其中主要有生物學、優生學、社會學、人類學（以體質人類學為主）等學科，論述以他當時關心的各個具體問題為中心展開。確切地說，是以問題為中心而不是以某一學科為中心。他往往采借多個學科的理論、資料分析當時中國民族、社會存在的問題，並提出解決方案。這些著述的形式紛雜不一，一小部分是專題研究論文，更大部分的是一般文論。

潘光旦的這種民族研究，並不是一種僅僅局限於學院內的研究。因其論題具有強烈的現實意義，在表述形式上又有相當一部分是讀者面較寬的文論，因此，這些論述，在當時的思想界產生了廣泛影響，也很自然地捲入了當時的思想論爭。梳理潘光旦對「民族」概念的理解，對中國民族性的認識，為民族出路提出的方案，以及他所介入的思想論爭，有助於我們瞭解這一代學者的學術研究背後的思想動因與價值關懷，也可以使我們對於民國時期民族性的論述，有更加全面、豐富的認識。

一、民族：血緣與文化共同體

潘光旦對於「民族」概念的闡述，是在種族、民族、國家三個概念相互關係的框架下加以展開的。

先說「種族」。潘光旦明確地區分了種族的廣義與狹義兩種不同含義。最早明確指出「種族」有廣狹二義的是〈再談種族為文化原因之一〉一文（1927 年）。他認為，廣義的「種族」是指普通所瞭解的「種族」（即所謂蒙古利亞種、高加索種、諾迭克種之類）。狹義的「種族」指的是新達爾文主義所謂的「胚質不滅說」的「胚

質」，也就是今天我們所說「種質」或「血統」。[2]在後一個意義上，「種族」完全是生物學的概念，與潘光旦傾心的優生學關係最密。他以後在論述種族作為民族的生物基礎時，最強調作為「種質」或「血統」的「種族」。

再說「民族」與「國家」。西文的 nation，究竟是譯為民族，還是譯為國家，還是國族，這個概念究竟包含什麼樣的西方歷史文化經驗，對研究中國的民族問題有什麼關係，從近代以來，直至1960年代、1980年代一直是引起許多討論的問題。潘光旦在1930年代也曾面臨這樣的混亂局面，他在不少文章裏明確提到這一點，而且根據自己的學術訓練，加以限定。他是在「種族」、「民族」、「國家」三者的關係中限定各自的範圍的。他認為尋常容易將「種族」與「民族」相混，容易將「民族」與「國家」相混。三者的關係是：

> 同是一種結合，國家的意義是政治的、法律的、經濟的；種族的意義是生物學的與人類學的；民族則介乎二者之間。一個人群的結合，在種族的成分上，既有相當的混合性，在語言、信仰、以及政、法、經濟等文化方面，又有過相當持久的合作的歷史……這樣一個結合，便是一個民族。[3]

潘光旦在1936年寫的〈民族的根本問題〉和〈中國民族自救運動中的人口問題〉兩文中，所持的大致是上面引文的看法。在1937年為「藝文叢書」所寫的未完書稿〈中國之民族問題〉中，他則有進一步的論述。概括地說，他認為種族完全是生物學與人類學的概念，但是一群人往往是一個種族或幾個種族之和，自成單

---

[2]　參見潘光旦：〈再談種族為文化原因之一〉，《潘光旦文集》第8卷，第233～235頁。

[3]　潘光旦：〈民族的根本問題〉，《潘光旦文集》第9卷，第239頁。

位的獨立的種族，在歷史和現實中都是絕無僅有的；若從文化方面來看，幾個種族在風俗習慣、宗教信仰、文字語言等方面有相當長久的合作的歷史，這樣的一群人就是民族學者引為研究對象的民族，若再進一步，這一群人多少有些政治的組織，那就是一個國族了。[4]

1937 年潘光旦的論述，有兩點值得注意。

第一，他特別將「民族」與「國族」從政治方面和文化方面區別開來，與上年把政治、經濟、法律、語言信仰等方面混在一起相比，要更加精細一些。這裏所謂的「民族」跟現在一般較為通行的強調政治整合、民族國家意義上的「民族」（或稱為「國族」）有所區分，也就是說，沒有政治組織基礎的一個族群也稱為「民族」，這個「民族」是民族學者的研究對象，可以不摻入民族國家建構等政治性因素的影響。從我國境內存在的多元族群長期以來「你來我往」的經濟、文化、政治合作與衝突的歷史來看，這裏所用的「民族」一詞，在內涵和外延上，實際相當於今天學術界所通用的「族群」一詞。當時在學術界，似未明確地把民族國家意義上的「民族」與歷史文化共同體意義上的「民族」（今天民族社會學界更多地稱為「族群」）加以明確區分，準確地揭示出二者在性質上的差異，更不用說另造一詞來專指作為歷史文化共同體的「民族」了。

第二，他以前講單純政治意義上的「國家」，此時則強調包含民族的「國族」。潘光旦所說的「國族」與現代民族國家意義上的「民族」在內涵上完全一致。他認為，「國族」是比「國家」和「族國」更為適當的概念，「族國不大像一個名詞；國家恐怕只適用於舊日的中國，『國以家成』，『國之本在家』，以前中國的理論與事實

---

[4]　參見潘光旦：〈中國之民族問題〉，《潘光旦文集》第 9 卷，第 492 頁。

固然如此，中國以外自然更成問題。何以國族最適用，看下文自見」，[5]該書未寫完，為什麼是「國族最適用」，我們不能看到他的進一步論述。

「國族」一詞在孫中山的《民族主義》一書中早有闡述。孫中山認為民族主義就是國族主義，只有國族主義可以打破中國人的家族主義和宗族主義，在中國的國族裏，主體民族是漢族，中間參雜有極少數的蒙、回、滿、藏人，要建設新的中國民族國家，就是要以漢族為基礎結合其他四個民族實行「五族共和」，把四萬萬同胞團結起來。[6]潘光旦在這裏，未提及孫中山早先的提法和論述，但從其行文中可知，他完全熟悉孫中山的民族主義學說。打破中國家族和宗族的畸形發展，以建立國民的國家意識，在這一點上，潘光旦與孫中山是完全一致的。孫中山主張利用家族主義達到形成國族主義（即民族主義）的目標，並賦予傳統忠孝以新的內容。[7]儘管在具體的做法上，潘光旦與孫中山頗有差異，但其思想傾向的一致性是清晰可見的。潘光旦並沒有把家族意識和民族意識完全對立起來，他所反對的只是家族意識的畸形發展。他說：

> 家族意識的發展不是弊病，它的畸形發展才是弊病。我們並且可以說真要有強有力的民族意識，非先有適當的家族意識

5　潘光旦：〈中國之民族問題〉，《潘光旦文集》第 9 卷，第 493 頁。
6　參見孫中山：《民族主義》，民智書局，1924。黃興濤在〈民族自覺與符號認同：「中華民族」觀念萌生與確立的歷史考察〉一文（《中國社會科學評論》2002 年創刊號（香港））中認為，在清末的立憲運動中，體現中國各民族一體化整體觀念的「國族」一詞已經出現，他舉的例子是 1911 年 7 月 15 日《申報》主筆希夷的〈本館新屋落成紀言〉一文。在一次與筆者的私人談話中，他說他又發現了更早的材料，大約在 1905 年左右。在這裏，本書的目的不在於詳細的考訂該詞的出現先後，而只希望借助流傳最廣的孫中山的看法來闡明潘光旦賦予該詞的含義。
7　孫中山變家族為國族的主張，可參見馮爾康：《18 世紀以來中國家族的現代轉向》，上海人民出版社，2005，第 279～280 頁。

不可;真正的民族意識是以家族意識為張本,而脫胎於家族意識的。西洋家族意識不發達的民族往往只能有橫斷一時的國家主義而不能有比較縱貫世代的民族意識,我們以為近代的美國便是一例。所以我們目下所求的,決不是家族意識和家族意識所由培植的工具的革除,決不是以民族意識完全代替家族意識;而是家族意識畸形的修正和這種工具的利導與限制,使不再教家族意識走上畸形發展的途徑。宗祠的制度在農村中心的社會裏,自有它教育的、倫理的、經濟的效用,應在利導與限制之列,而不在取締與革除之列。[8]

從上文關於「民族」與「國族」的區分中可以看出,潘光旦已經觸摸到了當代學術界區分「族群」(即潘所謂「民族」)與「民族」(即潘所謂「國族」。現在民族社會學界已開始使用「國族」一詞來指代民族國家或民族主義意義上的「民族」,不過,當代學者的使用並非由繼承潘光旦的看法而來)的邊緣。很可能一方面礙於當時學術界的通行看法,另一方面鑒於自己學術思想的重心不在於民族國家理論本身的建構,潘光旦未能進一步闡述「國族」這一概念及其在處理我國族群關係上的效用,他的主要論述還是在歷史文化共同體意義上闡述「民族」概念的。1950 年代流行的「民族學」或「民族研究」一詞,應該說是直接繼承了此前幾十年間學術界通行的「民族」界定,無論是民族識別工作也好,還是少數民族社會歷史調查也好,其中的「民族」在內涵與外延上均與今天的「族群」相等。

1944 年,人類學者林耀華明確指出:「民族與種族意義不同,不可混為一談。種族專指體質特徵,屬於生物的遺傳性質。民族則包括歷史、語言、經濟、習慣、風俗等而言,偏重於文化方面。民

8　潘光旦:〈篤親興仁〉(未署名),《華年》第 1 卷第 28 期,1932 年 10 月 22 日。

族乃系歷史文化的團體，而非種族的團體。」[9]林耀華對民族的界定，與上文引述的潘光旦的見解是一脈相承的，這個「民族」是民族學研究的對象。黃興濤教授在廣泛搜集了民國時期人們的「民族觀」或「中華民族觀」之後指出，當時人的「民族觀」考慮的方面比較周全，但一個最鮮明的特徵是，相對而言，人們更為重視其中的共同歷史和文化因素。他在引述了潘光旦〈民族的根本問題〉一文關於概念界定的一段文字後分析道：「此論既說明瞭民族與國家、種族之間的差別，又見彼此間的關聯，表面上是談構成民族的政治和種族因素，實際上不僅包含了、毋寧說同時也凸顯了共同的歷史和文化因素。因為其所謂文化生活方面持久合作的『合作之史』，血緣交流的種族關聯之史，都無不在表明了共同的歷史文化在民族區別和民族認同中的特殊重要地位。」[10]

　　另有學者比較仔細地討論了 20 世紀初年中國的民族主義論說，指出：因受日本思想的影響而導致了一些思想認識上的混亂，其中最為突出的是把「民族」理解為建立在血緣基礎上的文化共同體，這樣，建立「民族國家」便成為「民族」的合乎情理的訴求。由此引發了出現「中華民族」和「五族」的概念混亂。孫中山、袁世凱都在計畫實行強制性的民族同化，蔣介石宣稱中國只有一個民族，其它都是宗族。「自從民族主義傳入中國以來，中國國家的民族主義目標，實際上變成如何打造一個單一民族國家」。他認為，如果對「民族」採取法國大革命式的理解，即「民族」概念是一種政治共同體的概念以及以這種政治共同體為基礎形成的文化共同體概念，並以另外的術語表示類似漢族、滿族、蒙古族、回族、藏

---

[9]　林耀華：〈康北藏民的社會狀況〉，《從書齋到田野》，中央民族大學出版社，2000，第 433 頁。

[10]　黃興濤：〈民族自覺與符號認同：「中華民族」觀念萌生與確立的歷史考察〉，《中國社會科學評論》2002 年創刊號（香港）。

族那樣以血緣為基礎的文化共同體概念，日後的概念和實踐困境就可以化解了。[11]

　　當時學術思想界對於「中華民族」的概念建構已經相當成熟，成為人們習焉不察的新語彙。因此，潘光旦很自然地沿用了當時已經流行的「中華民族」一詞，甚至還在一本書的書名（即《自然淘汰與中華民族性》）裏用「中華民族性」一詞指代中華民族的民族性。對中華民族內部各個族群的關係和地位如何，中華民族如何形成等問題，他只有一些零星的論述，未加深究。

　　由於有生物學與優生學的訓練，在潘光旦的眼中，民族既是歷史文化的共同體，也是生物的或種族的共同體，它同時具有這兩方面的屬性。生物性對於民族而言，並非無關緊要，可以隨便忽略的。潘光旦最關心的是，如何在生物基礎上為中華民族的偉大復興奠定基礎。他認為，種族、民族和國族都有一個族字，而族字是富於生物的意味的，也就是說，三者的共通點是多少有些生物血緣的關係，沒有生物血緣關係的集團可以成為一個會社，卻不是一個民族。在潘光旦看來，談「民族」而不深入到血緣與生物的立場，就是「不踏實地的『民族議論』」，「他們若是謹嚴一點，很可以把他們的題目定為中國的經濟建設、中國的文化復興運動、世界大局與中國的出路……等等，而根本把民族二字擱過不提」。[12]他這樣強調民族生物基礎的重要性：「一個民族先得有比較穩固的生物基礎或種族基礎，而後堅強的意志、豐滿的物質生活、繁變與醇厚的文化事業，才有發展的張本。」[13]

　　把「民族」的生物基礎或血緣關係看得如此重要，在當時中國的學術界，大約只有「民族生物學者」張君俊和潘光旦等極少數的

---

[11]　王柯：〈「民族」：一個來自日本的誤會〉，《二十一世紀》（香港）2003 年 6月號。
[12]　潘光旦：〈中國之民族問題〉，《潘光旦文集》第 9 卷，第 494 頁。
[13]　潘光旦：《民族特性與民族衛生》，《潘光旦文集》第 3 卷，第 27 頁。

幾個人作如此主張（詳見下文第四節）。而在強調生物基礎的程度
上，潘恐還在張之上。

　　總體而言，在對「民族」概念的理解上，潘光旦所持的是一種
血緣因素與文化因素並重的觀點。他認為，建立在共同歷史文化基
礎上的民族意識不能沒有其血緣混合的基礎，只有血緣、文化兩個
因素同時具備，才有「民族」可言。他也曾粗略地提出了民族國家
意義上的「國族」概念，但並未就其含義以及在處理中國民族關係
上的作用加以詳細的論述。

二、潘光旦中國民族性認識的思想淵源

　　民族性是清末民初知識份子經常討論到的問題，但在中國現
代學術成長起來以前，那些論述大多參考了西方學者或傳教士比
較零星的意見，並參雜了這些知識份子個體的一般印象感知。作
為社會科學研究的一種論題，應該對民族性的方方面面，從不同
的角度加以客觀的、實證的研究，這樣，作為依據加以討論，結
論才是紮實可靠的。作為一位社會學學者，潘光旦意識到了這一
點，但他認為，當時國內的心理學者如沈有乾、蕭孝嶸、陳科美、
莊澤宣等所做的一些開拓性工作，只開其端，未引其緒，還不能
根據他們的研究來作一種通盤的觀察，「不得已，我們姑且介紹一
種西洋人的作品，權作替代；明知其是一個個人的印象，不科學
的，但比略而不談，總覺好些。」[14] 由此來看，潘光旦那時對於中
國民族性的認識，也沒有完全建立在充分的實證研究基礎上；但
他具有學者的明辨意識，注意對所引用的對象加以辨析，不是完

---

[14] 潘光旦：《民族特性與民族衛生・自序》，《潘光旦文集》第 3 卷，第 22 頁。

全隨個人主觀意願任意選擇有利於自己觀點的材料，這是時代的一點進步。

潘光旦所介紹的這種「西洋人的作品」，就是在中國傳教三十多年之久的美國傳教士明恩溥（Arthur H. Smith）所著的《中國人的特性》一書。

明恩溥，1845 年生於美國康涅狄格州，22 歲時畢業於比羅耶特大學（Beloit College），1872 年來華，在天津傳教，時年 27 歲。不久，他來到山東從事傳教與救災等工作。自 1880 年以後，明氏久居於恩縣的龐家莊，從事農村佈道、醫藥、慈善、教育等事業，達 25 年之久。他後來在國際上得享盛名，大半緣於他根據在山東這一帶農村生活所得經驗發表的文章。他享有盛名的主要著作有《中國人的特性》（1892 年）、《中國鄉村生活》（1899 年）。關於《中國人的特性》一書的影響與地位，有研究者作出這樣的論斷：「這是一本輕快的書，迅速流傳開來，從農夫到總統，從西方到中國。《中國人的性格》（即潘光旦譯《中國人的特性》——引者注）不僅代表那個時代對中國國民性格特徵的普遍觀點，也代表西方一個世紀以來有關中國人的性格的議論或爭論的終結。」[15]

這位研究者還追溯了西方人對中國民族性認識的歷史，認為《中國人的特性》中所提出的許多看法，不僅在明恩溥同時代人的著述中可以看到，如衛三畏的《中國總論》，甚至可以追溯到一個世紀之前的赫爾德、孟德斯鳩。「明恩溥真正的工作實際上是綜合了一個多世紀間西方關於中國的國民性格的各種看法，他的觀察不一定全面，但卻細緻；他的理解不一定準確，但卻顯得機智；他的觀點未必深刻，但他表達觀點的文風卻幽默活潑。他為西方的中國

---

[15] 周寧：〈「被別人表述」：國民性批判的西方話語譜系〉，周寧主編：《世界之中國——域外中國形象研究》，南京大學出版社，2007，第 131 頁。

國民性話語確定了大眾輿論中的原型」，從此，中國人的形象，在西方人那裏變得清晰可辨了。[16]

1903 年，根據 1896 年澀江保的日文譯本，曾有《支那人之氣質》的文言譯本由上海作新社出版，並發生了一些社會影響。[17]社會學家李景漢在清末讀初中時曾讀過這個譯本，他看到在書的許多頁的空白處，有不少鉛筆寫的批評，其中大部分是別的讀者閱讀時發生的反感，他們認為明氏的敘述誣衊了中國人，少年李景漢讀了譯文和這些怒髮衝冠的批語，對於書中所敘述的事實也大不以為然。

明氏的這本《中國人的特性》在中國近代知識份子中間影響很大。雖然有人非常反感，但因迎合了一些中國知識份子批判自身民族性或國民性的需要，從而受到他們的青睞。

魯迅 21 歲在日本時，便仔細研讀了該書的日譯本，並由此致力於揭示和改造中國人的國民性——據說《阿 Q 正傳》的創作就與《中國人的特性》有關，而且魯迅直到臨終前 14 天還向國人鄭重推薦此書，對它可謂「一往情深」。[18]社會學家李景漢少年時期很反感明氏此書的論述，但在從事實地調查工作幾年之後，又想起這本書來，「及至再打開一讀，就覺得此書的意義與從前大不相同了。明氏畢竟是過來人。他對於中國農村社會的現象，可謂觀察精密，獨具隻眼，而且他那描摹入微、寫實逼肖的能力，豈但在西洋人中沒有幾個可以與他比擬的，就是在我們自己的國人中間恐怕也是少如鳳毛麟角吧」。[19]

---

[16] 參見周寧：〈「被別人表述」：國民性批判的西方話語譜系〉，周寧主編：《世界之中國——域外中國形象研究》，第 131 頁。

[17] 即《中國人的氣質》（原書名《支那人之氣質》），佚名譯，黃興濤校注，中華書局，2006。李景漢記憶中的書名是《支那人之性質》，應是同一本書。

[18] 參見周寧：〈「被別人表述」：國民性批判的西方話語譜系〉，周寧主編：《世界之中國——域外中國形象研究》，第 107 頁。

[19] 李景漢：《民族特性與民族衛生·序》，《潘光旦文集》第 3 卷，第 9 頁。

　　潘光旦也很肯定明恩溥對中國民族性的觀察,其原因主要有三點:(1)「明氏和中國的關係,既如是其長久而親切,觀察所及,當不至於過於浮泛」;(2)明氏個人的素質很高,當時基督教會中和他有過接觸的人都眾口一詞地說他腦筋敏捷、眼光銳利、辯才無礙,誠靜怡牧師曾親口對潘光旦講過他對於明氏的良好印象,「這樣一個人的見聞觀感,我們當然也不便隔過一邊,認為是無足重輕」;(3)專門從事農村社會調查工作的社會學家李景漢和明氏相熟,認為《中國人的特性》一書「大體上很可以說是一幅逼真的寫照」,明氏的個人印象和李景漢的調查研究相吻合,「可見明氏這本作品,也決不能和一班走馬看花、捕風捉影的西人著述等量齊觀了。」[20]

　　儘管明恩溥對中國民族性的認識有一些誤解,甚至也包含了不少西方人的偏見,但是,明恩溥的著作至少提供了研究中國人時空觀念、為人處世方式和生活價值觀等方面有價值的素材,具有一定的科學參考價值。基於這樣的認識,潘光旦從原書 27 章中選譯了 15 章,作為《民族特性與民族衛生》一書的第二篇。他還對原書每章作了不少刪節,刪節所遵循的原則是:所敘與特性無幹;所敘名為特性或貌似特性,而實非特性;所舉特性的實例過於瑣碎,地方色彩過重,或早成陳跡,為時人所不易瞭解。這 15 章的次序也由他重新全部排列,前五章所描寫的是生理與心理的品性,中間三章是經濟的品性,後六章全都是社會的品性,論自私的一章因兼具經濟與社會兩重意義,所以被列在經濟品性與社會品性之間。

　　潘光旦選譯的明恩溥所描寫的中國人的 15 種特性,依上述三種類別的劃分,參照李景漢為《民族特性與民族衛生》一書所作序言中的述評,可作如下簡述:

---

[20] 這一段的論述,參見潘光旦:《民族特性與民族衛生·自序》,《潘光旦文集》第 3 卷,第 22 頁。

生理與心理方面的五種品性：(1)關於「活易死難」方面。明氏認為中國人隨遇而安，到處可以適應，確是極顯著的品性。說中國人的復原力極大，缺乏科學的根據；說中國人不講衛生是對的，但說中國人的壽命高、老人多，則是錯誤的。(2)關於「沒有神經」方面。明氏認為中國人的鎮靜、不忙、睡覺的本領，忍痛的本領，不好運動，及在擾亂的環境裏能泰然安處，與西方人的神經過敏、講效率、好運動等比較，確是中國人的特性，而且從某種角度看，還是中國民族的長處。(3)關於「耐性太好」。明氏認為中國人的耐性在西方人看來是驚人的，不可思議的。這既是優點，從另一方面看也是中國人的一大弱點，李景漢認為，「我們已經能忍『是可忍孰不可忍』的事。我們認為我們民族的耐性太過火了」。(4)關於「不求準確」方面。中國度量衡的混亂以及各種單位的漫無標準與中國人日常生活中模模糊糊的習慣，確是一大缺點。(5)關於「寸陰是競」。說的是中國人不珍惜時間，不守時間，與西方人的「時間是金錢」來比較，真是不可同日而語。

經濟方面的三種品性：(1)關於「勤勞」方面。明氏把中國人的夜以繼日、孜孜矻矻的精神，永遠不慌不忙的工作態度，描寫得淋漓盡致。中國一般人沒有辦公時間，沒有休息的星期日，沒有種種的假期，這都是西方人受不了的。(2)關於「撙節」方面。中國農民能儉的本領可謂到家而徹底。(3)關於「知足常樂」。明氏看到中國一般人在順境裏，固然能優遊自得，在逆境裏也能安之若素，「……逆境之來，論理既知其必不可抵抗，論力知其無法抵抗，唯一的應付方法自然惟有儘量的遷就；只有在遷就之中還可以找到一條心安理得的出路」。

社會品性的六個方面是明氏描述得有聲有色的一部分，也是中國讀者容易發生反感的部分：(1)關於「有私無公」，指的是中國人自私自利。(2)關於「無惻隱之心」，指的是中國人缺乏同情心，對

155

於殘廢的人、心理上有缺陷的人、遇難的人、陌路生人、婦孺以至於牲畜都表現出同情心的缺乏。(3)關於「言而無信」，指的是中國民族善於撒謊，大都輕諾而不踐約，認錯的本領和揩油的本領都很大。(4)關於「爾虞我詐」，指的是中國人彼此猜疑和傾軋的態度，甚至於到「一人不進廟，二人不窺井」，「李下不正冠，瓜田不納履」的程度。李景漢認為，「這實在是在鄉間常見的現象」。(5)關於「愛臉皮」，說的是中國人的「面子」觀念。(6)關於「婉轉」，說的是中國人說話不單刀直入、開門見山，而是把自己真實的意圖掩蓋起來，但同時讓對方也要明白。(7)關於「客氣」，明氏認為中國人把客氣的藝術推進到一種登峰造極的地步，成為生活中不可須臾離開的部分，其用意似乎並不在使人舒服，而在表示他是一個懂規矩與守規矩的人。

　　潘光旦選譯明恩溥的《中國人的特性》15 章，意在借用它來替代對中國民族性比較全面的敘述。他認為，明氏所述是「果」，而其所以如此的「因」，則不能不另尋解釋。他在美國留學時期就讀了美國耶魯大學著名人文地理學者亨廷頓（Ellsworth Huntington，潘譯「亨丁頓」）的《種族的品性》一書，並於 1926 年 2 月在英文《留美學生月報》（*Chinese Students Monthly*）上發表書評予以評介。亨廷頓原是一個純粹的地理學者，一向以自然環境，尤其是氣候來直接解釋文化的發生與變遷，其《文明與氣候》（*Civilization and Climate*）就是這種學術取向的代表作。但在寫作《種族的品性》之前，他的學術見解有了明顯的修正，從此以後，他承認氣候的解釋至少有一部分只是間接地發揮作用，而起直接作用的卻是自然環境所供給的選擇或淘汰作用，以及此種作用所形成的種種民族品性。這樣，他原有的學術立場和生物學的自然選擇學說已經合流了。這大概是潘光旦關注他的作品的原因所在。1923 年，亨氏有中國之行，和許多有救災經驗的傳教士交談過，這些傳教士和

其他許多人提供給他很多資料，這些資料「全都似乎證明，假手於人口過剩、饑荒、以及移徙的自然淘汰作用，在今日的中國，正在急遽的進行之中。歷史的記載也明白詔示，以往二千多年的時光，一大部分也受這種作用的支配，其進行的速率比今日的也並不算慢」。[21]1924 年，亨氏出版了《種族的品性》一書，其中專論中國民族的文字，竟有四章之多，散見於序文及其章節裏的片段又有好幾十處。亨氏很看重有關中國民族的四章，說「我自以為關係中國的四章，也許是全書最關緊要的部分」。[22]潘光旦回國初期，將這四章內容翻譯出來，刊載在《新月》月刊上。後印行單行本時，他替這四章內容起了一個總題《自然淘汰與中華民族性》，收入《民族特性與民族衛生》一書作為第三篇時改題為《自然淘汰與特性的由來》，以示這是對中國民族性形成原因的探討，也呼應了第二篇選譯的明恩溥《中國人的特性》對中國民族性的描述。

亨廷頓用自然淘汰和人口移殖的原則來解釋中國民族性，特別注重中國歷史上的災荒對於民族品性所起到的選擇作用。他的作品比前人敘述更詳細，推論更周密。他認為，中國歷史上的水旱災荒不數年便有一次，而且常常連年發生，殃及的地方甚廣。中國歷史上嚴重災荒的頻仍發生對於中國民族性有極大影響。有過災荒經驗而仍然生存下來並留有子嗣的人，多為自私自利且可能是毫無情義的人（賣兒鬻女即是一例），心腸軟而不夠自私自利的人反而被淘汰了。多經一次荒年，中國人品性上自私自利的成分就加深一分，經過長期的淘汰選擇，這些消極的品性通過婚姻、生

---

[21] 轉引自潘光旦：《民族特性與民族衛生·自序》，《潘光旦文集》第 3 卷，第 25 頁。

[22] 轉引自潘光旦：《民族特性與民族衛生·自序》，《潘光旦文集》第 3 卷，第 25 頁。

育發生作用，對中國民族性造成了不可磨滅的影響。[23]亨廷頓還以自然淘汰與人口移殖來解釋滿洲人的興起和中國南北民族品性的差異，對於中國歷史上的移民，如客家人、東北三省的移民，他認為是經過自然選擇留下的精幹之輩，是文化創造的重要力量。

西南聯大時期的學生，後在美國研究中國史的著名學者劉廣京先生，在 20 世紀末溫習他在大學時代熟讀的兩部書，其中一部便是潘光旦譯述的《自然淘汰與中華民族性》，他特別關注亨廷頓與潘光旦對中國國民性或民族性的探討，認為，「我想凡注意中國文化建設的人都應注意到」。但對於自私自利等品性是否可經血統遺傳，他認為需要生物學家考察，不敢輕信。[24]

如果不過分糾纏在民族性的生物遺傳上，那麼長時期、大範圍的嚴重災荒確實可能對民族的文化心理造成了某些影響，而這些內容是應該得到研究的。當代的災荒史學者指出，在中國這樣一個所謂的「饑荒的國度」裏，因災荒而形成的某種特殊的歷史文化心理狀態是確實存在的，而且它們不僅僅是一種災時出現、災後消失的短暫現象，也並非不能導致人的意識「整體的歷史變遷」，而是此消彼起，連綿不斷，最終從非常規的思想意識轉化為一種常態的思想意識，積澱在人類心靈的深處，成為中華民族整體社會意識中不可分割的組成部分。[25]劉廣京先生應是在這個意義上提示我們注意潘光旦譯述的《自然淘汰與中華民族性》。

---

[23] 嚴復曾希望借助自然選擇的力量來淘汰中國人的許多惡劣根性，認為經過這個過程後民族品性才有澄清的希望，但潘光旦在讀了亨廷頓關於兩千年來頻繁的饑荒所選擇出來的民族品性——自私自利心的畸形發展之後，也不禁慨歎，「可見嚴先生的眼光也不儘然了」。參見潘光旦：《人文史觀》，《潘光旦文集》第 2 卷，第 321 頁。

[24] 劉廣京：〈中國國民性問題〉，《二十一世紀》（香港），2000 年 10 月號。

[25] 夏明方：〈自然災害、環境危機與中國現代化研究的新視野——「自然災難史：思考與啟示」筆談之二〉，《史學理論研究》2003 年第 4 期。

　　總而言之，潘光旦在闡述自己對於中國民族性的認識之前，曾接受了美國傳教士明恩溥有關中國民族性的描述，以及美國人文地理學者亨廷頓以自然淘汰與人口移殖原則對中國民族性由來的解釋。這是他有關論述的思想來源。他的論述就是在這個基礎上加以補充、發揮而成的。

三、潘光旦所見中國民族的四種病態

　　對於中國民族性，尤其是民族病象的概括，在 1930 年代最有影響力的，當推胡適在《我們走那條路》（1930 年）提出的「五大仇敵」說（即貧窮、疾病、愚昧、貪汙、擾亂）和平民教育派提出「四大問題」說（即愚、窮、弱、私）。

　　潘光旦基於自己的研究，將民族病態歸納為四點：一、體格的柔韌化；二、科學頭腦的缺乏；三、組織能力的薄弱；四、自私自利的畸形發達。在 1939 年寫的〈辨漢奸〉一文裏，他將胡適、平教派與自己的三種不同的概括相提並論，認為它們是大同小異。平民教育派比較強調四大基本問題是屬於農民的問題，有賴於深入民間的知識份子精英的幫助來擺脫困境；而潘光旦則強調「民族的病象」不是「中國民眾的病象」——並不是一切的病象只存在於工、農、商界的分子，與達官、貴人、富商、大賈以至於教育界、學術界的許多領袖分子無關，「中國人要有什麼病，那病就散佈在民族的全部，決不能教一部分的人獨屍其咎，至少我們無法指出那一部分應該獨屍其咎，換言之，這種病象是一般的、普通的；它在人口部分之間的表示至多只會有程度上的不齊罷了。」[26]

---

[26] 潘光旦：《民族特性與民族衛生》，《潘光旦文集》第 3 卷，第 178 頁。

潘光旦所關注的民族特性大多是負面的。他說：「一部分的民族特性，我以為不妨當作民族的病象看待。這些特性，自其來歷言之，既有很深的根源，亟切剷除不去；自其效用言之，又是我們應付二十世紀國際環境時的一些龐大的障礙，亟切推動不得，所以事實上也確乎可以當病態看，當先天不足看。」[27]

潘光旦還認為民族的病態主要是由於先天不足，而不是後天失調，所以單憑意志力的加強或改善局部的後天條件是不可能解決問題的。他不同意當時思想界復興民族的種種方案和呼籲，因為它們幾乎全都忽視了民族先天的能力根本不足。在〈不踏實地的「民族」議論〉一文裏，他批評了《復興月刊》、《大公報》、《旁觀》旬刊上有關民族復興的言論，認為持這些觀點的人站在文化的、經濟的、自由意志的立場來討論問題，獨獨沒有看到民族的生物基礎的重要性，所以都是「不踏實地的『民族』議論」。1931 年，黃炎培寫了一本遊記《黃海環遊記》，其中有不少關於中日兩國「國情」和「民性」的論述，引起了潘光旦的討論興趣。黃炎培分析中國人落伍的原因，以為是基於三種心理：恐怖的心理、消極的心理、聽天由命的心理。黃還認為應該提倡四件事：人人把體格練好起來；堅決地信仰科學；大家團結起來；大家從本位上努力進取。他對中國土地的肥美、物產的豐富以及人民資質的聰明都有堅定的信心，認為「病僅僅屬於後天，而完全不在先天」，所以中國決不是不可為的國家。潘光旦對於黃炎培所提出的三種消極心理很表同情，認為恐怕都是事實，而且是很普遍的。但由於潘光旦接受過生物學與優生學的訓練，他說：「我一向以為不健全的心理至少有一大部分是因緣於不健全的生理的，而這種不健全的生理難免沒有多量先天遺傳的根據。」[28]所以，他認為，如果民族的病象有先天

---

[27] 潘光旦：《民族特性與民族衛生·自序》，《潘光旦文集》第 3 卷，第 25 頁。
[28] 潘光旦：〈民族先天果無恙麼？〉，《潘光旦文集》第 8 卷，第 421 頁。

遺傳的根據，那麼僅僅致力於後天環境的努力，並不能根本解決問題。

潘光旦認為，中國民族先天是不無問題，不無病態的，當然，「民族病態」的意義，當然和「個人病態」的意義不同。所謂「民族病態」，指的是「因為淘汰不得其宜，使民族分子一般的體力智力不足以應付一時代一地方的環境」[29]，具體說，就是中國民族在幾千年人口過剩、災荒頻仍的環境下形成的能力、品性，在海通以前差可應付，但在海通以後與西方民族處於競爭狀態，便處處顯得捉襟見肘了。「民族病態」，並不是說此民族的人一定有什麼生理上的具體疾患。

潘光旦所提出的四點民族病態就是在這個意義上說的，具體可作如下簡述。

其一，是體格的柔韌。「說他壞，壞在沒有多量的火氣，以致不能衝鋒陷陣，多做些冒險進取開拓的事業。說他好，好在富有一種特別的順應力或位育力，幹些、濕些、冷些、暖些、餓些、飽些，似乎都不在乎；有許多別的民族認為很兇險的病菌，他也能從容抵抗」。[30]但是，海禁開放以來，這種「牛皮糖」似的體格就不能適應新時代要求的開拓進取了。「牛皮糖」的體格平時就沒有鍛煉的要求，這並不是單純的社會心理原因可以解釋的。如果有鍛煉的願望，中國民族自然會創造出類似於西式的運動項目。這種柔性的體格，就大多數人說，除了日常工作所需的筋肉活動以外，平時就沒有額外運動的需要。就少數講究運動的人來說，中國的運動比較講究所謂「內功」與「以柔克剛」的道理；以「靜坐」「運氣」為攝生要道以及道家所稱的「內丹」等，比「內功」的運動還要更進一步，但兩者在原理上是一致的。近代西式的新體育是配合西方民族

---

[29] 潘光旦：〈民族先天果無恙麼？〉，《潘光旦文集》第 8 卷，第 424 頁。
[30] 潘光旦：《民族特性與民族衛生》，《潘光旦文集》第 3 卷，第 208 頁。

剛性的體格的,中國人鍛煉鍛煉固然也有些益處,但是,希望鍛煉成西式的體格則是不可能的,超過柔性體格要求的限度只會帶來壞處。中國不是絕對沒有剛性體格的人,只不過是相對比較少些罷了。剛性體格的分佈,也有相對比較多的地區——多是一些移民移入地區,如東北三省和南方的客家人。東北三省的先輩大多是山東和河北的移民,他們在移徙的過程中歷盡千辛萬苦,品質不良的分子在中途大多被淘汰掉了,能夠在東北生存下來開闢草萊的大多是優秀分子,優秀分子之間互相婚配,品性累積,使得這種健全分子相對較多。東北三省的新式體育運動遠不及長江下游開展得多而且久,但是,優秀運動員很大一部分卻是出自東北三省[31],主要原因即在於此。

其二,是科學能力的缺乏。潘光旦認為,中華民族之缺乏科學能力是由於兩千年來的人才選舉制度的淘汰作用造成的。人才選舉的目的和標準過於狹窄,至後期尤甚,凡屬有些科學興趣和能力的人,每每不能得到較多的生存和傳種機會,這些品性便遭到糟蹋埋沒,久而久之,便形成了我們民族中先天富有科學興趣和能力的分子越來越少。1932 年教育部統計各省市中小學會考成績,高中、初中、小學幾乎都是算學與理化一類課程最差,他說,「這至少可以證明,即在幼年,即在有科學刺激的今日,尤其是在都市里,我們所表見的科學的興趣,還是微薄得可憐。我們以為這是病根深的表示,並不能完全責備教育的只尚空談,不務實際。」[32]

---

[31] 關於中國民族與新式體育的問題,可參見〈民族健康釋義〉(《潘光旦文集》第 5 卷)、〈參加世運失敗的教訓〉(《潘光旦文集》第 9 卷)、〈漫談拳術與體育〉(《潘光旦文集》第 10 卷)等文;關於東北三省品質優秀,可參見《人文史觀》附錄〈「東省漢族殖民品質之研究」徵求案〉(《潘光旦文集》第 2 卷)、《中國民族生命線之東省》以及《民族特性與民族衛生》(《潘光旦文集》第 3 卷)等。

[32] 潘光旦:《民族特性與民族衛生》,《潘光旦文集》第 3 卷,第 183 頁。

其三，是組織能力的薄弱。一半是由於千百年來頻繁的饑荒所造成的自私自利的心理品性，一半是由於家族制度下尊親尊長，使一二富有領袖能力的分子沒有用武之地。如果他們想發揮自己的才幹，創造一些有組織的生活、一些法治的觀念等，恐怕還沒等出口，就以「不務本」、「犯上作亂」的罪名被鉗制、宰割和淘汰了。

其四，是自私自利的畸形發達。除了引述他人的觀察以外，潘光旦自己也善於從中國民族的日常生活裏觀察自私自利心的表現。比如說，他認為西洋的各式運動，無論是分隊的球賽還是以個人為單位的田徑賽，其中往往含有許多分工合作的意味，但中國的各式武術則恰恰相反。「分隊的競賽運動既沒有，而以個人為單位的武術又大率無一定的規則可以遵循，甚至派別紛紜，宗師各異，彼此較量，惟力是視，勝則自鳴得意於一時，敗則銷聲匿跡、不敢複出。這種武術，充其極，只能助長民族中間自私自利、黨同伐異的精神，於人格的培植、意志的鍛煉、合作的訓育，一概都說不上」。[33] 又如對遊藝生活的觀察。為什麼中國民眾中間最流行「麻雀牌」？他認為，並不是由於麻雀牌中富有「機遇」的成分，所以特別有興趣拿它來賭錢。「富於機遇性的遊藝與賭具多著咧，但它們流行之廣遠不及麻雀牌。最大的原因我們以為在中國人的民族性與麻雀牌中間，實在有一種固結不解的心理因緣在。麻雀牌的玩法，和外國的紙牌不同，可以說完全用不著合作的功夫的。合作的功夫不但用不著，並且絕對要不得，要有半分合作的嫌疑，如所謂『抬轎子』之類，根本就要不成局子，並且還打斷了以後成局的一切可能性。凡是玩麻雀的人，在玩的時候，一定得假定其餘三人無一不是你的敵人，要對他們鉤心鬥角，一刻不可懈怠。他是一個絕

---

[33] 潘光旦著，潘乃谷、潘乃和編：《鐵庵隨筆》，百花文藝出版社，2002，第181頁。

對的、絲毫不假借的個人主義者，他無刻不在想佔便宜，或至少教別人也占不到便宜。」[34]

潘光旦論述四種民族病態，主要集中在抗戰前。此後，他並沒有繼續利用其他學術資源對既有的認識加以深化，基本上是結合戰爭期間流亡、旅行途中的見聞、觀感，以及戰役和作戰形式（如緬甸戰役、游擊戰）、中央的號召、時人的議論等等方面的零星材料，印證抗戰前的認識。題材雖多有拓展，牽涉到許多現實問題，但基本見解並無大的改變。

如果說側重點有所變化的話，那麼，所變的只是潘光旦對中國民族品質的態度，以前消極態度居多，抗戰後則多闡述其中積極的成分。他認為，在抗戰前，不少中國人對於自己民族品質的病態大都沒有認識，從而諱疾忌醫，而抗戰以來發生的種種現象更清楚地暴露了我們民族的許多弱點，可以說完全坐實了抗戰前他的四點認識；對於一般民族分子，以前不大認識這些弱點的得到了一次深刻認識與體驗的機會，明白了病的癥結所在，不再諱疾忌醫，本身就是民族的一大收穫。而且還不止於此，抗戰時期的經驗表明，民族的種種弱點，散佈雖然很廣卻不至於普遍，比如說以前戰士多出於黃河流域，而今西南諸省全都有供給大量戰士的能力，並且戰鬥力不在北方戰士之下，由此不得不修正以前所謂「南方之強」與「北方之強」的說法。抗戰的經驗也充分證明瞭他以前再三提出的「移民品質優越之說」，只要善於愛惜民族優異分子，不作無謂的消耗，作孤注的一擲，種種弱點在將來盡有減少與消除的希望。潘光旦在抗戰開始一年半時寫作《抗戰的民族意義》時即持這種觀點。在抗戰將近五年時寫作的〈又一度測驗〉一文裏，基本觀點沒有改變，而且他更加明確地提出了抗戰給予國人以自信心，使其自

---

[34] 潘光旦著，潘乃谷、潘乃和編：《鐵庵隨筆》，第 182 頁。

尊心得以恢復。他說，「這五年之中，成敗利鈍的成分都有。就大體說，成與利的成分比敗與鈍的成分為多」[35]，「至於五年抗戰的經驗也坐實了我們民族品性中的許多長處或優點，發見了我們整體的元氣還是相當的健旺，恢復了我們對於競存力的自信心理，糾正了多年來認為民族已經老大的謬誤觀念——那顯然是測驗中一些成與利的成分，我們無須多說。」[36]既然「成與利」是「無須多說」的，他接著便又集中反省民族的弱點了。可以說，反省民族弱點始終是潘光旦民族性認識的底色。

四、以優生學作為手段來改善民族品質

潘光旦本是一個非常審慎的優生學者，自 1923 年開始以優生學為主題發表文稿以來，他一直採取的是旁敲側擊式的論述，沒有正面提出優生救國一類的主張。有鑒於西方優生運動的覆轍，他深恐正面文字引起一知半解者出來大敲大擂，不但不足以推進此種運動，反而會阻礙它的健全發軔。但國難的深重刺激了這位未能忘懷世事的學者，引起他的心緒變化，從而促使他鮮明地亮出自己以優生學作為民族出路的主張。

1931 年的「九・一八事變」和 1932 年的「一・二八事變」都給了潘光旦強烈的刺激。「九・一八事變」後不久，潘光旦發表了〈民族元氣何在？〉一文（輯入《人文史觀》一書後改題〈民族元氣篇〉），字裏行間充斥著一股罕見的痛心疾首的激切情緒。潘光旦一般寫文章，措辭力求客觀平正，不過分流露自己的情緒。如此祖露心緒，非有強烈的刺激作用不致於如此。「九・一八事變」以後，

---

[35] 潘光旦：〈優生與抗戰〉，《潘光旦文集》第 5 卷，第 62 頁。
[36] 潘光旦：〈優生與抗戰〉，《潘光旦文集》第 5 卷，第 63 頁。

不到兩個月的時間裏,他看到的是各派別之間依然是若即若離,大講其和平統一的條件。他不僅感慨:「對內的團結,尚且沒有決心,可以遷延到半月以上,還講什麼同仇敵愾、一致對外呢?民族真是病了,出不出半個有力量的領袖來!」[37]他歷來主張的民族先天有病的看法,並沒有得到國人的承認,「這一層,十個中國人裏至少有九個不知道,給他們講了他們也不承認;他們最多不過承認是後天失調,沒有吃相當的補藥罷了。」[38]在他的眼裏,國人不知道自己有病,「不承認元氣所剩無幾,還在那裏任情的斲喪。那才是一件可以痛苦流涕的事!」「九‧一八事變」和「一‧二八事變」以後,國人為民族和國家尋求出路的聲浪一時又甚囂塵上,但一切的一切都談到了,只是輪不到潘光旦視為根本的優生學。「一向在這方面審慎又審慎的我,卻真有些按耐不住了」[39],他於是把1931年8月在廣州演講的內容整理出來,明確地提出了「優生的出路」的主張,即1932年1月發表在《新月》月刊上的〈優生的出路〉一文。

潘光旦對民族的先天品質十分悲觀,那麼前途又在哪裏呢?

優生學,這門旨在提高民族素質的學科,穿過潘光旦對民族觀所持的消極觀點的煙霧,射進縷縷陽光,使他的中國民族觀透出一股令人振奮的暖意。他說:「民族衛生學者(即優生學者,「民族衛生學」是「優生學」的另一名稱)是對於任何民族不失望的,因為他知道一個民族的遺傳品質原不是固定的,而是因為軒輊的生產、死亡、與婚姻率的關係而會隨時發生變遷的。」[40]從學理上講,也

---

[37] 潘光旦:《人文史觀》,《潘光旦文集》第2卷,第432頁。

[38] 潘光旦:《人文史觀》,《潘光旦文集》第2卷,第433頁。

[39] 潘光旦:〈優生的出路〉,《新月》第4卷第1期,1932年1月。這篇文章後被輯入《民族特性與民族衛生》一書,收入書中時文字改為:「本文的所以終於成篇;局部也自不能不推溯到當時的一番刺激與此種掛漏的認識。」(《潘光旦文集》第3卷,第205頁。)

[40] 潘光旦:《民族特性與民族衛生》,《潘光旦文集》第3卷,第212頁。

確實如此，優生學在民族觀上，所持的是一種種族品質可變的觀點。它一方面與西方的種族主義的種族觀劃清了界限，另一方面也與批評派的文化人類學漠視種族先天差異的觀點相左。在種族主義者那裏，種族的差異是全面的，一成不變的。在批評派的文化人類學者，如博厄斯（Frank Boas）那裏，人類不同種族有體質差異，而其間存在許多過渡形態，且差異主要是環境改變的結果。即「環境對人類的身體結構和生理功能有重大影響，而基於這一原因，同一種族中的原始人群體與文明人在類型與行為方面定會有所不同。看來很有可能的是，造成這些不同的最重要原因之一應該是人類在文明的發展過程中不斷的自身馴化。」[41]潘光旦早在 1925 年寫作的〈近代種族主義史略〉一文裏就把博氏的學說作為種族學說之一予以介紹。但是，他因更強調種族遺傳上的差異，而不同意這一派所持的人類體質差異來源於環境因素的觀點。

　　潘光旦研究的優生學的目的，其實是很簡單的，就是通過婚姻選擇的手段，使優秀分子相對地增加，非優秀分子相對地減少。

　　當時在知識界有一種看法，認為中華民族已經「老態龍鍾」了。如 1932 年底，胡適在武漢大學有過一次公開的演講，題目叫做「中國歷史的一個看法」，大旨是把中國民族當作一位飽經世變的老英雄，中國文化當作老英雄的功績，中國的全部歷史好比一出可以分作五幕的英雄劇。又如潘光旦主編的《華年》週刊的一位作者將中國比作成一個「老祖母」。潘光旦認為，「老」字如果指的是文化和語言文字尚可理解，假若是民族就不對了。他認為最多只能承認是中華民族「少老年」，不是真的老了，還認為如果只是一些比喻和修辭的說法還不要緊，如果是確有客觀的事實依據的話，那問題就非常嚴重，因為個人尚不能返老還童，更不用說民族了。

---

[41] [美]弗蘭茲·博厄斯著，項龍、王星譯：《原始人的心智》，國際文化出版公司，1989，第 41 頁。

潘光旦注意到了西方人類學有關中國民族的最新成果，這些成果表達了一種與上述中華民族衰老論相左的看法。澳大利亞的地理學者泰雷（Griffith Taylor）在研究種族的人類學著作《環境與種族》一書中提出了與以往較舊派的人類學家相反的結論，他認為中國民族原是由許多種族累積混化而成的，其中固有些很老的種族，但同時和俄德等國一樣也有極年輕的種族，年紀輕意味活力很大，大有前途[42]。美國人類學家葛利格（H. W. Krieger）也認為，中國的文化還在不斷地演進之中，比起許多民族要更有指望，更有舒展的餘地。潘光旦主編的《華年》週刊之所以取名「華年」，除了以「華年」借指青年以外，另一層意思就是根據泰雷的學說，是「促華族達成年」這一宗旨的縮寫。他認為，中華民族年紀很輕，只是由於在幾千年的早期發育期內，受到一些不良的淘汰影響的折磨，所以元氣雖旺，病態亦多。比較準確的說法是把中國民族當作一個發育不甚健全的青年。採取優生學的手段，使優秀分子相對增加，非優秀分子相對減少，挽回歷史時期中自然淘汰、人文淘汰所起到的一些不良作用，也就可以達到改善民族品質的目的了。

五、從兩個論爭看民族品質改善的不同見解

潘光旦特別關注的是中國民族性的不足，而且認為這些不足具有先天遺傳的根據。他對自然淘汰和人文淘汰所導致的民族品質降低有很肯定的表示。但當時相當一部分知識份子的看法卻不是這樣，他們比較傾向於認為中國民族的先天品質沒有什麼問題，

---

[42] 潘光旦對泰雷種族學說的介紹，相當分散而不系統，可參見以下諸書或文：〈日本德意志民族性之比較的研究〉（《潘光旦文集》第 1 卷）、〈意國奇尼教授之民族興替觀〉（《潘光旦文集》第 2 卷）、《民族特性與民族衛生》（《潘光旦文集》第 3 卷）、〈「華年」解〉（《潘光旦文集》第 8 卷）。

只是後天的社會文化環境有待改善。問題究竟主要是品質改進，還是文化重建，是潘光旦與當時不少其他知識背景的知識份子爭論的焦點。

社會學家吳景超同樣也注意到中國人生物遺傳方面的研究，他所選取的若干證據卻是傾向於肯定中國人品質優越的，如中國人適應自然環境的力量很強、中國人的腦量和智商不比西方人低。他的結論是相當樂觀的：「我們只要離開文化的領域，走入生物的領域，離開文化而談民族，離開後天的而談先天的，離開環境而看遺傳，就可發現我們中華民族，是一個偉大的民族，是有一個燦爛的將來的。」[43]潘光旦針對吳景超的文章寫了〈論自信力的根據〉一文，認為吳所說的中國人適應自然環境能力很強，指的是消極的順應能力，而不是積極的開拓能力。針對吳引用的中國人腦量和智商不在別的民族之下，他特別徵引了美國心理學者鮑蒂思（Porteus）1924 年 3 月發表的一篇研究專稿，此人認為中國人的智力很不高明，比不上大部分西洋人，並且也比不上日本人。潘光旦沒有直接肯定鮑氏結論的可靠性，但是認為這個結論「也未便完全否認」。[44]潘光旦〈論自信力的根據〉刊出不久，吳景超針對潘光旦的討論作了答覆，這次他討論的中心是潘光旦所說的中國民族缺乏「積極適應環境的能力」，即對於環境能加以修正轉變，使比較永久地合乎人用，換句話說便是「開拓，發明，建設，創造，興一種利，革一種弊」的能力。他抓住了潘光旦文中的「發明」一詞集中討論。站在文化社會學的立場，他認為發明的多少系乎一時一地的文化基礎的厚薄。如果有了文化基礎，時機成熟，甲不來發明，乙也會來發明，並不是由於人們的生理上有了什麼變化，產生了一些有發明

---

[43] 吳景超：《自信力的根據》，原為 1935 年 7 月 7 日《大公報》星期論文，轉載於《獨立評論》第 161 號，1935 年 7 月 28 日。

[44] 潘光旦：〈論自信力的根據〉，《潘光旦文集》第 9 卷，第 75 頁。

能力的天才，發明才隨之出現。中國民族只是由於特殊的歷史條件的限制未能發展自然科學，所以才導致發明的文化基礎異常薄弱；如果此後中國能夠努力吸收別國文化或充分世界化，自然也能發明許多東西，與歐美並駕齊驅。歸結起來，中國不如人的問題，乃是文化不如人，不是遺傳不如人。[45]可以看出，吳景超的前後兩篇文章，分別是從生物立場和文化立場闡述了同一個問題的兩面。中華民族品質如何，在這一問題上直接和潘光旦進行討論的，大約只有吳景超，但是，可以合理地推測，持有吳景超一類看法的人，當不在少數。從這個意義上說，這個討論具有相當的代表性。

潘光旦與吳景超的論爭，基本上屬於遺傳論與文化論在中國民族問題上的分歧，帶有少數派與多數派論爭的性質。而潘光旦與張君俊的論爭，則是兩個同樣注重生物因素的學者因學術流派不同而產生的分歧，屬少數派與少數派之間的論爭。

張君俊，湖南人，1919 年在長沙時，從友人處借得一冊英文的病理書作參考，由此引起研究中國民族的興趣。因一無參考書，二無現成的材料，他便採取直接觀察法，同時閱讀西方關於中國民族的材料，以便相互印證。他努力地研究，找出中國民族的許多病態，如體力孱弱、身矮體輕、生育率高死亡率亦高、疾病侵襲、無團結力、多談少做、貪小利、好速成以及缺乏獨立精神等，他將這些病態歸咎於體魄不充實，其遠因則為早婚、鴉片、玩妓、納妾、纏足及純血系婚姻等，因此，他主張利用節育、禁婚、閹割、隔離、促進南北結婚、宣導中日聯姻以及東西嫁娶等手段來改造民族。1923 年，他有《東方民族改造論》一書問世。當年秋，張君俊赴美留學，主攻心理學與宗教哲學，但對民族問題仍未能忘情。在美國哥倫比亞大學做研究時，他重讀舊作《東方民族改造論》，感到

---

[45] 吳景超：〈論積極適應環境的能力〉，《獨立評論》第 162 號，1935 年 8 月 4 日。

只談到了許多病象，很少講到真實原因，對少作始覺不滿。回國後，張君俊先後任教於湖南大學與上海暨南大學。在暨大任教期間，因住在研究中國民族性的心理學者陳科美家，得以出入附近的賴士德醫學研究院圖書館，無意間發現十餘年間欲得而不能得的許多材料，又因與陳科美隨時討論辯駁，在此過程中寫成《中國民族之衰老與再生》一書，後易名《中國民族之改造》，由中華書局於 1935 年出版。[46]在此書中，他主要認為，中國北方民族體力強智力弱，南方民族智力強體力弱。外敵入侵和災荒將一般優秀民族向南驅逐，導致北方人智力衰減。而受北緯 33°以南的氣候、寄生蟲、病菌等因素的摧殘，加之主要食品大米的滋養力不如小麥，使南方民族體力衰減。中國民族的前途在於改善北方的自然環境，吸引南方優秀民族回遷，使其在北方這個更適合於人類生存、發展的氣候條件下獲得再生。張君俊後來還出版有《中國民族之改造續編》（1936 年）、《民族素質之改造》（1943 年）、《華族素質之檢討》（1943 年）等。在基本的學術觀念上，後來各書與《中國民族之改造》並無大的差異，所不同的，只是各有側重或引證材料的細密程度不同罷了。

　　張君俊不僅在書齋中探究民族改造的學理，而且致力於將自己的學術見解引向實踐之途。他聯絡學界中同情他的學說的泰斗式人物蔡元培，請其引薦，得以將自己的民族復興計畫（即呈請中央指定陝西為民族改造實驗省區）上呈陝西省主席邵力子，得到邵同情之後，又通過他作函介紹給國民黨中央的中樞人物汪精衛、蔣介石。蔡元培還作函給宋子文介紹張君俊的陝西民族改造計畫。同樣的計畫，還曾上呈河南省主席劉峙。因時局不靖，張君俊的計畫最終均未能付諸實踐，但在這個過程中，他得到了不少政要的同情與

---

[46] 參見張君俊：《中國民族之改造》「附錄五　著者研究之經過」，中華書局，1935，第 280～282 頁。

支持。張君俊還動員了政界的張學良、于右任、馬超俊、程其保與潘公展等人參與發起民族改造社。[47]

1936 年，張君俊以中國防癆協會總幹事的身份在南京各大學演講，偶遇孫科，得其聘請，到中山文化教育館主持民族生物研究三年（1936～1939 年）。[48]

總體來看，張君俊的中國民族研究，既能反映中國知識份子關心民族問題的思想動因和實踐指向，也展現了他們探討民族問題時學理性因素逐漸增強的歷史過程。

從學術取向上來看，張君俊和潘光旦都是側重於民族的生物基礎的，廣義上來看，他們屬於一路學者。但他們的學術淵源有所差異，如儘管他們都從美國人文地理學者亨廷頓的學說汲取了營養，但所汲取的成分相異，導致了他們的基本結論有很大差異。

1935 年 11 月，潘光旦發表書評，評論張君俊的《中國民族之改造》一書，1936 年 1 月，張君俊發表回應，對潘光旦的評論提出了許多反批評意見。1943 年，潘光旦又發表書評，評論張君俊的新書《民族素質之改造》，未見張君俊的回應。

綜觀潘光旦前後兩篇書評，討論的問題雖多，但焦點無疑集中在兩個方面：(1)他否認張君俊所謂北人智力弱而體力強、南人智力強而體力弱的基本觀點；(2)他批評張君俊對優生學的自然選擇與社會選擇學說缺乏理解。潘光旦前後兩篇的觀點相當一致，而從張君俊對潘光旦的回應以及後出的《民族素質之改造》一書的基本點來看，張君俊並未接受潘光旦的主要批評，他的觀點前後也是相當一致的。總的來看，這是一場學術立場歧異，而雙方均不肯讓步的論爭，其結果只能是各說各話。對論爭的梳理，有助於我們瞭解民族生物論者主張的多樣性。由此，也可以體會到中國現代學術成

---

[47] 參見張君俊：《中國民族之改造·附錄四》，中華書局，1935，第 266～279 頁。
[48] 參見張君俊：《民族素質之改造·自序二》第 1 頁，商務印書館，1943。

長起來之後，學者們之間思想主張的差異，相當一部分來源於其學術立場的分歧。

關於中國民族品性的南北差異，潘光旦認為，「此在常人，亦能認識」，但張君俊的南北民族體智兩分之說，「則不特證據不足，亦且於理未順。」[49]

在「於理未順」這一點上，潘光旦指的是，張君俊所持的是一種身心二元的看法，而這種看法，在生物學界，「固已束置高閣久矣」。[50]他認為，「生物學家中間門戶之見雖多，關於身心彼此關聯的一層，卻始終是一個共同的基本見解。人口中未嘗沒有體格健全而智慧低劣或智慧優異而體格脆弱的一部分例外，但他們終究是例外，他們的存在並不能打破『健全的精神寓於健全的身體』的一條通例。」[51]

為什麼說南北民族體智兩分之說證據不足呢？潘光旦承認北人智力弱而南人智力強，他所否認的是北人體力強而南人體力弱。他認為，北方水旱之災極多，經災荒淘汰過的生存者大都富有一種消極順應與遷就的能力，而缺乏積極應付與抵抗的能力，這種體格恐難以健全名之。北人處北方環境較南人處南方環境，年代較久，順應程度較深，疾病率相應較為低降，這只能說明南人對於他們所處的環境，猶在努力適應之中，與南北體質強弱的比較無關；張君俊所再三致意的北方氣候較南方為佳，溫度、濕度低與寄生蟲及病菌之不易繁殖確是事實，但這只能說明南方自然環境在此方面不及北方，與南人體質的強弱無關，若將南北人民易地而處，未見得南人會處於劣勢；南人在身材體重上，不及北人，這種事實決不能引為南人體格弱於北人的證據，南北體格的差異應有種族成分上的根

[49] 潘光旦：《民族特性與民族衛生》，《潘光旦文集》第 3 卷，第 233 頁。

[50] 潘光旦：《民族特性與民族衛生》，《潘光旦文集》第 3 卷，第 233 頁。

[51] 潘光旦：〈評《民族素質之改造》〉，《潘光旦文集》第 9 卷，第 588 頁。

據，而體格之輕重高矮，因種族而有所差異，但這與體格是否健全無關。基於這些考慮，潘光旦認為，北人體力強而南人體力弱的說法，缺乏事實根據，難以成立。[52]

在事實方面，潘光旦認為，如果一定要分南人北人而要作一個極籠統概括的比較的話，可以說：南人在智力上或許較北人稍勝一籌，而體力也未必示弱。北人在智力上或許稍稍不如南人，而其體力也未必差勝。這只是一種極為籠統概括的說法，儘管已經說得非常謹慎，但潘光旦還是認為，籠統地將民族人口分為南北兩路是極不妥當的。他認為，各省區之間，以及每一省區的各部分之間，與每一部分的許多血系之間，健康的程度頗有差異，而其差異是兼身心兩個方面言之的。「在我們沒有作充分的身心品性的調查以前，我們只能說，大抵接受移民較多的省區，一般的身心健康程度要高些，而輸出移民較多的省區，健康程度要低些。」[53]根據這種「移民品質優異說」，他評價較高的是東三省、南方的客家人以及下南洋的華僑。移民之所以品質優異，是由於他們曾有過自然選擇和社會選擇的力量揀選的經驗。

潘光旦對張君俊的另一重要批評，是認為他對於自然選擇與社會選擇缺乏認識。張君俊接受了人文地理學者亨廷頓從氣候角度再三申明的一個事實：世界民族在北緯 33°至 20°之間者，大都呈不進步之現象。其原因就在於，這個地帶的氣候濕熱、寄生蟲充斥、疾病頻仍以及死亡率高，使得生存於其間的民族趨於衰老、退化。亨廷頓也是潘光旦著述中屢屢引證的對象，不過，與張君俊不同，潘光旦並不取亨氏的氣候說，而是接受了他在 1924 年出版的《種族的品性》一書中以自然淘汰與人口移殖原則解釋民族性的策略。在潘光旦看來，南方民族之所以優異，首先是由於他們中相當有一

---

[52] 參見潘光旦：《民族特性與民族衛生》，《潘光旦文集》第 3 卷，第 234～235 頁。
[53] 參見潘光旦：〈評《民族素質之改造》〉，《潘光旦文集》第 9 卷，第 589 頁。

部分是北方災荒所驅趕來的移民；其次他們在南方的濕熱氣候下，
寄生蟲、病菌等勢力的活動不過於劇烈，他們在其中從容應對，抵
抗力較強大者，得因抵抗而不病不死，而病與死者悉為本質孱弱、
抵抗力薄弱之人，則其結果不但不足以促民族之「衰老」與「退化」，
反而能提高民族的活力。亨廷頓雖有北緯 33°至 20°之間的世界民
族不進步之說，但在《種族的品性》一書中打了一個重要的「補丁」
——他認為中國的南方民族是一大例外。《種族的品性》一書雖屢
屢被張君俊列為參考書目，但他對此觀點，顯然未嘗措意。經潘光
旦在書評中指出後，他辯解道：「然亨氏嘗謂中國南方民族為例外，
這其中雖有他的特殊原故，但我們千萬不可聽了亨氏的客氣話，就
自寬自解，儼若中國南方民族真為例外；其實我國南方民族，對於
真正文化，卻無大不了的貢獻。我們萬不可憑空臆造，即自騙自的
謂中國的文化，如何如何。究其實在，中國民族之成績，卻不高於
同帶之鄰邦。」[54]張君俊在這裏，雖承認亨廷頓在《種族的品性》
一書中稱讚中國南方民族有其「特殊原故」，但他並不願意就此「特
殊原故」進行具體的討論，僅憑個人印象認定中國南方民族不高
明，這種不重視證據與學理探討的學風大約是他有點辭窮的表現。
從前文的敘述，我們知道，亨廷頓在《種族的品性》一書中，有關
中國的占四章篇幅，不為不多，而且就份量而言，是亨氏非常看重
的四章，並非輕描淡寫、無足輕重的四章。即使張君俊不同意亨氏
的觀點，作為一個把亨氏的氣候說作為主要學術來源的學者，似沒
有理由不對他的最新學術進展進行認真的討論。從這點來看，張君
俊雖有學者的作風，但其專業精神還很不徹底。

　　對於張君俊忽視選擇的原則，潘光旦在前後兩篇書評裏，均有
論述，尤以後一篇書評為明確而有力。他說：

---

[54]　張君俊：〈答潘光旦君評《中國民族之改造》〉，《中國民族之改造續編》，中
　　華書局，1936，第 231～232 頁。

不過我應該再鄭重的指點出來，選擇的原則與民族素質問題是不可分離的，分離了便根本無從說起。換言之，民族素質的改造，除去選擇，更無第二條路可走。這決不是我們個人武斷之言，而是優生學家或民族改進學者的共同的公論，並且這種公論至少已經有四十多年的歷史。民族分子的本質，既不能經由環境而直接加以改進，則唯一可能的途徑，是就各種不同程度的本質而加以選擇了。婚姻要選擇，生育也要選擇，各種自然勢力與文化勢力在在足以影響婚姻、生育、移徙、死亡等人口的動態，而發生選擇的作用，所以必須加以控制，加以導引。[55]

以選擇的原則（在文明人類，尤以文化選擇或社會選擇為重要）為中心來考慮改善民族品質問題，是一個牽涉面雖寬，卻有著嚴格取捨標準的方案，並非所有改造環境的努力都能有優「生」的效果，都能納入這個思路來加以考慮。而張君俊頗嫌以優生學來挽救民族，範圍太窄。在對潘光旦書評的回應中，他認為潘光旦只重視種族的先天條件，不重視種族的後天條件，而民族改造需要通盤籌算與民族的體力和智力健康發生關係的所有因素。他認為單純優生學不可能奏效，他說：

潘先生，推開窗子講亮話，在我國這個環境內，先生提倡單純的優生學，來改進這個中國民族，其志未嘗不佳，但萬萬做不到，漫講你只一個潘先生，即有一萬個潘先生，也是沒有多少用處。因為一個民族是異常繁複的東西，現只拿一樣科學來謀解決，這是何等的奢望！所以我們要救濟這垂斃的民族，總須各種可以利用的科學之總動員，同時運用政治的

---

[55] 參見潘光旦：〈評《民族素質之改造》〉，《潘光旦文集》第9卷，第593頁。

力量，方能收相當的效驗，否則，不僅是夢想，還是有點幼
稚氣。不佞所提倡的民族改造，決不是單純的優生學可以辦
到，潘先生評拙著太泛，殊不知這正是我的用意也。[56]

　　張君俊的民族改造論範圍大體圍繞「優境論」展開，同時兼取
若干優生學的措施。他有許多具體的方案，如加強營養、提倡公共
衛生、提倡體育運動以及實施優生法律等。張君俊的《民族改造實
施草案》與《民族研究院預算草案》即是他的主張在實踐層面的集
中體現。這種思路與潘光旦的「優生論」旨趣不同。所以潘光旦評
論張君俊的兩種草案，「其所開列，蓋與普通公眾衛生之設計以及
社會建設設計，無甚區別，所不同者，名目上多優生學一項而已；
其故蓋亦在將民族健康之範圍看作過泛，而未解『優生』一名詞中
『生』字之特殊意義。」[57]

　　在當時的知識份子中，注重民族的生物基礎者終究是少數，他
們往往不被人理解。潘光旦為中國現代優生學第一人，其主張雖有
贊同之音，但應者寥寥。張君俊結交學界名流與政要，雖有若干同
情者，但在知識界，他所做的，仍屬一種比較冷清的研究。1939
年 6 月，張君俊在《民族素質之改造・自序》中以答客問的形式表
達了他的寂寞之感。其中，客「趨前喟然而歎」，「……據生物之立
場，循食色之大道，既可謀智慧之提高，復能圖體質之改進；對於
民族生理之改造，允為津梁，關於我國民族之復興，堪稱寶筏；惟
惜如斯之創論，終屬超時代之福音，仍恐不免言者諄諄，聽者藐藐
耳。所謂曲至高峰和必寡，月到盈處缺漸多，此雖為物理，蓋亦人
情也。然則吾國之境遇，殆亦淺者不知領會，深者不要領會，不淺

---

[56] 張君俊：〈答潘光旦君評《中國民族之改造》〉，《中國民族之改造續編》，第
　　232～233 頁。

[57] 潘光旦：《民族特性與民族衛生》，《潘光旦文集》第 3 卷，第 238 頁。

不深者不願領會之僵局云耳」。[58]君俊答曰:「……今日我國朝野,奢談民族復興者多如過江之鯽,然而所陳述理由,似皆過於側重治標,而對於治本之方案,則咸以為迂遠而不切於事情。此真差之毫釐,失之千里矣。著者不敏,竊以為非是,故貢其愚者一得之見,藉以獲得海內少數知音之共鳴,以償吾人忠國之宿願,是則不佞草是書之微意耳。」[59]這種觀點與感受,在潘光旦的文字中亦常得見,所以說,潘光旦與張君俊的論爭,是少數派與少數派之間的論爭。潘光旦與吳景超的論爭,是少數派與多數派的論爭,從中可以略窺少數派何以寂寞。而從少數派之間的論爭,則可以看到民國時期思想流派的繁多與豐富。

六、餘論

　　1950 年國慶日前夕,潘光旦發表了〈積弱百年,一朝康復〉一文,以新民主主義理論批判中華人民共和國成立前二、三十年間廣泛流行的關於中國民族性的討論。他說:「那套議論想解釋一個問題,就是『中國的積弱』。中國好比一個有病之人,發議論的人是自命的醫生,自以為別具眼力,能把幾千年來的痼疾、老病指點了出來。」他說,這些知識份子所揭示的病是一些浮面的表現,至於病的來源與治療的方法,不是說不出來,就是說得不夠中肯。「新民主主義,和從它所產生的共同綱領,以及更從此而形成的政治機構、經濟措施、文教建設,對於這些浮面的症候,終於把病源尋找了出來,並且正進行著日見有功的治療的努力。一掃而空,固然還須時日,但十足康復的把握是已經有了的。」[60]

---

[58] 張君俊:《民族素質之改造・自序一》第 1 頁,商務印書館,1943。
[59] 張君俊:《民族素質之改造・自序一》第 4 頁。
[60] 潘光旦:〈積弱百年,一朝康復〉,《新觀察》第 1 卷第 7 期,1950 年 9 月。

1950 年 9 月底，潘光旦在《新觀察》發表〈積弱百年，一朝康復〉

　　不過，在欣幸與歌舞之中，潘光旦提醒人們要警惕兩點：一是個別的私與愚與亂的例子還須切實改造，二是團體與團體之間的私與愚與亂。尤其是要注意第二點。言語之間，似能見以前民族性探討的影子。思想的演變，有時可能是面子上變了，而底子裏還留有老根。潘光旦對民族性的認識，前後觀點中的變與不變，或可提供一則討論的案例。

　　無論如何，對於一種曾經影響甚廣的思潮，必須放在學術的脈絡裏予以考察。在本章的餘論部分，我們擬從民族主義的角度來討論民國時期潘光旦民族學說的地位與意義。

　　從民族主義的角度看，潘光旦在民國時期所側重的是，對中國傳統社會制度和社會觀念進行改造性闡釋，使其能夠適合於「強種優生」的要求，為民族復興奠定社會的、生物的基礎。在他看來，

這才是民族主義的核心問題，而別人卻很少考慮到這一層。潘光旦對當時社會學系缺乏優生學課程深感詫異。從民族與民族主義的角度，他曾有不少論述，如 1939 年寫的〈閒話生物學的課程〉一文中寫道：

> 就革命的理論說，率土之濱，有那一個不服膺民族主義的，但十多年來大家只曉得口頭和人家爭所謂獨立平等，而於如何提高民族的一般品質以取得獨立平等以至於超越別人的地位，則完全不問，豈不是大可詫異？提高民族的品質是爭取獨立平等的最基本的手段，而優生學不是別的，就是研究如何提高民族品質的一種學問。這一點，似乎高談民族主義的人到今日還不認識。[61]

他甚至說，在考慮如何提高民族品質這一點上，「連中山先生自己在民族主義裏都沒有好好的問過與答覆過」。[62]1948 年，他在談到政治選擇這一概念時，認為「一種政治而能保留人才，培育人才，吸引人才，增加人才的品質，是正面的選擇；反之，如果驅逐人才，殺戮人才，或無形中埋沒或毀滅人才，便是反面的選擇」，「這現象表面上是政治的、社會的，底子裏卻是民族的、生物的」。[63]他強調政治選擇概念的意義時說，「近二、三十年來，國人喜歡講民族主義；政治選擇應該是民族主義的一個核心部分，卻似乎根本沒有被提到，不能不說是一大掛漏。」[64]

無論是從西方民族主義的思想譜系來看，還是從目下國內史學界、民族社會學界的研究領域來看，潘光旦民國時期所探討的民族

---

[61] 潘光旦：〈優生與抗戰〉，《潘光旦文集》第 5 卷，第 44 頁。
[62] 潘光旦：〈優生與抗戰〉，《潘光旦文集》第 5 卷，第 45 頁。
[63] 潘光旦：〈從幾個世運選手拒絕返國說起〉，《潘光旦文集》第 10 卷，第 317 頁。
[64] 潘光旦：〈從幾個世運選手拒絕返國說起〉，《潘光旦文集》第 10 卷，第 318 頁。

問題都有點異數的味道。也就是說，他關注的既不是偏於政治性的民族國家創建的問題，也不是民族關係的歷史或社會學研究。他主要關注的是民族生物品質的提高和社會制度、觀念的改造，通過內部改造來為民族或國族的獨立自主貢獻力量。但是，這並不等於說，他與現代的民族國家問題無關。因為對於民族國家創建問題的思考是一種思想或學科現代性的重要標誌之一。潘光旦的民族觀顯然是匯入了這一中國現代思想的主流的，只不過他在關注面上與他人有所不同而已。有了不同，就有了自己的特色。有了特色，就有了我們今天重新發掘的必要。

　　潘光旦對「民族」的基本認識是：在一個或幾個種族血緣混合的基礎上，具有長期經濟、文化、法律上合作歷史的人們共同體，它具有生物共同體和歷史文化共同體兩方面的屬性。他特別強調如何改善民族的生物基礎，提高民族的綜合素質。他看到了無論是種族也好，民族也好，國族也好，都有一個「族」字，而「族」字是最富有生物意味的，抽掉了生物基礎，一切人們共同體就成了無本之木、無源之水，失去了進一步發展的本錢。由此出發，潘光旦在探討中國社會的演進時特別注重人或民族本身的因素。他在評論李樹青教授《蛻變中的中國社會》一書時，提醒作者要注意：文明的盛衰起伏與民族的素質是有密切關係的，中國社會經歷了一番蛻變，構成中國社會的民族也經歷了一番蛻變，從兩者的相互關係裏才能探到問題的真相。[65]在評論陳達教授的《南洋華僑與其鄉土的社會》一書時，也特別提醒作者：不僅要注意到人與環境之間「位育」的研究（a study of adaptation），還要注意到社會的主體——人自身的「位育力」的研究（a study in adaptibility）。[66]在潘光

---

[65] 參見潘光旦：《蛻變中的中國社會·序——環境、民族與制度》，《潘光旦文集》第 10 卷，第 52～53 頁。

[66] 參見潘光旦：〈優生與抗戰〉，《潘光旦文集》第 5 卷，第 136 頁。

旦的民族學說中，人並不只是歷史文化被動的承載者，而且還是具有開闢環境、創造文化能力的活的主體。從生物基礎上為「國族」理論（即我們現在通行的「民族」概念）奠定堅實的基礎，是潘光旦獨特的貢獻。以往對民族與民族主義的研究，大體上說是比較忽視民族的生物基礎所起的作用的，從而對這一系的思想學說缺乏關注。潘光旦的民族學說，可以豐富我們對民族與民族主義問題這一面的認識。

第六章　潘光旦關於婚姻家庭問題的見解

　　婚姻為家庭之始，婚姻問題是家庭問題的一個重要組成部分。家庭是社會生活的基本單位，家庭的種種狀況實為當時社會狀況的晴雨錶，往往能夠反映社會變遷的廣度與深度。在晚清時期，從洪秀全改革傳統家庭的一系列措施，到康有為提出關於家庭的烏托邦式改革設想，再到辛亥志士疾風暴雨式地呼籲「家庭革命」，這一系列帶有標誌性的事件告訴我們，近代改革先驅在推動政治改革的同時已經清楚地認識到變革家庭的重要性。[1]在清末，現代學術形態初見萌芽，所以家庭問題還不可能成為人們獨立研究的對象。至五四新文化運動時期，中國思想界空前活躍，知識份子關心社會問題的熱情亦大大高漲，家庭問題因與每個人的切身感受相關，所以有「熱烈與詳細之討論」——「言專書則有《家庭問題》，《家庭新論》，《中國之家庭問題》，《婦女雜誌》之《家庭問題號》，女青年會之《家庭問題討論集》等；言定期刊物，則有家庭研究社之《家庭研究》；此外關於婦女，婚姻，性道德，生育限制……等問題之文字，與家庭問題有直接關係者，尤指不勝數。」[2]

---

[1]　對清末的「家庭革命」與民初到五四時期的「家庭改制」，比較詳細的研究，可參見梁景和：《近代中國陋俗文化嬗變研究》「家庭卷」第二、三部分，首都師範大學出版社，1998。

[2]　潘光旦：《中國之家庭問題·序》，《潘光旦文集》第1卷，第69頁。

1926 年夏，潘光旦留學歸國。他開始進入家庭研究領域的時候，作為一種曾引起過廣泛而熱烈討論的「家庭問題」已「轉趨沉寂」，一般社會以為這個問題已經獲得解決了。他「必欲舉『辯論終結』之問題而續有論列，以重累讀者之視聽」，當然有他在社會關懷和學術思想上的考慮。[3]

這時，隨著留學生陸續回國，社會學的學科建設進入成長時期。由社會學者主持的、比較正規的、科學的家庭研究開始隨著現代學術體制的建立而得到發展，並逐漸取代了此前一般性的、比較粗淺的家庭問題討論的地位，至少使得家庭問題的討論不能不參考家庭研究的成果。

1927 年 5 月 1 日，潘光旦開始擔任《時事新報》「學燈」副刊的編輯。6 月初，他連續兩次以「學燈」編輯部的名義刊登有關家庭問題的問卷調查，調查結果以及對結果的學理分析，連載在「學燈」上，1928 年 3 月結集為《中國之家庭問題》一書，由新月書店出版。此書討論的問題包括「關於祖宗父母者」、「關於婚姻者」與「關於子女者」三部分，其中有關婚姻的部分所占篇幅最大。這本書屢經再版，較有影響，它不僅在資料上，而且在觀點上至今仍是瞭解那個時期家庭問題的重要參考書。但對於潘光旦來說，那只是他在家庭研究方面的初次系統的嘗試，此後他在多年的學術生涯裏，還有不少探索，深度和廣度都有增加。1947 年 7 月 5 日，《世紀評論》週刊發表潘光旦為《中國之家庭與社會》一書寫的書評，這一期的「編後」說「潘先生對於家庭與婚姻問題的研究，是不需要我們介紹的」，可見他在家庭研究方面的學術地位早已得到學術文化界公認。對於這樣一位在當時的家庭研究界有一定代表性的學者的成果，我們有必要加以考察。

---

[3] 參見潘光旦：《中國之家庭問題·序》，《潘光旦文集》第 1 卷。

潘光旦的家庭研究，直接、間接牽涉到的問題很多，不可能一一加以討論，本章擬著重對家庭得以成立的基礎——婚姻有關的幾個問題（如戀愛與婚姻的關係、近婚遠婚與早婚遲婚以及生育節制等），家庭的大小，家庭的兩種重要角色——婦女與老人的地位與作用等幾個方面加以評述。這幾個方面在潘光旦有關家庭的思想見解裏，是比較有特色的，將它們清理出來，有助於我們理解後五四時代社會學者介入家庭問題討論後，給這些討論增添了哪些新的因素。

一、戀愛與婚姻選擇的標準

1933 年 9 月，基督教青年會全國協會的吳耀宗以一種理所當然的語氣寫道，「婚姻應當以戀愛為最高的條件：這一點似乎在舊式婚姻已經成為陳跡的今日沒有人要否認的了」。[4]戀愛自由，婚姻應以戀愛為最高條件，沒有戀愛的婚姻是不道德的，這些觀念在五四新文化運動時期，經過大規模與長時期的討論，在新式人物那裏，似已達成共識，吳耀宗的觀點反映了那個時代新式人物比較流行的見解。

不過，對性心理學深有研究的潘光旦並不這樣看。他察覺到時人所見的「戀愛」，只是一種對客觀條件（包括「戀愛」的生物基礎）未曾深究的主觀情緒，在他看來，這種「戀愛」是靠不住的，不足以作為婚姻的基礎。他認為，青年人所鍾情的「戀愛」，常為一己理想之推展，殊乏客觀條件的襯托，事實上是一種精神分析學說所說的「自我戀」——名為愛眼裏的「西施」，實則是自我戀向

---

[4] 吳耀宗：〈時代變革中的婚姻戀愛與性道德〉，《華年》第 2 卷第 39 期，1933年 9 月 30 日。

異性身上的投射。「西施」並沒有客觀的存在，僅僅是接受放射的「銀幕」罷了。這種「自我戀」表現於戀愛生活並影響及於婚姻生活，所謂「一人因自我戀之推廣，每為其『情人』鋪張揚厲」，若此之現象精神分析論者稱之為『性的過譽』（sexual over-estimation）。不察者以性的過譽為足徵戀愛之熱烈，從而揄揚之。」但這樣一個人，隨著年事日長，閱歷增加，性心理歸於常態，以往所崇拜的理想趨於消散，客觀的覺察力開始施展出來，一旦如夢方醒，頓識其情人之本來面目，而失望也就隨之而來。當初崇拜愈深，用情愈熱烈，往往在後來失望愈甚，無力順應者必致勃谿時聞，夫婦形同陌路，先前的熱烈一變而為後來的冷酷，近代婚姻生活的紊亂，部分可以推究到這個原因。[5]

　　而且這樣一種聚焦在主觀情緒狀態的「戀愛」，常被推崇者認為是盲目的，不講條件的。戀愛不講條件說，在五四後的許多新人物那裏，甚為流行。如五四時期頗有影響的婚姻家庭問題研究學者羅敦偉，在書裏寫道：「總而言之，真正戀愛的結合，是絕對沒有條件，有條件的即不是真正戀愛的結合。不過不是最高典型的結婚多少總有些條件，可是我們在原則上是主張推翻一切的條件，實現真正的戀愛結婚。」羅以為，沒有條件的戀愛結婚是值得追求的理想狀態。潘光旦在引述了羅敦偉的這段話後說，這「很可以代表近年來一大部分青年人以至於壯年人的戀愛觀念」，但根據心理學的基本知識，這又是一個很大的錯誤──「戀愛是絕對不會沒有條件的，世界上沒有沒有條件的行為舉措，沒有沒有刺激的反應或準備著反應期間的有機狀態」。他舉例說，一個男子娶上一個奇醜的女子，愛好逾恒，人家總以為這個男子至少是不講所謂「羽毛主義」

5　參見潘光旦：《馮小青：一件影戀之研究》「餘論：二」，《潘光旦文集》第1卷，第42～44頁；潘光旦：〈性愛在今日──過渡中的家庭制度之三〉，《潘光旦文集》第9卷，第384～386頁。

的「美」的條件了，但安知他不是犯了戀愛中人所常有的「情人眼裏出西施」的通病？「西施」就是條件，旁觀者不承認、不接受，他是承認了、接受了的。又如以前小說書中常講一個宦家閨女不惜下嫁一個落難書生，從講金錢、講地位而言，這位小姐真可以說是不講條件了，但事實上窮書生自有他的志氣、毅力與聰敏，他得到了小姐資助，尤其是在愛力的鼓勵之下，三年之後，進京趕考，可以金榜題名，榮歸故里，窮書生所具有的志氣、毅力、聰敏和未來可能的成功，正是當初小姐愛上他的條件。潘光旦感慨說，近年來有這位小姐風度的人倒也不少，但有她的眼力的人未必多，因為在戀愛不講條件之說的暗示之下，根本就用不著眼力，他們所信奉的是：戀愛根本上就是盲目的。[6]

1930 年代初，在〈戀愛糾謬〉一文裏，潘光旦將當時青年人對於戀愛常見的誤解概括為五種：誤以戀愛為肉的、或靈的、或靈與肉的混合品；誤以自我戀的推廣為真正的異性戀；誤以婚期前後之浪漫可以維持永久，到老不變；誤以戀愛為絕對無須條件，且不宜有條件；誤以戀愛自身為婚姻的條件，且為最大或唯一的條件。[7]如果說潘光旦心目中的「戀愛」不是這五種誤解中的任何一種，那麼，潘光旦眼中的「戀愛」本質究竟是什麼呢？

要回答這個問題，就不能不將潘光旦的「戀愛」觀與他的生物學、性心理學知識聯繫起來。根據這兩門學科的知識，他認為，青年人所稱道不衰的戀愛，大都是耳鬢廝磨式的所謂浪漫的戀愛，他們希望這種戀愛可以維持永久，始終作為婚姻的基礎。青年人的這種虔誠的願望固然無可厚非，在可能的範圍以內，也應該培植這種戀愛，不要叫它花一般的開放，花一般的落了。但以嚴格的生物學

[6] 參見潘光旦：〈性愛在今日——過渡中的家庭制度之三〉，《潘光旦文集》第9卷，第381頁。
[7] 參見潘光旦：〈戀愛糾謬〉，《潘光旦文集》第8卷，第404～408頁。

的眼光來看，浪漫式的戀愛或遊戲式的戀愛，「原是性的結合的準備，一度性結合之後，這種戀愛暫時就變做沒有多大精采」，[8]一旦性結合失去了其遠大的富有吸引力的目的，無須多量的準備，浪漫的意義自然日就減少。在實際的婚姻生活中，浪漫式的戀愛必然日漸減縮，這是一件極自然的事情。浪漫式的戀愛只是性愛生活過程中的一個必要階段，一個組成部分，他說：「性愛是一個囫圇的東西，不過於囫圇之中，我們可以分出兩個部分來。一是核心的欲，二是邊緣的戀，這邊緣是從核心推演而成的。欲與戀是一元的，並不是二元的，有程途之分，無品類之別；是相互依倚而相成的，不是彼此對峙而衝突的。欲固然是高等一些的動物所共有的東西，戀似乎也並不限於人類而止；換言之，核心是大家有的，是人獸的共通之點，但是推演出去的邊緣究有多麼寬廣，人禽之際便很參差不齊了；就在人與人之間又何嘗劃一呢？」同時，「性愛又有若干和它混在一處的附件，例如友誼和親子之愛。」[9]總而言之，在潘光旦的眼裏，作為性愛過程中的一種心理狀態，真正的戀愛是有其生物基礎的，雖然它表現為主觀上的情緒，但其喚起卻並不單純依賴於這種情緒自身，它是品貌、才幹、金錢、服飾等或實或虛的客觀條件引起的；與其相信婚姻必須有戀愛作為基礎、盲目的戀愛無須條件，不如多多相信戀愛背後的客觀因素，唯有建立在客觀條件基礎上的婚姻才是穩固的，「我們要青年們多講一些實在的高尚的條件，不要他們不講條件，不講實際上也是不行的。」[10]

在和吳耀宗的〈時代變革中的婚姻戀愛與性道德〉一文討論「戀愛」觀時，潘光旦說：「我對於他的見解，什麼都可以贊成，

---

[8] 潘光旦：〈戀愛糾謬〉，《潘光旦文集》第 8 卷，第 406 頁。

[9] 潘光旦：〈性愛在今日──過渡中的家庭制度之三〉，《潘光旦文集》第 9 卷，第 373 頁。

[10] 潘光旦：〈戀愛糾謬〉，《潘光旦文集》第 8 卷，第 407 頁。

但是對於他把戀愛當作條件之一的那一點，卻不敢苟同。我始終以為戀愛是一種狀態，不是一種條件。」[11]簡要地說，潘光旦認為戀愛只是婚姻或性愛生活中的一種心理狀態，並不足以作為婚姻得以成立並維持長久的一種條件。婚姻生活中男女雙方的和諧相安，維持長久，最重要的還是人品、家世等客觀因素的相配。

在《中國之家庭問題》一書中，調查應徵者總體上對婚姻的目的依重要性排序如下：

良善子女之養育（第一）
浪漫生活與伴侶（第二）
父母之侍奉（第三）
性慾之滿足（第四）

如專就女子的答案而計算，依重要性排序如下：

良善子女之養育（第一）
父母之侍奉（第二）
浪漫生活與伴侶（第三）
性慾之滿足（第四）

如果再按照受教育程度來計算，大學教育程度者將「浪漫生活與伴侶」列為第一的幾乎占48%，中學教育程度者將其列為第一的僅約26%，而小學教育程度者完全沒有人將其列為第一。

在婚姻的選擇標準中，依重要性排序，男女雙方均將性情列為第一，健康列為第二；男子將家世清白列為第七，女子將其列為第八。

潘光旦對於應徵者的答案，大體滿意，但也提出了一些批評意見。他的批評主要集中在以下幾個方面。

---

[11]　潘光旦：〈戀愛糾謬〉，《潘光旦文集》第 8 卷，第 408 頁。

　　第一，應徵者太注重婚姻目的中浪漫生活這一點，教育程度愈高的應徵者，視「浪漫生活與伴侶」為婚姻目的也愈重要。潘光旦認為，「浪漫生活為個人之要求，以彼為前提者必堅信個人主義之哲學。個人主義與家庭之安全相抵牾，其過當之發達即為近代家庭制度崩潰之一大原因」[12]，「教育之造詣愈深，則其人對於家庭制度應有之觀念與信仰愈薄弱；換言之，今日之教育哲學與制度，實根本不利於家庭之存在。」[13]在婚姻目的中重視浪漫生活的，往往在婚姻選擇中重視對方的性情。而潘光旦認為：「實則大凡斤斤於配偶之性情者，其人必惑於個人主義之說；個人主義責人必重以周，待己必輕以約；不求我之順應人，而唯求人之遷就我；今夫婦之間，亦既適用此種哲學觀念，而欲求婚姻生活之不即於荊天棘地，誠戛戛乎難能矣！」[14]在健康與性情之間，他更重視健康，而且認為，「殊不知性情亦為身心健康與否之一種表示，生理與心理上無病態無變態者，其性情無有不溫良之理，即偶有個別不與人同之處，亦未嘗不可借理解力之助，而減殺其不相能性。」[15]1940年代，他在《性心理學》的譯注中，又說，「且性情是最不容易下界說的一件東西，什麼是好性情，什麼是壞性情，更不容易決定，至於要斷定那兩種性情可以放在一起而和協無間，更是難之又難了。」[16]總體來看，潘光旦站在較嚴格的科學立場上，以身心一元的角度觀察「性情」。

　　第二，應徵者將家世清白均排得很靠後。而潘光旦認為，家庭的重心是子女，父母對於他們的最大貢獻，莫過於良善之遺傳——如先天本質良善，則假以適宜之環境，自不患不能有所成就；如先

12　潘光旦：〈中國之家庭問題〉，《潘光旦文集》第1卷，第142～143頁。
13　潘光旦：〈中國之家庭問題〉，《潘光旦文集》第1卷，第144頁。
14　潘光旦：〈中國之家庭問題〉，《潘光旦文集》第1卷，第151頁。
15　潘光旦：〈中國之家庭問題〉，《潘光旦文集》第1卷，第150頁。
16　[英]靄理士著，潘光旦譯注：《性心理學》，《潘光旦文集》第12卷，第601頁。

天本質不佳，雖加以特別優異之境遇，亦終不免於失敗。良善之遺傳來自於夫妻雙方的先輩，所以，出於「慎選擇之始」的考慮，他將家世清白列為第一。據七八年後潘光旦的一篇文章說，他在《中國之家庭問題》裏，把「良善子女的產生」，當做婚姻的第一目的；把家世清白，遺傳良好，當做第一種選擇標準，當時許多朋友都不大以為然。但他基於優生學的立場，對此堅信不移。

　　潘光旦很欣賞「自覺的與直接的根據智力的婚姻選擇」，他認為，過去在中國的上流階級裏這種情況特別多，雖然青年的婚姻不能自主而由父母之命來決定——「一個聰明的男青年，以至於男孩子，做了一首好詩，對了一個佳對，撰了一篇好文章，受老輩賞識，因而娶得妻子的，在稗官野史以及正式的史籍裏可以找到很多的例子。在科舉時代，這種例子更是不一而足，一篇上好的八股文往往成為婚姻的媒介，『入學做親』的風俗，『洞房花燭夜，金榜掛名時』一類的佳話，有很大的一部分可以推溯到這樣一篇八股文章」。[17]因出於這種考慮，潘光旦將科舉制度與門第婚姻的關係當作一個重要的研究領域。

　　潘光旦雖認可門第婚姻的優點，但他對於門第或階級的解釋卻與過去的解釋迥然不同。他認為，在婚姻選擇中，「社會上富貴貧賤的人為階級應該打破，智愚、美醜與健康與否的自然階級卻不該打破」。[18]1933 年，報紙上渲染國外幾椿打破階級界限的婚姻，稱頌自由戀愛的可貴。潘光旦以他重視「自然階級」的婚姻選擇標準來觀察，指出：前西班牙皇太子與古巴女子的婚姻是一大錯誤。反對這椿婚事的人認為是太子遷就了平民，潘光旦則認為實在是平民遷就了太子。為什麼這樣說呢？原來這位皇太子的血統是很壞的，

---

[17] 潘光旦：《優生原理》，《潘光旦文集》第 6 卷，第 382 頁。

[18] 潘光旦：《婚姻與階級》（未署名），《華年》第 2 卷第 26 期，1933 年 7 月 1 日。

他患有血不凝症（又稱血友症），這是一種很明顯的遺傳特性，甚至可以致人於死，「患此種特症的男子和一個健全的女子結婚，下一代的子女裏，男的不成問題，女的便隱藏著血不凝症的因子，到再下一代的子女裏（即外孫輩），便有一部分的男子要表現同樣的特性。同時那位古巴的女子卻是以健美出名的。把一個美女嫁給了一個有流血不止的傾向的男子，真好比把一朵花插在牛糞上了。」[19]

總而言之，在婚姻選擇的標準上，潘光旦提倡的是一種重因輕緣的態度。他看到，在現實生活中，男女的姻緣大多數是因的成分少而緣的成分多，「所謂近便的因素，就是一種緣了，其它更基本的因素才是真正的因，要講求婚姻選擇的進步，我們應當多多的就因一方面努力，例如家世清白之類。近人喜歡提倡男女交際，謂之社交，認為適當的社交足以促進婚姻的選擇，這是不錯的，不過如果只注意社交的機會，而忽略從事於社交的人的人品家世，則依然犯了重緣輕因的通病。」[20]

二、遠婚近婚與遲婚早婚

遠婚近婚指的是婚姻中的血緣遠近問題。近婚在中西方歷史上，常被人提及的是所謂中表婚姻的利弊問題。中表婚姻長期以來流行於社會習俗中，但當代學術界對此多有批評，在國家政策的層面上亦是被禁止的一種婚姻形式。作為接受過嚴格生物學訓練的學者，潘光旦對血緣遠近之於婚姻的影響，認識得很清楚，也在多處加以明確的表述。可惜，當今學術界有一些學者，往往對這些相當

---

[19] 潘光旦：《婚姻與階級》（未署名），《華年》第 2 卷第 26 期，1933 年 7 月 1 日。

[20] 潘光旦：《優生原理》，《潘光旦文集》第 6 卷，第 383～384 頁。

清楚而不應引起歧義的論述，產生誤解。如有人指出，潘光旦先生在「30 年代提倡節制生育、限制人口、禁止血緣相近的男女『內婚』和早婚，以及指出同姓和表親結婚的害處」；另有學者指出他「不僅向國人介紹和宣傳優生學的理論，還提出節制生育、限制人口、禁止血緣相近的男女『內婚』和早婚，以及同姓、表親結婚的害處等觀點」[21]；還有學者說：1930 年民法中允許姑舅或姨表兄弟姐妹結婚，潘光旦認為這不對。他曾專門寫文章，力言禁止中表通婚，但未獲採納。[22]

　　早在留美時期，潘光旦做《留美學生季報》代理總編輯時，就編發過一篇論遠婚近婚利弊的論文。作者蔣鸝力辟不同種族通婚有害的觀點，同時力陳近婚之弊，認為「血屬昆弟結婚，按生物學上解釋，則父母既具同樣之劣點，一度傳代，其子孫因襲之劣點而倍顯，優點反為之掩殺；此近親結婚之惡果也」，「吾國雖禁同姓結婚，然中表兄弟姊妹，每時通婚媾，實大背優種學近血不應結婚之原則。」[23]

　　因這篇論文談到的問題屬於潘光旦擅長的領域，在某些問題上，他又與作者的觀點有所差異，所以，他在文末寫了一篇較長的「編者附識」。他首先肯定蔣鸝的這篇論文是應時之作，所云異種通婚未必為患，「尤為確論」。他所要辯正的是幾點他不同意的看法。他認為，遠婚近婚的利弊在生物學界尚無定論，不過據絕大多數育種學者的看法，「則謂利害初不因成婚者血緣之遠近，即近者不必害，遠者不必利也。真正之利害，仍視血種之良窳為歸，設血種健全，則生物理論上兄妹結婚亦屬有利無害；反之，設血種低劣，

---

[21] 轉引自蔣功成：〈潘光旦先生對生育節制等問題的看法〉，《中國優生與遺傳雜誌》第 14 卷第 12 期，2006。

[22] 閻明：《一門學科與一個時代──社會學在中國》，第 179 頁。

[23] 蔣鸝：〈異種結婚之科學的研究〉，《留美學生季報》第 11 卷第 4 號，1927 年 5 月。

則無論疏至何種程度，亦有百患而無一利也。種族武斷派以異種成婚為絕對有害，幾完全出於種族自大心理，無事實為之依據。常識以近親婚姻為大率有害，非無事實根據，特但知其一，不知其二，故不能得正當的結論」。

對於蔣鷗所說的我國禁止同姓結婚，他認為，「此其不生利害問題更不待論。從兄妹成婚與姑表兄妹成婚或姨表兄妹成婚，自生物學者觀之，故毫無區別也。向者血統之功完全歸之於男子之生殖機能，女子則僅負營養之責，故於同姓之近婚則禁之，於異姓則否，是一惑而再惑之結論，我輩今日不取也」。

蔣鷗反對近親結婚的看法，多來自於金女士（Helen Dean King）的一本書，潘光旦也曾參考過這本書，但兩人的理解大有不同。潘光旦認為，金女士屬意於將來的優生大道，「唯在取家世之清白卓越者為近密之血緣婚配外，此無擇焉」。但金女士對目前提倡近親結婚非常慎重，她說：「今日血統純潔一無瑕疵之家世既不多見，則禁止近親聯姻之法律自屬可欲，亦屬必要。」蔣鷗就是依據金女士的這一論斷來提出他的反對近親結婚論。潘光旦則認為金女士所言也不盡然，原因是：血統純潔之家世雖不多，但在上流社會中卻不是絕對沒有，若嚴格地以法律形式禁止近親結婚，將使社會上有殊才異稟之士無由產生。一旦禁止近親結婚，種族血統上的瑕疵將無法得到洗刷，而只能被掩蓋起來，而如果對近親結婚作適當之提倡，「使蘊蓄不顯之瑕疵得以早日呈露，然後從而隔離之，絕其生育之方；如此力行之，一種族之血統，提煉複提煉，自不患無清明之望」。[24]

回國後不久，潘光旦在《中國之家庭問題》一書中，對近婚與遠婚的利弊又作了進一步論述。他認為，在近婚中遺傳品性中的隱

---

[24] 上面三段的敘述，參見潘光旦：《編者附識》，《留美學生季報》第 11 卷第 4 號，1927 年 5 月。

品確實呈現得更為充分，使惡劣品性更容易暴露出來。但它也是良善品性得以發現的機緣與憑藉，「設婚姻者之胚質中有多量聰明才智之根源，則血緣婚姻不特無損，且可為聰明才智之保障，使聚而不散，蓄而不泄。」[25]從理論上講，潘光旦希望在未來的社會政策中，血緣婚姻能夠得到適當的鼓勵，理由與留美期間的「編者附識」中所云相同。但以社會現狀來說，他認為，在社會政策上實施這種提高種族品質的條件並不成熟，原因是種族優生的觀念還未被廣泛接受，相應的政策設施一時還不能配套。此時，血緣婚姻雖不宜加以一般的提倡，但就某一具體家族的個別情況來說，則是可以斟酌實施的，如果父祖曾三代中沒有可遺傳的病態或變態，就可以進行近婚，否則就不宜了。

1931 年，潘光旦在討論《民法親屬編‧婚姻章》時，又論及中表婚姻。他認為，這種近婚雖對種族的前途有利，但就個人與家庭而言，遇有劣種分子之產生，亦未始非一種慘痛之經驗。要預防產生這種結果，宜有專家的調查與指導，凡屬先世有隱品遺傳之劣點者宜彼此回避。如無預防措施，則宜有補救措施，那就是容許不良分子之產生，而在社會上設立低能院、癲狂院等，使得卑劣分子得盡其天年，惡劣品性與之俱盡，不復為種族害。他儘管認識到這種近婚有優生的效果，但同時也認為，相應的設施得到落實以後，才可以考慮提倡中表婚姻。1930 年的《民法親屬編‧婚姻章》，僅僅於法律上容許中表通婚，其他方面的配套措施都沒有跟上來，那當然是遠遠不夠的。[26]

直到 1950 年討論新中國成立後實施的第一部婚姻法時，潘光旦對近婚在生物學上的利弊認識，與過去依然保持一致，雖然此時他也有一些變化，那就是，他不再從優生學的角度對之作適當的提

---

[25] 潘光旦：〈中國之家庭問題〉，《潘光旦文集》第 1 卷，第 171 頁。

[26] 潘光旦：《人文史觀》，第 2 卷，第 399～400 頁。

倡了。他說:「中表婚姻的習慣,在科學理論上可能還有問題,在實際經驗上卻不一定壞,有的並且很好,所以我認為這次《婚姻法》的擬定,說明『從習慣』,至少是暫從習慣,是明智的。」[27]

近親結婚所生育的後代,產生缺陷後代的比例高於非近親結婚所生育的後代,在今天早已成為人們的生活常識,而且得到了國家法律的認可。而在五、六十年前,這一認識儘管也有部分事實的根據,但並不是被人們普遍接受的——中表婚姻在民間社會始終存在,也有一部分結果很好。那時的科學界在此問題上,並未達成共識。1930 年的《民法親屬編‧婚姻章》不限制表兄弟姊妹結婚,1950 年的《中華人民共和國婚姻法》對中表婚姻以「從習慣」的態度作結論,即可說明當時人的認識水準。潘光旦之所以對近親結婚作適當的提倡,主要是他的優生學立場所致——從消極優生學方面來看,他認為可以通過近親結婚來發現遺傳品性的瑕疵,從而加以隔離。從積極優生學的方面來看,他認為可以通過近親結婚來發現優良遺傳品性,使之起到積蓄、保存才智的作用。他的結論有當時大量科學研究成果的支持,他的意識是明確的:通過優生學來引導人口品質的提高。既然潘光旦提出某一種主張時,非常尊重科學證據的支持,那麼,他的主張也當然應隨著新的科學成果的出現而發生改變,這是一個受過現代科學訓練的人應有的態度。潘光旦在論 1950 年《婚姻法》中有關中表婚姻的條文時,就是這樣,他表示:「但若前途生物科學有更明確的指示,認為此種婚姻是一般的有害處,我們自應接受這種指示,進而把《婚姻法》有關的條款修正一番,使成為和目前適用於父系方面的情形一樣。」[28]

限於當時的遺傳學發展水準,人們對遺傳病的種類及規律瞭解不夠深入,對通過近親結婚來反覆「提煉」血統的品質,從而有效

---

[27] 潘光旦:〈論《婚姻法》〉,《潘光旦文集》第 10 卷,第 398 頁。
[28] 潘光旦:〈論《婚姻法》〉,《潘光旦文集》第 10 卷,第 400 頁。

降低人群中隱性遺傳基因的比例，抱有過於樂觀的想法。現代群體遺傳學的研究已經證實：通過近親結婚反覆「提煉」血統品質的做法，沒有堅實的科學依據。當代從事優生研究的多是醫生，所關注的主要是消極優生，即遺傳病的研究與控制，而對於積極優生，即如何提高人口的遺傳基因的品質，尚注意不多，所以禁止近親結婚可以說是理有固然，勢所必至的事情。[29]

潘光旦所提出的以近親結婚來暴露低劣遺傳品性，加以隔離的手段來洗刷種族血統的瑕疵，儘管能得到當時的科學研究成果支持，但在社會實踐中恐怕也會是阻力重重，難以實施的。因為人畢竟不是動植物，可以無所顧忌地進行育種實驗，對於任何一個家庭來說，生育缺陷兒童都是一種慘痛記憶，不會輕易嘗試的。潘光旦的這種科學味道濃重而社會倫理感較弱的設想，也就不大可能走出書齋或實驗室，而僅僅成為一種設想而已。

上文曾列舉了某些學者對潘光旦學術思想的幾點誤解，其中之一是潘光旦反對早婚，這種概括是不準確的。在 1928 年出版的《中國之家庭問題》一書中，他對婚姻的遲早有詳細的論述。他說：「遲婚之潮流，以我輩觀之，實弊多而利少，自生理之個別言之，婚姻之年齡自宜隨人而有遲早，但就一般之利害言之，則當以早婚為宜。」[30]他的根據是：遲婚不符合生理自然之原則；遲婚導致社會性道德紊亂；遲婚使母親的生育量、受孕律降低，並影響到所生子女的存活率和生理、心理發育等。伴隨著近代文明的發展，婚齡漸趨提高，這在西方已成事實，而中國自清末以來，知識份子中頗不乏回應者。潘光旦從優生學的立場出發，對此頗感憂慮。但他又認為，「遲婚固不相宜，早婚亦不宜無限制。」[31]婚姻的遲早應建立

---

[29] 參見蔣功成：〈潘光旦先生對生育節制等問題的看法〉，《中國優生與遺傳雜誌》第 14 卷第 12 期，2006。

[30] 潘光旦：〈中國之家庭問題〉，《潘光旦文集》第 1 卷，第 156 頁。

[31] 潘光旦：〈中國之家庭問題〉，《潘光旦文集》第 1 卷，第 165 頁。

在科學事實的基礎之上。在《中國之家庭問題》一書裏曾引證了英國產科專家滕更（Matthew Duncan）、英國優生學家高爾頓（Francis Galton）、義大利優生學家奇尼（C. Gini）、以及愛華脫（R. J. Ewart）、馬魯（A. Marro）、卡賽爾（C. S. Castlel）、羅賓及維斯脫迦特（M. Rubin，H. Westergaard）、邁爾（Von Mayr）、迦立廉（W. M. Gallichan）等十位科學家的研究成果，綜合考慮了婚齡對母親和產兒的健康影響之後，他提出，女子二十上下，男子二十五上下結婚比較合適。從這裏可以看到，儘管潘光旦反對近代以來流行的遲婚傾向，但他並不是要回到中國古代所流行的早婚上去。在論證時，他舉出的理論根據完全沒有早婚多育、多子多福等傳統說教的影子。

當時，在中國知識份子中間，有一種流行頗廣的觀點，認為早婚既傷身又弱種。如 1902 年，梁啟超在其頗有影響的〈禁早婚議〉一文中，列舉的五點「早婚之害」裏，前兩點就分別是害於養生與害於傳種。前者是對一己而言，後者是對後代而言。關於前者，他認為，少年男女身體未成熟時發生性行為，會斲喪元氣；而缺乏自製力，往往溺於一時肉慾之樂，而忘終身痼疾之苦，以此自戕。推個人至於民族，其結果是：「夫我中國民族，無活潑之氣象，無勇敢之精神，無沉雄強毅之魄力，其原因雖非一端，而早婚亦屍其咎矣！一人如是，則為廢人，積人成國，則為廢國，中國之弱於天下，皆此之由。」[32]關於後者，他參考了美國的瑪樂斯密與日本的吳文聰所著統計各書的研究，認為凡各國中人民之廢者、疾者、夭者、弱者、鈍者、犯罪者，大概早婚父母所產子女居其多數。古今名人中有人屬早婚者之子並不足以駁此論，因為他們只是特例。

清末在梁啟超之後批判早婚者，也多談及傷身、弱種。如陳王認為：「要之，此兩事者（指早聘、早婚——引者注），一則為中國

---

[32] 中國之新民（梁啟超）：〈禁早婚議〉，《新民叢報》第 23 號，1902 年 12 月 1 日。

子女失權之所由，一則為中國人種日劣之大原，皆於今日社會上種族上大有關係者也。」[33] 履夷認為：「人必體魄強壯，然後乃能誕育佳兒。而當青年時代，在自身且屬弱質嬌資，以是育子，則皆孱弱之種而已。」[34]

民初以後談及這兩點者極多，在相關文獻裏可謂比比皆是。這些論述在要點上大體上沒有超出梁啟超的論述範圍，當然在強調的程度上有強弱之別。1920 年代以後的論述多了一些新證據。一是西方科學研究的某些支持性的結論被引證過來。如褚東郊在論述早婚有害於兩性健康時，引證了古爾柏爾博士的統計（20 歲以下青年結婚者比獨身者死亡率高 3%）與挨克斯那博士的研究結果（不到 25 歲的青年，身心沒有完全成熟，不能結婚）。在論述早婚有害於子女的體格時，除了重複引證梁啟超引證的瑪樂斯密（他譯為馬婁史密士，應為一人）的結論以外，他還引用了佛朗克對古今中外偉人中有些是早婚者子女的看法的批駁。[35] 二是，報紙雜誌上充斥著大量的當時人早婚如何傷身的具體案例或見聞，說明早婚傷身的說法，並非無根之談。[36]

早婚是否必然傷身？尤其是男子二十歲左右、女子十七八歲左右時結婚。平心而論，早婚傷身，只是一部分缺乏自製力的少年耽於情慾所致，並不一定所有早婚者必有此後果。在早婚與傷身之間並不能建立確定的、必然的聯繫。關鍵看個人能否節制慾望。從理

---

33 陳王：〈論婚禮之弊〉，《辛亥革命前十年間時論選集》第 1 卷下冊，三聯書店，1960（1978 年重印），第 857 頁。

34 履夷：〈婚姻改良論〉，《辛亥革命前十年間時論選集》第 3 卷，第 839 頁。

35 褚東郊：〈早婚與晚婚的研究〉，《學生雜誌》第 11 卷第 2 期，1924 年 2 月 5 日。

36 如馮道先：〈一個早婚者言〉（《學生雜誌》第 11 卷第 2 期，1924 年 2 月 5 日），鄒韜奮：〈早婚與修學〉（原載《學生雜誌》第 4 卷第 9 號，1917 年 9 月 5 日，收入《鄒韜奮全集》第 1 卷，上海人民出版社，1995）均生動地記述了早婚傷身者的感受。提及這類情況的文章甚多，不一一列舉。

論上說，大多數少年人缺乏自製力，不能處理好這個關係，適當地強調一下早婚對於身體的可能傷害是必要的。

筆者在歷史文獻中所見案例，倒是沒有一例談到早婚如何導致生育低劣兒童。早婚在降低種族品質上尚未得到人們日常生活見聞的驗證，為這一自清末以來流行甚廣的認識的正確性留下了一個疑點。

早婚是否弱種？這一點在科學上並無定論。1933 年出版的靄理士著《性心理學》談到婚齡的遲早時謹慎地說：「究竟遲早到什麼程度，才對夫婦的幸福以及健全子女的產生，最有利益，是一個意見還相當紛歧的問題。就目前論，這方面的資料數量上既嫌太少，範圍上也不夠寬廣，使我們難以做出一些適用於多數人的答案。」[37] 潘光旦在《中國之家庭問題》一書裏曾引證了豐富的科學研究成果，論證了早婚與遲婚在各個方面的優劣，明確否定了籠統地認為早婚產子缺陷較多的結論。

當時人口學者陳長蘅在《中國人口論》一書中批評早婚，「為夫婦者，元氣早破，身體必萎；為子女者，先天不強，後天難壯；父母兒女，兩敗俱傷；個人羸弱，種族不強」，對此，潘光旦評論道：「此種議論，大率聲韻有餘，而理解不足！」不僅如此，他還剖析了所有主張早婚導致國家、民族積弱的中國知識人的心理根源，認為那是中國人積久的自餒心理在作怪。他說：

> 國人患自餒心理久且深矣；自餒心之所至，至認種種不相干或不甚相干之事物為國家積弱之原因，從而大聲疾呼，以為重大癥結，端在乎是；早婚特其一例耳。[38]

---

[37] [英]靄理士著，潘光旦譯注：《性心理學》，《潘光旦文集》第 12 卷，第 540～541 頁。

[38] 潘光旦：〈中國之家庭問題〉，《潘光旦文集》第 1 卷，第 168 頁。

近代將早婚歸結為國家、種族積弱原因的論述非常多，幾乎佔據了反早婚話語的主流。對此明確而強有力的表達不同意見的，似只有潘光旦一人。

三、婚姻的可取性

潘光旦的婚姻生活是相當美滿的，但並不是浪漫型的美滿。他的太太既受過新式教育，又是「一位中國典型的純潔忠厚女子，樣樣為人設想」，婚前曾從事蠶業改良 6 年，婚後以相夫教女為業。[39]他們夫婦之間，在互相平等相待的基礎上，「互相尊重、互相關懷、互相幫助，三十年來從來沒有吵過架，甚至沒有說過一句重話」。[40]也許由於有這些生活經驗作為依據，潘光旦在他的學術研究及闡發社會思想的文章中，一再肯定婚姻的價值，有些敘述頗具感情色彩。

潘光旦說：「我並不勸人結婚。一個通常身心健全的青年男子，用不著別人勸，就知道婚姻是一件好事，可以做得的。若是我是一個女子，我就不想嫁給一個因為受了別人的循循善誘才結婚的男子。」[41]換言之，在他看來，婚姻是一個正常人的一種自然慾望。不過，從學理上將婚姻的動機分析一下，也可以增加對婚姻的理解。他認為，一般而言，婚姻的理由，不外四類，其中有三類是古今中外所同具的，即增進生活的安樂、兒女的養育以及人格的完滿，其餘一種是中國所獨有的，不妨稱為社會的責成。

---

[39] 參見梅貽寶：〈清華與我（五）〉，潘乃穆等編：《中和位育——潘光旦百年誕辰紀念》，第 105 頁。

[40] 張祖道：《1956，潘光旦調查行腳》，第 30 頁。

[41] 潘光旦：〈談婚姻的動機——現代婚姻問題討論之一〉，《潘光旦文集》第 9 卷，第 475 頁。

在談到增進生活安樂這一點時，他在學理上的論述並不多，而是頗具生活感受色彩。雖然論述中明確提及，那是西方人的生活體驗，但從上文「古今中外所同具」一語可知，其道理也適合於中國。他說，在西方個人主義發達的國家，一個成年男子無家可歸，住的是鴿鴿箱似的公共宿舍，吃的是飯館裏的包飯。他歷久難免感覺到厭倦，就想把他的生活從流浪性的改為固定性的，在這個轉念的時候，最可以引他入勝的自然是「成家」的一念。「有了一個自己的家，又有一位主婦關懷他的安樂，比關懷什麼都切，為了要他安樂她並且立定了主意，願意犧牲她的半生事業，來做這個家的留守：這樣，豈不是一切問題都解決了麼？」[42]他說，西方的女子和她們的母親很瞭解這種男子的心理，往往不肯輕易放過，她們完全明白西方的一句老話：「要猜透男子的心，須得經過他的口和腹」。談到這裏，潘光旦忽然插入了一段詼諧的話：「所以一個獨身男子，住了幾年亭子間，吃了幾年包飯之後，忽然有私人家裏請他的，吃一兩次富有家庭風味的飯，吃的時候，那位主婦又再三殷勤的告訴他說：『這個菜是大姑娘煮的，這塊糕是大姑娘蒸的……』，這個男子就快要上鈎，做東床坦腹了。」[43]

潘光旦還認為，婚姻確實提高了男子的安樂程度。他說：「誰都曉得結婚的男子平均比獨身的要長壽；這是有統計的根據的，決不是一種似是而非的現象。結婚的男子不但比較不肯死，並且不容易發瘋、不容易神經衰弱、不大會坐監牢；並且容易成名立業。」[44]其原因是：在生活上，他比獨身的人大概要規則一些，小

---

[42] 潘光旦：〈談婚姻的動機——現代婚姻問題討論之一〉，《潘光旦文集》第 9 卷，第 475 頁。

[43] 潘光旦：〈談婚姻的動機——現代婚姻問題討論之一〉，《潘光旦文集》第 9 卷，第 476 頁。

[44] 潘光旦：〈談婚姻的動機——現代婚姻問題討論之一〉，《潘光旦文集》第 9 卷，第 476 頁。

心謹慎一些，有節制一些；他的營養也比較充分，比較不容易遇到危險，並且志氣也比較遠大。當然，也不能把這些結果全都計作結婚的功勞，因為在他看來，結婚的人，不論在婚前婚後，原是比獨身的人在身心兩方面要健全一些。他說：「比較聰明、克己、認真、簡樸的人比較容易結婚，容易取得結婚的機會；身體脆弱、生活放浪、或有其他缺點的自然不容易有婚姻生活，有了，也往往是比較不規則的結合。」[45]

在婚姻的動機中，第二個是養育子女，男子也許不如女子那樣願望強烈，至少是不如大多數的女子。但男子中間，因希望養育子女而結婚的，「確也很多，其數實遠在普通意料之上」。[46]潘光旦認為，這是很有見識的動機，這是一個人使自己生活豐滿的重要方法，不但對自己有益，對於種族的將來，也有莫大的貢獻。

婚姻的第三個理由是，它能夠使一個人的人格完滿，生命完成。在這一點上，潘光旦的論述也頗有個人生命體驗色彩。他認為，唯有婚姻才能教一個健全的成年人，十足地身心舒泰，才可以繼續維持他的健全狀態。他說，「一個通常健康的人，要得到十足的幸福和十足的發展，事實上也非和一個異性的人長久相處營共同生活不可；人原是天生成的這種胚子，要生活美滿發育健全而不由婚姻之道，就好比緣木求魚，必不可得。走上婚姻之道未必一定得到十足的生活與發育，但舍了婚姻之道而得到十足的生活與發育的，我們敢說一定沒有」[47]，而且子女成群、孫曾繞膝，看著他們成長，好比把自己以前的生命重新活過一遍，好比返老還童了一

---

[45] 潘光旦：〈談婚姻的動機——現代婚姻問題討論之一〉，《潘光旦文集》第9卷，第476～477頁。

[46] 潘光旦：〈談婚姻的動機——現代婚姻問題討論之一〉，《潘光旦文集》第9卷，第477頁。

[47] 潘光旦：〈談婚姻的動機——現代婚姻問題討論之一〉，《潘光旦文集》第9卷，第478頁。

次。他還認為婚姻與生育有很大的教育價值，有過這種體驗的人才明白什麼叫做「做人之道」，在任何學校裏，也不會得到這種教人待人接物的學問。他說：「一個人非等到成了家，即做了夫妻父母，與實際生活相周旋，閱歷加深，決不會明白這層道理。合作、容忍、忠恕、為人謀，間接即所以為己謀，利人，即所以利己，和其他『人我相與』的原則，非從婚姻與生育的經驗中體會而來，便不覺得深切。」[48]

婚姻的前三個理由，求安逸、求子女與求身心的充分發展，都因緣於人的生物性，都有生物的根據，為古今中外所同具。而第四點則是中國獨有的，即家族主義的生活狀態與文化背景，正是這一點，使得原本比較個人化的婚姻，成為一種為了家族才實施的社會行為。婚姻的家族效用有二，一是侍奉父母，二是繼承宗祧。潘光旦是主張折中家庭制的，他說，「在折中的家制裏，父母有相當的地位，他們不但與已婚的子或女同居，並且有受子和媳或女和婿的侍奉的權利，尤其是在老年的時候。我認為這是絕對應該的。」[49]至於繼承宗祧，並不是一種固有的心理要求，而是文化的外鑠的，也就是社會責成的一種要求，它在相當的限度以內，自然也有其價值。

總體來看，潘光旦對婚姻的價值是非常肯定的，他歷數婚姻的種種好處，認為其幾乎成為人類的一種天賦本能。這裏，既有學理上的論證，也有生活體驗的印跡。在某種意義上，可以認為，潘光旦的婚姻觀，是一個生活在 20 世紀上半葉，不認可個人主義的人生哲學而具有濃厚中國情懷的知識份子，對自己認可的這種社會意識在婚姻方面的表現所作的一個系統表述。如果不具備與他類似的婚姻生活體驗，或更願意認同個人主義的人生哲學，那麼就必然很

---

[48] 潘光旦：〈談婚姻的動機──現代婚姻問題討論之一〉，《潘光旦文集》第 9 卷，第 478 頁。

[49] 潘光旦：〈談婚姻的動機──現代婚姻問題討論之一〉，《潘光旦文集》第 9 卷，第 480 頁。

難接受潘光旦對婚姻的表述，至少會認為，潘光旦太沉醉於自己心儀的那種婚姻生活，對其他的人生哲學太少同情性的理解了。

1948 年 7 月，潘光旦曾與一位署名「念福」（疑為社會學家吳景超）的朋友在《新路》週刊上論辯一夫一妻制的婚姻是否可以長久。潘光旦堅定地站在肯定的一邊，他認為，「一夫一妻的制度不是天經地義，不是上帝的規定，但在它背後很有一些動物的基礎、生理的根據、個人生活的體驗、社會經驗的烘托、人口性比例的限制、種族綿延的要求、子女養育的責成……種種的因緣湊合，糾結不解；這些背景裏的事物存在一日，它就可以維持一日。」[50]他認為，當時中國離婚的增加，並不能證明一夫一妻制婚姻的不能維持，「一個人寧願離婚再婚，而不娶妾，也不採取其它權宜結合的方式，這正所以表示他對於一夫一妻的婚制是認真的愛護的，表示不惜以個人的精神上的磨折來換取一種他認為合理的社會制度的維持。」[51]其他權宜的方式，也只能證明一夫一妻制的婚姻有維持的理由。如未婚同居，在精神與實質上當事人所履行的就是一夫一妻制，所缺的只是一番儀式。已婚而與第三者作臨時結合，時間較長的成為所謂「外室」，最短者如狎妓，表面上看好像最足以摧毀一夫一妻制的婚姻，實際上也可以把它看作這種婚制的安全閥。當然，婚姻的維持不完全靠這種消極的安全閥，從正面理論建設來說，潘光旦認為戀愛、性交和婚姻並不是不可分的一套三部曲，就事實論，不從道德論，這三部分盡可以分開──婚姻以一元為妥，而戀愛無妨多元，在婚姻之外，未嘗不可以培植一些有分寸的戀愛關係，即前人所稱的「發乎情，止乎禮義」。

---

[50] 坎侯（潘光旦）：〈一夫一妻制能夠長久維持〉，《潘光旦文集》第 10 卷，第 296～297 頁。

[51] 坎侯（潘光旦）：〈一夫一妻制能夠長久維持〉，《潘光旦文集》第 10 卷，第 294～295 頁。

　　「念福」的立場與潘光旦不同，在他的眼裏，一夫一妻制婚姻的缺陷甚多，遲早要為文明人類所揚棄。「念福」的看法是：「為完成子女的教養，他不如把這個責任交給社會。為解決狹義的食物問題，或廣義的生活問題，兩性分工合作，不如全社會的分工合作。為滿足性的要求，他是一個桎梏。為實行男女間的戀愛，他是一個阻礙。」[52]

　　潘光旦和「念福」辯論了兩個回合，誰也不能說服誰。辯到最後，已經不全是，甚至可以說主要不是學理上的爭論了，而是兩種價值立場的分歧更加充分地呈現。潘光旦對於婚姻的鍾情，可以說，在此又得到了一次表現。

　　信奉個人主義者（如上文中的「念福」）認為，婚姻對於性的要求是一個桎梏。但潘光旦不這麼認為，他早先在一篇文章裏就此論述道：「（一）性慾是要滿足的，但滿足的場合以婚姻與家庭為最相宜，唯有這種場合裏的滿足才可以增進生命的意義。（二）凡是在成婚以前早就有過胡亂的性經驗的人決不能充分享受在婚姻生活裏的性的愉快，因為放浪之餘，他的脾胃已經弱了，他的感覺已經麻痺了，他的性格，已經變為粗糙了；一言以蔽之，他已經缺少鑒賞與領略的能力。（三）因為上面兩點，可知在結婚以前，節制欲念，不但很重要，並且是絕對少不得的。」[53]

　　潘光旦堅信，美滿的婚姻是可以而且應該通過人為的努力達致的。正如他所翻譯的〈結婚與耐性〉一文所說：「就因為婚姻二字不僅僅是肉體的契合，不僅僅與人以『真個銷魂』的便利，而是意識，性情，理想的好合無間，所以對於能夠長久保持伴侶生活的人，他的美滿程度，要遠在來去自如的露水夫妻之上。若是你說，這樣

---

[52] 念福：〈答坎侯〉，《潘光旦文集》第 10 卷，第 313 頁。
[53] 潘光旦：〈獨身的路──現代婚姻問題討論之一〉，《潘光旦文集》第 9 卷，第 486 頁。

的婚姻未免太不易維持了。那末，我們的答覆是：試問，世界上有那一樁好事，那一樁有永久價值的事，不是辛苦勤勞中得來的。不用耐性，不用愛心，試問有什麼好事可以成就。一個畫家，一個音樂家，一個戲劇家，試問是不是一星期的浪形骸[放浪形骸]所可造成的。」[54]對於離婚，在感情上，他大約與他翻譯的〈離婚是不近人情的〉一文的作者威爾斯（H. G. Wells）的表白相近：「我規避離婚這個題目，因為我厭惡離婚」，「我想起離婚，就覺得頭痛」。[55]

對於獨身，潘光旦根據他的婚姻觀，也有所評論。他認為，從大體上看來，中國人對於性和婚姻的看法是很自然的，很近人情的，富有常識的。在這種文化傳統下，「獨身從來不看做是一件時髦的事、一件本身合乎道德的事。我們也有過不少的處女、貞女，但『童貞』並不是一個高尚的理想。我們也有過不少的『老小姐』，但社會對她們，但覺得可憐，並不覺得可敬。」[56]倒是在西化東漸以後，中國人對於性和婚姻漸漸不能體會前人的感受，一部分人心存玩弄，沉醉在浪漫的生活中，另一部分拘謹者則對性視若無睹，好像沒有了性，他們依然可以做人似的，這種態度必然的結果便是：「獨身的人加多，婚姻生活的游移性也加大。」[57]

當時中國獨身以女子為多，尤其是受過高等教育的女子。潘光旦著重分析了其中的原因，並有所評論。

第一點，是自覺的、冠冕的原因。女子受高等教育的機會比較少，所以凡屬受過這種教育的，總覺得有一種報答社會的責任，又

---

[54] 鞭賓（Warwick Deeping）著，潘光旦譯：〈結婚與耐性〉，《新月》第 4 卷第 2 期，1932 年 9 月。

[55] 威爾斯（H. G. Wells）著，潘光旦譯：《離婚是不近人情的》，《新月》第 4 卷第 2 期，1932 年 9 月。

[56] 潘光旦：〈獨身的路──現代婚姻問題討論之二〉，《潘光旦文集》第 9 卷，第 488 頁。

[57] 潘光旦：〈獨身的路──現代婚姻問題討論之二〉，《潘光旦文集》第 9 卷，第 489 頁。

認為一經婚姻，這種報答的責任便無法履行。潘光旦評論說，婚姻不一定妨礙一個人的事業。女子因生理基礎不同於男子，成家立業、生兒育女也是為社會服務，並且是為了未來的社會服務，責任更為遠大，為了所謂的事業而獨身，是得不償失的見解與行為。如果這個女子是從事教育的，與其教許多比較不相干、比較不明白來歷的別人家的子女，用力散漫而結果難期，不如教自己的子女，人數少、來歷明白，事功專一而成效易著。[58]

第二點，是不大自覺而比較實際的理由。受過高等教育的女子，從這個理由看，實在並不是真正甘心獨身，而是為情勢所迫，不得不獨身。因她們中學大學畢業時，往往要比同等教育程度的男子年齡大一些，這已經是不容易找尋配偶了，而且她們受了教育，覺得貴重，不輕於許婚，一再遷延，終於不嫁而後已。

潘光旦認為，當時中國倡言獨身的女子，往往年事尚輕，還沒有十分感受到生理和母性的要求，待到年過三十以後，這種自然的要求逐漸強烈，獨身的聲浪也開始降落，不但降落，而且還有進而積極追求婚姻生活的，但此時已經太遲，往往得不到十分圓滿的結果，甚至於因為遷就過甚而釀成慘劇。潘光旦說他歷年在各地方演講家庭問題與婚姻問題，與各方人士接觸，直接間接觀察到的這種例子已不在少數。所以，他的結論是，「女子獨身，不但不是社會種族之福，對於女子個人，也不是通盤籌算後的一著棋子。我們暫時把它當作一個不得已的社會現象則可，把它認為一種情理上應有的行為，從而加以歌頌，則大不可。」[59]

---

[58] 參見潘光旦：〈獨身的路——現代婚姻問題討論之二〉，《潘光旦文集》第 9 卷，第 489 頁；潘光旦：《父母教育與優生》，《潘光旦文集》第 8 卷，第 493 頁。

[59] 潘光旦：〈獨身的路——現代婚姻問題討論之二〉，《潘光旦文集》第 9 卷，第 490 頁。

四、折中家庭的意義

　　早在清末民初，新知識份子已經有不少關於婚姻、家庭方面的言論出現，也有比較大小家庭制並傾向於選擇小家庭制的。如 1914 年 10 月 10 日有署名「CZY 生」者於《甲寅雜誌》發表〈改良家族制度札記〉，將當時西方的小家庭制和中國的大家庭製作一比較，並就中國家庭制的改良提出建議：有養生能力者才能結婚；婚姻安排需經男女雙方同意；婚後應與父母兄弟分居。[60]1915 年 3 至 6 月，吳貫因連續在《大中華雜誌》發表〈改良家族制度論〉、〈改良家族制度後論〉兩文，對中國大家庭制度及其弊病提出全面檢討，同時對現代小家庭制度及其優點，提出自己的看法，涉及兩種家制在同居或分居、共產或分產、婚姻問題、守節問題、居喪問題與祭喪問題等方面。他的主張相當溫和，儘管如此，當他的〈改良家族制度論〉發表以後，「老師宿儒，多不以為然，移書以相詰難，謂與現在之禮俗不合」。可見當時風氣未開，偶有改良家庭的言論，即群加指摘。至五四新文化運動時期，由於宣導改革者多，才形成一股潮流。五四時期對大家庭制度的抨擊，集中在三個方面：家庭倫理與政治倫理結合，妨害民主政治發展；大家庭不能養成家庭成員的獨立精神；大家庭成員複雜，容易發生糾紛。[61]

　　五四時期不乏熱烈抨擊大家庭制、讚頌小家庭制的激烈言論，但從整個社會的意識狀況來看，完全反對前者或完全贊成後者的都

---

[60]　據北京大學楊琥教授考證，「CZY 生」為楊昌濟，詳見其論文〈《每週評論》等報刊若干撰稿人筆名索解〉，《歷史研究》2009 年第 3 期，第 175〜176 頁。

[61]　參見張玉法：〈新文化運動時期對中國家庭問題的討論，1915〜1923〉，臺北中央研究院近代史研究所編：《近世家族與政治比較歷史論文集》（下冊），臺北中央研究院近代史研究所，1992，第 902〜908 頁。

不是主流觀點。據 1927 年潘光旦在上海對 317 名教育程度不同的人所做的問卷調查，當時的社會輿論已傾向於在大小家庭之間採取折衷態度，在折衷之中又比較偏重小家庭制。[62]

在這種社會文化背景下，作為五四時期的學生，潘光旦不可能不感受到時代思潮的力量。對大家庭的弊端，他是清楚的。對歐美流行的小家庭制，他卻不能完全贊同——尤其是子女沒有奉養老年父母之責、不與父母同居。潘光旦在美國學習的是優生學，這門學科為了保證種族的前途，極力主張保持家庭作為社會的基本單位。如美國優生學家普本拿（P. Popenoe）所著《家庭之保全》（*The Conservation of the Family*，1926）一書詳盡闡述家庭對於優生的重要性。德國學者建立了優生學的一個分支——家族人類學，直接以家族為研究及實施改進工作之對象，被美國「優生運動的組織者」、潘光旦的老師達文波特稱之為見解獨到。英國的實用主義哲學家、優生學的熱心宣導者席勒著有《優生學與政治》一書，認為個人主義和社會主義各走極端，對於個人和社會雙方都能兼顧的一種人生哲學應當以家庭為中心或本位。不論是中國人的社會倫理觀念，還是他所接受的優生學，都促使他肯定家庭的價值，著意於中國傳統家庭的改良。

正像潘光旦肯定婚姻一樣，他也極其肯定家庭制度的正面作用。有研究者指出，潘光旦對於社會文化論者批評中國傳統家族制度，「一般而言，是採取部分接受的折衷態度。他承認中國舊日大家庭人際關係複雜，糾葛甚深，易生流弊。而且家族作為中國社會組織的『真正單位或基體』，發展到後來是顯得過大了，個人的確因此受到了壓抑（潘光旦總不願承認婦女是家族制度中最受壓抑的個人），社會化的過程也受到抑制，這些都是潘光旦承認的中國家族制度畸形發展的結果」，「但是這並未影響潘光旦對於中

---

[62] 潘光旦：〈中國之家庭問題〉，《潘光旦文集》第 1 卷，第 97～99 頁。

國家族主義、家庭制度的贊許與支持，相較於家庭在種族優生、民族育種上帶來的價值，其缺點也只能以瑕不掩瑜來形容、帶過了。」[63]

在《中國之家庭問題》一書中，潘光旦簡要地解釋了何謂他所說的折中家庭，並提出了主張折中家庭制的理由。折中家庭是：「子女之幼，由父母教養之；父母之衰，由子女侍奉之，以盡其天年；故即合二代而言，彼此之待遇即為相互的。」[64]與舊式大家庭相比較，折中家庭有其根幹，無其枝葉，免去了舊家庭複雜的人際關係帶來的頻繁糾葛。他後來總結這種家制的特點時說：「折中家制有兩個特點，一是上下世代不分居，而長幼房分最好分居；二是最老的生存的世代，普通為祖的一代，間或為祖曾兩代，則由壯年的一輩輪流侍養。這是習慣上已有的一種辦法，並且在事實上也相當通行，我的本意是在把它確立起來，並不在提倡什麼簇新的辦法，在合乎情理的社會改進的努力裏真正簇新的辦法可以說是沒有的，一切可行的辦法多少得有些經驗的根據。折中家制是有這種根據的⋯⋯」[65]

潘光旦這樣總結折中家庭的好處：「總之，折中之家庭制有二大利：自社會效用方面言之，則為訓練同情心與責任心最自然最妥善之組織。自生物效用方面言之，則種族精神上與血統上之綿延胥於是賴。自其橫斷空間者觀之，個人為一極端，社會為一極端，而居間調劑者為家庭。自其縱貫時間者觀之，上為種族血統之源，下為種族血統之流，而承上起[啟]下者為家庭。家庭大小適中，則其調劑與銜接之功用愈著。」[66]這兩點概括起來，一是著眼於家庭的

---

[63] 閔鬱晴：《優生救國——潘光旦思想析論》，（臺灣新竹）清華大學歷史研究所碩士論文，2002，第 79 頁。

[64] 潘光旦：〈中國之家庭問題〉，《潘光旦文集》第 1 卷，第 133 頁。

[65] 潘光旦：《中國之家庭與社會》（書評），《潘光旦文集》第 10 卷，第 83 頁。

[66] 潘光旦：〈中國之家庭問題〉，《潘光旦文集》第 1 卷，第 136～137 頁。

社會功能，二是在血緣上祖先與子孫的連續性。第二點與優生學的關係尤為密切。

潘光旦又從社會思想的角度分析了折中家制的功能。在個人與社會的軸線上，中國傳統大家族偏於社會一面，壓抑個性的發展，使健全的社會化的個人得不到培植。而歐美的小家庭恰恰相反，比較強調個人的權利和自由發展，對於社會整體的責任感，在種族上的那種一脈相繩、血脈相連的感情則是很薄弱的。要使家庭能夠發揮在個人、社會之間調和聯絡的作用，非折中家庭莫辦。

潘光旦通過他對儒家社會思想的研究指出，《大學》的八條目格物、致知、誠意、正心、修身、齊家、治國、平天下前五條都是講個人的修養，後兩條講的是社會生活，齊家居於中心，能兼籌並顧到個人和社會兩極。齊家是社會化的起點，治國平天下是社會化的終極，範圍大小雖有不同，精神應是一致的。不過，這一套理想在中國歷史上並沒有實現過。中國沒有對立本體的個人與社會，其社會生活的重心幾乎全部寄託在畸形發展的家庭身上。中國的家族，「固然始終是一個個人與社會間的重要的樞紐，但它並沒有盡它的承上啟下或左拉右攏的職責。它固然始終是中國社會組織的真正的單位或基體，不過這基體發展得過於龐大了，過於畸形了，畸形之至，它自身便變做一種社會，或自身以外，更不承認有什麼社會的存在，我們甚至於可以說，家族自身就是一個小天地，以外更無天地！結果是個人的發育既受了壓迫，所謂社會化的過程也受了莫大的障礙，無從進展。」[67]另一方面，潘光旦多次引用西方優生學家羨慕中國人有那種後輩與祖先之間同氣連枝的家族感情，認為這是個人主義的西方社會最不容易獲得的一種社會財富。以優生學的標準來重建社會倫理，就是要在改良中國舊有的家族制度基礎上

---

[67] 潘光旦：〈家族制度與選擇作用〉，《潘光旦文集》第 9 卷，第 325 頁。

努力。因此，潘光旦認為，中國家制的前途不在照搬偏於個人主義的小家庭制，也不在於偏於「社會主義」的大家庭制，而在於存其根幹、去其枝葉的折中家庭。

當時不僅潘光旦作如此主張，大約具有專業精神的社會學者也有不少提出類似的觀點。如孫本文對於中國家族制度，提出所謂「折衷式新制」，與潘光旦的折中家庭制基本內容無甚差別。他說：「此種折衷式的新制，以中國固有的家庭組織為本位；去其旁系，留其直系，似最為妥善。家庭中應以夫婦及其子女為最小單位。有父母者應與父母同居；有祖父母者應與祖父母同居。……此所謂留其直系。至於兄弟伯叔之已成婚者，似應以分居為原則。此所謂去其旁系。故此種組織，得稱之為直系親屬同居制。如此，可使中國固有的家庭美德，得以保存。以直系尊親屬同居，既可盡孝養之責；與旁系親屬分居，亦可維持其敬愛。這是最易實行的新家庭制。」[68] 李樹青也認為，在中國既不能完整地保守大家族制度，也不能照搬歐美的小家庭制；他所提出的中國家庭制度重建的幾個原則，與潘光旦、孫本文的主張大同小異。[69] 潘光旦所說的折中家庭，與後來費孝通所說的中國家庭的「回饋模式」或「反哺模式」（相對於西方的「接力模式」）並無二致。[70] 可見，如果不是以某種先入為主的觀念先行，而是充分尊重中國社會生活的已有經驗，學者們是有可能達成某種共識的。

基於優生學思想，潘光旦對五四以來思想界甚為流行的個人主義思想多有批評。在他看來，種族各部分之間競存的單位不是個人，而是血統，表現於人類社會組織上即是家庭。在家庭中，個人

---

[68] 孫本文：《中國現代社會問題》第 1 冊，商務印書館，1942，第 115 頁，轉引自孫本文：《當代中國社會學》，第 274 頁。

[69] 李樹青：《蛻變中的中國社會》，第 152～154 頁。

[70] 參見費孝通：《家庭結構變動中的老年瞻養問題——再論中國家庭結構的變動》，《費孝通文集》第 9 卷，群言出版社，1999，第 39～42 頁。

可以得到義務或責任的觀念訓練，其個人權利的觀念則十分薄弱。但是，對於種族的綿延來說，義務或責任的觀念顯而易見是有積極作用的。個人主義則不然，它比較強調個人的自由權利，不願多考慮種族整體的利益。無數個人自由幸福相加的結果並不等於社會、種族全體的自由幸福。個人需要約束自己的自由，甚至需要做出重大的犧牲，服從於社會、種族的整體利益。[71]因反對個人主義，他與五四以後肯定個人主義較多的胡適，顯然是有分歧的。這兩種不同的思想在 1930 年 7 月 24 日平社舉行的討論會上發生碰撞。胡適在當天的日記中寫道：「平社在我家開會，潘光旦讀論文，題為《人為選擇與民族改良》（正式發表時改題為《人文選擇與中華民族》──引者注），……他的論文很好，但見解也不無稍偏之處。他反對個人主義，以為人類最高的理想是『承先啟後』、『光前裕後』。然以歐洲比中國，我們殊不能說中國的傳種主義的成績優於歐洲不婚不娶的獨身主義者。真能完成個人，也正是真能光前裕後也。」[72]潘光旦與胡適的不同在於，在處理追求個性解放與社會、種族的整體利益關係時側重點不同，潘光旦比較強調後者，胡適比較強調前者。

潘光旦還借鑒法國家位學派社會思想家勒普雷（Frederic Le Play，潘光旦譯名為勒潑萊）在家制與政體之間建立對應關係的思想，分析當時中國家庭與政體之間的關係。他認為，如果說英美民主政體的社會基礎是小家庭制，那麼中國的民主政體就不能百分之百地照搬英美的經驗。因為在自然與歷史條件上，中國與英美不同，其中之一是家制，他堅信，在中國，「家庭的完全解體是不會的，並且也不會解體到一個程度，恰好成為偏特的格局（即小家庭──引者注）。從大家庭到小家庭，並不是一個自然演化的過

---

[71] 潘光旦：《優生概論》，《潘光旦文集》第 1 卷，第 272 頁。

[72] 曹伯言整理：《胡適日記全編》第 5 卷，安徽教育出版社，2001，第 738 頁。

程」[73]，即小家庭制並不是一個必然的歸宿。在他看來，當時中國家制面臨的問題是：父權制大家庭處於分解、渙散之中，小家庭以及個人的自由權利並沒有普遍地、堅強地豎立起來，所以，在兩頭都沒有著落的時候，家制是不穩定的，社會權力是靡所寄託的，好比空中離散的遊魂，遲早不免被想建立集權以至於極權政體的野心家收攏過去。而只有他所提出的折中家制才可以發生一些穩定的效用，因為只有這種家制才能照顧到自然與人力，經驗與理性，個人與社會的關係，使父權渙散後的社會權力取得其應有的歸宿。在這個社會基礎上，一種配合中國社會環境與文化背景的民主政體的演出才會具有切實的依據。

五、新賢妻良母論

已有研究表明，至 19 世紀末為止，中國知識份子關於反纏足、興女學的論述與實踐，固然提升了婦女的自主意識，擴大了婦女在社會上的活動空間，但因其為男性知識份子所發動與主導，女權的工具性大於對女性自身價值與權益的關注，女性的解放是因應國家民族的強大而必須出現的附屬體，一旦女性個人利益與國家民族利益產生衝突時，女性的權益毫無保留地將被犧牲、遭到駁斥。辛亥革命時期曾掀起過一陣婦女參政的熱潮，但未取得什麼實際結果。直到五四新文化運動時期，有關女權的論述才被提到女子個人獨立自主人格的高度，女權運動由此翻開了新的一頁。[74]

在五四以前，社會上乃至於知識界比較普遍的意識是，婚姻家庭仍為女子的完滿歸宿，賢妻良母仍不失為女子的人生理想。1918

---

[73]　潘光旦：〈家制與政體〉，《潘光旦文集》第 10 卷，第 98 頁。
[74]　參見閔鬱晴：《優生救國——潘光旦思想析論》，第 85～94 頁。

年，胡適在〈美國的婦人〉一文中，針對這種觀念，提出中國女子應該努力的方向是學習美國婦女，接受教育，在社會上從事職業，不婚不嫁都無關緊要，關鍵是養成一種「超於賢妻良母的人生觀」。胡適所謂的「超於賢妻良母的人生觀」，換言之，便是「自立」的觀念，「『自立』的意義，只是要發展個人的才性，可以不依賴別人，自己能獨立生活，自己能替社會作事。」[75]

　　1922 年，潘光旦作〈馮小青考〉，將中國傳統社會知識女性所遭受的精神壓迫揭示得入木三分。他還曾就有清一代女子詞選中的用字作一研究，對其中蘊含的女子情緒的消極狀況體會殊深。按說，這位接受過五四新文化運動洗禮的青年學生應該是走到新文化運動所指示的方向上，為中國婦女的獨立自主「搖旗吶喊」。但事實並不是這樣。到美國後，潘光旦選擇了優生學，他所關注的，不僅是婦女個人的精神狀態和自主意識，而且是婦女在民族健康上所扮演的社會角色。生物學的科學知識告訴他，男女之間的差異，除了與生殖有關的以外，甚至一體素一細胞之微，也有根本不同之處，智慧所從出的神經系統也不例外。而且男女間品性的差異，不僅為質的，而且為量的，同一品性，在變異性的程度上，男子較女子為大。無論是從女子個人的發育而言，還是從社會效率而言，男女都不宜被同樣對待。男女從不同方面發揮其自身的天性，相須相成，共同完成分工合作的社會職責，對於個人的發育，對於社會效率的提高都是最合乎自然、最合乎科學的。生物學和優生學的立場支持潘光旦贊成傳統社會的男女角色定位，產生了一種有「科學依據」的新賢妻良母論，與胡適所指示的「超於賢妻良母的人生觀」可謂大相徑庭。這兩種看法在當時都有市場，也不時地發生爭辯。

---

[75] 胡適：〈美國的婦人〉，《胡適文存》一集卷四，黃山書社，1996，第 469～470 頁。

作為一個受過新式教育，且留學歸國的學者，潘光旦站在爭辯中的保守一方，這是很耐人尋味的。

　　基於優生學的立場，潘光旦對女性的基本定位是：女性要在子女的生、養、教方面發揮主導的作用，這是她們無法避免的一種社會角色，是她們的本分，在此主要任務之外，如精力許可，她們也可以從事職業活動，但應以不妨礙母職為限。從這點出發，潘光旦對於當時女權運動所大力鼓吹的女性在社會上從事職業以謀求經濟獨立，以及由此帶來的一系列社會結果，如代乳、他養他教（托兒所、兒童公育等）都給予消極評價。他認為代乳、他養他教都是權宜之計，不得已的措施，如果在母親方面有條件的話，要盡可能自乳、自養自教。

　　對於婦女運動，潘光旦早期的反對態度比較激烈，如一位研究者所云：「潘光旦對婦女運動、女權主義者的批評是毫不放鬆且不遺餘力。其在《時事新報・學燈》擔任主編時所做的家庭問題調查的分析，其中論及婦女運動鼓吹婦女脫離家庭、婚姻的羈絆，尋求個人主體的獨立自主，造成為數不少的婦女產生脫離家庭與婚姻的意圖時，潘光旦對女權主義者的『怨懟』、『憤怒』、『不滿』諸種情緒雖然不足以用躍然紙上形容，但行文走筆間刻意壓抑的痕跡卻難以消泯。」[76]

　　早在 1927 年發表的文章裏，潘光旦就將少數女子和大多數普通女子作了區分，認為婦女運動的謬誤是：少數女性以從她們自己不幸的經驗中所推得的結論來概括其餘的人。他說：

> 有少數女子，和大多數普通的女子不同，她有許多不像女子的品性，或是情感薄弱，不想嫁人；或是女性薄弱，不想生子，同時她也許不無相當的文學天才，或藝術天才，甚至有

---

[76] 閔鬱晴：《優生救國──潘光旦思想析論》，第 96 頁。

些少組織和調度的能力。這種女子,當然不能有普通女子的
行徑:第一,不想出嫁,或出嫁了不喜歡家事,不喜歡子女,
卻一心一意的要尋一個前程,成一番事業,即西方婦女主義
者所寤寐而求的 career 這樣東西。這些確是一部分女子的苦
衷;真正開明的社會本應該把這種女子分別出來,另外安插
她們。她們僅僅為了自己著想,也未嘗不可以向社會說話,
要求安插。不過要是她們不僅為自己著想,卻以為別的女子
都有這種苦衷,都用得著同樣的待遇,這卻大錯特錯了。[77]

在 1934 年寫的一篇短評裏,潘光旦對那些「母性特薄」的女
性自身所感受到的痛苦,仍採取諒解與支持的態度,但他同時還堅
持,大多數的女性順著她們自然的天性,自然會走上婚姻與家庭的
道路,「婦女運動」所要爭取的絕大多數權利,對她們來說,不是
那麼必要的。他認為,男女應該分工是不錯的,就是男外女內的舊
說也有可以成立的地方,只須不把界限劃得太清,使男女任務之
間,發生一條逾越不得的鴻溝。關於國家對於女子的政策,他說:

> 男女在生理與心理的組織上原有許多天然的分別,所以國家
> 對於他們的教育,只要設備周到,應有盡有,他們自然會走
> 上他們的天性所指示給他們走的路徑,而絲毫不必加以強
> 制。在此種不強制與因勢利導的局面之下,大多數的女子自
> 然會走上婚姻與家庭的路,此外如有餘勇可賈,或個人的興
> 趣與能力可以發揮,也還隨時可以在家事以外,做些工作;
> 同時少數有特殊才能的女子,也許完全走上自由職業的路,
> 也許設法把精力平分給家庭與社會,一任各人的方便。換一
> 種說法,就是一樣要維持男女分工的局面,來取得社會、文

---

[77] 潘光旦:〈女權:學理上的根據問題〉,《潘光旦文集》第 8 卷,第 226～227 頁。

化、以及種族的最大的效率，便應該從男女性別的基礎上逐漸做上去，而不應從國家與政府的堂構上實然做下來。[78]

基於這種立場，他認為，當時德國用命令強制執行的男女分工，而不是任由這兩種女子自由發展，並給予適度的幫助，結果未必一定有利。

當時已婚知識女性徘徊於事業與家庭的矛盾之中，不知所從的不在少數，要她們放棄事業，專心從事於子女的教養，她們必然有許多不甘心。潘光旦總結歷來人們所提出的解決途徑，歸納為三種。第一種是家庭事業兼籌並顧。這在原則上無問題，在實際上卻困難甚多，特別是在當時生計拮据家庭設備難期周到的環境下，基本是十個裏面，九個無法兼顧。不過，他也提出，這種辦法將來還是有前途的，「社會的局勢一經好轉，關於衣食住行等基本生活的公共設備一有著落，社會對於已婚婦女的就業如果不再歧視，而在時間上能妥作安排（例如分上下半日之類），則一種兩全的局面還是可以形成的」。第二種辦法是把子女的初期教養移出家庭。也就是托兒所一類的辦法。他認為半日托兒所或日間托兒所一類的機構，在原則上不成問題，但超出此種時限的托兒辦法則問題甚多。一方面它等於在事實上否認了家庭的存在價值。另一方面，父母對於子女親自施與的初期教養不但能保障子女發育的正常，並且可以促使父母自身人格的充實。因此，「過於操切和全部托出的托兒辦法只替母親的事業著想，而沒有替家庭與子女著想，其為不妥，是很明顯的」。第三種辦法是把一己子女的初期教養根本看作事業的一種。潘光旦最看重這種辦法。他說：「我認為這是最可行而也是最相宜的一條途徑。以前的婦女十九便從事於此，她們雖

---

[78] 潘光旦：〈德國婦女與三閉政策〉（未署名），《華年》第 3 卷第 13 期，1934 年 3 月 31 日。

不把它當做事業看，卻始終把它當一件事做，根本沒有發生過甘心不甘心的問題。」他認為，看法積極的話，就能引起興趣，激發精神，雖勞而無怨。如果看法消極的話，就難免帶三分無聊、七分勉強。潘光旦駁斥了這種消極態度，認為是不明也不恕。首先是對子女的生、養、教的重要性認識不足，是為不明。其次是把子女隨便託付給別人，不論所托的是雇來的阿媽還是家庭內上了年紀的婆姆，或者是有智識的專家，在他看來都不妥當。他說，「自己種的花何以一定要別人施肥灌溉，甚至於還要做許多比施肥灌溉更要齷齪瑣碎的事？你鄙夷這些，而不屑做，而終推給別人去做，名義上你說是尊重專家智識，實際上還是因為你多了幾個錢，可以付託兒費，可以付保姆的薪水，因之得以支配別人——總之，你還是不恕。」

祛除婦女不甘心的三條途徑，潘光旦認為彼此並不衝突，盡可並行，「但這第三條畢竟是一條幹線，是一條常道，其餘只能供輔佐與疏導之用而已。要走一、二兩條路，我們勢須照顧到社會文化生活的許多方面，困難與窒礙亦自比較的多。但第三條路比較單純，我們但須在教育方面作一番努力，便有希望可以走通。」在教育方面的努力分兩個部分。一是在意識上，把子女的教養當作一種事業的看法加以發揮，使能發人深省，受人服膺。二是在智識上，關於兒童福利的智識不應只是專門知識，而應該成為準備做父母的人所廣泛接受的一種教育。潘光旦在這裏提的是「父母」二字，但他一貫以為母親應該在子女的生、養、教方面負十之七八的責任，所以這種教育，主要指的是母道教育。[79]

潘光旦在另一篇文章中這樣闡述母道教育：「所謂母道教育我認為至少有兩個步驟。一是準備一個女子走上母道，前途究竟走不

---

[79] 上兩段的論述，多據潘光旦：〈家庭・事業・子女〉(《潘光旦文集》第 10 卷) 一文整理。

走，固然由她，一套比較完整的教育卻不能沒有這一部分的準備。二是實行母道的教育，這第二個步驟目前倒也不缺乏，醫學、衛生、營養、生理、心理、教育等學術的一些部門，凡屬與胎孕、生產、嬰兒與幼兒的保健或發育有關的，都可以說是屬於母道教育的範圍；但問題是不夠普遍，即學習的人只限於少數前途準備做醫師、護士、社會工作者的女子。至於教女子走上母道的路的教育則幾乎完全沒有。第一個步驟沒有，第二個步驟雖有而不普及，於是就造成了一個矛盾而可笑的局面，就是懂得母道教育的少數女子不走上母道，而實際走上母道的大多數不懂得母道教育，即，不是不學而用，就是學而不用。」[80]

潘光旦所提倡的這種母道教育是有現實針對性的。以前婦女安於在家庭裏教養子女，雖說沒有多少專門知識，但從長輩、同輩的生活經驗裏，也東拼西湊地學到不少教養子女的方法。但新式教育流行開來以後，新女性忙於學習與男子同樣的知識，忙於在社會上爭得一塊立足之地，多未能在教養子女的知識上用心，因而確實也鬧出了不少忙亂。如新女性許廣平在生下兒子海嬰後，就因缺乏教養子女的知識，在給小孩哺乳、洗澡等事情上鬧出不少忙亂。有了這一番經驗之後，許廣平說：「這是我應當慚愧的，對於育兒實在沒有研究，弄到自己不知如何是好。他（指魯迅——引者注）也和我一樣過於當心，反而處處吃力不討好。如果我多少懂些看護以及照料小孩的常識，總可以貢獻一點意見；就因為自己不懂，沒有理由糾正他的過分當心，就是別人看來，我們養小孩也不是在養，而是給自己吃苦頭。本來做女學生如果教授育兒法，在『五四』之後的女青年是認為不大適合的。就算聽過些兒童心理學，那是預備做教師用的，和養小孩不生關係，因之我急時抱佛腳來看育兒法也

---

[80] 潘光旦：〈婦女·兒童·母親——三八節前後的一部分觀感〉，《潘光旦文集》第 10 卷，第 173 頁。

來不及了。所以我想，結了婚的女性，總有做母親的一天，最好還是有這樣的研究所或指導所，對於小孩，那惠福真不淺呢。」[81]

由於不單純強調婦女的個性發展，而強調個人、社會、種族三方面的全面發展，潘光旦非常看重母親的地位。他從中國的文化傳統出發，闡釋尊母傳統的表現形式和重要性。針對當時中國模仿歐美過5月8日母親節的習俗，潘光旦評論道：

中國社會習俗在在摹仿歐美，母親節的仿效自是意中的事。紀念母親，從今又多了一種方式，自然也誰都贊成。不過在這些地方摹仿西洋，往往有一層危險，就是，大家但知在紀念的日子聚精會神，熱鬧一頓，而平日之間，不免把母氏養育之恩淡焉若忘，不加措意。中國人是向來極尊重母道的；以前男子對於婦女的待遇，雖時有不公道之處，而對於母道，不像今日的西洋，始終未存絲毫輕視的意念。惟其不輕視，所以一家子女，對於母親，大率能生盡其養，死盡其哀，祭盡其禮，而紀念的微意固在在有寄寓和表見的機會。唐人「每逢佳節倍思親」一類的詩句更可以表示在子女遠離鄉井的時候，平日既不忘父母鞠育之恩，而逢到節氣，尤不能恝然於懷。總之，中國對於母氏的情感是一向能培植的；初不待西洋式的鵲橋相會似的節氣來踵事增華。在今日的潮流內，一壁嚴格的小家制既把母氏逐出戶庭以外，一壁新家庭內又大都廢棄祭祀的個別紀念方式，即生既不能盡養，死又不能盡哀，祭又不能盡禮，而僅僅假手於籠統混同不分張三李四的紀念節，以為微薄的表示，在熟悉民族固有精神的人看來，也未免太嫌捨本逐末、輕實重名了。[82]

---

[81] 許廣平：《魯迅先生與海嬰》，《十年攜手共艱危──許廣平憶魯迅》，河北教育出版社，2001，第63～64頁。

[82] 潘光旦（未署名）：〈母親節〉，《華年》第1卷第5期，1932年5月14日。

　　在潘光旦看來，婦女最重要的身份是母親，作為母親最能發揮她的社會作用。母親對於穩定家庭、延續種族的作用，一點也不下於她發揮個人才能，在事業上出人頭地的作用，甚至於前者比後者更加重要。如此看重婦女的母親身份，而多少忽略了婦女自身的發展要求，難免會引起新女性的批評。當時有知識女性認為，潘光旦的主張是「把婦女，受了教育，尤其是受了高等教育，連同在社會上好不容易才擠得一個小角落立足的婦女，統統趕回家去，關在家裏，讓社會上一切的事業完全歸男子一手來經營」。潘光旦並不承認這一指摘。他說他決不會作如此主張，這是要請批評者及其他智識界的婦女放心的，他在〈婦女與兒童〉一文裏也沒有妄作主張到此種地步。我們細讀他的論述，他確實不會思維如此粗率，直接授人以柄。他對婦女作了母性特強和母性特薄的兩類人的區分，不過，他知道母性特薄的人往往都是一些能力很強的人，所以希望她們也能走上婚姻、生育的道路，所謂「運動不忘生育」與「生育不忘運動」。他說：「一個女性或母性特強的婦女也許用不著什麼外力的誘掖，便會踏上婚姻與生、養、教的路；反之，一個個性特強的婦女，即有有力的勸誘，怕也不生效果。……不過就民族前途的需要來說，假若所求只是人口在數量上的增加，則只須母性特強的婦女人人盡她的天職，於事已是[足]；但若所求為人口品質的提高，則最大的問題便在如何運用標本兼治的方法，使個性強而母性未必強的婦女也能把子女的生、養、教認作她們一生最大的任務。這是目前優生學的很大的一個問題。」[83]

　　潘光旦將女子的主要職責定位在生、養、教子女，視職業活動為一種附屬的任務，一件行有餘力方才從事的任務。他認為，「無論一個女子將來從事職業與否，她應該有一種職業的準備，應該培

---

[83]　潘光旦：〈優生與抗戰〉，《潘光旦文集》第 5 卷，第 159 頁。

植一種經濟生產的能力。寧使她備而不用,卻不能不備……有了職業與經濟獨立的準備,用也行不用也行……一個精力特強的女子,盡可於生育與教養之外,同時經營一種或一種以上的事業,但總以不妨礙子女的養育為限;一個精力尋常或覺得同時不能兼顧兩種工作的女子便不妨採取羅素夫人所提的分期辦法,就是,在婚姻以後,最初十年間或十五年作為養育子女的時期,過此便是從事職業的時期。」[84]

誠然,潘光旦所提的這些看法,偏重於婦女的社會與種族責任,但對於婦女個人的發展也不是完全沒有考慮。我們需要從當時的社會實際狀況出發,不能脫離當時的社會條件,以一種抽象的理想觀念來評判潘光旦的主張。當時頗有人主張新賢妻良母論,包括一些新女性在內,潘光旦的觀點並不是孤立的,而是有著廣泛的社會基礎。如劉王立明在《快樂家庭》一書中,一方面贊成女子要有相當的職業,但另一方面也批評婦女運動誤解男女平等、女權伸張等名詞,「對於舊有的道德,高呼一律打破,而對於母職及妻的本分,尤加蔑視。」[85]陳衡哲、許廣平之類的新女性,意識不可謂不新,經濟自主能力不可謂不強,家庭的經濟狀況不可謂不優裕,即便如此,她們在婚後基本上放棄了職業生活,將相當一部分時間精力放在子女的教養上。女子個人事業與子女教養的不易兼顧,確是一個很實際的問題,並不是空談一些理想觀念就可以解決的。時光推移到 21 世紀,這個問題仍然存在。最近,一位自我意識極強,在事業與母職之間經歷過一番苦苦掙扎的才女媽媽,在一本書裏提出:她旗幟鮮明地支持全職媽媽的「習俗」。她說,「女人一生當中,如果有幾年時間能專職做母親,她的人生會立體和深刻得多。女人

---

[84] 潘光旦:《靄理士〈性的道德〉·序》,《潘光旦文集》第 12 卷,第 108～109 頁。
[85] 轉引自潘光旦為劉王立明的《快樂家庭》寫的書評,原載《優生》第 2 卷第 1 期(1932 年 1 月 15 日)「書評欄」。

終究是不同於男人的生靈，她們對生命的感召更敏銳微妙，她們對種族延續負有更深入和本質的責任，這是人類能做的最重要的工作之一。如此偉大的事業，是不應該分心的」，「毫無疑問，女人一定要謀求社會的認可，要有自己獨立的事業，但當她生、養、育一個生命時，最好不要同時做幾件事」。[86]時代不同了，她不再像潘光旦那樣，把子女的生、養、教視為她一生最主要的任務，把職業生活當作附屬的任務。她認為，在孩子成長的最初幾年裏，母親應是全心全意的投入，但不應該只由一個家庭來負擔她教養孩子的成本，整個社會需要建立一套制度來保障這一類人的民生問題。[87]這位媽媽並沒有讀過潘光旦的著述，她完全是從自己深刻的實際生活體驗中得出上述看法的。任何一種有份量的著述都有它的時空的限制，但在精神內核上，也都有值得我們重視的地方。簡單化的肯定或否定都是不可取的，尤其是對於一種有社會生活根基的觀點，評判時更需要慎之又慎。對潘光旦的這些主張，也應該持這樣一種態度。

六、生育節制本身也要受到節制

因中國人口過多而主張生育節制以控制人口數量，在中國近現代的知識份子那裏，是一種流行頗廣的思潮。五四後的 1922 年，隨著美國生育節制運動的領袖人物山格夫人（Margaret Sanger）來華演講，生育節制思潮風起雲湧，「極形熱鬧」，不出幾年，節育器已公開在市場上買賣。[88]提倡生育節制的知識份子將思想付諸實踐，設立有上海節育研究社與北平婦嬰保健會等機構。

---

[86] 陳潔：《媽媽成長記》，福建教育出版社，2009，第 30、31 頁。
[87] 詳見陳潔：《媽媽成長記》，第 31 頁。
[88] 潘光旦：《優生概論》，《潘光旦文集》第 1 卷，第 354 頁。

　　潘光旦是主張生育節制的，但主要局限於言論方面，在實踐方面活動不多。1930 年他與醫學界、教育界、社會服務界的一些朋友發起成立了上海節育研究社，這個社的緣起和宣言由他起草。[89]不過，節育社的實地工作遲遲沒有開始，原因是：社中負責的人都有別種工作，並且異常忙碌；另外，社中經費不多，不能請專人負責來做提倡和服務的工作。所以只能請慈幼協會添設節育的部分，由研究社負責一般提倡與設計的責任，同時募集款項，幫助慈幼協會做實際的工作。1934 年陳達出版的《人口問題》一書說，上海節育社「惜乎實地工作，至今尚未開始」。[90]1935 年初劉王立明在一篇文章中說研究社「不幸成了一個未葬的活人」。[91]這兩人所說的都是一個事實：在實踐方面，上海節育研究社缺乏作為。後來潘光旦到北平清華大學任教，又參與了人口學者陳達等組織的北平婦嬰保健會，並擔任過一年的主席。[92]

　　潘光旦關心生育節制的話題並有所論述，應追溯到留美學習時期，1925 年潘光旦就寫過〈生育限制與優生學〉一文，後來在《中國之家庭問題》一書中也有較詳細的討論。一直到抗戰以前，潘光旦始終堅定地主張，毫無疑義，中國應該實行生育節制。原因很簡單，即中國人口數量很久以來，就已經太多，應該比較廣泛地提倡生育節制，以此來緩解人口壓力。

---

[89] 潘光旦起草的《上海節育社緣起與宣言》刊登於《優生》第 1 卷第 2 期，1931 年 6 月 15 日。據《優生》第 1 卷第 5 期（1931 年 11 月 15 日）的《節育研究社最近工作》云「節育社成立已近一年」。另陳達在《人口問題》（商務印書館，1934）第 280 頁說，1930 年 5 月上海的幾位同志，組織生育節制研究會（應與上海節育社指的是一回事）。綜合這幾種說法，上海節育社大約是成立於 1930 年的某月，準確月份待考。

[90] 陳達：《人口問題》，第 280 頁。

[91] 劉王立明：〈婦女與節制生育〉，《東方雜誌》第 32 卷第 1 號，1935 年年 1 月。

[92] 參見[英]靄理士著，潘光旦譯注：《性心理學》，《潘光旦文集》第 12 卷，第 612 頁。

　　在中國近現代的知識份子那裏，有一部分人是節育的熱烈提倡者，但反觀他們自己所生的子女，似乎數量並不見少。這些人為什麼提倡節育而自己不遵守呢？各人大概有各人的原因，需要具體情況具體分析。潘光旦提倡節育，但他先後有女兒七人，存活五人，數量大概不算少，他為什麼自己不節育呢？我們仔細閱讀他有關節育的論述，不難得到解釋。

　　作為一個優生學家，潘光旦除了關心節育在人口數量方面的影響以外，同時還關心它對人口品質所造成的影響。在留美時期，最初與優生學界接觸時，他發現一件令他感到詫異的事情：美國提倡生育節制的幾個領袖人物，都把生育節制與優生學相提並論，甚至有人將兩者混為一談，而優生學家對於生育節制，一般的態度是不贊一辭，有時還要竭力加以批評反對，美國優生學的中堅人物達文波特和勞弗林等，所持的就是這種旁觀與批評的態度。優生學家主要關心的是生育節制實行以後，人口品質方面發生了什麼影響。在他們看來，美國、澳大利亞、加拿大等國，人口既稀，天惠又厚，生育節制運動實無大規模開展的必要，而生育節制運動的鼓吹者不考慮這些因素，在節育的理論根據還未充實之時，出於挽救生育過度而發生種種痛苦的母親的考慮，起而大事宣傳，在這些優生學家看來，似乎有點過於依賴情緒作用之嫌。這些優生學家所憂心的是所謂差別生育率（潘光旦稱為軒輊生育率），即優秀分子生育太少，非優秀分子生育太多。潘光旦一方面鑒於中國人口實在太多，主張應廣泛實行生育節制。但另一方面，他接受了這些優生學家的觀念，認為生育節制本身也要受到節制，對於社會上的中上分子，至少應該維持現有成數，使之不再減少，對於社會上的中下分子，則應該實行生育節制。潘光旦自己，當然屬於社會中上層，所以生育節制對他而言，並不適用。還需要說明的是，這裏所謂的社會階層之分，指的是與智力相關的社會階級，而不是經濟階級，尤其是在

中國這種普遍貧窮，社會機會稀少的國家，以經濟上的貧富之分來劃分人口的流品高下，相當不可靠。

　　1935 年，潘光旦明確地將生育節制所應受到的限制歸結成六個方面，按重要性排列，依次是：母親體格；子女教養；遺傳好壞；家庭經濟；個人方便；社會道德。這些因素中，在他看來，最主要的是前四點。後兩個方面，潘光旦認為是不必多說的。所謂個人方便，雖然在當時實行生育節制的人，是考慮最多的一個因素，但潘光旦認為，無論生或不生，多生或少生，個人的好惡應該裁抑到最低限度，也就是說，個人不應太以自我為中心，而應該更多地考慮對種族所承擔的責任。對於社會道德，他主要討論了那種認為生育節制引起性行為放縱的說法。他認為，「這種道德的見地，真可以說是狹窄得可笑」。[93]以美國和俄國為例。俄國是節育方法最公開的國家，不但公開，並且由政府來提倡推行。美國的法律至今還不允許節育知識的傳播。但俄國的性道德並不比別國低，而美國的性道德並不見得高妙。原因何在呢？其實，美俄兩國的節育方法幾乎同樣地流行，但在後者是秘密的，社會無從監護。在前者是公開的，社會可以指導。所以，潘光旦認為，「節育的道德不道德，初不系乎節育方法的本身，而系乎公開不公開，系乎社會能不能加以監督指導。一種利器，除非不發明，發明瞭，便不由人不採用，社會要收利器之利，而不蒙其害，唯一可行的方法是因勢利導，使用得其當……生育節制也不過如此，用道德的眼光來看它的，也應當作如是觀。」[94]

　　抗戰時期，情形與以前又有些不同了。這時，經過了好幾年的戰爭，人口損耗較多，儘管成千上萬的壯丁被輸送到前方，而後方的生活始終能夠基本維持，在人力的供給上還沒有感到嚴重的打

---

[93] 潘光旦：〈生育節制的幾個標準〉，《潘光旦文集》第 9 卷，第 61 頁。
[94] 潘光旦：〈生育節制的幾個標準〉，《潘光旦文集》第 9 卷，第 61 頁。

擊。之前認為中國人口太多而竭力主張控制人口數量的人，至少一時不再在這方面發表看法，甚至於覺得略微多一些或許也有好處。潘光旦在抗戰前曾有條件地贊成生育節制，但他從來沒有承認只要數量一減少，便什麼都有辦法，都有出路，此時他明確地提出：中國應有的人口政策的原則是既不鼓勵也不限制。[95]但這種看法只是戰時的一種權宜之計，並不是他的一貫看法，一旦戰爭結束，社會恢復常態，潘光旦仍提倡節制生育。抗戰剛剛結束不久，在一次題為「戰後社會建設的途徑」的演講中，他又回到了實行生育節制以限制人口的觀點上去了。[96]

七、鍾情於家庭養老

1922年潘光旦留學美國之前所接觸的西方文化主要局限於書本知識，對西方生活的實際情況，直接觀察還很有限。初到美國，和其他東方人一樣，他觀察西方社會狀況，最引起他注意的一件事，是發現西方的小家庭結構。在中國，老人生活在大家庭裏，含飴弄孫，頤養天年。而西方老人沒有與子女住在一起，過著孤獨、寂寞的生活。他看在眼裏，聽到耳裏，感在心裏，同情心油然而生。後來他說：「記得在紐約讀書的時候，聞一多先生的房東便是這樣一個七十多歲的老寡婦，每天得替房客打掃房間，整理床鋪，看她那種龍鍾的老態，委實是十分可憐；據聞她的兒子是在城南當律師，收入很多，但無論如何好法，似乎輪不到這位老寡母身上。」[97]起

95　參見潘光旦：〈優生與抗戰〉，《潘光旦文集》第 5 卷，第 100～102 頁。
96　參見潘光旦：〈戰後社會建設的途徑〉，《潘光旦文集》第 10 卷，第 59～60 頁。
97　潘光旦：〈祖先與老人的地位——過渡中的家庭制度之一〉，《潘光旦文集》第 9 卷，第 359 頁。

初，他以為這種情形，是絕無僅見的，後來稍稍留心觀察打聽，才知道是不但在美國很多，就在歐洲也是數見不鮮的。

潘光旦並不欣賞歐美式的小家庭，他更習慣於中國人的家庭養老。他認為，老人年衰了，子女絕對有必要和老人住在一起，讓老人享受到天倫之樂。在他的折中家庭的主張裏，直系家屬同居，是有老人的地位的。自留學時期起，他就開始閱讀有關老人問題的書籍，此後二十多年在社會學界的學術生涯中，他不斷地論述到老人問題。當時中國社會距離老齡社會還很遙遠，加之家庭養老在社會上佔據絕對主導地位，所以老人問題並不是一個很突出的，引起了廣泛關注的問題。[98]但中國當時受西方思潮影響很大，小家庭乃至無家庭的思潮受到了部分知識份子的熱烈擁護，並為越來越多的青年人所接受，中國老人在家庭中的地位也有所動搖。究竟是延續中國舊有的家庭養老傳統，還是照搬西方的小家庭制度與社會養老方式，成為走在時代之前的學者考慮的問題。潘光旦始終把老人問題放在家庭問題的框架下加以討論，他關注的是老人在家庭中的位置。

與中國的老人問題不同，西方的老人問題是：醫學的發達延長了人們的壽命，但工業機械化卻把原來的壯年人無情地推到了「老人」的行列，使其無所用，無所養。養老金、社會保險制度的漸趨完善固然可以使其免受經濟生活困難的煩擾，但老人的「情緒之養」何由滿足呢？在1930至1950年代的多篇討論老人問題的文章中，潘光旦始終把老人的「情緒之養」放在突出的位置加以強調。

作為一個中國人，潘光旦認為西方老人或以積蓄自給，或接受養老金，或進養老院，經濟上固然都有其出路，但都不如中國老人與子女同居、由子女供養來得自然，來得親切。這在中國比較普通

---

[98] 參見張愷悌、夏傳玲：〈老年社會學研究綜述〉，《社會學研究》1995年第5期。

的一條路，在西方是非萬不得已沒有人願意走的。[99]潘光旦站在中國文化的立場上，對西方小家庭制下老人晚景的淒涼抱有深切的悲憫之心，而心儀於中國老人對於子孫的精神寄託。西方老人之入「養濟院」被他描述為「最最慘痛的了」，他借用佛教的典籍，稱養濟院為「悲田院」，而「悲田院本與養濟院有別，但在最近數十年來的美國，悲田院就不知不覺的都變做養老院，換言之，窮而無告的流民大多數不是別人，而是一些五六十歲以上的老者。」[100]佛教以孝養父母為「恩田」，供養菩薩為「敬田」，施捨貧窮為「悲田」，「如今美國的情形是往往把自己的恩田放棄，給別人當悲田來種福；上文最慘痛的一點，用東方人眼光看去，就是這一點了。」[101]

　　在當時的中國，家長的權威已經受到了衝擊，老人與子女雖然大多數還在同居，但這種狀態在受過新文化薰陶的一輩人那裏，已經不再像過去那樣，處於天經地義的地位。潘光旦描述到：「就事實說，大約仍以同居為通例，而不同居為例外。但此種同居的維持並不是由於什麼理論上的當然，而是由於事態上的必然……換言之，同居的維持只不過是一種社會惰性的表示，或壯年一輩的容忍性的表示罷了；若問大家的本心，或對於本題的客觀的見解，我恐十有八九是贊成分居的。」[102]潘光旦是贊成老人與兒孫同居應當取得一種「理論上的當然」的，分居而談「情緒之養」，情緒是無從找到著落的。他所謂的同居，乃是同居在一個存其根幹，去其枝葉的折中家庭。而在西方的小家庭裏，沒有老人的位置，老人自成一

---

[99] 參見潘光旦：〈祖先與老人的地位——過渡中的家庭制度之一〉，《潘光旦文集》第 9 卷，第 359 頁。

[100] 潘光旦：〈祖先與老人的地位——過渡中的家庭制度之一〉，《潘光旦文集》第 9 卷，第 360 頁。

[101] 潘光旦：〈祖先與老人的地位——過渡中的家庭制度之一〉，《潘光旦文集》第 9 卷，第 361 頁。

[102] 潘光旦：〈祖先與老人的地位——過渡中的家庭制度之一〉，《潘光旦文集》第 9 卷，第 364 頁。

個家庭,與已成立的子女的家庭劃分得很清楚。西方社會老人問題若想得到解決,潘光旦認為,有效的途徑只有兩條,「一是機械工業制度的重新安排,二是家庭制度的另行調整,前者所以使未老的『老人』維持其生命的機能,後者所以使已老的老人減少其死亡的威脅。」[103]這後一點,可說是一個中國社會學家對西方社會問題所作的獨特思考。

潘光旦還將老人不能得到「情緒之養」的問題上升到對西方文化精神的分析。1933 年,據路透社「快郵代電」的消息,奧地利首都維也納城裏一位 67 歲的蘇爾茲太太,死掉了一隻貓,「蘇太太搶地呼天,痛不欲生,在貓死後的第三個星期中,竟然自殺以殉」。一般人以為這是「天下之大,無奇不有」的事情,而潘光旦卻不這麼認為。他認為這一類的事故自有其社會學和心理學,大可作為揣摩的資料。

潘光旦認為,「老婦殉貓」至少可以反映出近代西方文明的兩大缺點:一是用情不識分寸的感傷主義,也就是說,在情愛的施與上,近代西方文明沒有分寸,不分對象,也漫無節制。二是老年人的朝不保暮,即老人在家庭制度裏沒有得到合理的安排。他分析道:「在一個比較合理的社會裏,家庭生活終究是社會生活的單位與中堅,家庭中終究要老、壯、幼三輩的人同時存在,彼此合作。老年人雖精力就衰,享受生活的能力也一天小似一天,然因兒孫輩的朝夕相處,情愛既有所寄託,精神即得所慰藉。這種情形,在流行所謂小家庭制的西洋便不可多得。那位蘇太太究屬有兒孫沒有,我們不得而知;但是我們猜度起來,即使有的話,也是不同居、並且不常來往的。既沒有兒孫,或有了並沒有密切的關係,而她的風燭殘年裏的一些情緒,勢又不能不有所專注,於是那一隻貓就變做

---

[103] 潘光旦:〈老人問題的癥結〉,《潘光旦文集》第 10 卷,第 104 頁。

她的恩物了。一旦恩物撒手以去，她的情緒豈不便失所寄託，她的
生活便好比不能拋錨的船一般，一任風飄浪打麼？情緒無所寄託的
『生』實際上就等於『死』，自殺的手續不過給它一個具體一些的
表現罷了。」

用情的沒有分寸與老年人的失去順應社會的能力又可以歸結
為一點，即家庭生活的衰敗。而家庭對於人來說，是一個安頓精神
的港灣。他說：「家庭對於人的情緒，好比一棵樹對於鳥的飛翔，
現代一般西洋人的情緒便好比永遠在空中亂飛的鳥，找不到比較可
以常川棲止的地方。這種情形所引起的弊病要比老年人的不能安宅
還要複雜與嚴重得多咧。」[104]在這裏，潘光旦所見的老人問題，實
際上是近代西方文明癥結的表現形式之一，要安頓老人的情緒生
活，牽涉到西方一般人的情緒生活安排，決不是一些技術性的修修
補補措施所能夠奏效的。將老人問題歸結為家庭問題，從家庭問題
又上升到文化問題，這大致是潘光旦的思路。這代知識份子生活在
中西文化劇烈衝撞的年代，潘光旦本人對兩種文化都有所體驗，所
以對中西之別格外敏感，往往能夠借助中西比較來闡發中國文化獨
特的精神。

八、餘論

五四新文化運動是一個思想啟蒙的時代。這個時代的弄潮兒往
往頗有攻擊傳統的膽氣。對於未來，他們也敢於展開想像的翅膀，
盡情地向高空翱翔。這是五四時代特具的浪漫精神。1920 年代中
後期，時光逐漸向後五四時代推移，中國現代學術體制漸趨成熟，

---

[104] 以上三段的敘述，參見潘光旦：〈老婦殉貓〉（未署名），《華年》第 2 卷第
18 期，1933 年 5 月 6 日。

一批具有專業精神的學者登上思想的舞臺,以學術研究的成果來分析中國的社會文化問題,為這些問題的討論帶來了更堅實的學理根據。在婚姻家庭問題討論上,潘光旦深深捲入了那個時代面臨的問題,他有研究的成果,也有根據研究成果發表的文論,在 1920 年代後期至 1940 年代,引起了思想文化界的廣泛關注,具有重要影響。

潘光旦回國後不久即投入婚姻家庭問題的研究。一開始,他就表現出與五四時代相區別的專業精神。以學者的嚴謹,他批評了易家鉞、羅敦偉合著的《中國家庭問題》中洋溢的「浪漫精神」。[105]易家鉞畢業於北京大學,1920 年後致力於家庭問題研究,著述頗豐,對青年一代樹立新的婚姻家庭觀念,影響頗深。後來社會學家孫本文在《當代中國社會學》一書中也有與潘光旦類似的評論。孫本文評論易氏的《西洋家族制度研究》一書,「這書在目前看來,中間許多話是不合於科學的知識,可是在民國九年十年之時,這是一種很新的啟示了」,「大抵在五四運動以後的數年中,青年人的思想解放得海闊天空,動輒說:人類如何如何,世界如何如何,幾乎每個人有他自己的一個『烏托邦』。我可說,易氏關於家庭制度或家庭問題的著作,就可表明這一種態度」。[106]孫本文這樣評論易家鉞、羅敦偉合著的《中國家庭問題》:「為專研本國家庭問題的第一本書。開創之功,誠不可沒。但此書自始至終,詛咒家體制度到體無完膚,而書中卻充滿『烏托邦』思想。」[107]看來,認識到易氏著作弊病的,不只潘光旦一人。潘光旦於 1928 年初出版的《中國之家庭問題》一書,不論思想傾向如何,確是一本具有專業精神的研

---

[105] 參見潘光旦:〈中國之家庭問題〉附錄的「坊間流行中國家庭問題書籍之一斑」,《潘光旦文集》第 1 卷,第 239~241 頁。

[106] 孫本文:《當代中國社會學》,第 86 頁。

[107] 孫本文:《當代中國社會學》,第 87 頁。

究著作。他之後關於婚姻家庭問題的研究、討論，大體上就是在這本書的基礎上加以深化、拓展的。

1930 年 4 月 19 日，立法院邀請全國教育會議的代表百餘人，參加一個關於「姓、婚姻、家庭的存廢」問題的餐敘，到會的文化名流有蔡元培、李石曾、吳稚暉、蔣夢麟、楊杏佛等人，他們就此發表了不少未經學理推敲的激進言論。如蔡元培出於男女平等的考慮，主張廢除姓；又主張在將來的理想新村裏男女不結婚，新村裏有很好的組織，有一人獨宿的房間，也有兩人同睡的房間，兩人同房居住時，須先經醫生檢查，有正確的登記，以便將來生出子女，便可以有記號了。再如蔣夢麟主張五十年內，姓、婚姻、家庭是需要的，五十年後是不需要的。諸如此類的主張，在這個會上提出了很多。潘光旦在報紙上讀到關於這次會議的報導後，評論道：「關於姓、婚姻、家庭的種種問題，固然是盡人而有或盡人可有的經驗，大家多少有發言的資格；但他們終究是社會學範圍以內的問題，論理應該取決於社會學家。中國的社會學界也不算沒有人，聽說兩個月前他們還召集過一次年會，成立了一個全國的社會學會。如今『立法院的某同志』不向他們徵求意見，卻向教育界討教，豈不是隔靴搔癢，不著癢處麼？」[108]

潘光旦以學者的身份介入到 1920 至 1940 年代的思想論爭，固然是產生了很大的影響，同時也帶來了不少了爭議。爭議主要來於他的優生學立場。基於優生學的立場，他在婚姻家庭問題的討論中所提出的不少觀點，往往顯得比較保守，與五四新文化所肯定的婦女解放、遲婚以及允許女子追求事業而獨身等有明顯的差異。他的觀點的是非功過，都可以任由後人評說，關鍵在於理解潘光旦為什麼在這個時代會關心這種話題，他如何來思考、論證他的觀點，他的觀點對於說明什麼歷史現象有參考價值。

---

[108] 潘光旦：《人文史觀》，《潘光旦文集》第 2 卷，第 406～407 頁。

第七章　潘光旦、靄理士
與中西性文化的融會

　　五四新文化運動以後的若干年間，隨著有關性道德的討論，性科學知識的介紹成為持續多年的熱點，英國性心理學家、文學評論家、思想家靄理士的學說，在這個中國思想文化革故鼎新的時代被介紹進來，充當了當時思想文化變革的一種有力武器。

　　周作人非常欣賞靄理士的性心理學著作和文學評論。他自稱「半生所讀書中性學書給我影響最大，靄理斯（即潘光旦譯靄理士），福勒耳，勃洛赫，鮑耶爾，凡佛耳台，希耳須莆耳特（潘光旦譯為希爾虛費爾德）之流，皆我師也，他們所給的益處比聖經賢傳為大，使我心眼開闊，懂得人情物理」[1]，「性的心理，這於我益處很大，我平常提及總是不惜表示感謝的」[2]。

　　周作人的閱讀、寫作以雜學旁收見長，來自西方的性科學知識不僅開闊了他的眼界，使他評論時事的隨感具有了新的思想元素。他還進一步提出了融會中西性文化的歷史課題，如在談到可將性心理的新知識嫁接到中國原有思想的老幹上時，他說「這個前途遼遠，一時未可預知」[3]。又如在談到可以由靄理士的性心理學出發著手研究中國婦女問題時，他說：「正是極好也極難的事，我們

<hr />

[1]　周作人：《鬼怒川事件》，周作人著，止庵校訂：《瓜豆集》，河北教育出版社，2002，第48頁。

[2]　周作人：《周作人回憶錄》，湖南人民出版社，1982，第656頁。

[3]　周作人：《周作人回憶錄》，第657頁。

小乘的人無此力量，只能守開卷有益之訓，暫以讀書而明理為目的而已。」[4]可見，周作人這方面的努力只是開了個頭，未能深入下去。

周作人積極參與有關性道德和婦女問題的討論，著文甚多，影響甚廣。他並不是一個性學專家，他投向性學以及靄理士的眼光具有知識份子公共關懷的特質，從某種意義上說，他捨棄了具體的、繁瑣的知識，抓住了性學以及靄理士學說最為本質的東西，並使之參與了那個時代的思想變革。

除了周作人以外，五四後若干年間，介紹靄理士者不乏其人。1920 年代前期，《婦女評論》、《婦女週報》、《語絲》等刊物先後刊登過靄理士著作的譯文。1926 年，商務印書館出版了費雲鶴編譯的靄理士著《男女能力之研究》（原書名《男與女：第二性徵的研究》）一書。「性學博士」張競生先仿效靄氏徵集「性史」，引起軒然大波；後到上海開設美的書店，選譯、出版了多種靄氏著作的小冊子，風行一時。（詳見下文第六節）

1920 年，正值五四新文化運動風頭正勁的時候，清華學校的青年學生潘光旦，從圖書館借閱了英文本的六大冊《性心理研究錄》，深為折服。此後的一、二十年間，潘光旦先後譯出靄理士的著作三種，《性的教育》、《性的道德》與《性心理學》。潘譯文筆典雅流暢，避免了流行的歐化句式；在譯文之外，還加入大量譯注，與原文相互發明。就分量而言，潘譯篇幅之大，亦無出其右者。從實際貢獻與影響來看，近代譯介、傳播靄理士性心理學以潘光旦為第一人，應該說並不為過。

---

[4]　周作人：《周作人回憶錄》，第 659 頁。

1946 年《性心理學》原版封面

　　這一章主要透過潘、靄的學術因緣來研究 20 世紀上半葉中西性文化融會中的一些問題。潘光旦接受靄理士性心理學的機緣及其社會背景，牽涉當時中國社會一般存在的性狀況。潘光旦接受了靄氏哪些思想傾向，在哪些方面又與靄氏有分歧，一方面能夠展現西方性文化引介過程中價值觀的因素如何在起作用，另一方面能夠體現中國優秀的學者在吸收西方性文化時所達到的學術水準。潘光旦以「西為中用」的原則，把從靄理士那裏得來的性知識，用於提煉中國傳統性文化的精華，用於構建新時代需要的性道德，以及用以評論當時社會上出現的性言論、性事件，也是我們需要考察的。

一、學術因緣

　　十九、二十世紀之交的前後幾十年間，靄理士在西方世界領一時風騷，堪稱大師級的人物。許多研究過他的著名學者都高度評價他的人品與學問，美國著名評論家孟根（H. L. Mencken）甚至稱讚他為「當代最文明的英國人」。他的許多名著至今仍一再重印發行，依然是性科學、文學評論等領域須時時參考的著作。

　　靄理士生於 1859 年，那一年正值達爾文劃時代的名著《物種起源》問世。《物種起源》的重大歷史意義，就在於它作為新思想的先鋒突破了有宗教支持的「神創論」世界觀的封鎖線。「達爾文把人類也納入了其他一切生物的同一發展系統之中，也就使人類成了可以作為客觀事物來進行科學研究的對象。這是歐洲十九世紀後半期出現人文主義的關鍵。」[5]靄理士正是順著達爾文開闢的這條道路，開始在科學的基礎上，把人自身的生理、心理狀況作為客觀的事物來加以研究的。正如蕭伯納所說的，他們那一代人「對科學所寄予的希望也許比他們之前的任何一代人都要多」。靄理士世界觀形成的時期，正是維多利亞時代科學取得勝利的時期，也是這種科學勝利的含義不斷遭到反對的時期。[6]

　　1894 年，靄理士的《男與女》一書作為「現代科學叢書」的一卷出版了，它從人類學和心理學角度研究和評價男女之間在第二性徵上的差別的意義，「為七卷本的《性心理學研究》（即《性心理學研究錄》——引者注）清理基地，充當導言的角色。」[7]

---

[5] 費孝通：〈重刊潘光旦譯注靄理士《性心理學》書後〉，《潘光旦文集》第12卷，第 741 頁。

[6] 參見[英]傑佛瑞・威克斯著，宋文偉、侯萍譯：《二十世紀的性理論與性觀念》，江蘇人民出版社，2002，第 26 頁。

[7] [英]艾理斯[即靄理士]著，尚新建、杜麗燕譯：《男與女・前言》第 1 頁，

　　1896 至 1909 年，靄理士克服了當時籠罩在英國社會上的陳腐落後的性道德觀念的阻力，幾經磨難，完成了六大卷的《性心理學研究錄》。19 年後的 1928 年，他又寫了一部題為《哀鴻現象和其他若干補充研究》的書，內容有兩個方面：一是對《研究錄》六大卷中當時認為不夠重要或者還不明確因而忽略了的題目作了一些補充，二是對某些處在性領域邊緣的問題作適當的討論，以便明確它們在性問題上的含義。靄理士把這部書列為《研究錄》的第七卷。這七大卷的《性心理學研究錄》奠定了靄理士在性心理學領域一代大師的地位。

　　靄理士經過長期的躊躇後，於 1933 年又出版了一本教科書或手冊性質的，受眾面較為廣泛的《性心理學》。在這本書裏，他一面把《研究錄》的內容作了擇要再述，一面吸收了《研究錄》問世以來二十餘年間這門學問所獲得的新進步。這本書篇幅不大，題目又是關係到每一個人的「性」，所以它的讀者遠遠超出了醫學界的範圍。該書英文本問世以後的頭幾十年裏，每隔一年或兩年就重印一次，還被翻譯成許多種外國文字在世界各地出版發行。這本書的受歡迎程度，是超乎人們想像的。

　　這裏以中國為例略作說明。除了周作人、張競生等人可以直接閱讀英文原版以外，更多的讀者是通過潘光旦優秀的譯注本瞭解靄理士的學說的。潘譯本 1944 年先由雲南省經濟委員會印刷廠發行，印數較少，流傳不廣。1946 年 4 月商務印書館重慶初版，同年 10 月上海初版，1947 年 2 月上海再版，1949 年 10 月上海四版。經潘光旦的東床胡壽文教授校改，三聯書店 1987 年 7 月重新出版，一時出現「滿城爭說靄理士」的景象。1997 年 4 月商務印書館收入「漢譯世界學術名著叢書」出版，首印 1 萬冊，至 2008 年 9 月已第 6 次印刷。2000 年 12 月，收入《潘光旦文集》第 12

中國文聯出版公司，1989。

卷出版。2006 年 6 月，上海三聯書店重印出版。除了潘光旦的譯本以外，《性心理學》還有 2006 年重慶出版社的李光榮編譯本，1988 年貴州人民出版社的陳維正等譯本。但就口碑和影響力而言，潘光旦譯注本無疑是影響最大的一種。

潘光旦翻譯的靄理士著作，還有 1934 年青年協會書局出版的《性的教育》和《性的道德》，分別是從《性心理學研究錄》第六卷「性與社會」中選譯的。

潘譯靄理士著作與一般的譯本不同：一是譯者對靄理士的思想學說極為熟悉，有整體的、深入的把握，每本都有一個「譯序」，《性的教育》和《性的道德》的「譯序」對靄理士的思想既有所闡釋，又有所對話。二是譯文比較中國化，用潘光旦的話來說，是「譯筆用語體文，於前輩所持的信、達、雅三原則，自力求其不相違背。譯者素不喜所謂歐化語體，所以也力求避免。譯者以為一種譯本，應當使讀者在閱讀的時候，感覺到他是在讀一本中國書，和原文的中國書分不出來，越是分不出來，便越見得譯筆的高明。」[8]三是潘譯本附有大量的譯注，其中大部分是補充中國文獻來印證正文中的學說，小部分是闡述自己的觀點與原著者對話。三種書均有譯注，論質之高、量之多，以《性心理學》居首。另外，潘光旦在論有關性的問題時，常有借重靄理士性心理學的地方。所有這些文本，將是我們分析潘光旦與靄理士思想交涉的主要依據。

潘光旦對於靄理士有一種「私淑」的心理，私淑是指未能親自受業但敬仰其學術並尊之為師之意。潘光旦幼於靄理士整整 40 歲，在他的求學時代，以及在學術界的活躍時期，靄理士還在世，還在積極地從事著述活動，但不巧的是，潘光旦既無緣受業，也無緣識得一面，甚至不曾和靄氏通過信。潘、靄的相遇，是在書中。

---

[8] [英]靄理士著，潘光旦譯注：《性心理學‧譯序》，《潘光旦文集》第 12 卷，第 209 頁。

前者是飽受儒家思想薰陶、又經西方科學洗禮的中國學者，後者是謹守個人主義思想、又浸染了達爾文生物進化論而具有科學精神的英國學者。潘光旦初遇靄理士，即產生傾慕的心理，二十年間，總覺得對他要盡自己所能盡的一些心力，總好像暗地裏向他許過一個願似的。1934 年潘光旦選譯《性的教育》和《性的道德》，篇幅都不大，「以此比靄氏的等身的著作，可以說是腋之於裘，勺水之於滄海，但歷年私許的願，總算是還了一些了」。這年秋天，潘光旦開始在清華大學任教，看到靄理士的新著──《性心理學》，喜出望外，以為「譯者多年來許下的願到此該可以比較暢快的還一下了」，但「還願的心早就有，還願的心力自問也不太缺乏，如今還願的方式也有了著落，但是還願的機緣與時間卻還未到。教讀生涯本來比較清閒，但加上一些學校的行政，一些零星研究與寫作的需要，荏苒六七年間，也就無暇及此。」一直到抗戰爆發以後，學校遷往昆明，此時「零星研究既少資料，短篇寫作又乏題材」，於是他想到翻譯這本《性心理學》。從 1939 年 11 月 13 日開始著手翻譯，到 1941 年 11 月 27 日譯畢，兩年之中，時作時輟，有間斷三個月以上的，但最後終於完卷。在引用了靄理士在《性心理學研究錄》第六卷跋裏的一句話「天生了我要我做的工作現在是完成了」之後，潘光旦說：「譯者不敏，至少也不妨說：『我二十年來記掛著的一個願現在算是還了！』」[9]

　　潘光旦對靄理士的性心理學之所以會產生如此深刻的感受，是與當時中國社會對性科學知識和新的性道德觀念的渴求分不開的。有必要考察一下潘光旦與靄理士學說相遇的背景與經過，這樣，或可加深對那時中國社會的性狀況的瞭解。

　　潘光旦少年時期即對性問題深感興趣。從十歲左右到二十歲左右，前後大約十年間，他偷看了許多性愛的小說或圖畫。「性愛的

---

[9]　參見潘光旦：《性心理學》譯序，《潘光旦文集》第 12 卷，第 207～209 頁。

說部與圖畫也許有些哲學、道德、以及藝術的意義，至於科學的價值，則可以說等於零。」[10]所看的性書中，唯一有些科學價值的是一本日本醫師寫的關於性衛生的書，那是他父親因赴日本考察之便帶回來的。

　　早期的清華學校只招收男生，清一色的男生，正值「春機發陳」的年華，對異性的好奇與興趣隨著身體的發育，自然也在蓬勃發展，但是在學校的環境裏極少瞭解女性的機緣。這種好奇與興趣，一定是越發地強烈。在美籍教師居住的「美國地」，在部分留學歸國的中國教師中間，逢年過節，或某些週末，間或舉行交際舞，「當晚一定有同學在場外偷著瞧，第二天一定成為同學們笑談的資料，大家把它稱為『合作大會』，說某兩人合作得好，某兩人合作得差」。[11]校內沒有女生，「幾個美籍女教師，中國教師的部分眷屬，成為校園內最希罕而引人注目的人物」，「女教師每月到一定的時候，一定要請幾天假，期前必有人加以推測，替她算日子，渴盼著這日子的來臨，除了可以少上一兩堂課之外，這其間還包含著一個有趣的問題懸而不決的引逗心情，是顯然的。某教師的宅眷新生孩子；某家專生女孩，教師夫人成了『瓦窯』，也是課餘飯後的一個談柄。封建社會由於日常生活中把兩性隔離開來而發生的所謂同性戀愛的現象，在清華也有所流行，在某些角落裏也曾造成過很惡濁的氣氛。」[12]

　　在這種兩性隔離的校園環境下，很早就感受到性衝動的潘光旦偷看了許多含有性愛成分的小說或圖畫。那些沒有科學價值的性愛讀物，滿足了他一時在情緒上的好奇心，但還無法在理智上給予他以知性的滿足，已經受過多年正規西方科學訓練的潘光旦當然期望

---

[10] 潘光旦：《性心理學》譯序，《潘光旦文集》，第 12 卷，第 205 頁。

[11] 潘光旦：〈清華初期的學生生活〉，《潘光旦文集》第 10 卷，第 584 頁。

[12] 潘光旦：〈清華初期的學生生活〉，《潘光旦文集》第 10 卷，第 584～585 頁。

有進一步在知識上探索的機會。也許，他早已做好了閱讀性科學著作的心理準備，以便逐一解答心頭的一大堆疑團：筆記小說中記載的那些稀奇古怪的性行為到底是怎麼回事兒，現實生活中為什麼會有同學產生同性戀的感情，如此等等。潘光旦初遇靄理士，就是在這樣一種背景下展開的。

　　1920 年，潘光旦 20 歲，他在清華圖書館發現了六大冊的《性心理學研究錄》。這部書在當時還不能公開借閱，平時封鎖在書庫以外的一間小屋裏，只有教師和校醫可以問津，「所以費了不少的周章以後，才逐本的借閱了一遍」[13]。幸運的是，潘光旦這時在清華已有七年紮實的英文訓練，自然科學和社會科學的基本知識也比較豐富，他基本具備了理解靄理士著作的語言和學識準備。否則，早幾年看到靄理士的書，他未必能夠理解書中的精義。費孝通先生於 1933 至 1935 年在清華研究院讀書時，尚感靄理士是英國著名文豪，「他的著作對於當時像我一般水準的學生讀起來是相當吃力的，而且也不見得能懂。」[14]潘光旦初遇靄理士，不早不晚，可謂恰逢其時。

　　潘光旦有幸將《性心理學研究錄》逐本借閱了一遍，其他同學就沒有他幸運了，只能輾轉地向他借閱，但大概都沒有他看得全，「青年人處此境地，自不免有幾分自豪，甚至有以小權威自居的心理。當時也確乎有不少的同學就自動戀同性戀一類個人的問題向譯者討教，譯者也很不客氣的就所知逐一加以解答。至今思之，真不免啞然失笑！」[15]多年以後學識、閱歷成熟時，反觀青年時期不知天高地厚的膽氣，才「不免啞然失笑」。但在當時，這種在同伴中

---

[13] 潘光旦：《性心理學》譯序，《潘光旦文集》，第 12 卷，第 206 頁。

[14] 費孝通：〈重刊潘光旦譯注靄理士《性心理學》書後〉，《潘光旦文集》第 12 卷，第 738 頁。

[15] 潘光旦：《性心理學》譯序，《潘光旦文集》，第 12 卷，第 206 頁。

的自豪感和被承認、被肯定的感覺，對於潘光旦勇往直前，探索性
的奧秘可說是直接產生了積極的作用。

　　初遇靄理士後的一、兩年，潘光旦又有機會和佛洛伊德的精
神分析論和此論所內涵的性發育論接觸，他讀到的第一本弗氏的
書是《精神分析導論》，「不用說，也是在書庫裏自由搜索的一個
收穫。」[16]把稗官野史中有關明末奇女子馮小青的記載對照了一
下，潘光旦立刻發現，馮小青正是所謂影戀（即自戀）的絕佳例子。
於是在 1922 年 7 月，借著梁啟超的「中國歷史研究法」班上要求
交報告的機會，結合佛洛伊德的學說和中國文獻的記載，寫成〈馮
小青考〉一文，受到梁啟超的讚賞。[17]當時在清華有一位教德文的
美國教授，他認為潘光旦在馮小青身上找到了上好的資料，比西方
用來證明這一理論的資料好得多，對他又是大加讚揚。[18]〈馮小青
考〉並不是一篇純粹的學術考證之作，它帶有鮮明的時代感。從社
會思潮意義上來說，〈馮小青考〉是五四新文化運動提倡婦女解放
與解除性禁錮的產物。[19]

　　不過，這次對馮小青的研究和靄理士並沒有關係，原因是靄理
士關於影戀的論文發表得很遲，後來在補編性質的《性心理學研
究錄》第七卷才能看到，那已經是 1928 年的事情了。見到之後，
潘光旦把靄氏的理論和馮小青的實例彼此參證，倒也沒有發現什麼
抵觸。

　　中國古代道家的房中術以及野史筆記等文獻，有大量關於性的
記述，但那些文獻多缺乏科學價值，其中也充斥了一些稀奇古怪的

---

[16] 潘光旦：《性心理學》譯序，《潘光旦文集》，第 12 卷，第 206 頁。
[17] 費孝通先生在《性心理學》的「書後」說〈馮小青考〉結合的是靄理士之
　　學，不準確，潘光旦在《性心理學》的「譯序」裏明確說明該文的寫作直
　　接受影響的是佛洛伊德的著作，與靄理士沒有關係。
[18] 潘光旦：〈清華初期的學生生活〉，《潘光旦文集》第 10 卷，第 584～585 頁。
[19] 關於馮小青研究的社會關懷，參見呂文浩：《潘光旦圖傳》，湖北人民出版
　　社，2006，第 26～28 頁。

性癖好，如何對這些舊有的性經驗事實加以科學地整理與解釋，是時代提出的一項新課題。如何變革當時畸形的性道德觀念，也是迫切需要解決的時代問題。性的禁錮對青年一代的身心早已造成很大的傷害，〈馮小青考〉揭示出女性受到了嚴重的性傷害，清華園內由於兩性封閉造成青年畸形的性心態是當時社會性狀況的一個縮影。潘光旦就是在這樣一種社會文化環境中遇見靄理士學說的，他與靄理士的思想產生共鳴，正是要借助於靄氏的力量，為建設中國的性科學大廈鋪設基石，為中國社會的性道德變革提供新的思想方案。

在留學期間以及此後的若干年間，潘光旦沒有繼續下功夫研究性心理學。但這期間，他並沒有忘懷靄理士。他曾斷斷續續地讀過幾種靄理士的其他作品，其中和性有直接關係的是《社會衛生的任務》和《男與女》。另外，「性學博士」張競生一面發揮自己的「性學說」以及編印《性史》，一面聲稱這是仿效靄理士《性心理學研究錄》的做法，還口口聲聲要翻譯靄理士的六、七大本巨著，這讓潘光旦感到忍無可忍，遂發表文章予以駁斥；彼得森（Houston Peterson）為靄理士寫的傳記出版時，潘光旦曾以之為基礎，寫過一篇題為〈人文思想家的靄理士〉的文章，發表在 1933 年 9 月 7 日的英文《中國評論週報》上，來表示他對靄氏的敬慕。

靄理士於 1939 年去世，他的自傳《我的生平》於同年出版。此時，正是潘光旦開始埋頭譯注《性心理學》之時。1940 年 9 月底，潘光旦從友人處借到靄氏的自傳，讀完以後留下一些筆記，準備在譯完全書後做一篇靄氏的小傳，附在譯注本後面。可惜，在一次旅遊路南石林的途中，他將筆記全部失落，原書早已歸還友人，且當時遠在幾千里之外，一時無法再度借讀，所以他在《性心理學》的附錄中列有《靄理士傳略》作為存目。

不過，讀了靄理士的自傳，潘光旦還是頗有觸動的，從他後來的某些主張中即可見靄理士經驗的影子。1941 年，潘光旦發表了〈青年志慮問題—與自教〉一文，他認為，青年既需要從前輩和教師那裏獲得言教和身教，更需要獨自摸索的自教。他極力鼓勵青年要有一個「獨」的時期，獨營單純的生活，獨自對宇宙沉思，獨自和古人交往，獨自對生命的意義作一番探索，在暗中摸索中，找尋適合自己人生的道路。他說之所以這樣主張，一部分的原因應追溯到靄理士的理論，而且，「最要緊的是，他是實行自教而獲有美滿的結果的一個上好的例子」。靄理士於 18 歲中學畢業那年，去了澳洲，在各大城市裏流浪了一陣以後，終於在一個極荒僻的小地方當了一年光景的小學教員。「他在澳洲前後四年，這四年真是他一生的絕大關口，特別是最後的一年。他的志向、思想、天人的觀念、畢生的事業，就在這四年裏決定了。等於他『立』了四年『關』，他在最後一年裏，常有時候，真像老僧入定一般。除了幾個小學生而外，他差不多完全脫離了人境，他的四周幾乎全部是自然的景物，甚至於是一些榛莽荒穢的景物。他並不信奉普通的宗教，但他相信一個青年人，處他所處的環境，觀察、欣賞、沉吟、思慮，心境上早晚會豁然貫通起來……他在那時候立定的志向和抉擇的終身事業是他要研究性心理學，並且從這種研究裏覓取青年與一般人群的福利。」[20]靄理士在澳洲的四年生涯，在自傳中描繪得特別詳盡，潘光旦讀後一定是頗有感觸，所以才將其列為自教的典範。靄理士此後三十多年間，寫成七大卷的《性心理學研究錄》，堪稱集大成的鴻篇巨著，他在《性心理學研究錄》第六卷的跋裏說：「天生了我要我做的工作現在是完成了。」潘光旦敘述這個事實後，讚揚道：「這是何等的口氣！一個從普通大學

---

[20] 參見潘光旦：《自由之路》，《潘光旦文集》第 5 卷，第 337～338 頁。

教育出身，而斤斤於小我的成就的青年會有這種造詣與這種口氣嗎？」[21]

　　潘光旦對靄理士人格的敬仰，對他的經驗的推崇，也反映到他對於教育問題的一些主張上。如果不從靄理士的理論與實例來理解，他的這些主張會被認為是脫離社會的空想。[22]1941 年，潘光旦代梅貽琦起草〈大學一解〉一文，談到那時在大學教育中，因時間、空間不足，大學生沒有條件對人生自作觀察、欣賞、沉思、體會，而日軍的空襲，使全校師生不得不臨時作遠足之計，在這數小時乃至大半日的疏散過程中，「耳目所接受之刺激，思慮所涉獵之對象，或為屬於天人之際之自然現象，或為屬於興亡之際之民族命運，或為屬於生死之際之個人際遇，要能一躍而越出日常課業生活之窠臼，一洗平日知、情、志三方面活動之晦澀、板滯、瑣碎、藐小而使之複歸於清空廣大與活潑之境！」[23]〈大學一解〉是潘光旦代梅貽琦寫的一篇教育論文，刊登於《清華學報》第 13 卷第 1 期。現存潘光旦的手稿，與《清華學報》刊印本文字有若干不同之處，這裏引述的文字為《清華學報》本所無，正可以說明這個觀點更具潘光旦個人色彩，未必為梅貽琦所認同。1948 年，潘光旦在〈論教育的更張〉一文，更是提出了一個「完全破除慣例的建議」：「我認為高中卒業以後與進入大學以前，或緊接著考取大學以後，一個青年應該有一兩年的時光，完全脫離學校，以至於離開日常的社會，而自己覓取一種不隨流俗的生活途徑與方式。」他認為，青年的這種試驗有助於充分地測驗自己、瞭解自己與管制自己。[24]

---

[21] 潘光旦：《自由之路》，《潘光旦文集》第 5 卷，第 338 頁。

[22] 確有人這樣看。蔡尚思就認為潘光旦這個「完全破除慣例的建議」是復古，「即恢復佛老派和宋明人的靜坐冥想的生活」。參見蔡尚思：〈論教育的社會化──讀潘光旦先生的《論教育的更張》〉，《蔡尚思全集》第 6 冊，上海古籍出版社，2005，第 445 頁。

[23] 潘光旦：〈大學一解〉（稿），《潘光旦文集》第 9 卷，第 534 頁。

[24] 潘光旦：〈論教育的更張〉，《潘光旦文集》第 10 卷，第 275 頁。

二、靄理士在思想傾向上對潘光旦的影響

　　靄理士和佛洛伊德是並世的兩位性心理學大師，潘光旦在同一時期接觸到他們的著作，對兩者都有相當程度的理解，並且還結合佛洛伊德的學說寫了一篇鼓舞自己學術信心的論文〈馮小青考〉。佛洛伊德的學說對於文明與人類本能的關係有著深刻的洞見，其理論比靄氏的理論有著更為奔放的想像力，但是以性慾為核心來解釋豐富複雜的人文現象，仍有過度闡釋之嫌。潘光旦沒有「私淑」弗氏，大約也有這方面的原因。從個人的性格和志趣出發，靄理士依託在生物進化論基礎上的中庸的人文主義宇宙觀更能引動潘光旦的學術興趣。

　　1933 年，在〈人文思想家的靄理士〉一文中，潘光旦對於靄理士的貢獻有一個總體的評價，並把他的巨大成就歸結於他所具有的人文思想：

> 靄理士不是哲學家，卻是一位深刻的思想家，在上一代人中是最為深刻的一位。他不是科學家，但他探索性的禁區的方法與精神，足以讓許多自命為科學家的人的努力蒙羞。他不是醫生（他曾有過嚴格的、繁重的醫學訓練，獲得過證書，卻從未一試身手），卻治癒了許多身患痼疾者的靈魂，而這些痼疾對於普通醫生來說，甚至壓根兒連談論的勇氣也沒有。他不是道德家，但以他對於性所具有的合乎情理的態度，對於純潔所具有的健全觀念，以及他既反對「庸俗的謹慎」也反對「絕對命令」的這些看法，如彼得森先生所正確指出的，他已成為他的那個時代最為重要的道德教師之一。

　　所有這些類型的專家學者，他都不是；如果靄理士先生不具
有人文思想者的視野與信念，那麼，他絕不會有現在這麼大
的貢獻。[25]

　　靄理士一般並不被認為是一個人文主義者或人文思想家，而潘
光旦卻更願意把靄氏解釋為一位人文思想家。通常至少有兩種類型
的人文思想，一種把人類看成最高的實在，相信人類可以掌握自己
的命運。另一種則持人類與外在物理環境及人自身的衝動相對立的
二元論立場。這兩種狹義的人文思想均為靄理士所不取，靄氏所贊
同的是一種廣義的人文思想，主張人與外在環境以及自身內在環境
均取得和諧關係。在人與自然的關係上，靄理士既不贊成浪漫的自
然主義者所提倡的消極順應的態度，也不贊同科學的自然主義者長
期以來所宣導的敵對性的征服態度。他欣賞的是積極合作的態度，
認為通過人自身的努力可以達到人與自然的和諧。人與自身的和
諧，人與環境的和諧，說到底，也是統一的，沒有內在和諧就不可
能有外在和諧。[26]

　　這種追求中庸的、與自然和諧的思想立場與中國的儒家思想確
有相近之處。周作人在談到靄理士的中庸觀點時，曾認為極有道
理，而且，「說到中庸，那麼這有點與中國接近，我真相信如中國
保持本有之思想的健全性，則對於此類意思理解自至容易。」[27]潘
光旦此前多年飽受儒家思想薰陶，這應是他對靄理士產生傾慕之情
的主要原因。

　　靄理士的人文思想在性研究領域表現得最為明顯，而潘光旦一
生的學術思想，可以說是以人文思想為中心。由此我們就可以估量

---

[25] Quentin Pan, Havelock Ellis As A Humanist, *The China Critic*, Sep.7，1933.

[26] 參見 Quentin Pan, Havelock Ellis As A Humanist, *The China Critic*, Sep. 7，
　　1933。

[27] 周作人：《周作人回憶錄》，第 657～658 頁。

出靄理士對潘光旦的影響是何等的深廣。至少可以說，性心理學加上人文思想，才可以對潘光旦產生強大的吸引力。

對照靄、潘的論述範圍和思想觀點，不得不承認靄理士對潘光旦的深刻影響。靄理士雖然是醫科出身，畢生的研究焦點是人類精神現象與性的生物學的密切關係，但是他涉獵範圍之廣，使其學術思想具有深厚的根基和窮盡性問題各個側面的廣度。他的性心理學研究拓展到哲學、宗教、社會學、人類學、文學、醫學和生物學等學科的領域，具有相當的綜合性。靄理士在《性心理學》的序言中曾引用德國著名婦科專家希爾虛（Max Hirsch）的話說，「性的科學——也有人叫做性學——和醫科的別的學問不一樣，就是它的範圍很難確定，它的邊疆是沒有一定的界石的。從它的中心射出了許多光芒來，光芒所達到的，不止是一切醫科的部門，並且是許多表面上和醫科很不相干的學術的領域，它實在和全部人類文化有聯帶的關係；順了光芒走，我們可以接觸到許多傳統的思想和習慣；道德和宗教也可以影響到它」。[28]他的七大卷《性心理學研究錄》中，最大也最重要的是第六卷《性與社會》。當代性社會學家潘綏銘教授認為，性的心理學階段內容是「單純的、相對狹窄的」。[29]但是，從靄理士與佛洛伊德的性心理學來看，似乎不是這樣。這一階段「性學」內容最為龐雜，而後來的研究者則越來越把性釋放、性高潮之類比較具體的問題作為中心來討論，也就是說，關注領域越來越窄了。受靄氏影響，潘光旦的性問題研究也呈現出同樣的特點。簡單地說，從表面上看是性心理學，實則熔性心理學、性文化、性社會學等學科知識於一爐。潘光旦出身於生物學，但他更大的興趣在於一種生物學派的社會思想，具體到性的領域，即是性與社會

---

[28] 靄理士著，潘光旦譯注：《性心理學》，《潘光旦文集》第 12 卷，第 213 頁。
[29] 參見潘綏銘：《性學史上的里程碑（編譯者序）》，[美]阿爾弗雷德·金西著，潘綏銘編譯：《金西報告——人類男性性行為》，光明日報出版社，1989，序頁第 10 頁。

的關係。即使在評論一些社會問題的時候，他往往具有「性」的敏感性。[30]

潘光旦後來的學問覆蓋範圍與靄理士的治學領域雖不盡相同，但也要看到，其重疊部分很大。從學術觀點方面來追溯靄理士的研究範圍，可以發現一個有趣的線路：注重生物基礎→強調建立在男女生物性不同基礎上的男女社會角色分離，以男女均衡來代替男女平等→反對當時流行的婦女運動，提倡母道教育→強調種族未來的重要性→癡迷於優生學，並寫出《英國人才研究》等優生學的著作。[31]從這條線路上，可以看出潘光旦日後的許多思想觀點和學術範圍與此完全可以合轍。潘光旦對於靄理士懷著一種「私淑弟子」的心情，無論是在性心理學方面，還是在婦女觀和優生學上（從某種意義上說，這兩者也可以被包容在廣義的性道德範圍內），他都受到靄理士強有力的影響。

龔自珍說：「從來才大人，面目不專一」。潘光旦畢生為學尚通不尚專，在文理、中西、古今間遊刃有餘，在同時代的學人中閱讀、寫作面之廣，罕有其匹。1943 年，潘光旦在一篇文章裏說：「大凡才能較高的人，學力所及，往往可以求通，也可以求專，其對於通的企求，大抵不在對於專的企求之下，且往往超出專的企求之上。」[32]在某種意義上，可以認為這是潘光旦的「夫子自道」。靄理士不是以一個性心理學專家的面目出現的，在專門學術之外，尚

---

[30] 如潘光旦在評論 1950 年《婚姻法》的措辭時，針對「有生理缺陷不能發生性行為」提出兩點：(1)生理缺陷與心理缺陷密切相關，但可以治癒或糾正，應加上「未經治癒」或「未經糾正」字樣；(2)「性行為」過於籠統，手淫也是性行為，而且極常見，應改為「性交行為」。參見潘光旦：〈論《婚姻法》〉，《潘光旦文集》第 10 卷，第 398～399 頁。

[31] 參見[英]傑佛瑞·威克斯著，宋文偉、侯萍譯：《20 世紀的性理論和性觀念》第一章。

[32] 潘光旦：〈工與中國文化〉，《潘光旦文集》第 9 卷，第 566 頁。

求思想境界的「通」。只有這樣的大家,才能吸引住潘光旦,致使他以「私淑弟子」自許。

潘光旦認為,靄理士觀察性問題的框架是包括性與人生的全部的。所謂全部,至少可以分為三個部分:一是,性與個人。二是,性與社會。三是,性與種族。

具體而言,性與個人,包括四個方面:(1)性的發育問題,主要屬於生理學的範圍;(2)性教育的必要問題;(3)性衛生問題;(4)性的解決問題,就是必須承認最低限度的性慾必須予以滿足,必須為它找得一個出路。性與社會,就是婚姻問題和與婚姻有連帶關係的種種問題,包括婚姻的效用、獨身問題、婚姻選擇標準與戀愛問題等。性與種族,從婚姻行為到子女產生,就是從性的社會意義到達性的種族意義的過程,它所要探討的問題是如何從婚姻選擇裏面,從兩性的行為裏面產生維持種族血統延續、發揚民族文化的健全分子。

潘光旦接受了這個三分法,並運用這個視角來分析性問題。1932 年他為基督徒青年演講,講「性與人生」,就將人生分為個人、社會、種族三個方面,分別討論其與性的關係。他在評論基督教青年會亞洲部幹事艾迪(George Sherwood Eddy)的《性與青年》一書時採取的就是這一立場,他認為艾迪的書在個人生理衛生方面講得很好,但是,忽略了性的社會與種族意義,因而不是全面的分析。[33]1935 年他作了三次關於「性與青年」的演講,題目分別是「性與個人」、「性與社會」、「性與民族(此處在含義上「民族」可與「種族」通用)」。[34]他認為,以往講性教育往往只講個人的性生理衛生,而不談性的社會與種族問題。但是,人既然生存於社會文化

---

[33] 參見潘光旦:〈談性與人生──為基督徒青年講〉,《潘光旦文集》第 8 卷。

[34] 參見潘光旦:〈性與個人──性與青年三講之一〉、〈性與個人──性與青年三講之一〉、〈性與民族──性與青年第三講〉,《潘光旦文集》第 9 卷。

環境裏，性與社會、種族兩方面的關係密切程度，並不減於它與個人生理衛生的關係，所以必須兼顧到三個方面才是圓滿的。從學科的角度來看性與人生的三個方面：性與個人的關係，更多的是生理學、醫學、心理學的處理對象；性與社會的關係，更多的是人類學、社會學、倫理學的處理對象；性與種族的關係，更多的是生物學、優生學、人口學的處理對象。潘光旦的研究重點在第二與第三方面，與靄理士偏重第一方面與第二方面有所差異。原因很簡單，那是由於靄、潘的學術重心不同所致。

在婦女觀上，靄理士是從性生理、性心理的角度切入的，在早期的《男與女》一書，以及後來的《性心理學研究錄》中，他都在闡述男女之別。他強調，男女儘管是有差別的，但也是「均衡的」、「等價的」，他對近代女權運動的那種追求男女「同一」的看法持批評態度。在性行為上，他認為女性性行為是從屬的，是對男性性行為的反應，男性必須採取主動姿態，他在向女人求愛時須通過展示他的能量和技巧，俘獲女人並激發她的情感，使其在性方面屈服於他。在男女的社會角色上，他認為，男女不同的社會角色是有生物根據的，自然給女人規定的實際領域就是母親的職責，這是生活賦予女人的最高地位，而自然給男人的任務所下的定義是「在外搜索食物」和在家庭的前廳「站崗」。這樣，靄理士認為女權運動的方向是錯誤的，他更欣賞德國婦女運動的路線，即著重解決母道問題。因此有研究者稱，恩格斯提倡的是以婦女加入勞動大軍為基礎的經濟平等，而靄理士宣導的是建立在男女角色分離基礎上的道德平等。[35]

35　參見[英]傑佛瑞‧威克斯著，宋文偉、侯萍譯：《20世紀的性理論和性觀念》，第53～59頁；[英]艾理斯[即靄理士]著，尚新建、杜麗燕譯：《男與女》「前言」與「結論」部分。

潘光旦對靄理士的女性觀以及批評女權運動，是非常贊同的。他認為，靄理士二十多年前在寫《性心理學研究錄》時，男女職業平等的試驗開展得還不很普遍，因而遺憾還不很明顯，二十多年後「這種遺憾已一變而為切膚的痛苦」[36]，所以他對後於靄理士的英國學者蒲士（Meyrick Booth）的《婦女與社會》一書大加稱讚，為劉英士的譯本（即新月書店出版的《婦女解放新論》）特意寫了一篇發揮性的序言。和靄理士一樣，潘光旦在原則上並不反對女子職業自由與經濟獨立，但他也同時指出，基於男女生理、心理的不同，女子若同樣地投入職業生活領域，會有許多實際的困難。

三、兩點思想差異

在《性心理學》譯注中，間或會發現潘光旦與靄理士思想的分歧。結合其他論述，可以看到，潘光旦與靄理士的思想差異主要有兩點：第一點是不生育的伴侶婚姻或試婚是否可取，第二點是如何評估性慾昇華的可能性。

靄理士認為男女之間若只是發生性愛關係，其權衡應完全操諸個人，不應受第三者的干涉。只有由性愛關係進而發展到生殖關係，有了子女，影響到社會的福利，社會才有過問之權。靄理士與其夫人一樣，贊成婚姻可以有一段「見習期」，即容許試婚。他說：「天主教裏的修士和修女必須經過一個見習期，見習及格才可以正式的做修士和修女，我認為婚姻也應當有一個見習的段落，見習有成，才許在婚姻祭壇前立下正式的誓約。這種見習功夫究竟做到什麼程度，包括不包括性的交合在內，是一個次要的問題。」[37]與靄

---

[36] 潘光旦：《靄理士著〈性的道德〉「譯序」》，《潘光旦文集》第 12 卷，第 107 頁。
[37] [英]靄理士著，潘光旦譯注：《性心理學》，《潘光旦文集》第 12 卷，第 543 頁。

理士持同樣立場的還有做過三十年美國丹佛青年法院推事的林哉
（B. B. Lindsey）、英國哲學家羅素。林哉在轟動一時的《伴侶婚姻》
一書[38]中認為，男女以伴侶方式的結合始，一旦有了子女，才締結
為正式的婚姻，在沒有子女之前，雙方離合，可以不受任何限制。
所謂伴侶的方式，指的是男女雙方在伴侶時期可以有性交的關係，
而子女的到來則不妨參考經濟和其他的環境情況，運用生育節制的
方法，而加以自覺的決定。羅素在《結婚與道德》一書[39]的第十二
章「實驗的結婚」充分肯定了林哉伴侶婚姻的進步性，認為是「一
個聰明的守舊的建議」。

　　潘光旦不贊成靄理士、林哉與羅素的主張。他說：「這種見解
顯而易見是對條頓民族性的一個讓步，是經不起理論上的盤駁
的。我對於靄理士的性的見地，幾於全部接受，獨於這一點不敢苟
同。」[40]在許多場合，他都表示了類似的態度。他認為，不生育子
女的伴侶婚姻或試婚，雖然涉及的只是男女兩個人的性關係，但無
論性愛關係是禍是福，遲早一定會波動出去，影響及於第三者，並
非與社會不發生干係。靄理士等人的主張是對過分強調個人權利的
條頓民族性的讓步。對於婚姻「見習期」一說，他寫道：

　　　　見習期之說，譯者也不敢苟同。見習的時間短，見習的方面
　　　　少，等於不見習，見習的時間長，見習的方面多，就等於實
　　　　行婚姻，等於曾子所說的「學養子而後嫁」。婚姻好比人生
　　　　的許多別的大事，原是一個冒險的歷程，要把全部歷程的安
　　　　全於事前完全加以肯定，是事實上所不可能的。下文靄氏不

---

[38]　此書有中文節譯本，由若虛譯，上海良友圖書印刷公司 1933 年出版。
[39]　此書民國時期有兩種中譯本：(1)程希亮譯：《結婚與道德》，商務印書館，
　　　1940（1990 年影印）；(2)野廬譯本改名為《婚姻革命》，世界學會，1930。
[40]　潘光旦：〈性愛在今日──過渡中的家庭制度之三〉，《潘光旦文集》第 9 卷，
　　　第 386 頁。

> 引埃克司納「婚姻為一個造詣的過程」之說麼？婚姻的本身
> 既是這樣一個過程，既須夫婦兩人不斷的彼此力求位育，才
> 有日新的進步可言，才有高度的造詣可言，那豈不是等於
> 說，全部婚姻的過程不就是一個見習的過程麼？不等於說，
> 有婚之日，莫非見習之年麼？又何必別立一個見習的期限
> 呢？靄夫人的作品裏很有些特出的見解，但她的神經是不很
> 健全的，靄氏在最近問世（一九四○）的自傳裏也坦白的承
> 認這一點；靄氏引到她的見習期的主張，恐怕是出乎愛敬與
> 紀念他的夫人的心理者為多；此種主張的理論根據卻是不堅
> 實的。[41]

婚姻「見習期」之說，在靄理士原著中並未特別注明源於靄理士夫人，譯注本的這條注釋是潘光旦從《性心理學研究錄》中查明補入的。靄理士在行文中以肯定的語氣敘述，也未特別注明來源，說明他是從心底裏贊成此說的，與愛敬與紀念夫人的心理並無太大關係。潘光旦還特別提出，靄理士夫人的神經不很健全，不健全的人容易提出一些不健全的見解。由此可知，他一定是從心底裏非常不贊成「見習期」一說，才會把這種見解與提出這種見解的人的精神狀態聯繫起來。

潘光旦不贊同林哉所主張的伴侶婚姻制，認為這種看法無疑是太樂觀了。在他看來，當前是一個極端個人主義的時代，個人的快樂與福利空前擴張，避孕手段的流行已經使那些天資聰穎、經濟充裕之輩忽視社會的、種族的職責，他們不生育子女，或至多生上一兩個。過分看重婚姻中須有浪漫之愛，使得人們不惜以犧牲群體為代價來實現對個人幸福的追求。[42]

---

[41] [英]靄理士著，潘光旦譯注：《性心理學》，《潘光旦文集》第 12 卷，第 601～602 頁。

[42] 參見潘光旦為《伴侶婚姻》一書（*The Companionate Marriage*, By Ben B.Lindsey

在西方學術界，馬戈爾德（C. W. Margold）是靄理士試婚說的反對者——他強調一切行為都有其社會的關係，性行為尤其不能例外，即便此種性行為目的不在於產生子女。潘光旦肯定了馬氏一切性行為皆有其社會的關係的觀點，但不贊成馬氏過分依賴社會對性行為的制裁力。同時，他認為靄理士所假定的對象，是距離自然狀態不遠的身心十分健全的人，在文明社會裏這種人似乎不多，單靠個人的責任心，要做到調劑有方、發皆中節，是不大容易的。他認為，馬、靄兩氏皆有所偏，只有儒家「節」的思想才能兼顧個人責任心和社會制裁兩個方面。儒家並不禁止人情慾的發動，只是要人的情慾不要發動到一個推車撞壁的程度，盼望它能夠發而中節，適可而止。比如說，張三見了朋友李四的妻子，年輕、貌美、人品端莊，便不由得怦然心動，不免興「恨不相逢未嫁時」之感，此謂「發乎情」。情既已生，要立刻抑制下去，事實上不能，理論上不必，但是也不能完全跟著衝動走，絲毫不加攔阻，這樣會引起許多別的問題。張三應該節制自己，盡可以增加他敬愛李四妻子的程度，提高他們之間的友誼關係，而不再作「非分」之想。這「非分」的「分」就是「分寸」的「分」，也就是「止乎禮義」。[43]

對「發乎情」不加責難，承認其合理性，不作誅心之論，是儒家的一大長處。西方基督教文化則迥然不同，動機發動即是罪惡產生，根本容不得「發乎情」具有正當性。到靄理士這裏，由於尊重人固有的生物本性，包括學術界所揭示的「多戀」現象的生物基礎，靄理士已經不從基督教道德的角度去做「誅心之論」了。

---

and Winwright Evans, 1927-1929）寫的書評，刊於 *The China Critic*, May 8,1930。

[43] 參見潘光旦：《靄理士著〈性的道德〉「譯序」》，《潘光旦文集》第 12 卷，第 109～111 頁。

「情慾」之發既然具有了自然的正當性，如何保證這種有時不顧一切的強大的力量沖決婚姻制度的藩籬？靄理士提出的解決方案是容許試婚、見習期或伴侶婚姻一類的主張。他清楚地預見到，未來婚姻內外的性關係必然愈見複雜，人與人之間的性道德關係行將面臨新的挑戰。在行之已久的社會規範和個人自由發生衝突時，靄理士的思想天平偏向於個人一邊，他希望社會對個人的多變傾向能夠給予更多的寬容與理解。而潘光旦受儒家的影響，試圖在社會規範和個人自由之間進行調和。他在譯注中指出：

> 所謂個人的責任實在包括兩部分，一是事先的修養，一是事後的不躲避因多變而引起的種種責任。顯然的，為維持社會的道德起見，事先的修養要比事後的負責重要得多。「發乎情，止乎禮義」的功夫是可以修養出來的，在一般的慾望上應當修養，在性慾的活動上更有修養的必要，因為這種活動特別容易影響到第二者以至於第三者的治安、利益、以至於人格。這種修養的功夫無它，就是一種裁節的功夫……[44]

所謂「裁節」，不是禮教從外部強加的抑制或禁止，乃是一種個人從內而發的自覺的節制，節制的最佳結果是「發皆中節」，即情慾有分寸的舒展。潘光旦認為，「凡屬有性衝動而不能不受刺戟不作反應的人，自未婚的青年以至性能已趨衰落的老年，都應知所裁節。裁節是健全生活的第一大原則，初不僅性生活的一方面為然。」[45]

對於靄理士的「寬容論」，潘光旦認為可以和自己的「裁節論」殊途同歸。他說：「說殊途，因為靄氏側重團體的同情、諒解、寬容、平恕，而譯者側重於個人的自我制裁。說同歸，因為所求的均

---

[44] [英]靄理士著，潘光旦譯注：《性心理學》，《潘光旦文集》第 12 卷，第 610 頁。
[45] [英]靄理士著，潘光旦譯注：《性心理學》，《潘光旦文集》第 12 卷，第 621 頁。

是兩性關係的最合乎情理的位育。這側重點的不同也似乎根本代表著中西文化的一大分別。」[46]

潘光旦接受靄理士思想的過程，曾經過一番中國儒家文化的過濾，所以，他敏銳地覺察到了靄理士與他在思想預設上的不同：一個蘊涵著英美主流的個人主義觀點，一個訴諸於儒家思想的中和、節制。

如果說潘光旦與靄理士的第一點不同，源自於儒家歷史文化傳統，那麼第二點不同則完全來源於西方性科學的最新進展。第二點不同是他對性慾昇華（有時用「升化」一詞，意義完全相同）的可能性大小估計得不像靄理士那麼樂觀。關於性慾昇華，佛洛伊德是充分肯定的，他甚至把人類文明歸結為性慾昇華的結果。靄理士肯定了佛洛伊德的論斷，認為：性慾昇華是部分昇華能力較強的人對一部分慾力的消耗，他認為昇華不是慾力的改道，而是發生在意識境界以下的一種由粗入細、由質入文、由生理的衝動變為心理的力量的過程。有研究者稱，「他（指靄理士——引者注）雖然批評了有些精神分析學派的學者把性慾的昇華看成是漫無邊際的，但卻也極力主張應該牢牢記住性慾昇華的可能、昇華的價值和昇華的深遠意義，要努力從性的發育中取得巨大的力量來把人類的文明推向光明的未來」[47]。

潘光旦的早期論述與靄理士的立場一致。如 1927 年他在〈「青年的煩悶」？〉一文中寫道：「一個青年若是真正能在實際生活上努力：如在身體的鍛煉，智識的探求，人我的相與，各方面上，都能不懈怠的努力，結果：性慾的潛流也可以獲得相當假借的宣洩。這種宣洩叫做昇華。」[48]

46　[英]靄理士著，潘光旦譯注：《性心理學》，《潘光旦文集》第 12 卷，第 610 頁。

47　胡壽文：《靄理士傳略》，《潘光旦文集》第 12 卷，第 734 頁。

48　潘光旦：〈讀書問題〉，《潘光旦文集》第 2 卷，第 43 頁。

　　但在 1935 年的一次演講中，潘光旦對昇華的態度已不再像以前那麼肯定了。在 1940 年代初期完成的《性心理學》譯注中，他重申了這一態度。將這幾處論述仔細比較之後，可以發現，促成潘光旦態度變化的是 1933 年出版的美國斯密士女子大學生物學教授巴歇雷（Prof. Parshley）《生殖的生物學》（*The Biology of Reproduction*）一書。1933 年潘光旦在《華年》週刊上發表了一篇署名「和」的書評，評的就是這本書，書名題為《生殖的科學》。在書評中，他寫道：「作者在最後一章裏，又特地舉出一些普通的誤解來，逐一加以點破……又如講性的攝生的人動輒要人努力於性衝動的『升化』，但他以為據最近切實的調查，升化一事，不但難能可貴，恐怕根本就不能成立。根據這一類的見地，所以作者在結論裏一面主張適當的早婚，來減少實際的許多性的問題，一面主張積極的研究，來充實我們的智識；因為目前對於性的一知半解還不能夠教我們在性行為方面，得到一個更滿意的位育。」[49]在《性心理學》的譯注裏，他同樣引到巴歇雷的這本書，其中提到巴著中徵引了一種大學研究院青年的研究，認為這種青年的性慾，十之八九總有些不規則的宣洩方法，並不完全受到抑制，因此，他們的智力活動究屬有幾分是從昇華而來，還是一個疑問。[50]巴著所提到的大學研究院青年的研究，根據 1935 年潘光旦的演講稿文意揣摩，指的應該是泰勒（W. S. Taylor）的研究。在這篇演講稿裏，潘光旦詳細介紹了泰勒的研究結論，並依據泰勒的研究，對昇華做出了這樣的論述：「無論那一個人，都有性的要求，既有要求，就非想法解決不可，有一部分心理學家說，性慾可以昇華，其實昇華者，不過拉開而已，並不能真正使性慾消散，性慾是一種特殊的力量，不是一般的精力，可以隨便轉移運用的。精力好比水，人的各種行為好比水

---

[49] 《華年》第 3 卷，第 5 期，1934 年 2 月 3 日。
[50] [英]靄理士著，潘光旦譯注：《性心理學》，《潘光旦文集》第 12 卷，第 683 頁。

管子，不出於此，即出於彼；但性慾不是這樣，它並不能真正的昇華。」[51]從這一認識出發，潘光旦認為，要真正解決青年個人的性的問題，必須充分承認最低限度的性慾，替它找到一個出路；他的主張與巴歇雷類似，即適當的早婚。

在 1920 年代後期寫成的《中國之家庭問題》中，潘光旦對於婚齡已經有所討論。在分析贊成早婚、反對遲婚的原因時，他從社會性道德（原文稱「社會衛生」）的角度也有所討論，著重指出近代教育制度之遷延時日，為婚期展緩之一大原因，而正當的性慾要求不能在婚姻內得到適當的滿足，必然導致社會性道德的紊亂。[52]1935 年他更是明確指出，「近來在這方面發言的人，總是責成青年取得性知識，講求性衛生，嚴守性道德，而於青年的婚姻問題，卻恝置不問，甚至還竭力主張展緩婚姻，直可以說是不諒極了」。[53]

由於有了上述的思想變化，潘光旦在譯注中才對靄理士的昇華論有所批評。他說：「靄氏於升化的理論，雖說得相當的小心，但譯者還嫌其過於肯定。譯者比較更能接受的是希爾虛費爾德的看法。」[54]希爾虛費爾德是德國著名的性心理學家，潘光旦曾在上海兩次拜訪過他，還為希氏的一本書寫過書評。[55]希氏的觀點在靄理士《性心理學》原著中有所交代，大旨為：希氏輕易不肯接受昇華的概念，主張另用「性的代值」（sexual equivalents）來代表類似昇華的現象。「他並且否認絕慾的人所產生的科學文藝的作品比不絕

---

[51] 潘光旦：〈性與個人——性與青年三講之一〉，《潘光旦文集》第 9 卷，第 123～124 頁。

[52] 參見潘光旦：〈中國之家庭問題〉，《潘光旦文集》第 1 卷，第 168 頁。

[53] 潘光旦：〈性與個人——性與青年三講之一〉，《潘光旦文集》第 9 卷，第 124 頁。

[54] [英]靄理士著，潘光旦譯注：《性心理學》，《潘光旦文集》第 12 卷，第 682 頁。

[55] 拜訪希氏一事，參見《潘光旦文集》第 12 卷，第 293 頁譯注 22。為希氏《男人與女人》一書寫的書評，見《華年》第 4 卷第 36 期，1935 年 9 月 14 日，署名「大可」。

慾的人所產生的更為優異卓越。他只承認只有在宗教家和從事劇烈的體力工作的人中間，我們可以找到升化的作用」。[56]正因為有了這樣一個與靄理士不大相同的立場，所以，他對靄理士的有些解釋便提出了質疑。靄理士依據熱力學第二定律的原理來討論昇華現象，寫道：「我們如今討論到升化，我們也是把一個有機體當做一件正在動的機器看，因此，我們不得不承認總有一部分的性的力量要『放散出去，而成為廢棄的熱力』，至於廢棄之後究竟作何方式，我們可以存而不論了。就是但丁，在他寫《神聖的喜劇》或《神曲》的時候，也還有他的妻子和家庭。」[57]潘光旦在譯注中質疑道：「靄氏這句話有語病，難道對於但丁，妻子和家庭便是接受廢棄的慾力的尾閭麼？譯者以為這在但丁自己也未必承認。」[58]

依據現有的心理學史研究，佛洛伊德的心理學深受 19 世紀物理學能量守恆的宇宙觀的制約，他把物理學的規律運用於人身上，試圖用心理能量轉換來解釋人格的發展。[59]其昇華說也是從這種宇宙觀出發的推論。從靄理士以熱力學第二定律的原理來討論昇華現象來看，靄理士和佛洛伊德同樣是 19 世紀物理學革命的產兒，具有相同的思維方式。潘光旦則是在繼承佛洛伊德和靄理士的基礎上，又吸取了 1930 年代的學術成果，往前多走了一步。

從這些思想差異上，可以看到，潘光旦並不是完全充當靄理士思想的「傳聲筒」，沒有自己的聲音，他在介紹的過程中以中國儒家文化重視「發情止禮」的個人操守論補充與修正了靄理士的「試婚論」，又吸收了 1930 年代生物學的最新學術見解，修正了靄理士的「性慾昇華論」。這些，都有助於我們瞭解五四後若干年間中國

---

56 [英]靄理士著，潘光旦譯注：《性心理學》，《潘光旦文集》第 12 卷，第 678 頁。
57 [英]靄理士著，潘光旦譯注：《性心理學》，《潘光旦文集》第 12 卷，第 680 頁。
58 [英]靄理士著，潘光旦譯注：《性心理學》，《潘光旦文集》第 12 卷，第 682 頁。
59 參見[美]C. S. 霍爾著，陳維正譯：《佛洛伊德心理學入門》，商務印書館，1986，第 5～7 頁。

學術界在引介西方性科學解決中國問題上所達到的水準，以及遭遇到的文化價值觀問題。

四、「貞節」新解與五四後性道德的探討趨勢

　　由於優生學與性心理學的關係，潘光旦時有關於「貞節」的議論。他對於貞節的新解釋最集中的論述有兩處。第一則見於《性的道德》「譯序」末段。第二則見於《性心理學》第六章「婚姻」的第八節「貞節」的相關注釋。兩處文字都不算長，加起來不超過三千字，卻包含了十分豐富的想法。

　　潘光旦的貞節論有兩個要點。

　　第一，潘光旦延續了五四新文化運動以來對傳統貞節觀的批判。他認為，傳統上所認可的貞女，所根據的完全是外鑠的禮教，而不是發自內心的情愛，是一種由外強制的絕慾狀態，而不是自我裁決的德操。這是他所不能贊同的。明代作家歸有光重內心情愛輕外在禮教，而以未嫁守貞為非禮，得到他的肯定。他不能認可後儒對情愛的曲解：即認為男女雖未見面，而其實情感已通。他引證了清代朱彝尊〈原貞〉一文的有關論述後，指出：「此種議論，我們在今日看來，總覺有幾分曲解，有幾分玄妙，除了成全一個傳統的禮教的教條而外，別無更重大的意義。」[60]

　　第二，潘光旦將「貞」和「節」加以分別，重新解釋。

　　在「貞」字的解釋上，他既強調了「貞」須建立在發自內心的真實情愛的基礎上，更指出寡婦顧慮到子女的少所依恃而守貞具有優生的價值。他解釋「貞」為對人而言，能夠恒久，能夠從一而終，

---

[60] ［英］靄理士著，潘光旦譯注：《性心理學》，《潘光旦文集》，第 12 卷，第 620 頁。

「所謂從一之一，可以專指配偶的另一方，也可以共指配偶與和此配偶所共同生、養、教的子女。寡婦鰥夫，或追懷舊時情愛，或於夫婦情愛之外，更顧慮到子女的少所依恃，因而不再婚嫁的，根據上文的說法，都可以叫做貞。」[61]前人習慣稱已婚婦女喪偶「守節」，潘光旦則根據他對「貞」的解釋，稱之為「守貞」。在優生學背景的影響下，潘光旦很注重發掘中國文化「宜子孫」的理想。通過肯定寡母撫孤對於延續民族血脈健康發展的作用，他肯定了「守貞」具有若干積極意義。他指出：

> 「宜子孫」三個字始終是我們民族道德的最大理想。女子在婚姻上的地位，大眾對於結婚、離婚、再醮、守寡等等行為的看法，雖因時代而很有不同，女子所蒙的幸福或痛苦也因此而大有出入，但最後的評判的標準，總是子女的有無與子女的能不能維持一姓的門楣與一宗的血食。貞操一事，始終似乎是一個目的的一種手段，而自身不是目的。「餓死事小，失節事大」終究是一兩個理學家的私見，而不是民族經驗的公言，民族經驗的公言是：失節事小，子孫事大。[62]

從近代以來，直至今天，學者們對於貞節觀念的歷史追溯，大都以性別壓迫視角控訴傳統社會男性的霸權地位。對於重子嗣這個頭等重要的性道德觀念與貞節的關係，闡釋得不夠充分。潘光旦將傳統貞節觀視為重子嗣的性道德觀的一個方便的手段，把理學家的名言「餓死事小，失節事大」特殊化為個別人的「私見」，從而將其排除出中國文化的主流之外，論斷不可謂不大膽。他沒有過多考慮婦女自身在傳統貞節觀下的實際感受，而是把集體性的民族利益放在首位，揭示出傳統貞節觀所蘊涵的文化理念。

---

[61] [英]靄理士著，潘光旦譯注：《性心理學》，《潘光旦文集》，第 12 卷，第 620 頁。
[62] 潘光旦：《靄理士著〈性的道德〉「譯序」》，《潘光旦文集》第 12 卷，第 115 頁。

　　基於不同的視角，潘光旦與持五四新文化主流價值觀的學者對同一歷史事實有截然不同的評價。潘光旦為《性的道德》一書寫的「譯序」，與陳東原的《中國婦女生活史》一書裏都全文引用了俞樾《右仙台館筆記》記載的一則寡母忍辱撫孤、最後自盡以全名節的故事。陳東原引述這個故事，看重的是寡母含辛茹苦把孩子撫養成人，但仍不得不以死「全節」，具有不顧事實與情理，將貞節宗教化的野蠻觀念。[63]而潘光旦看重的是中國文化裏「失節事小，子孫事大」的「民族經驗公言」，在讀這段筆記時，他在書的「天頭」寫下了一句批語：「推此論而用之於民族，雖千萬世不絕可也。」[64]

　　不從婦女自身發展的單一標準來評價寡婦守節，而是考慮到各種其他情況，如與已死的丈夫是否有難以割捨的情愛，是否有撫孤的需要等，在五四時期及之後的若干年間，倒也是不少知識份子能夠考慮到的。

　　如 1918 年，胡適在〈貞操問題〉一文中談寡婦再嫁時肯定了四種不再嫁具有一定的合理性，即「婦人若是對他已死的丈夫真有割不斷的情義，他自己不忍再嫁；或是已有了孩子，不肯再嫁；或是年紀已大，不能再嫁；或是家道殷實，不愁衣食，不必再嫁……」[65]再嫁與否完全取決於個人意願，他人或國家法律都不得干涉。胡適本人就是寡母撫孤的對象，他之所以能取得後來的成就，與母親守節，全力教養有著直接的關係。也許正是由於這一點，他在對傳統貞節觀展開猛烈批判的同時，還留了一點餘地，肯定了四種不再嫁的合理性。又如 1935 年，麥惠庭談到寡婦再嫁時，認為再嫁應有三種限制：(1)年齡在 40 歲以上，生育傳種與滿足性慾這兩個婚姻

---

[63] 詳見陳東原：《中國婦女生活史》，商務印書館，1937（1998 年影印），第244～245 頁。

[64] 潘光旦：《靄理士著〈性的道德〉「譯序」》，《潘光旦文集》第 12 卷，第 116 頁。

[65] 胡適：〈貞操問題〉，《胡適文存》一集卷四，黃山書社，1996，第 484 頁。

的主要目的已經不再需要，所以不必再嫁；(2)生育有子女而且子女均已成年，可以得到子女撫養，也不必再嫁；(3)自身生理有缺陷或生理不健全者無再結婚的資格，也不必再嫁。[66]

當時也有人主張把守節與撫孤兩件事情分開來看，認為不能因為撫孤具有一定的積極意義而肯定守節。如顏筠在 1924 年的一篇文章中認為，「但是失偶之後的她常有因為子女的遺累，不便或不忍去再婚的，必非少數，於是她們無可奈何，甘心飲淚去為子女而發揮她們的母性的愛，這當然不是壞事，也是在今日兒女公育的社會未出現的時代所不得已的恨事。但這並非貞操（在舊觀念裏都認這是非常難得的貞操的）。若以這誤認為是『節婦』的貞操生活，那便大謬了。」[67]

從思想淵源上來看，潘光旦重新闡釋「貞」字，從而肯定寡母撫孤的積極意義，與其優生學背景有直接關聯。中國儒家的性道德觀念也非常看重子嗣，但從潘光旦分析問題的基本框架來看，他是以優生學觀點來採擇儒家思想的相應部分，而不是以儒家思想為標準來規範優生學思想。從這一點來看，儘管在談到子嗣重要性時也舉儒家思想為依據，但就根本上而言，是優生學啟發了他對儒家思想的選擇性解釋。

靄理士雖熱心提倡優生學，而本人並非優生學家。優生學所蘊涵的性道德觀念雖可以包容在他的性道德思想體系裏面，但他並沒有花大力氣去重點闡述這一點。潘光旦的學術重心在於優生學，因此，他便大張旗鼓地闡述優生學蘊涵的重子嗣的觀念。靄理士《性的道德》一書的正文，關於「以子孫為中心」的性道德論述不多，而潘光旦在「譯序」裏闡發靄理士的性道德觀念時強調這一點，將其概括為靄理士性道德論的五根柱石之一，原因即在於此。

---

[66] 參見麥惠庭：《中國家庭改造問題》，商務印書館，1935，第 312～313 頁。
[67] 顏筠：〈貞操觀革命的呼聲〉，《婦女雜誌》第 10 卷第 7 號，1924。

　　潘光旦對「節」的解釋與靄理士《性心理學》正文中的論述完全一致，也與他一向欣賞的早期儒家思想關於合理地滿足性慾的認識也完全一致。他認為，「節」是對一己而言的，「節的本義，就物用而言，是有分寸的享受，就情慾而言，是有分寸的舒展。所以節字的適用，就本義說，也是就應有的意義說，是不應限於寡婦鰥夫一類的人的，甚至於不應限於已婚而有尋常的性生活的人」，[68] 所謂「節」，作為性道德，不應局限在婦女「貞節」的範圍內。「節」並不是壓抑一己的情慾，而是讓情慾有分寸的舒展。也就是既不縱慾，也不禁慾。以重新解釋的「節」與「貞」分析歷史上的婦女貞節問題，他是這樣看的：「一個已寡的女子，假定自審不能苦守，即不能有貞的德操，而毅然決然的再醮，使性的生活，依然有一個比較有規律的歸宿，我們依照我們的理解，還可以承認她是一個知所裁節的人」，「不過女子已嫁守貞，即以前所稱的守節，無論有無子女，只要本人自審有自守的能力，而完全出諸自願，我們是可以贊同的。即已婚而喪妻的男子，果能守貞不再婚娶，我們也正複可以佩服他勇於自製的毅力。」[69]

　　潘光旦將「貞」與「節」分別開來，各賦予其不同的含義，確與前人的看法很不相同。人們通常使用「貞女」一詞指未嫁而能自守之女，「節婦」指已婚而能守節之女。潘光旦對於「貞」、「節」分開解釋，又將「貞節」一詞統括在靄理士中庸克己的人文主義的性道德之下，在中西學術思想的創造性譯釋上可謂煞費苦心。在這個意義上，「貞」與「節」或「貞節」都有可取之處，都有值得發揚光大的成分。如果說，「節」的含義來源於靄理士，那麼，「貞」的解釋則是他自己的獨創，即所謂「上文解釋貞節二字，節字的意

---

[68] ［英］靄理士著，潘光旦譯注：《性心理學》，《潘光旦文集》第 12 卷，第 621 頁。
[69] ［英］靄理士著，潘光旦譯注：《性心理學》，《潘光旦文集》第 12 卷，第 621 頁。

義在靄氏原文中已有明白的發揮，貞字的一部分卻是譯者參酌了中國的情形以後而提出的一些補充。」[70]

要理解潘光旦「貞節」新解的意義，須回溯到從清末以來中國先進知識份子對傳統貞節觀的批判，以及五四後若干年間建設新性道德的努力這一較長的歷史過程中。

有研究者稱，中國近代的傳統貞節觀批判始於戊戌維新派的譚嗣同和康有為，除了譚、康兩位名人以外，晚清報刊上也偶爾能見到其他人的言論。[71]在清末，這些進步言論在當時社會屬「異端邪說」，占主流地位的仍是傳統的貞節觀念。

這位研究者還指出：「五四新文化運動時期，中國思想文化界展開了對封建貞操觀的批判。這是中國思想文化史上最顯著、最深刻、最尖銳的一次批判。當時先進的知識份子是從人的自由和解放的思想深度來與政府倡導的『表彰節烈』的封建觀念相抵禦的。」[72]但是，進步思想在社會上的滲透畢竟還很有限。即使在 1918 年胡適、魯迅等人已經對貞節發表了深刻的批判之後，北京政府的褒揚貞節烈女政策並未因此而作任何改變。1919 年 5 月 2 日，大總統徐世昌仍以節婦張查氏「節孝可風」，特給予「節勵松筠」匾額，並加給褒詞。[73]在實際生活中，少數先進知識份子的貞操觀批判所引起的社會習俗的變化範圍還很小。1924 年 4 月《婦女雜誌》發表的一篇文章敘述了近期發生的一件烈女殉夫事件。面對傳統陋俗的根深蒂固，撼之不易，作者憤慨地寫道：

---

[70] [英]靄理士著，潘光旦譯注：《性心理學》，《潘光旦文集》第 12 卷，第 621 頁。

[71] 梁景和：《近代中國陋俗文化嬗變研究》，第 286～288 頁。

[72] 梁景和：《近代中國陋俗文化嬗變研究》，第 288 頁。

[73] 羅檢秋：《近代中國社會文化變遷錄》第三卷，浙江人民出版社，1998，第396 頁。

在一九二四年而且已經有許多婦女運動的呼聲的中國，竟會看到這樣的新聞，真使我們覺得太不可思議了。

我們所尤其不勝奇怪的，並不是潘女的死，是「汴督張福來為向北京政府請旌，並請宣付史館立傳」，以及「開會追悼之第一日，各界送輓聯，輓幛，花圈等物者不下數萬人」等等，對於一個無知的女子盲目的自殺，許多人都當做一種非常榮耀的事，請問這些人究竟具有什麼心肝？[74]

1926 年 1 月，周建人在文章中說，「所謂門第人家，今日還以婦女再醮為可恥，獎勵節烈也不亞於以前」。[75]

五四後若干年間，儘管新思潮對於傳統貞節觀的批判在社會上的滲透遠未達到先進知識份子預想的程度，但是，可以肯定地說，傳統貞節觀已經日益受到侵蝕，傳統倫理觀念乃至社會習俗已經開始緩慢地出現了變革的跡象。1935 年，麥惠庭的《中國家庭改造問題》一書對當時寡婦再醮情形作了一段比較平實的敘述：

> 民國以來，社會上一般人對於寡婦守節，已經不像從前一樣的重視了。並且有許多新學者反對強迫寡婦守節的風氣，而提倡寡婦再醮；因此寡婦再醮也漸漸地增多起來。依照各地的婚俗來看，再醮的情形，雖然因各地的風俗習慣不同而有差別，但從大體看來，都沒有什麼頂大的區別。現在女子，死了丈夫之後，再嫁與否，大概可以隨她自便，因此強迫守寡的事情也漸少了。再醮的女子，大多是嫁給貧家的未婚男子，喪妻的人，或嫁給人做妾。平常未婚男子願意娶再醮婦者卻是很少，可見社會上一般人對於再醮婦仍有賤視的觀

---

[74] 〈論潘烈女殉夫事〉，《婦女雜誌》第 10 卷第 4 號，1924 年 4 月。

[75] 周建人：〈節烈的解剖〉，《婦女雜誌》第 11 卷第 3 號，1925 年 3 月。

念。有許多寡婦，因為種種緣故（如被人看不起，自己有了子女，自己能夠經濟獨立，為夫家所不許或不得相當的配合），而不願再嫁的也有。再醮的婦人，大概都是為了貧窮，無子為多。說到再醮的手續，並不是由父母執行的，卻是由當事兩人，經做媒的介紹和說合後，就可以相訂婚期，舉行婚禮。至於再醮的婚禮，通常由男方給女方先夫的翁姑多少身價或聘金，翁姑則略給女些嫁妝費就是了。再醮時大多數在黑夜舉行（與古代搶婚略同）。因為社會上許多人仍然以為再醮是不大正當的，所以在黑夜舉行，不使驚動別人的視覺，而避免社會上一般人的訕笑。從上說的情形來看，再醮的事情，雖然比從前通行一點，但仍未達到我們所希望的地步。[76]

大致來看，從 1918 年 5 月，周作人翻譯日本詩人兼批評家與謝野晶子的《貞操論》開啟五四貞操討論熱潮，直到 1920 年代中期，其間發表的相關譯作與中國人自己的創作數量均相當可觀。此後數年，同類文章量似乎有所減少。一直到 1933 年 4 月《生活週刊》發表周建人（署名「克士」）的〈戀愛與貞操〉一文才重新激起了讀者的廣泛討論。討論持續 4 個月之久，空前熱烈，編者將主要討論文章 52 篇輯為一冊〈戀愛與貞操〉，於是年 11 月由生活書店正式出版。在國難深重的形勢下，讀者們倒是有興趣來討論這等社會變革的「慢功夫活」，從一個側面也可以看出，社會倫理變革仍然是時代提出的重要課題。

五四後若干年間，從先進知識份子「貞節」言論的重心來看，單純的社會現實批判逐漸減弱，歷史的追溯、理論的探討逐漸加重了比例。生活書店出版的文集〈戀愛與貞操〉可算是 1930 年代理

---

[76] 麥惠庭：《中國家庭改造問題》，商務印書館，1935，第 309～310 頁。

論探討方面篇幅最大，也最引人注目的文獻。而諸多歷史性的探討則散落在各種報刊及專書之中，其中較重要者如吳景超對西漢寡婦再嫁的細膩分析[77]，董家遵中國婚姻史研究系列論文中對節烈的討論。[78]

當時在理論探討方面，關於如何看待「貞操」或「貞節」一詞在新性道德中的地位，有兩種不同傾向的意見。一種傾向可以概括為「放棄派」。如周建人（「克士」）認為，貞操是對婦女的重大壓迫，即使將男女共守貞操規定在法律條文中，在事實上也將會同以前一樣，只會由婦女去履行，那是必然的趨勢。戀愛與貞操並非一個來源，性質也不同，「欲加融合和改作，是根本不可能的事」。[79]也有人認為，「貞操」一詞的封建氣味太濃厚，建議改用「專一」來替代。[80]另一種傾向可以概括為「改造後加以保留派」，這種傾向在五四後若干年間主張者甚多，大致的思想傾向有兩種：(1)有戀愛才談得上貞操，無戀愛則無貞操可言，戀愛與貞操共存亡；(2)貞操必須限制在一夫一妻制的框架下才有意義。未締結婚姻時、因一方去世而婚姻破裂時，均無對另一方的貞操義務，只要在每一個一夫一妻的婚姻裏面夫妻雙方相互忠貞就算盡到了「貞節」的義務。[81]「放棄派」與「改造後加以保留派」兩種看法在當時並存於世，經過 1933 年《生活週刊》上的激烈論辯，誰也不肯服輸。潘光旦的思想傾向可以歸於後一派，但在概念的界定上、推論的根據上與後一派也有不少差異，差異來源於他對靄理士思想的接受。

---

[77] 吳景超：〈西漢寡婦再嫁之俗〉，《清華週刊》第 37 卷第 9、10 期合刊，1932年 5 月 7 日。

[78] 董家遵：《中國古代婚姻史研究》，廣東人民出版社，1995。

[79] 周建人（署名「克士」）：〈戀愛與貞操〉，《生活週刊》第 8 卷第 15 期，1933年 4 月 15 日。

[80] 蔡慕暉：〈專一〉，《生活週刊》第 8 卷第 27 期，1933 年 7 月 8 日。

[81] 鄒韜奮：〈貞操〉，《鄒韜奮全集》第 4 卷，第 214～217 頁。

傳統的貞節不能及時退出歷史舞臺，學術、思想界就不會停止從歷史的、理論的方方面面進行持續深入的批判，在批判的同時，他們也探討了建立在男女平等基礎之上的新性道德應該是什麼樣子。「破」「立」並舉是當時言論的一個特點。潘光旦貞節論可以看作是「破」「立」並舉，以「立」為主的理論探索，反映了五四思想在新時期的深化與發展。

潘光旦 1920 年代中期至 1940 年代初期有關「貞節」的論述有這樣的特點：結合西方優生學、性心理學的知識與視角，揭示與闡釋了傳統貞節觀背後蘊涵的重視子嗣的性道德觀念。改造傳統禁慾的「守節」觀念，使之與靄理士中庸克己的人文主義性道德觀相一致。將中西學術中關於性道德的健康成分加以融合，為創造適合現代社會需要的新的性道德觀念提出了一份答卷，這對我們瞭解當時學者改造傳統貞操觀、構想新的性道德觀的努力增加了一些認識。

最後，值得一提的還有潘光旦「貞節」新解中所體現出來的融合中西文化的精神。在《性心理學》分別闡述「貞」、「節」兩字的譯注末尾，潘光旦不忘交代一下自己的動機：「譯者對於西洋文物的介紹，一向認為介紹只是初步而未必切於實際的工作，我們必須使介紹的事物和中國原有而同屬一類的事物之間，發生一些會通的關係、補正的功能，才算盡了介紹的能事。好比下一顆種子，只是把種子拿了來，撒在地上，當然是不夠的。譯者把貞節二字作為 chastity 的譯名，而一定要把貞和節並提，便根據這個認識。」[82]《性心理學》一書譯注凡十萬言，絕大多數是結合中西思想、資料寫成的，而在譯注中，其動機表白則僅限於這一例，可見潘光旦在寫作這條譯注時，心裏滿懷著一種獲得新發現的別樣的心情。

---

[82] [英]靄理士著，潘光旦譯注：《性心理學》，《潘光旦文集》第 12 卷，第 621 頁。

五、選擇性闡釋中國性文化史

　　性社會學家潘綏銘曾說，潘光旦在《性心理學》的譯注中寫出了「一部中國性文化史的大綱」。[83]實際上，局限於譯注的體例，潘光旦並沒有能在譯注裏全面地討論中國性文化史，各個論題不僅詳略不等，而且中國性文化史的許多重要問題未能包括進去。譯注中涉及中國性文化史的部分，大致有兩方面的內容：一是從中國文獻和習慣裏找出可以與靄理士原著內容相互印證、補充的資料，也可以說，他以性心理學的理論知識給予中國舊有的性經驗以科學的解釋，這部分工作學界一向評價甚高，只是在個別文獻的解釋上存在分歧[84]。二是重新闡釋中國文化特別是儒家思想對性問題的見解，其中一部分闡釋並不是旨在忠實地恢復歷史的原貌，而是以科學的立場取代道德的或禮教的立場，試圖藉中國文化的語彙來表達他心目中理想的性文化，如上節所述「貞節」新解就是一個例證，這部分工作，學界尚未給予足夠的注意。

　　潘光旦對於中國文化有相當的自信，他相信中國文化中對性的理解有許多健康的、值得發揚光大的成分，在許多方面要優於西方基督教文化中長期以來形成的性文化，所欠缺的，只不過是系統的科學研究。有了先前的好底子，是不難實現與現代科學的對接的。可以很清楚地看到，潘光旦對中國性文化史的闡釋，不僅是有選擇

---

[83]　潘綏銘〈性文化：怎樣走到今天的〉（上），《東方》1995 年第 4 期。

[84]　如張惠仁質疑了潘光旦對《周易・咸卦》涉性的一段爻辭的解釋（詳見其論文《周易・咸卦》涉性爻辭正義及其他——兼對潘光旦、李敖諸說質疑，《中國文化》第 13 期，1996，三聯書店）。又如江曉原的《性張力下的中國人》（上海人民出版社，1995）在多處引用了潘光旦的譯注，或予以引申發揮，或有所對話。

性的，而且對其負面作用雖也坦誠承認，但往往一筆帶過，不加詳細發揮。他把重點放在其優長處的發揮上。

潘光旦認為，原始民族，西方早期的文化，如希臘、羅馬的文化，對於性大體上有著健全的態度。對於西方基督教的性觀念，他比較欣賞保羅以前《新舊約》所記載的種種言論和事實，認為，「猶太民族的性經驗是很自然的，很合乎常識的，就用現在的眼光看去，也沒有多大不近人情的地方；不但如此，並且有幾點是特別值得稱讚的，例如，割禮的制度，便有很大的性衛生的意義。耶穌的教訓，一部分原從猶太教裏脫胎的，他自己雖沒有結婚，他的見解卻也很入情入理，要是《四福音》裏的記載完全可靠的話，更可知他的性道德的觀念，是很寬大忠厚的」。他對保羅以後基督教的性立場總體評價不高，認為「實在是不足為訓」。保羅曾有一句話：婚姻是為了避免發生姦淫的罪惡，對性採取了否定、回避的態度。初期教會的人，變本加厲，把性看作一種污穢惡濁的東西，看作一種應當竭力趨避的孽障。文藝復興和宗教改革後的天主教和新教中的個別派別，如移入美洲的清教，還抱著舊日的成見，未能擺脫。其餘新教各派，雖逐漸接受科學的性觀念，但其中未脫前人窠臼的分子，至今還不在少數。[85]「自西化東漸，西洋文化中的糟粕，包括舊的性觀念在內，也成為輸入品的一部分，而竭誠接受它的也大有人在。一部分的基督教的信徒就在其內」。[86]因此，對於西方文化，也要有區別的對待，並不是只要是西方的，就一定可取。

在潘光旦看來，中國性文化史發展的脈絡大致是：早期儒家主張性中和論，中經主張寡欲與維持禮教的道學家以至於禁慾的佛家與一部分道家的影響，近期出現「打倒孔家店」和推翻禮教的主

---

[85] 這段概述主要根據潘光旦〈談性與人生——為基督徒青年講〉一文的第四部分整理，《潘光旦文集》第 8 卷，第 402～403 頁。

[86] 潘光旦：《靄理士著〈性的教育〉譯序》，《潘光旦文集》第 12 卷，第 8 頁。

張。[87]三個階段之中，他最為欣賞的是早期儒家的中和論。對佛教與宋明以來道學家的禁慾主義，他持排斥態度；對於道教的房中術（即所謂「一部分道家的影響」），他似乎興趣不大。[88]對於近期的反傳統主義，他認為是禁慾之後的一個反彈，不能因此而從整體上否認禮教。他說：

> 近來許多冒失的青年攻擊舊禮教，其理由之一便是因為他妨礙了性的發展。這才是片面的不公允的評論。舊日的禮教對於個人的性生活的自由，確乎限制得很嚴；許多浪漫式的舉動它也很不贊成，它是主張「上床夫妻，下地君子」的。但他並沒有因此妨礙了性的正當發展。許多在婚姻以外或婚姻以前的浪漫式的舉動是否完全健全，即在今人的眼光中，也未嘗無問題。禮教重貞操，因而引起守貞守寡的行為；這一層確是很壞，但它是晚近末流之弊，是少數別無貢獻的迂儒，提倡出來的，不足以為一般禮教病。[89]

從《性心理學》譯注所大量采入的宋元以來文人撰寫的稗官野史中表現的性觀點而言，潘光旦似乎肯定較多，當然對其中加入的道德教化並不認可。潘光旦也注意到了稗官野史中的性文化與同時期道學家的性文化的分野。五四以後的社會風氣，往往是喜歡對傳統嚴加批判，對道學家動輒譏諷。潘光旦雖不贊同道學家的性態

---

[87] 參見[英]靄理士著，潘光旦譯注：《性心理學》，《潘光旦文集》第 12 卷，第 622 頁。

[88] 何炳棣在回憶錄裏說，潘光旦同意他從性交技術洞窺中西文化的基本不同的意見，即西方人以性交連泄次數之多為能，而中國則以皇帝御女久而忍精不泄為能，潘光旦還說，中國這種 coitus interruptus（即性交中斷——引者注）如成習慣，大大有害於性生理。見何炳棣：《讀史閱世六十年》，第 181 頁。

[89] 潘光旦：〈獨身的路——現代婚姻問題討論之一〉，《潘光旦文集》第 9 卷，第 488 頁。

度，但還是保持了儒家的仁厚之風。在西南聯大時期，青年教員何炳棣曾與潘光旦就性心理學有過深入的討論，當何問及林語堂譏笑宋代理學家性無能或性寡歡是否有道理時，「潘先生也只頷首微笑而不答，大概是不願對宋儒太刻薄吧」。[90]

經潘光旦選擇性地予以闡釋的中國性文化觀念，概括起來，主要有以下六個方面。

第一，除了肯定性的生殖功能以外，儒家還肯定人慾的正當性，並主張應以及時婚姻的方式予以滿足。對於性交與健康的正面關係，中國人一向是認識的，最詳細與最近情的討論是性愛小說《肉蒲團》的「楔子」。道教的房中術更是肯定性愛的積極作用。對男女交接姿勢等比較直露的討論，在中國文獻裏往往見於性愛小說和道教作品。潘光旦認為道家（應主要指道教）的作品如《素女經》，往往還有幾分科學的價值。[91]在《性心理學》譯注裏，他借著原著「性富有時期性」的論述，用兩條注釋分別闡釋了《周禮·地官》和《禮記·月令》中官府令臣民分別在「中春之月」和「季秋之月」會男女、「務內」。[92]關於「及時婚姻」，他更是給予高度的評價。他寫道：「中國在這方面是有一派比較合情理的哲學的，禁慾與縱慾之間，我們也有一個折中的主張，叫做『及時的婚姻』。《詩經》所稱『周南召南』之化，整個講『好色而不淫』的《國風》，『內無怨女，外無曠夫』的社會政策，所再三諷詠講述的無非是這個主張。我們以為即在今日，這主張還是有它的中心地位，假使它完全沒有地位，而非要靠舞蹈一類的安全瓣的方法不可，那座高壓力的鍋爐還是要爆炸的，事實上零星爆炸的慘禍也正在天天發生

90　何炳棣：《讀史閱世六十年》，第 181 頁。
91　參見[英]靄理士著，潘光旦譯注：《性心理學》，《潘光旦文集》第 12 卷，第 292 頁，第 662 頁。
92　詳見[英]靄理士著，潘光旦譯注：《性心理學》，《潘光旦文集》第 12 卷，第 293～294 頁。

著。」[93]上文曾提及潘光旦吸取巴歇雷的觀點，對性慾昇華的可能性有所懷疑，其中提到巴氏主張以適當的早婚來解決青年性的要求，也曾提及潘光旦不贊成在婚姻之前或之外尋求性的滿足（即他不贊同試婚，提倡「節」與「發情止禮」）。結合中國文化中「及時婚姻」的看法，可以瞭解潘光旦是如何釋古以為今用的。

第二，中國傳統的性態度比較健康。在性教育上，雖然向來沒有什麼設施，但真正可以阻礙性知識的獲得與性發育的自然的勢力，倒也很少。「做男子的，在這方面，七拼八湊的，總可以取得一些將就得過的準備，是可以無疑的；做女子的，至少在出嫁的前夕，總可以從母親那邊知道一些婚姻生活的實際與意義。我們雖不明白的指導子女，我們卻也並不對他們一味的緘默、特別的掩飾，到不能緘默與掩飾時，便滿嘴的撒謊。在這種比較任其自然與不干涉的局面之下，我們的性生活雖未必圓滿，但性的變態心理與變態行為也似乎並不多見。」[94]這個認識是潘光旦參照西方的情形得出的。他認為，西方由於有性不潔的觀念，所以就有了「緘默的政策」、「造作的神秘主義」、「偽善的貞潔觀念」。

第三，儒家在性的問題上採取的是一個「節」的態度，既不主張縱慾，也不主張禁慾。所謂「發乎情，止乎禮義」就是「節」字的注腳。這一點上文已有較多闡述，此處不贅。

第四，夫婦之道，在於「上床夫妻，下地君子」，「相敬如賓」，彼此之間保持一定的距離。對中國舊式婚姻的持久性，潘光旦採取的是理解的態度，而不是批判的態度，他認為其中不乏「相敬如賓」的貢獻。他說：「舊式婚姻於結合之先，主張門第相當，才貌相配，須有老成的人為之主持，結合之後，又主張親而不狎，相敬如賓；如此，婚前既有相當的客觀的條件做保障，婚後又有一些培植的功

93　[英]靄理士著，潘光旦譯注：《性心理學》，《潘光旦文集》第 12 卷，第 303 頁。
94　潘光旦：《靄理士著〈性的教育〉譯序》，《潘光旦文集》第 12 卷，第 7 頁。

夫來維持，舊時夫婦關係的所以能歷久相安，這些顯然是原因的一部分了。那些醉心於新式婚姻的人，動輒以為舊式婚姻的所以能相安無事，是受了一種定命哲學的麻醉，特別是在女子方面，那是知其一而不知其二的。」[95]「相敬如賓」在潘光旦看來是一個原則，其目的是以適當的距離增加思慕，增加美好的想像，從而起到維持婚姻長久的作用。「上床夫妻，下地君子」是這個原則的注解。他舉例說，「相傳金聖歎曾經把妻子送回娘家，過了許時，又鼓樂喧闐的用花轎把她抬回來，這雖未免過於佯狂玩世，但就『暌違』或『距離』的道理說，他是對的。不參考到這一層道理，而討論婚姻生活的滿意與否的問題，譯者以為是不容易搔到癢處的。」[96]不僅如此，「相敬如賓」由於適當地拉開了夫婦之間的距離，在客觀上還會對夫妻性愛起到積極的準備作用。他寫道：「中國人對婚姻，責任觀念很重，而藝術觀念很輕，真正床笫間的性愛的藝術自然也談不大到；不過對於此種藝術的第一步，即充分的積欲的準備，卻不能說全無理會，『相敬如賓』的原則，『上床夫妻，下地君子』的道理，從這個立場看，而不從禮教的立場看，是極有價值的。惟其下地能守君子之誼，上床才能盡夫婦之歡。」[97]《性心理學》有四則譯注或專門或較多地談到「相敬如賓」，潘光旦的推崇之意，可見一斑。1947 年 7 月 19 日，潘光旦在北平女青年會成人部伉儷會上發表 40 分鐘演講，其中也從距離的角度闡述了「相敬如賓」的意義。[98]

第五，性道德的最後的對象是未來的社會，若就一人一家而言，就是子女。靄理士受優生學的影響，作此主張，潘光旦也是如

---

[95] [英]靄理士著，潘光旦譯注：《性心理學》，《潘光旦文集》第 12 卷，第 606 頁。

[96] [英]靄理士著，潘光旦譯注：《性心理學》，《潘光旦文集》第 12 卷，第 607 頁。

[97] [英]靄理士著，潘光旦譯注：《性心理學》，《潘光旦文集》第 12 卷，第 659～660 頁。

[98] 《潘光旦文集》第 11 卷，第 275 頁。

此。他認為，「宜子孫」始終是中國民族道德最大的理想。當然，潘光旦主要想根據優生學的理想考量中國傳統觀念，把其中蘊涵的優生價值，不拘多少都指點出來，他並不是在對該觀念的利弊得失作全面的分析，更不是無條件的提倡。他指出中國傳統觀念暗含的優生價值，就為優生學在中國文化的土壤裏面找到適宜的條件打下了基礎。

第六，對於性歧變的態度，中國文化的態度與已往西方人極端排斥的態度往往有很大差異。以往的西方人對於性歧變往往採取一個極端的「邪孽」的看法，他們認為不正就是邪，就是可惡，就應該臭罵，甚至於應該責罰，重重的責罰。但是，中國人與西方人對性歧變的態度不同，潘光旦認為主要有以下三點：

> 一、中國人一般的生活觀念裏本有經權、常變、同異等等的看法，「經常」雖屬重要，「權變」也自有它的地位；「和同」雖是一個很好的生活理想，但同而不和，是要不得的，而不同而和是要得的。二、邪正善惡的觀念在中國只是社會的、倫理的、人為的，而並沒有宗教的裁可，所以它的絕對性並不太大。三、中國的一般的自然主義向稱發達，全生適性之論是道家哲學的中心，而儒家的主張，也不過欲於「率性之道」之上，加一番修養的功夫而成其為「教化」而已；因此，讀書人對於一切驚奇詭異的事物，嚴格些的，取一個「不語」或「存而不論」的態度，而寬容些的，更承認「天地之大，何奇不有」的一個原則；譯者在上文各節的注裏所引的性歧變的例子（指潘光旦為靄理士《性心理學》加的譯注——引者注）不為不多，記載這些例子的人的最共通的一個結語便是這個原則；在他們看來，奇則有之，怪則有之，道德的邪正的判斷也時或有之，但絕對的罪孽的看法則沒有。這無疑

的是一種廣泛的自然主義的效果，在希臘以後與近代以前的西洋是找不到的。[99]

六、對當時涉性事件、言論的評論

在《性心理學》「譯序」裏，潘光旦不點名地批評了以「性學家」自居的張競生，譯注裏也有少量文字評論當時涉及性方面的社會事件、法律案件以及社會政策。這兩方面的內容，篇幅較小。但篇幅小，不等於潘光旦在這些方面無所作為或不重要。他主編的《優生》月刊、《華年》週刊上尚有不少涉及性問題的時評，還有其他零星文章，至今還乏人利用。除了潘光旦與張競生的關係前人有所著墨以外，後一方面的內容鮮有人提及。把這兩方面的內容合起來，可以更全面地觀察潘光旦與當時社會思潮的關係，也可以經由這個視窗，看一個學者如何以其學術造詣來直接參與社會變革，推動文明的進步。

按照潘光旦的推論邏輯，禁慾之後必然面臨著一個縱慾的反彈。道學家以及儒家的末流是具有禁慾色彩的，這一點潘光旦也承認。禮教崩壞以後，新的社會性道德還沒有建立起來，必然出現一個時期的混亂。此時便是性讀物擴張領地的最佳時機。這其中一部分是嚴肅的介紹性知識的，而另一部分卻是假傳播性知識以售其奸，從中漁利。1926 至 1927 年間，就出現了這樣的情形——「近來以介紹性智識自命的定期刊物，雨後春筍似的，忽然增加了好幾種，如《新文化》、《性雜誌》、《性慾週報》、《性三日刊》、《性報》，多的不及半年，少的是最近一、二月或一、二星期內才出現的。」

---

[99] [英]靄理士著，潘光旦譯注：《性心理學》，《潘光旦文集》第 12 卷，第 480 頁。

潘光旦就此評論道：「這種種刊物，名為介紹正確的性觀念，他們自己的動機和態度便很有問題。名為介紹精當的性智識，他們所敘述的事實常有錯誤，有的更是半出臆造。要辯駁起來，真是辯不勝辯，駁不勝駁。」[100]

對於大眾媒體上以「性」為噱頭，大肆鋪張賣弄的記載，潘光旦是極為反感的。1932 年，他在一篇題為〈娼妓化的日報〉的短評中寫道：

> ……近年來上海有好幾種日報似乎專靠「性」新聞的細膩與顯豁，來維持和推廣它們的銷路。上海一類的大都市裏，「性」新聞自然俯拾即是，其中比較特殊的，自不妨加以翔實雅馴的記載。但近來所見的，連篇累牘幾乎無一不是張三李四中篝的細微事故，刻畫不厭其詳，標題不厭其大，而逢到記者和讀者公認為緊要關頭之處，還要分段，還要加副題。
>
> 一個深夜後為生計所驅在街頭拉客的娼妓要受輿論和法律的制裁和取締。一張賣弄風情，到令人作惡的地步的日報卻可以在光天化日之下暢銷。人世間事，真有幸有不幸了。我們不禁為上海的「野雞」叫屈！[101]

對當時的現狀作如是觀，潘光旦以為，和一些他認為跡近「庸醫」的所謂「性學家」是犯不著爭辯的，但在忍無可忍的時候，他也曾站出來寫過駁斥的文章。流覽所及，潘光旦有具體對象的駁斥文章共三篇，依次是：

(1) 〈《新文化》與假科學——駁張競生〉（發表於 1927 年 5 月 5 日《時事新報・學燈》）；

---

[100] 潘光旦：《今日之性教育與性教育者》，《潘光旦文集》第 1 卷，第 406 頁。
[101] 潘光旦（未署名）：《娼妓化的日報》，《華年》第 1 卷第 8 期，1932 年 6 月 4 日。

(2) 書評：林眾可著，〈愛的人生觀〉、《色的社會問題》，華通書局出版（發表於《優生》第 1 卷第 2 期，1931 年 6 月 15 日，又見《新月》第 3 卷第 9 期，時間不詳。）

(3) 書評：柴福沅著，〈性學 ABC〉，世界書局出版（發表於《優生》第 2 卷第 3 期，1932 年 3 月 15 日，又見《華年》第 2 卷第 26 期，1933 年 7 月 1 日，署名「古公」。）

三篇評論之中，後兩本書的作者並不知名，從潘光旦評論中找出的基本知識性錯誤來看，可以明確地看出是品質甚差、欺罔讀者的書。林眾可的《色的社會問題》一書在「序言」裏老老實實地交代了自己本來沒有研究心得，是如何在借閱了朋友的參考書，「足足翻了好幾天」後就攢出這一本書來的。

三名被批評者當中，以張競生名氣最大，其人曾在 1920 年代初期任教於北京大學，以發起「愛情定則討論」、徵集出版「性史」、出版《美的人生觀》、建立美的書店等暴得大名。

以「性學博士」著名的張競生，在法國留學期間深受「獵豔」習俗的影響，在性方面態度激進，能夠突破婚姻的藩籬充分享受性的快感，在氣質上可說是與中庸平和的靄理士相去甚遠。但張競生說他受靄理士六大冊的《性心理學研究錄》影響極大，他徵集出版「性史」就是仿效靄理士的做法，還說要翻譯靄氏的六大冊巨著《性心理學研究錄》。這讓以靄氏私淑弟子自稱的潘光旦感到大不痛快。靄理士在正文中論述各種性的問題，使讀者得到性的真正知識，後面以小字型大小附上許多個人的性史，雖離奇古怪、式式具有，但讀者只能當作一種參考的材料；而且，靄理士為慎重起見，在發行時還限制未成年人購買。張競生的「性史」卻是徵集了許多個人的為當時社會風俗難以容許的性經驗，單獨印出，一時間，《性史》銷路巨增，各處盛行翻印，張競生也因此在知識界遭到強烈的抵制。1926 至 1927 年，張競生在上海開設美的書店，仍然熱心介

紹靄理士的學說。這次他吸取「性史」的教訓，只介紹學說，不附原書的「性史」，更不敢介紹我國人的「性史」。每次譯述靄理士原書的一個段落，大都不過一兩萬字，採用普通裝幀，定價僅 2毫，「各種討論都是具有科學根據，自然在國人看來甚覺新奇可喜，價又便宜，所以買者極見踴躍」。據他說一年多時間裏，出書數十種，門市已賣出幾十萬本，外埠已寄去數十萬本。[102]

　　至今在性社會學者劉達臨、潘綏銘那裏，張競生還受到高度讚揚。[103]劉達臨將張競生譽為「中國現代性科學和性教育最傑出的先驅」，「是一個哲學家、文學家、教育家、性心理學家和社會學家」，他還認為張競生的缺點只是太激進，太孤軍深入，不夠靈活含蓄，所以才受到強大的傳統思想的非議和打擊。[104]這樣的概括似不甚妥當。在一個現代學術已經有所發展的時代，提出一些缺乏學理依據的思想見解，無論這些見解多麼高明，大約是不能被冠以某某「學家」的頭銜的。這裏並不是要否認張競生思想見解的進步意義，只是認為從學理上應作此區分。

　　張競生在衝擊中國傳統的性壓抑方面，曾起到過思想解放的作用。但其文風如戰鬥宣言一般，多激情宣洩，而少學理探討，並因此為人詬病。張競生在社會上雖然能夠吸引普通讀者的一時視聽，也因之受到官方的壓制。但來自知識界的反對才是致命的。在知識界，明確以發表文章批評張競生主要有周作人、周建人和潘光旦等，其中以潘光旦的批評最為嚴厲。周作人曾得張競生手贈的《性

[102] 參見張競生：《十年情場》，江中孝主編：《張競生文集》（下卷），廣州出版社，1998，第 104～110 頁。張培忠的新著《文妖與先知——張競生傳》（三聯書店，2008）對美的書店翻譯靄理士著作以及盜版書商如何摘編盜印的情況有詳細的敘述，參見此書第七章第三節「美的書店盛衰」。

[103] 參見潘綏銘〈性文化：怎樣走到今天的〉（上）（《東方》1995 年第 4 期）與劉達臨《20 世紀中國性文化》（上海三聯書店，2000）。

[104] 參見劉達臨《20 世紀中國性文化》第二章第三節。

史》第一集，是原版初印的真本。他肯定張競生仿靄理士調查性史的初衷是好的，「不過寫的人太不高明了，這裏邊有沒有張君的大作我不知道，總之如看過《性心理研究》（即《性心理學研究錄》──引者注）上的記錄的人總不應當那麼亂寫，特別是小江平那麼的描寫，平白地把性史的名字糟蹋了，實在是可惜的事」。張競生在上海所寫的文章，所預告出版的《第三種水》，周作人均評價不高，認為是非常荒唐無稽的，「只要查考英藹理斯（即潘譯靄理士──引者注），以及奧大利勃勞厄耳，荷蘭凡特威耳台諸人的書，並無所謂第三種水那麼樣的東西」。[105]言下之意，張競生所謂受靄理士影響很大，只是他自己的認識，周作人認為他並沒有學到靄氏學說的精華，只是打著靄氏的幌子兜售非科學的性知識。

潘光旦在寫了〈《新文化》與假科學──駁張競生〉後的五年，又寫過一篇短評談張競生，明確指出：「五年前有人編印變相的淫書，自稱其學問為『性學』，又自命為『性學博士』『性學專家』，又大言不慚的著為種種學說，一時受他的欺罔的青年男女，正不知有多少。」[106]

有研究者認為，潘光旦對張競生「帶有明顯的偏見和嫌惡之情」，「張競生的性學理論容或有錯誤甚至荒謬之處，但指其欺世盜名卻是言過其實的，這樣的批評也是有失公允的。」[107]這種看法也有一定道理。潘光旦大約是對張競生的缺乏學理根基而又在做法上太過招搖實在看不下去，才會產生如此強烈的批評意識。作為歷史的當事人，潘光旦儘管性格平和，但也有他的「意氣」的成分。後人比較自然形成的那種全面、客觀評價張競生的願望，求之於歷史

[105] 參見周作人：《張競生博士》，周作人著，止庵校訂：《知堂乙酉文編》，河北教育出版社，2002，第 102 頁。
[106] 潘光旦（未署名）：〈「性學博士」被控〉，《華年》第 2 卷第 35 期，1933 年 9 月 2 日。
[107] 張培忠：《文妖與先知──張競生傳》，第 419～420 頁。

當事人，反而是不太容易有的。潘光旦對張競生的純潔動機一面也
不是毫無認識的。1935 年，在接受記者訪問時，潘光旦曾說，張
競生對於傳統的性神秘有點矯枉過正，他「對於性的解說，本來的
意思是很正大純潔的，不過他的方法用錯了，所以結果造成一些與
青年有害處的事實，在英國有一位學者，也是專門研究性問題的，
而且有七大部著作，不過他是先解釋理論，然後再用小字型大小印
述實事，而張的方法卻是注重事實的述說，於是給一般青年灌輸了
邪的觀念。」[108]

　　如果張競生得到知識界的支持，從當時的情況來看，官方的壓
制不足以使他無法在學術界覓得棲身之地。從張氏的經歷與著述
來看，科學訓練嚴重不足，在那個尊崇科學的年代足以構成他的致
命弱點，他的「身敗名裂」，不只是劉達臨先生所說的策略是否激
進的問題。有研究者認為，「張競生性教育和性主張的失敗固然由
多重原因導致，但其中最根本的原因是他的知識範式與時代的要
求相背離了，他的知識範式是前現代的，已經不符合科學（尤其是
生理學、解剖學）的標準。這兩種知識範式的衝突不是道德的衝突，
而是新與舊的衝突、文化的衝突。在知識分類已經十分明晰的時
代，作為哲學博士的張競生對於性科學、生理學、優生學、心理學
等問題貿然置喙，又不能自圓其說，必然遭到這些領域專家學者的
批評」[109]，應該說是中肯的評論。

　　對於嚴肅認真介紹性知識的讀物，潘光旦一向是竭誠歡迎的。
且不說他對靄理士學說的積極引介已為人所共知，對於其他科學的
性書籍，他也是樂於積極介紹的，如基督教青年會亞洲部幹事艾迪
（George Sherwood Eddy）的《性與青年》，桂質良醫生的《性衛生

---

[108] 茜頻：〈學人訪問記：社會學家潘光旦〉，潘乃穆等編：《中和位育——潘光
旦百年誕辰紀念》，第 58 頁。

[109] 王雪峰：《教育轉型之鏡——20 世紀上半葉中國的性教育思想與實踐》，社
會科學文獻出版社，2006，第 273～274 頁。

講話》等。[110]對於動機純正、而在科學方面犯些錯誤的性介紹文章，他坦誠地指出錯誤點，但措辭十分客氣，如 1932 年對於《機聯會刊》上關於「性」與「優生」介紹的評論。[111]

在性知識的傳播和性教育問題上，潘光旦認為，重要的是性教育者必須合格。其條件是須具備三方面的資格：一是個人精神生活健全，這是具備正確性觀念的基礎；二是在教育的訓練上，是生物學家與醫生兩類職業的人，當時生物學家因其學識準備較醫生更加全面、更加深入而尤為相宜；三是具有社會道德的動機，不以發表性的文字來求名求利。[112]

除了直接介入當時有關性研究、性言論的討論以外，當時出現的其他與性有關的社會事件、法律案件，潘光旦也總是積極參與，以自己的學識加以新的理解，寫成文章，貢獻給當時的人們參考。這些評論均發表在一般社會文化刊物上，而不是專業學術期刊上，可以較多地在社會各界流通，從而具有超出學術界以外的影響力。

如 1934 年初天津《大公報》登了一段四川內江通訊，說起那地方某書店經理傅某，年約四十歲，曾在日本留學過，歸國後做過中學教員和校長，學問和風度都很好。一年來他忽然喜歡女人打扮，臉上還要塗脂抹粉，不論居家外出，都是如此。因此全城的人都叫他「人妖」。潘光旦依據性心理學的知識，認定傅某所表現的是一種簡單的性心理變態「易性喬裝」。他說：「『易性喬裝』，和別的性心理變態一樣，有它的先天的原因，和後天的緣會，沒有此種因緣的人，別人雖欲勉強他改裝，既有所不可，有這種因緣的人，自己雖欲抑制自己，也有所不能。我們遇見這種比較不幸的人，無

---

[110] 參見《潘光旦文集》第 8 卷〈談性與人生——為基督徒青年講〉一文，及第 9 卷《性衛生講話·序》一文。

[111] 潘光旦（未署名）：〈《機聯會刊》談「性」與「優生」〉，《優生》第 2 卷第 2 期，1932 年 2 月 15 日。

[112] 參見潘光旦：〈優生概論〉，《潘光旦文集》第 1 卷，第 406～408 頁。

論男女，都應該表示幾分同情，雖不能加以援助，至少不應該拿『人妖』一類的名字來罵他們。」[113]

對於涉及性的法律案件，他參與討論的也頗為不少。姑舉三例，以概其餘。

第一例

吳淞某婦女連生兩女，公婆一再失望之下，歸咎於媳婦，由歸咎而壓迫，由壓迫而遺棄，終於成為一樁法庭上的案件。潘光旦在一篇短評裏便從生男生女是由男子的染色體決定說起，說明媳婦在生女一事上沒有任何責任，而男子本人對於染色體也不能加以左右，加以選擇，這種責任他也負不了。在文末，他呼籲道：「婦女解放運動裏的諸位姊妹們，少喊一些平等自由的口號，多做一些這一類的教育工作吧！多一分這種工作，便可減輕一分婦女界的痛苦！」[114]

第二例

1932 年 15 歲溫州少年周亭榮，不知犯過多少次細微的竊案，也不知進過多少次捕房，終不悔改，當時上海各報的社會新聞都拿他做「好題目」。報導標題中以道德譴責式的詞彙稱他為「劣童」、「無惡不作」。公安局、地方法院多次拘押他。潘光旦依據性心理學，為他開脫，他評論道：

> 有用麼？沒有用。為什麼沒有用？社會不明白周亭榮所以「偷竊」、「假扮」和「逃脫」的原因。周亭榮今年十五歲，正當春機發動的初期，他沒有受過教育，更沒有受過適合他年齡的性的教育。他正在性發育的期內，生理上有種種

---

[113] 潘光旦（未署名）:《「人妖」?》，《華年》第 3 卷第 4 期，1934 年 1 月 27 日。

[114] 潘光旦（未署名）:《「天下父母心」》，《優生》第 2 卷第 1 期，1932 年 1 月 15 日。

的衝激，心理上有種種的疑難，也沒有人替他解釋，給他慰藉，內部的衝激和疑難找不到正當的排解，便轉變為偷竊（kleptomaniac tendency），逃脫（truancy），假扮，謊騙，捏造故事（fabrication）種種形諸身外的行為了。這是最近十多年來西方發育心理學已經確定的一部分的事實。西方像周亭榮一類的少年，有一經專家向他說明性發育的道理之後，便立即放棄偷竊、逃脫、捏造的行為的。性教育的不可不講求，有如此者。

社會對於周亭榮，不明白他的反社會行為的癥結所在，但知拘留，看管，解法院，送「習勤所」，把他叫做「劣童」，說他「無惡不作」，不坐實他的犯罪行為不止──這是什麼社會！嗚呼，不教而誅的社會！[115]

第三例

1930 年代初期杭州西湖藝專女生劉夢瑩被同學陶思瑾妒殺一案，在當時頗受注目，滬杭一帶的報紙都有詳細的連續記載，甚至北平《晨報》的報導也十分詳細。潘光旦根據報紙報導和個人從杭州接到的朋友來信，推斷陶劉兩人發生同性戀愛，兩人情愛異常深切，妒情也分外濃厚。後來陶有了戀人，劉查到後，常會用種種方法破壞。在個別心理上，陶思瑾有被迫害的幻覺，由此引起妒殺事件。潘光旦一直關注這個案件的進展，先後寫了直接有關的短評五篇[116]，間接涉及此案的短評兩篇。[117]其中可以確知的是，刊有潘

---

[115] 潘光旦（未署名）：〈不教而誅〉，《華年》第 1 卷第 4 期，1932 年 5 月 7 日。另外，《性心理學》有一則譯注也曾談及此事，見《潘光旦文集》第 12 卷，第 472 頁。

[116] 分別為〈陶劉妒殺案的心理背景〉（《華年》第 1 卷第 1 期，1932 年 4 月 16 日）、〈陶劉妒殺案的社會責任〉（《華年》第 1 卷第 2 期，1932 年 4 月 23 日）、〈再提陶劉妒殺案〉（《華年》第 1 卷第 5 期，1932 年 5 月 14 日）、〈只不講理〉（《華年》第 1 卷第 18 期，1932 年 8 月 13 日）、〈再論陶劉案的調

光旦前兩篇短評的《華年》週刊在 1932 年 5 月 5 日開庭時曾由被
告律師呈繳法庭。潘光旦在這些短評裏，一面呼籲在對陶思謹的判
決和量刑之前，必須要有專家對其家世遺傳、平日行為等進行充分
的調查與鑒定，在此基礎上才談得上案件的公平合理判決。一面呼
籲社會上的律師、法官要充分參考到西方性心理學、犯罪心理學的
研究成果，在社會安排上，對精神異常而無罪開釋的人要有一個恰
當的安置。從〈只不講理〉和〈再論陶劉案的調查不足〉兩篇短評
來看，潘光旦的超前意識在本案的判決中並沒有得到重視。他認為
此案的關鍵是對陶思謹的精神狀態進行調查與鑒定，除他之外，沒
有一個人願意從這個角度去看問題，難怪他發出「嗚呼法治！嗚呼
輿論！」的歎息。[118]

七、餘論

潘光旦在性研究上，主要繼承了靄理士的包容面較廣的性心
理學，同時兼采了佛洛伊德的精神分析學說，甚至還吸收了 1930
年代性研究的新成果，如巴歇雷的《生殖的生物學》中關於性慾
昇華的理論。在吸收西方性生理學、性心理學研究成果的基礎上，
他重新整理和闡釋了中國文化尤其是儒家關於性的主張，並在某
些問題上以中國性文化觀念來修正西方性觀念，使兩者實現一定
程度的理論會通。在靄理士性與人生關係的三分法（個人、社會

查不足》（《華年》第 1 卷第 26 期，1932 年 10 月 8 日）。
[117] 分別為〈斷頭臺歟？瘋人院歟？〉（《華年》第 1 卷第 22 期，1932 年 9 月
　　 10 日）、〈無獨有偶的同性奸殺案〉（《華年》第 1 卷第 11 期，1932 年 6 月
　　 25 日）。
[118] 潘光旦：〈斷頭臺歟？瘋人院歟？〉，《華年》第 1 卷第 22 期，1932 年 9 月
　　 10 日。

與種族）的基本框架下，潘光旦著重探討了性與社會的關係。潘光旦以新的學術框架觀察當時涉及性的學術研究與思想言論，評論了有關性問題的社會現象、社會政策、法律糾紛，提出了超越前人的意見。可以說，他不僅開闢了中國性文化史研究的新方向，而且對於建設有中國特色的性學術思想提供了若干值得進一步思考的理路。

在當時中國的歷史條件下，潘光旦的主張是進步的。在激進的程度上，他比不上張競生，比不上他所批評過的以性為噱頭獵取利益的小報。但是，在科學的立場上實事求是地、建設性地討論性問題上，他做的貢獻比他的批評對象大得多。從 1930 年代西方「性革命」以後的立場來看，潘光旦的觀點確實有點「落伍」，至少可以說不夠刺激，太溫和了。當代性社會學界普遍忽視潘光旦早期的貢獻，劉達臨教授的《20 世紀中國性文化》一書對潘光旦的貢獻幾乎完全忽略了。他們即使有少量評論文字，也充滿了 1930 年代以後西方「性革命」以後的成見。這種成見在潘綏銘的〈性文化：怎樣走到今天的〉（上）一文中表現得也很充分。潘綏銘對張競生的激進「性解放」給予高度評價，把潘光旦歸之於西化派。關於西化派，他有如下的一些看法：「他們反傳統再激烈，也沒敢提起性文藝和房中術，連魯迅這樣精彩的人物都退避三舍。他們的西化要化到什麼地步呢？不過是 19 世紀西歐的維多利亞時代的性風尚而已，就是談起人來神采飛揚，講到性時矜持做作，而且越籠而統之越好」，20 世紀二三十年代西方掀起了一場「靜悄悄的性革命」，「但是再靜悄悄，中國西化派的耳膜也仍然承受不了。例如潘光旦教授功不可沒，但他挑選來譯的，恰是相對溫和的靄理士，而不是『性造反』的萊赫（Reich），「這就開創了一個『篩選輸入』的先例。外邊的一切性知識和性主張，首先是被胸有國情的知識份子們取捨一番之後，才能傳入中國，官方審查反而倒在其後。而且，不管在

其他方面傾向如何，篩選性讀物時，大多數知識份子比當局還自覺還積極，尺度還要嚴一些。」[119]

潘光旦的手稿〈存人書屋拊掌漫記〉[120]記錄了他與朋友、同事之間的若干生活趣事，其中頗多性方面的內容，不僅毫無「矜持做作」、「籠而統之」的表示，而且可以肯定地說，他在言辭之中對談論「性」頗有興趣，於常人不大注意的地方，他常常具有驚人的「性」敏感。他甚至和學生輩的何炳棣能夠非常坦率地討論專講性生理和性交技術的書，這在今天的大學或科研機構從事性研究的學者，都很難做到。如果瞭解到這些事實，以上的說法恐怕就不太站得住腳了。至於他是否在篩選性讀物時「比當局還自覺還積極，尺度還要嚴一些」，可隨手檢出一例予以說明。1945 年潘光旦、陳達等教授組成的社會部人口政策研究委員會在「生育節制」和「性教育」等問題上與國民黨的黨政人員頗有爭執，在文字表達上不得不做了一些修改，以期獲得通過。如在報告的綱領草案，不提節育，僅在實施方案中，說明生育節制，幸而在 1945 年 5 月 6 日國民黨六中全會通過的綱領中，也獲得明確提出節育一詞的結果。又如在五中全會時，國民黨中某元老對於性教育（特別是性知識的傳授）表示反對，但該委員會認為此問題有基本的重要性，除文字略加修改外，仍列入綱領草案中，幸而也得六中全會通過。[121]潘光旦同其他幾位學者的思想的篩選標準是否比當局的標準「更嚴格」、「更積極」，從這兩則事實也就不難判斷了。

這裏，再參照當代心理學的研究成果提出一點討論性意見。

弗洛姆在研究佛洛伊德時提出過一個深刻的觀點。他認為，佛洛伊德並不是有些人所認為的性氾濫的宣導者，相反，他雖然揭示

---

[119] 潘綏銘的〈性文化：怎樣走到今天的〉（上），《東方》1995 年第 4 期。
[120] 潘光旦：〈存人書屋拊掌漫記〉，《潘光旦文集》第 11 卷，第 153～161 頁。
[121] 陳達：《浪跡十年》，第 445 頁。

了無意識和非理性的巨大力量，但是他不僅本人在性道德上具有貴族式的清教徒傾向，而且在其學說中表達了以理性來約束慾望的強烈主張。後來西方社會對佛洛伊德的誤讀完全違背了他的初衷。其基本原因是，佛洛伊德以心理學的語言表達了典型的 19 世紀西方資產階級的意識形態，正像資產階級通過積攢原則來促使資本形成一樣，傑出人物通過抑制自己的本能來為文化成果積攢精神資本，這就是上文所說的「昇華」。但是，時代的風氣變化得很快，「十九世紀中產階級受積攢原則支配，二十世紀中產階級則服從消費原則，主張立即消費，如果不是絕對必要，決不延緩滿足任何需要的時間。這種態度不僅指商品消費，性需求的滿足亦是如此。在一個為最大限度地直接滿足一切需求而建立起來的社會中，各方面的需求之間很少有什麼區別。精神分析理論，與其說是這種發展的原因，不如說是在有關性需求的範圍裏，為這種傾向提供了一種便利的理論說明。」[122]

從弗洛姆的研究結論中，便很容易理解為什麼 1930 年代以後西方走上了「性革命」的道路，為什麼後來西方的性學研究把性釋放、性高潮作為中心題材了。不僅如此，消費原則向性領域的滲透還極大地衝擊了人類行之已久的性道德規範，使其呈現出搖搖欲墜的局面。從這個角度看，潘光旦對人類性現象本身的豐富的揭示，在深受西方影響的當代中國還會激起相當的興趣。同時，與佛洛伊德相似，他以理性來約束慾望，將慾望的衝擊力量控制在以一夫一妻制為主導的社會秩序裏面的主張，恐怕一時還難以得到當代人的真正重視。

---

[122] [美]埃利希·弗洛姆著，尚新建譯：《佛洛伊德的使命——對佛洛伊德的個性和影響的分析》，三聯書店，1987，第 132 頁。

第八章　潘光旦的中西文化觀

　　自鴉片戰爭以後，有關文化問題的論爭，環環相扣，未曾間斷。這些論爭不僅反映著清末民初中國思想界的動向，而且也與中國社會的變動趨勢相重疊。至五四時期，文化問題的討論形成高潮，規模之大，時間之長，在中國近代文化史上堪稱空前。有統計表明，從 1915 年《新青年》（時稱《青年雜誌》）與《東方雜誌》就東西文化問題展開討論開始，爭辯延續十餘年，先後參與者數百人，發表文章近千篇，專著數十種。有學者指出，「當時論戰的內容非常豐富，涉及的問題非常廣泛，但比較集中於東方文化和西方文化的關係問題」。到 1927 年，思想領域的爭辯焦點轉移到社會性質等問題，五四時期的文化論爭高潮，方才告一段落。[1]

　　潘光旦是五四時期的學生，尚在清華學校讀書時，他已對中西學問兼籌並顧，打下了紮實的根基。1922 年清華畢業前夕，他甚至以西方的精神分析學說解讀中國舊文獻，寫出了〈馮小青考〉這樣分析精密的研究論文。此時的潘光旦，並未捲入有關文化問題的論戰，對於有切身體驗的中西文化問題也未置一詞。1922 至 1926 年留學美國時期，他雖身居異邦，然而對於中國舊文獻依然「情深意切」，同時密切關注著國內流行的文化思潮。1924 年 8 月，在美國優生學館所寫的〈中國之優生問題〉一文，則是他以優生學的眼

---

[1]　參見陳崧編：《五四前後東西文化問題論戰文選・前言》，中國社會科學出版社，1985。

光研究中國社會文化問題的開端，也以此開始了他作為優生學家匯入中國現代文化思潮的漫長歷程。

在優生學的基礎上，潘光旦曾提出過人文史觀或人文思想的主張，以此為依據，他對中國傳統文化，以及現代的種種社會文化勢力與思潮展開了廣泛的評論，深深地捲入了 1920 至 1940 年代的諸多文化論爭。對於潘光旦批評胡適的「全盤西化」主張的研究，雖然在細節上還有待於進一步清理，但其基本觀點卻已流傳頗廣。1935 年 1 月，「十教授」〈中國本位文化宣言〉出臺不久，潘光旦所發表的那篇回應性的短文〈談「中國本位」〉，在相關研究文獻裏也屢見記述。除此之外，瞭解他的中西文化觀念的人就很少了。

全面梳理潘光旦的中西文化觀念，揭示他的學術研究與文化觀之間的關係，在此基礎上深入解讀他在文化論爭中所提出的種種觀點，不僅可以改變潘光旦的文化觀念長期以來所處的隱而不彰的狀態，也可使我們對文化論爭轉入到「學者時代」後所出現的情況，有更深一層的瞭解。

一、種族競存標準下的中國文化

潘光旦用中文寫作的第一篇以優生學的眼光研究中國社會文化的論文，是 1924 年 8 月寫就的〈中國之優生問題〉，1928 年收入他的論文集《人文生物學論叢》時易名《西化東漸及中國之優生問題》。新標題加進「西化東漸」的字眼，更能凸顯出中國輸入西方文化的歷史過程中優生學的作用。當時，潘光旦身在美國，中文文獻未豐，尚不便進行具體、深入的專題研究，因此，這篇論文彰顯了潘光旦的基本思想觀念，與當時中國流行的文化思潮也發生了廣泛的論辯。在一定程度上，可以認為這篇論文是他以後學術研究

路徑與社會思想的一個論綱。它著重探討了如何以種族競存的標準來研究中國社會文化，同時為中國社會文化的變革指明一條他心目中的「康莊大道」。

這篇論文與文化問題相關的，主要有兩個方面：一是對待中國傳統社會制度與文化的態度，二是對五四新文化種種主張的態度。潘光旦觀察、分析這兩方面問題的基本眼光，都是優生學。或者說，他的評論著眼點在於，一種制度與文化是否能夠提高中華民族的種族競存力。

依據種族競存的標準，潘光旦對於中國舊有的社會制度與文化，有不少同情的看法。文中涉及論題雖多，但他最為用心，也最引人注意的大約是他對家族制度和科舉制度的評論。

依據優生學的眼光，潘光旦討論了中國傳統家族制度中的不少具體觀念與行為問題，主要有「不孝有三，無後為大」、「女子無才便是德」、「節烈」、「門當戶對」婚姻等。

潘光旦說：「『不孝有三，無後為大』之八字誡命使二千年來作人子者受盡委屈，事誠有之；然在種族方面，因此而得一源遠流長之絕大保障，則亦為不可掩之事實。『女子無才便是德』為目下女界攻擊最熱烈之一句舊話；然因不事智識生活，乃得注其全力於家庭之鞏固，俾子女得一發育之地盤，其於種族全體，自亦不無功德可言。」[2]對於中國過去的宣揚節烈，他認為，「節烈之理論根據為道德的，倫常的；然其實際之功用在圖家庭之鞏固與社會之治安，而其最後之得力處，尤在使子弟得一穩稱的發育之地盤，使種族沾久長之利益，謂其一無優生之效，容有未可。前輩鼓勵節烈，視之為天經地義，或從未顧及其最後之效用，而效用固未嘗不在也。」[3]

---

[2]　潘光旦：《優生概論》，《潘光旦文集》第 1 卷，第 272 頁。
[3]　潘光旦：《優生概論》，《潘光旦文集》第 1 卷，第 275 頁。

對於家長代子女選擇婚姻對象，潘光旦認為其中含有一定的優生價值。因為個人選擇易偏於浪漫的戀愛，對於是否適合於「相家生子之事」，則易於忽略不問，而家長選擇則對外在的客觀條件考慮得更加周全。他認為，家長的選擇婚姻不盡是出於為一家謀財利或為一己圖侍奉等考慮，他們的原則實際上是「門當戶對」。作為一種聯姻的原則，「門當戶對」自有其優越之處，它在個人品質之外，還將全家的品質作為參考物，其結果往往是良善的。潘光旦以歷史文獻和現實生活的觀察，來支持這一判斷。從歷史上觀察，他說：「作者讀史時每訝某時代中某族或某數族人才之盛，覺教育、環境、尊長之先容、親戚之援引數端舉不足以盡其說，乃不得不疑及類聚配偶之一端之維繫力。」[4] 他舉出的例子，一是兩晉時代的王、謝、衛三家，盡屬當時顯貴而互通姻好，而三家出的書法人才特多；二是明清兩代的長州文氏，自文徵明至文泰，七世之間，出畫家至十七八人，「文氏之姻選，一時無從參考，然徵明之孫元善娶武進王稚登之女，而王稚登固《吳郡丹青志》之作者也」。為何舉這兩個例子呢？他認為，藝術人才非有特殊稟賦無緣成功，即「蓋深知書才及畫才之憑藉於遺傳者多，訓練者少，設非天資特近者不能強致也。」[5] 從現實生活中觀察，他嘗驚訝於舊制度下「家庭間相安者多，發生問題者少」。從家族主義壓制個性，人與人之間相忍為高等因素並不能完全解釋這種現象。他認為，「如別求解釋，則新婦之與夫家，新婿之與外家，相能之處多，不相能之處少故也。論者如以門第主義為完全經濟的與社會身份的，則大謬」。[6] 也就是說，個人品質與家族品質接近，易於相處，當是舊式家庭生

---

[4] 潘光旦：《優生概論》，《潘光旦文集》第 1 卷，第 274 頁。
[5] 潘光旦：《優生概論》，《潘光旦文集》第 1 卷，第 275 頁。
[6] 潘光旦：《優生概論》，《潘光旦文集》第 1 卷，第 274 頁。

活相安的根本原因，而如果僅僅著意於門第婚姻的經濟地位與社會身份，則未能看到真正起作用的因素。

在潘光旦眼裏，科舉制度是一種在較大範圍內獎勵後進、提拔人才的方法。在他看來，科舉制度不同於近代各國流行的文官考試，因為文官考試的目的僅在直接搜羅可作官吏的材料，範圍較窄，只限於一部分已受特殊訓練的人，而給科舉選拔出來的人做官是獎勵與提拔人才自然的結果。[7]他說，中國實行的人才選舉制，前後逾兩千年，「自漢唐迄宋元，其制較疏簡，明清二代則機械性加重，其選擇的效用或較前略小，然就大端而論，其所甄別，要皆為人口中比較優秀之分子；因其優秀之程度而與以相當之名位，使為社會表率，則其功不可滅也。無論如何，即以教育的效用而論，此種選擇之原則，無人得而反對之，此種選擇原則之能作大規模的行使，尤不能不令人嘆服」。[8]儘管對科舉考試的機械性有所認識，但他對這種制度的主要方面仍是讚不絕口的。除了學理上的根據以外，應與他的生活經驗有關，因父親有進士功名，他得以接觸這個社交圈子的人物，他的觀感良好，這種優越感投射到他的學術研究中，促使他對科舉制度的正面價值有更多的認識。

潘光旦認為，科舉制度具有重要的優生價值。其原因就在於，它能夠將一地絕大多數的優秀分子選擇出來，分為等級次第，這可與優生學者視為利器的智力測驗相比，而且是規模極大的智力測驗。同時代的心理學者張耀翔也認為科舉考試具有智力測驗的性

---

[7] 作為優生學家，潘光旦很看重區分人的流品，他對科舉制度和文官考試的區分就著眼於這一點。也正是從這一點出發，他對科舉制度的評價高於文官考試。他曾說：「科舉制度取消已二十餘年，孫中山先生的考試院的建議，似乎是預備把它在原則上恢復過來。不過最近南京考試院的工作完全是偏在文官的甄拔方面，絕對談不上區分流品那一層精義。我們對它也就沒有什麼希望。」參見潘光旦：《人文史觀》，《潘光旦文集》第 2 卷，第 456 頁。

[8] 潘光旦：《優生概論》，《潘光旦文集》第 1 卷，第 277 頁。

質，他說：「科舉是一種智力測驗，不是學科測驗，也不是職業測驗。治某學科或從事某種職業，多半屬於偶然激發的行為。智力純是學會各種學科，並創造各種事業的潛勢力……科舉人物代表當時國中最高智慧階級全部。」[9]潘光旦早在留美時期的 1926 年發表的〈生物學觀點下之孔門社會哲學〉中就對科舉制度的優生價值有所認識，以後不時有所論述。他的觀點應不是受張耀翔的文章啟發而來，他們兩人雖同樣指出科舉制度的智力測驗性質，但角度不同：潘光旦是從優生學的角度，張耀翔是從心理學的角度。潘光旦曾在 1935 年發表的論文《近代蘇州的人才》中引用過張耀翔的〈清代進士之地理的分佈〉一文。[10]1947 年，潘光旦和費孝通合作的〈科舉與社會流動〉一文中說：「當代心理學家，對以前考試制度曾作研究的，認為八股文的考試方法多少是一種智力測驗，而不止是記憶測驗與知識測驗。」[11]這裏所說的「當代心理學家」，極有可能指張耀翔。

而且，科舉制度不僅是一個選拔人才的機制，它還拓展了得第者之間的社會交往空間，甚至促進了他們之間的聯姻。潘光旦說：「舉於鄉者與舉於鄉者相親，舉於國者與舉於國者相諗；於是向因地理關係而毫不相干者終於相干；及相干而以世誼年誼相往還者，終以姻誼為歸焉。面訂兒女親家為考場外常有事；讀此文者不乏前輩，必有以實我說也。」[12]從國家的人才選舉，到國民的婚姻選擇，其間有一種必然的聯繫，而科甲中人的聯姻使優生學所欣賞的類聚婚姻律得以發揮其正面作用。優生學的創始人高爾頓在他的《遺傳

---

[9] 轉引自劉海峰：《論科舉的智力測驗性質》，《廈門大學學報》（哲社版）1996 年第 3 期，此文將「張耀翔」誤作「張耀祥」。當今的學者也有認同這一看法的，如劉海峰先生。

[10] 參見潘光旦：《近代蘇州的人才》，《潘光旦文集》第 9 卷，第 132 頁。

[11] 潘光旦、費孝通《科舉與社會流動》，《潘光旦文集》第 10 卷，第 124 頁。

[12] 潘光旦：《優生概論》，《潘光旦文集》第 1 卷，第 277 頁。

的天才》（1869 年出版）中就對中國科舉制的優生作用心儀不已，並曾設法搜集有關材料，這對於身為中國人的潘光旦也有不少的激勵。科甲人中的血統關係，曾是潘光旦後來多年專題研究的課題，而追根溯源，實發軔於此時。

後來，潘光旦明確地將家族制度和科舉制度列為「暗中呵護」中國民族的兩種文化勢力。他認為，中國民族雖然吃了不少自然選擇的虧，但居然還能敷衍到今日，沒有步其他古老民族如希臘、羅馬、猶太、印度的後塵，其中的緣故，就是得力於這兩派文化勢力的「暗中呵護」，「這兩派勢力始終並不十分大，但足夠維持我們種族的生命，教他輕易不至夭折；別的古代民族，因為完全缺少這兩種勢力，或有其一而無其二，連維持都不能夠；今日思之，我們有了它們，雖不足以自豪，至少也可以自慰的。俗語說：留得青山在，不怕沒柴燒，先要有了生存，然後可以說繁榮。這兩派文化勢力至少教我們生存到了如今；如今要繼續生存，要繁榮，卻要看以後的努力如何了。」[13]

在回國初期發表的一篇書評裏，潘光旦介紹了英國哲學家、優生運動的熱心人士席勒的《優生學與政治》一書，著重介紹書中涉及中國文化的五六處。席勒在書中讚揚中國家族制度的維繫力、科舉取士制度的選擇力和中國民族性的和平忠厚，認為這些特點有很大的優生價值。潘光旦以「西方實驗主義者服膺中國舊制度」為題，揭示了其欲借助於最新的西方科學來替中國舊文化辯護的心態。[14]對優生學及其思想立場的接受與運用，在某種程度上強化了潘光旦久已有之的舊文化推崇，而且給他的崇舊找到了科學的根據。潘光旦本是五四時期受到過新文化影響的學者，但他舊有的士紳社會素

---

[13] 潘光旦：《人文史觀》，《潘光旦文集》第 2 卷，第 444 頁。

[14] 潘光旦：〈西方實驗主義者服膺中國舊制度〉，《潘光旦文集》第 8 卷，第 222～224 頁。

養，和從西方學習來的具有保守色彩的優生學，都使得他的社會思想主張呈現出較強的文化保守主義色彩。在某種意義上，可以說，他以優生學來維護中國傳統文化，與學衡派以白璧德的新人文主義來捍衛古典文化的正當性，有相似之處。

以種族競存為標準，潘光旦肯定了中國舊文化的若干優生價值，將其發掘出來，希望能在中國導引出一派適合於優生學發展的社會思想。他對中國舊文化的同情態度，與五四新文化運動著力於批判中國舊文化有明顯的差異。如他以種族競存為標準加以部分肯定的「不孝有三，無後為大」、「女子無才便是德」、「節烈」、「門當戶對」婚姻等，都是五四新文化猛烈批判的對象。他有所肯定的科舉制，早在晚清時期就因受到無數批判而於 1905 年壽終正寢。周建人在回應潘光旦的〈中國之優生問題〉一文時，對潘光旦為舊制度「說好話」頗不以為然，他認為「不孝有三，無後為大」是家族主義下的理想，這理想「不特無益於民族的將來，而且是有害的。今日對於民族前途應取的理想是在質的優秀，不在盲目的量的增多。不孝有三無後為大的理想的結果是使量盲目的增多的」，[15]「不孝有三，無後為大」的教條「不特是一種壓迫，並且也是反優生的。」[16]

在回應周建人的文章裏，潘光旦首先解釋了他對於舊制度的態度。他說，他對於舊制度的根本態度，無非是一個諒字和允字，「這幾個制度，從種族衛生的立足點看去，似不無相當的價值；我那篇文章的目的之一，就在把這種價值，不拘多少，指點出來，請攻擊他們的人筆下留情，決不是有意要不加條件的提倡他們。所以我一則曰，『塞翁失馬，安知非福』；再則曰，『亦不無功德可言』；三則曰，『尚不無抵償之影響』。讀者如只見周先生評我的文字，而不見

---

[15] 周建人：〈讀中國之優生問題〉，附於《潘光旦文集》第 1 卷，第 306 頁。
[16] 周建人：〈讀中國之優生問題〉，附於《潘光旦文集》第 1 卷，第 309 頁。

我的原文，也許要誤會我竭力為舊制度說好話；這就未免不公允了」。[17]不僅對舊制度如此，對於一般性的制度，他也持這種平正中和的態度。他說：「總之，不論任何制度，不能一百分的完善，也不能有百害而無一利。一筆抹殺的論調，總是不相宜的；何況同時還有人持嚴重的異議呢。」[18]

對於五四新文化運動時期流行的社會主義與民主、個人主義等思潮，潘光旦都表達了他的憂思。

潘光旦認為，機會均等，使人人得盡性發育，是一切改革家，不論其為社會主義者、民主主義者還是優生學者，都能承認的，「然以目下之情勢而論，前二派改革家活動之結果：為抑制社會中比較優秀之分子，為優容社會中比較粮莠之分子；均等云者，不為各展所長，各取所需，而成一不計輕重，不揣本而齊末之混同劃一主義；於事實為拗戾，於道德為不公允，於種族前途，則恐比較優秀之品質，因不受相當之維持鼓勵而至於淪滅：此在西方已局面半成，在中國則正在醞釀中也。」[19]

潘光旦贊成個性發展，認為「個性發展為教育之目的；個性原料之供給──即人類變異性（variability）之增益──亦為優生學目的之一」。但他嚴格區分了個性發展與個人主義，認為兩者不是一回事。在他看來，個人主義的極端者以個人為神聖不可侵犯，對於社會及種族之責任心則較為薄弱，「其行為舉措雖可與一時之環境不發生糾葛，而社會終必蒙其危害，蓋一己自由幸福之慾望既深，其不甘心於家庭與子女之束縛乃自然之趨勢；而社會之害，更有甚於絕種者乎？此非推論，乃為事實，略知西方上流社會之生活者，隨意可舉例證。」[20]五四時期流行的個人主義實自西方而來，雖未

---

[17] 潘光旦：《優生概論》，《潘光旦文集》第 1 卷，第 289～290 頁。

[18] 潘光旦：《優生概論》，《潘光旦文集》第 1 卷，第 290 頁。

[19] 潘光旦：《優生概論》，《潘光旦文集》第 1 卷，第 283 頁。

[20] 潘光旦：《優生概論》，《潘光旦文集》第 1 卷，第 281～282 頁。

必達到西方的程度，但就其趨勢而言，程度日益加深實為意中之事，這令潘光旦的憂慮頓增，他說：「國內個人主義在在有發展過當之趨勢，一端有自由戀愛，一端有獨身主義；超賢母良妻之言論，觸處皆是；雖未必盡成事實，要皆為種族不祥之兆。」[21]潘光旦認為，一般的西化影響所及，已使二、三十年來國內優秀分子的生育率呈減縮之象，而五四後來華的山格夫人所宣導的生育節制也已開始流行於知識階層，其結果是：優秀分子少生或不生，而非優秀分子生育律依舊居高不下，令優生學家痛心的人口逆淘汰現象初露端倪。潘光旦甚至認為，在中國，這種人口逆淘汰的影響，要比在西方更為嚴峻，其原因是：標榜「我是我，我不是父親的兒子」的這個「我」，將以其新得的自由權利向社會炫耀。換言之，如同鐘擺的搖擺一般，以前是極端的家族主義的壓制個性發展，今則一擺而擺向個人主義的另一極端。胡適的《嘗試集》中有《我的兒子》詩一首，有曰：「我實在不要兒子，兒子自己來了」，「『無後主義』的招牌，於今掛不起來了！」潘光旦從胡適的詩中嗅到一股強烈的個人主義氣息，他說：「試問中國人口中優秀分子如胡先生而不生子，則孰宜生子？此種為個人爭氣，為思想界獨闢蹊徑，而為種族拆臺之招牌大可不必掛！胡先生為新思潮領袖人物，風被遐邇，作者為此言有餘痛矣。」[22]

優生學者潘光旦所提出的種種具有保守色彩的主張與五四新文化運動指示的方向有不少分歧，從上面所述，即可窺見一斑。他與時代潮流相悖，備受爭議的歷史命運，可以說，從此時開始，已經拉開了序幕。

---

[21] 潘光旦：《優生概論》，《潘光旦文集》第 1 卷，第 285 頁。
[22] 潘光旦：《優生概論》，《潘光旦文集》第 1 卷，第 286 頁。

二、與胡適在文化觀上的兩次討論

　　1926 年 7 至 9 月，胡適在《現代評論》與《東方雜誌》等刊物上發表了〈我們對於西洋近代文明的態度〉一文，反響甚大。此文原為應日本《改造》月刊「中國特號」而寫，因篇幅所限，由胡適自刪了幾段，因此中文原稿比日文譯本多幾段。[23]胡適很看重此文，中文稿先於 7 月 10 日在《現代評論》第 4 卷第 83 期刊登之後，他又將此文寄給《東方雜誌》，以擴大影響面，兩個月後，文章刊出。[24]不久，這篇文章的主要內容又用英文重寫了一遍，作為一章收入美國著名歷史學家比爾德（Charles A. Beard）主編的《人類向哪裏走》（*Whither Mankind*）一書，於 1928 年出版。

　　在此文中，胡適表達了他對東西文化的基本見解。他反對將物質文明與精神文明兩分的觀點，認為物質文明中蘊含著大量的心思才智。西方文明有一種不知足的精神，注重充分運用人的聰明智慧來尋求真理以解放人的心靈，並由此改造物質環境，改革社會政治制度，從而謀人類最大多數的最大幸福，它決不是國內某些東方文化派所譏貶的「唯物的文明」。胡適寫這篇文章的用意，除了陳述他對東西方文化的基本見解以外，一個很重要的目的，就是批評國內思想界的一種流行觀點：貶西方文明為唯物的，崇東方文明為精神的。這種觀點原本是一個很老的見解，但因第一次世界大戰的影響使得一部分西方人對於近代科學的文化發生厭倦和反感，所以他

---

[23] 參見《現代評論》第 4 卷第 83 期（1926 年 7 月 10 日）刊登此文的記者按語。

[24] 刊登於 1926 年 9 月 10 日的《東方雜誌》第 23 卷第 17 號上。《東方雜誌》記者注明：「其中文原稿，曾刊載於北京《現代評論》，因胡先生函囑，特移錄於右，以廣流傳」。

們不時發表崇拜東方精神文明的議論，這種議論傳到一些中國知識份子那裏，投合了東方民族的自我肯定與自我誇大的心理，一時間，這種舊觀點頗有新興的氣象。[25]

1927 年初夏，從美國學習生物學歸來大半年的潘光旦，在他負責編輯的《時事新報》「學燈」副刊上發表了〈科學與「新宗教新道德」——評胡適〈我們對於西洋近代文明的態度〉〉一文。潘光旦的商榷文章，無意於介入胡適與文化保守主義者的論爭，他並沒有明確申明自己贊成哪一派，反對哪一派。他只是在闡述自己建立在生物學基礎上的社會思想，並以此來分析胡適所推崇的近代西方的「新宗教新道德」是否可以成立。西方近代的「新宗教新道德」是什麼呢？胡適在〈我們對於西洋近代文明的態度〉一文提出，所謂新宗教新道德的信條，在 18 世紀，是自由、平等、博愛，在 19 世紀，則有社會主義。潘光旦根據上下文來推斷，認為胡適所謂自由、平等、博愛等也是 19 世紀的信條，也就是社會主義的一部分，並未成為陳跡。潘光旦認為，胡適在文中詳細討論了西方近代精神文明的兩個特色：科學與新宗教新道德，而這兩種特色之間卻實在是不相容的。

潘光旦依據建立在西方近代生物學基礎上的社會思想，對自由、平等、博愛都下了一番批評，認為它們都是不能成立的。他認為，科學家研究自然、社會現象，與日常待人接物，都重視尋找確實的因果關係，遇到不能適用因果關係的地方，往往採取一種容忍或不干涉的態度，「他用這種態度來待人接物，也希望別人用同樣的態度待他；他自己不懂什麼是自由，也不希望別人亂談自由或其他不經的概念。」[26]對於平等，潘光旦依據生物學所揭示的人類生

---

[25] 參見胡適：〈我們對於西洋近代文明的態度〉，《胡適文存》三集卷一，黃山書社，1996。

[26] 潘光旦：〈科學與「新宗教新道德」——評胡適〈我們對於西洋近代文明的

而差異、差等的事實指出，那只是一種經不起經驗事實盤詰的理想。所謂博愛，潘光旦認為，與平等一樣，「處同一不通的地位」。墨子之徒、基督教徒以博愛為天經地義，世界主義者也向來不加懷疑，許多哲學家也認為其可以成立，「但是就生物事實，人類經驗，和社會問題的前途而論，可知博愛不特從來沒有做到，不特事實上做不到，且事理上也不宜做到。」[27]此前在留美時期，潘光旦所發表的〈社會生物學觀點下的孔門社會哲學〉、〈孔門社會哲學的又一方面〉兩文已經對平等和博愛作過一番「科學」的審視，這篇文章只是以胡適為「靶子」，將這些他不同意的觀點加以再度審視。

胡適在文章中引到了赫胥黎的一段話，用以支持他的這一觀點：「凡沒有充分證據的，只可存疑，不足信仰。」胡適曾在〈介紹我自己的思想〉一文說，他的思想受兩個人的影響最大，一個赫胥黎，一個是杜威，其中赫胥黎教給他的是：不信任一切沒有充分證據的東西。胡適受赫胥黎影響，基本上是思想方法上的，他曾以此方法發掘出清代樸學的科學精神與科學方法。[28]

潘光旦是學生物學出身的，對於赫胥黎當然更為熟悉，他從赫胥黎那裏所取的不僅僅是思想方法，而且是思想傾向與具體的觀點。他所闡述的社會思想，正是建立在赫胥黎等生物學家的思想基礎之上。見到胡適引用赫胥黎的文字，他說，「適之先生竭力推崇西方精神文明的第一種特色（即科學——引者注），特地引了赫胥黎的一段話來代表他，推崇固當，引文也再恰當沒有。可是臨到討論西方精神文明的第二種特色時，適之先生健忘，竟完全沒有想

態度〉〉，《潘光旦文集》第 8 卷，第 213 頁。

[27] 潘光旦：〈科學與「新宗教新道德」——評胡適〈我們對於西洋近代文明的態度〉〉，《潘光旦文集》第 8 卷，第 213～214 頁。

[28] 對胡適與赫胥黎的思想交涉，最詳細的專題研究當推黃克武的〈胡適與赫胥黎〉（《中央研究院近代史研究所集刊》第 60 期，2008 年 6 月）一文，可以參考。

到赫胥黎」。[29]潘光旦提出,赫氏在他的《赫氏文錄》第一輯裏,有兩篇文章,專抨擊胡適所稱的「新宗教新道德」——〈論人的自然不平等〉專攻擊平等,〈自然權利與政治權利〉專批評胡適視為神聖的人權。在潘光旦看來,胡適對赫胥黎的理解是不全面的,只見其「科學」的一面,未見其反對平等與人權的一面(可歸於胡適所謂的近代西方的「新宗教新道德」),因此他在文章第二部分將標題擬為「我也來引些赫胥黎」。潘光旦對於赫胥黎的接受,是科學與批評「新宗教新道德」兩方面兼備的,而不是胡適的「科學與新宗教新道德」。他和胡適一樣推崇赫胥黎對科學的闡釋,他說:「我實在佩服近代西方文明裏的科學精神,以為東方人應當亟起直追,取為師法。」[30]另一方面,他也接受了赫胥黎等生物學家批評自由、平等、博愛等西方近代文明觀念,認為這些觀念是不符合科學精神的。

　　胡適頌揚西方人不知足的精神,批評東方聖人的樂天、安命、知足、守分。潘光旦從他的「科學」立場出發,對古人所云的樂天、安命、知足、守分,雖不甚贊同,但取諒解態度,而且試圖以社會生物學的見解予以修正,以為今日之用。為什麼這些消極態度可以原諒呢?因為西方近代精神文明的種種特色,實有相當物質的發展為之張本,西方聖人的見解,決不是向壁虛構憑空捏造的。東方人的樂天、安命、知足、守分,內容雖與西方的社會哲學很不同,但也是為順應環境及調劑生活而發的,「一端有頻仍的水旱之災,一端人口上沒有限制的方法;在這種物質環境之內,試問要是沒有這種消極的哲學來調劑,還有我們現在討論這個問題的一日麼?」[31]

---

[29] 潘光旦:〈科學與「新宗教新道德」——評胡適〈我們對於西洋近代文明的態度〉〉,《潘光旦文集》第8卷,第216頁。

[30] 潘光旦:〈科學與「新宗教新道德」——評胡適〈我們對於西洋近代文明的態度〉〉,《潘光旦文集》第8卷,第218頁。

[31] 潘光旦:〈科學與「新宗教新道德」——評胡適〈我們對於西洋近代文明的

從這點來看，他認為，樂天、安命、知足、守分比起胡適所稱道不衰的自由、平等、博愛，根據更為充分；對於前人，不宜發這種不問背景、以今度古的議論。從社會生物學的立場上，他認為古時所講的「天」、「命」，並非完全沒有這個東西，釋以今語，便是「自然的限制」，便是「遺傳」；古時所講的「止」，也並非完全沒有這個東西，釋以今語，便是個人的遺傳與環境發生關係所得的社會生活與社會地位。他並且引用英國遺傳學家貝特孫（Wm. Bateson）的話，提倡人人依據其遺傳稟賦安於其相應的階級地位的「新的安分論」。

潘光旦的〈科學與「新宗教新道德」〉一文發表於 1927 年 5 月 1 至 3 日的《時事新報》「學燈」副刊上。其時以及此後的三、四年間，因《新月》、新月書店和平社的關係，潘光旦和胡適的來往頗為密切。胡適遺留在大陸的書信中，有一封潘光旦於 1927 年 5 月 28 日致胡適的信函，其中云：「前晚得聞教益為暢。茲檢奉拙文〈科學與『新宗教新道德』〉，即祈撥冗賜覽，如肯為文駁正之，尤為感盼。」[32]胡適 1927 年的日記很不完整，他當時是如何反應的，我們不得而知。從他發表的文章來看，他應該沒有「為文駁正」。也許是他對這種科學味道過重的，缺乏直接現實針對性的論爭沒有太大興趣。也許是其他原因，由於缺乏資料的佐證，我們無從懸測了。

值得注意的是，1920 年代中期，潘光旦所闡述的社會思想充滿了冷峻的科學味道，而人文氣息較為淡薄，而到 1940 年代中後期，潘光旦的人文思想漸趨成熟，這時，他所著力建構的人文思想儘管還離不開科學的支持，但已經不必那麼步步緊跟、須臾不可分離了。1948 年，在一篇紀念英國功利主義哲學家邊沁的文章中，

態度〉〉，《潘光旦文集》第 8 卷，第 219 頁。

[32] 耿雲志主編：《胡適遺稿與秘藏書信》第 39 冊，黃山書社，1994，第 53 頁。

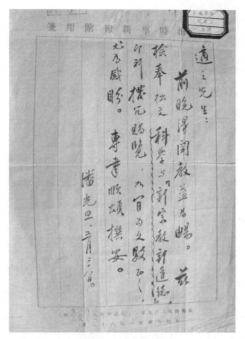

潘光旦致胡適函
藏於中國社會科學院近代史研究所特藏室

他說：「即如自由平等一類的擬制，事實上是沒有的，也是永遠不會有的，但由於前者的追求，大家得以少受一些壓迫，多得一些發展，由於後者，得以多獲取一些機會的供給，與待遇的公道。」[33]這時，潘光旦評價自由平等一類的觀念，在科學的基礎上，又增加了人文的維度，顯然要更加全面公允。

潘光旦與胡適討論文化問題的第二篇文章是，1930 年 2 月在英文的《中國評論週報》（*The China Critic*）發表關於《中國基督教年鑑》（1929 年卷）的書評，對胡適發表在該書中的〈今日中國

____

[33] 潘光旦：〈邊沁（Jeremy Bentham）二百年祭〉，《潘光旦文集》第 10 卷，第 256 頁。

的文化衝突〉一文有所評論。胡適原文以英文發表，潘光旦的書評也是以英文發表，讀者面不寬。討論的語氣相當平和，遠不若〈科學與「新宗教新道德」〉一文有鋒芒。所以，這篇文章發表後在思想界未見什麼動靜。

當時更多的人知道有這麼一篇文章，有這樣一種觀點，大都是通過 1935 年 6 月胡適發表的〈充分世界化與全盤西化〉一文，在文中胡適回應了潘光旦五年前的批評。後來的研究者也大都是通過胡適的這篇文章瞭解到潘光旦的觀點。那時，「中國本位」和「全盤西化」爭論正酣。在論爭中，胡適一度跟著陳序經文化觀的基調主張全盤西化，引來不少批評。胡適本意只是以全盤西化作為手段來打掉傳統文化的惰性，最後期望仍可達到一種折衷調和的結果，但時人不察，對他多有批評。此時，他一方面聯想到美國《展望週刊》的總編輯阿博特對他父親說的一句話：「自古以來，凡哲學上和神學上的爭論，十分之九都只是名詞上的爭論」，另一方面，他說五年前潘光旦對他使用 Wholesale westernization（「全盤西化」）一詞已有所批評。此時，胡適表示，他當時用字不小心，提出了全盤西化這個有點語病的字眼，其實他的本意只是 Whole-hearted modernization（「一心一意地現代化」）。當時也許胡適並不認為他和潘光旦有什麼根本的分歧，因此，潘光旦的評論也沒有給他的思想留下深刻的印痕。若不是因為「全盤」一詞引起不必要的誤會，他大概是不會想起當年潘光旦的討論意見的。胡適說：「這點語病是因為嚴格說來，『全盤』含有百分之一百的意義，而百分之九十九還算不得『全盤』。其實陳序經先生的原意並不是這樣，至少我可以說我自己的原意並不是這樣，我贊成『全盤西化』，原意只是因為這個口號最近於我十幾年來『充分』世界化的主張；我一時忘了潘光旦先生在幾年前指出我用字的疏忽，所以我不曾特別聲明『全盤』的意義不過是『充分』而已，不應該拘泥作百分之百的數

量的解釋。」[34]他甚至有點厭煩這種名詞上的爭論了，說在「充分世界化」的原則之下，不必太計較大家在細節上的差異，不但吳景超、潘光旦、張佛泉、梁實秋與沈昌曄諸先生是「我們的同志」，不是論敵，就連他不到兩個月前嚴厲批評的「十教授」，在發表了「總答覆」後，也可以「做我們的同志」了。

有研究者回查胡適和潘光旦的英文原文，發現「在胡適原文中，從來沒有出現過如潘光旦所指出和胡適自己所承認的『全盤西化』（Wholesale westernization）的字樣」，[35]「由此看來，『全盤西化』一詞是潘光旦為了評論的方便，為胡適總結出來的，胡適認為這一名詞確也符合自己的思想主張，便加以認可。」[36]

實際上，仔細核查原文，可以發現胡適原文確未使用 Wholesale westernization（「全盤西化」）的字樣，但潘光旦的書評也沒有替胡適總結出這麼一個名詞。

胡適原文相關部分，可譯文如下：

> 現在是我們認清文化衝突問題的現實並相應地採取什麼態度加以對待的緊要關頭了。這個問題就是：在現代西方文明已成為世界性文明的今日，中國如何自我調整，以便她在此文明世界中能夠應付裕如？這個問題有三種可能的解決方式。中國可以對此新文明不加承認，抗拒其侵入；她可以一心一意地接受這個新文化（She may accept this new culture whole-heartedly）；或者，她可以採納其可取的成分，而摒棄她認為不關緊要或能夠排斥的成分。第一個態度是抗拒；第

---

[34] 胡適：〈充分世界化與全盤西化〉，《胡適文存》四集卷四，第 400～401 頁。
[35] 趙立彬：《民族立場與現代追求：20 世紀 20～40 年代的全盤西化思潮》，三聯書店，2005，第 113 頁。
[36] 趙立彬：《民族立場與現代追求：20 世紀 20～40 年代的全盤西化思潮》，第 114 頁。

二個，全盤接受（wholesale acceptance）；第三個，選擇性的採納。因今日實無人認真堅持抗拒的對策，我的討論將限制在後兩種態度。[37]

潘光旦涉及這個字眼的這段話，譯文如下：

總體上，讀者可能會贊同胡博士的結論，不過，需要指出的是，胡博士在文章的前後不同地方使用了兩個肯定有所差異的修飾語——對西方文明的「全盤接受」和「一心一意地接受」（「whole-sale」and「whole-hearted」acceptance of Western civilization），這兩個詞在胡博士那裏，顯然指的是同一種態度。[38]

對照這兩段文字，潘光旦指出胡適將「一心一意地接受」與「全盤接受」混為一談，是非常準確的。在他看來，這兩個概念是決然不同的。他進而區分出兩個不同的事實：半心半意地接受全部的西方文明（be half-hearted in acceptance of the whole of Western civilization），很大程度上聽任文明融合的過程自由發展，他認為當時中國事實上就是如此。一心一意地接受西方文明的某些部分（be whole-hearted in accepting portions of Western civilization）或一心一意地、有選擇地採納（whole-hearted selective adoption），雖有困難，但終究是可以達到的一個結果，也是他更為欣賞的態度。

胡適更強調現代化進程中中國傳統文化的惰性，他認為文化自身所具有的惰性會使傳統的價值觀念得以保存，一個國家的思想家和領袖絕對不必擔心傳統價值的消失，「你讓民眾從傳統的位置上

---

[37] Hu Shih, Conflict of Cultures, in *China Christian Year Book*(1929), Chapter V, P.112, Shanghai: Christian literature Society.

[38] Quentin Pan, Book Review：*China Christian Year Book(1929)*(Edited by Frank Rawlinson), *The China Critic*, Feb. 27, 1930.

前進一千步，他們可能才移不到十步。但是如果領袖們在前進的事情有所遲疑或動搖，那麼民眾肯定會原地不動，結果是什麼進步也沒有發生。」[39]胡適還聲言，他自己原來就是主張選擇性採納的折衷派，但此時他已「對此感到後悔，要指出這種謹慎選擇的態度是不可能的，也是完全不必要的。」[40]胡適有一種典型的精英心態——民眾具有保存傳統價值觀念的強大惰性，作為精英的思想家和國家領袖，應帶領他們克服惰性，走上現代化的道路，而當時的所謂現代化，就是西化的代名詞，「只此一家，別無分店」。

胡適儘管沒有直接使用 Wholesale westernization（「全盤西化」）一詞，但對西方文明的「全盤接受」（wholesale acceptance）也就是「全盤西化」的另一種說法，這層意思已甚為明顯，呼之欲出了。用不用那個字樣倒真不重要了。胡適當然是清楚潘光旦這層用意的，所以他在〈充分世界化與全盤西化〉一文中的追述儘管在細節上不準確，[41]但在把握思想實質上並無差錯——對於潘光旦的批評，一方面他認為沒有扭曲他原文的意思，另一方面他認為潘光旦的批評是有道理的，並進而反省自己的用詞不當。

從思想傾向上來分析，潘光旦所謂的「一心一意地接受西方文明的某些部分」或「一心一意地、有選擇地採納」，實際上可以歸結為中西文化的折中調和派。胡適雖然最後也自認為是一種折中派，但在思想的光譜上，他無疑更偏向於西化一端。

拿潘、胡兩人對日本道路理解的歧異來看，亦可見思想傾向的差別。胡適在〈今日中國的文化衝突〉中講到了日本的例子。他認

---

[39] Hu Shih, Conflict of Cultures,in *China Christian Year Book*(1929), Chapter V, P.115.

[40] Hu Shih, Conflict of Cultures,in *China Christian Year Book*(1929), Chapter V, P.114.

[41] 如潘光旦的英文書評並不是「差不多全文是討論我（指胡適——引者注）那篇短文的」，潘的書評涉及胡文的部分不足全文的 1／5；如他的原文和潘光旦的書評均未有 Wholesale westernization（「全盤西化」）和 Whole-hearted modernization（「一心一意地現代化」）這兩個字眼。

為，日本毫無保留地接受了西方文明，在一心一意地學習和下決心努力模仿的基礎上，實現了自身文化的復興，也成為世界上的一個強國。對於那種認為日本只是引進西方文明的看法，胡適認為，這是一種皮相之見，實際上，日本在機械與工業文明發展帶來繁榮的同時，保存了相當多本土的內容──本土的藝術天才已經能夠在幾十年間發展出一種可以與物質進步相匹配的新的藝術與文學。其自然景觀依然是日本的，而且保存得更好，並能夠以現代交通工具迅速地抵達。日本人對美和清潔的熱愛一如往昔，雖然他們現在已經有更好更美的東西可以享受。[42]

　　潘光旦在討論胡適視為接受西化典範的日本時認為，日本恰好就是他所心儀的一心一意地、有選擇地採納西方文明。在他看來，日本在接受西方科學及其他因素來提高國民生活水準方面，不僅僅是「一心一意」（more than whole-hearted in accepting science and whatever else from the west），直到當時為止，他們在對待那些足以毀壞本國社會結構的勢力的湧入，採取了拒絕乃至於堅決抵制的方式，比如他們對基督教、生育節制、徹底的婦女解放、大眾民主與社會主義，以及其他多種多樣的社會改革方面的異常舉措，就肯定不是一心一意地接受。他舉例說，你會驚異地發現，在日本這個現代化的社會裏，年輕女性極少剪髮，儘管在美國受了高等教育，回到家裏還得伺候丈夫！日本女性在家裏雖然料理家務，但決不是不快樂的。潘光旦在文中用了兩個發音相似的詞 chairless 和 cheerless，形象地表達他對日本女性處境的看法：日本女性在家裏無椅可坐（chairless，意謂伺候丈夫），但決不是不快樂的（cheerless），這種方式並沒有什麼不好，而是同樣具有啟發性（The way the Japanese lady still sits in her chairless but by no means cheerless

---

[42] Hu Shih, Conflict of Cultures, in *China Christian Year Book*(1929), Chapter V, P.120.

home is equally instructive.）。對於日本的這種風俗本身，潘光旦表示他無意於下什麼斷語，他只是覺得像日本人這樣，將外來的文化勢力分成兩類區別對待，表現出了非凡的智慧，值得我們羨慕。但他同時指出，日本這種一心一意地、有選擇地採納西方文明，有一個前提，就是他們有組織良好的政府支持的知識份子的領導；而中國自從文化衝突發生以來，卻從未產生這個前提，政府和知識份子之間未曾有過良好的配合。在這種情況下，他認為胡適所提倡的態度，應該說比目前這種半心半意地接受西方文明或放任自流要更為可取。[43]

從這些論述裏，可以看出，潘光旦所欣賞的這種一心一意地、有選擇地採納西方文明的方式，要自上而下的由知識份子和政府配合推動，選擇什麼、排斥什麼，決不是一個任由文化市場上競爭的自發過程來決定，它需要精英的引導。其中的精英心態清晰可見。胡適、潘光旦在一心一意地接受西方文明這一基本態度上，只有程度之別，而沒有本質差別。他們對當時中國那種「半心半意地接受全部西方文明」的狀態同致不滿，區別主要在於，胡適傾向於一心一意地接受的西方文明較潘光旦為多，相應地，在揚西抑中的傾向上，胡適較潘光旦為強。只能大致地說，胡適近於急進派，潘光旦近於保守派。

三、「中國本位」的內涵

1935 年 1 月 10 日，王新命、何炳松、陶希聖、黃文山、薩孟武等十教授，在上海的《文化建設》月刊上聯名發表了《中國本位

---

[43] Quentin Pan, Book Review: *China Christian Year Book*(1929)(Edited by Frank Rawlinson), *The China Critic*, Feb. 27, 1930.

的文化建設宣言》。這就是名噪一時的「十教授宣言」，或「一・十宣言」。宣言發表在以陳立夫為理事長的「中國文化建設協會」機關刊物《文化建設》上。緊接著南京、上海、北京、濟南等地相繼舉行「中國本位的文化建設座談會」，「十教授」中的一些人分赴各地講演。它引發了一場長達半年之久的「中國本位文化」論與「全盤西化」論的論爭。「當時，南北報刊上，文章如潮，僅是《文化建設》上轉載的文字，就有百萬言之多，可以想見其聲勢之浩大了。」[44]論爭的主要文章當時即有結集——青年會全國協會的馬芳若編成《中國文化建設討論集》，於 1935 年由龍文書店出版。

　　一般研究者認為，「十教授宣言」的推出不是一個普通的文化事件，而是具有國民黨官方背景，體現了其維護國民黨統治，排斥共產主義勢力的文化統制意圖。不過，也有人認為，除了國民黨官方的作用以外，「十教授」作為學者的主體性也是應該得到考慮的。[45]不過，從當時的論爭來看，一方面參與者甚眾，另一方面宣言的立場從字面上看確實不偏不倚，無可厚非（蔡元培即說：「中國本位的文化建設宣言，在原則上，在抽象的理論上，可云顛撲不破」[46]），所以參與討論者在介入討論之時，未必都意識到他們具

[44] 鄭師渠、史革新：《近代中西文化論爭的反思》，高等教育出版社，1991，第 256 頁。

[45] 青年學者葉雋就這樣認為。他在評論王奇生的《黨員、黨權與黨爭——1924～1949 年中國國民黨的組織形態》（上海書店出版社，2003）一書時提出：「作為現代中國語境裏重要的文化事件之一，『中國本位的文化建設宣言』意義甚大。這其中不排除以陳立夫為代表的國民黨（黨治國家）政權的主動策劃，但就歷史事實的逐步生成而言，學者自身的主體性應予以充分關注，即便後者受到前者的『驅動』，但只要不是已『賣良為娼』，這其間的張力就必須小心界定。因此段內容是放置在第九章『黨的派系化與派系的黨化』中之『活動集社與週邊團體』論述的，所以似乎過於誇大了 CC 系的『無所不能』。」（《芹獻三點》，《中華讀書報》2006 年 7 月 5 日第 10 版）

[46] 馬芳若編：《中國文化建設討論集》，龍文書店，1935（臺灣帕米爾書店 1980

有擁護或反對國民黨文化政策的意圖。潘光旦就是這樣。他是較早提出討論文章的，1 月 26 日，他即在自己主編的《華年》週刊上發表了〈談「中國本位」〉一文，作為回應。此文並不像 3 月底胡適發表的那篇名文〈試評所謂「中國本位的文化建設」〉那樣一下子嗅出了十教授掩藏在折中調和的煙幕彈下的保守氣息。潘光旦的文化立場，毋寧說是多少具有同情色彩的。

潘光旦對宣言原則上是贊同的，他說：「我們對於這個宣言大體上很贊同，對於座談會的公開討論方法，也認為很有價值，不妨多多的舉行。」為什麼要在原則上贊同宣言呢？他指出，是因為中國本位理論有存在的合理性，「一個民族好比一個個人，不能沒有它的所由『立身』的道理；一個個人不妨作相當的孤高自賞，卻不能完全遺世獨立，和別的人老死不相往來；一個個人應當和社會其他部分發生種種相互的關係，卻也不宜像一滴水掉在海裏一般，完全與環境混化；──一個民族也複如此。所以所謂『中國本位』的理論，在原則上是誰都不會不贊成的」。雖然在原則上贊成，但他對宣言的含糊其辭，不很滿意。他說，對於何謂「中國本位」，「宣言裏固然已經加以解釋，但似乎只說得六七成，並且連這六七成也沒有說得很清楚。」[47]第一次文化建設座談會的結果，「似乎教我們對於『本位』二字的意義，越看越糊塗起來」。[48]

潘光旦從本末、先後、主客、中心邊緣、常數變數、體用等範疇來理解何謂「本位」，他說：

> 以中國為本位是以中國的治安與發展為先務。本末也有主客的意思，所以本位就等於主體。也有輕重的意思，所以本位

年影印本，封面上書名改為《文化建設與西化問題討論集》）下集「附錄」（「我對於『中國本位的文化建設宣言』對中國文化建設的意見」）第 1 頁。
[47] 馬芳若編：《中國文化建設討論集》上集，第 47 頁。
[48] 馬芳若編：《中國文化建設討論集》上集，第 48 頁。

所在就等於重心所寄。也有中心與邊緣的意思，所以以中國
為本位就無異以中國為中心，譯成英文，是 Sino-centric。「中
國」的稱號原有這個意思，但同時也養成了一種妄自誇大的
心理。今而後此種自大的心理應去，而自恃自愛自尊的態度
卻不能不培植。本末也有常變的意思。中國是一個常數
Constant，世界文化潮流的動盪終究是一些變數 Variables。
我們決不能因變數的繁多而忘卻了常數的存在。我們更應該
以變的遷就常的；常的對於變的事物，雖宜乎不斷的選擇、
吸收，以自求位育，但也不宜超越相當程度，使外界對於它
的個性，發生懷疑、錯認，甚至於根本不認識的危險。本末
也有體用的意思。以前提倡「洋務」時代張之洞「中學為體，
西學為用」的兩句話，也不能說是全無道理。[49]

　　核查十教授關於「中體西用」的論述，可見潘光旦與「十教授」
的角度有所不同。宣言中的有關言論是：「曾李的洋務運動只知道
『堅甲利兵』和『聲光化電』的重要，完全是技藝的模仿。康梁的
維新運動在於變法自強，不過是政治的抄襲。這都可說是『中學為
體，西學為用』的見解，雖在當時也有其除舊佈新之歷史的使命，
然畢竟是皮毛的和改良的辦法，不能滿足當時的要求，於是有孫中
山先生所領導的辛亥革命。」「十教授」側重「中體西用」開新的
歷史貢獻及其時代局限性，而潘光旦則肯定其重視「本位」一面的
價值。

　　「中體西用」說，最初的含義，確有將文化分為精神（體）與
物質（用），而且以「西用」來衛護「中體」的局限性。但近代百
餘年來，以此舊名詞來表達文化關懷者多矣，與最初的含義並不完
全相同。有研究者指出：

---

[49] 馬芳若編：《中國文化建設討論集》上集，第 48 頁。

中體西用的內涵不是非常清晰非常確定的。一則體用這一對範疇是中國思想史上所特有的,本來就有相當的模糊性。什麼是體,什麼是用,體用關係如何,歷來就爭論不休。再則,表達中體西用的觀念,在當時曾有不同的表達方法,如體與用、道與器、本與末、主與輔等等。以道與器而論,似有虛與實、精神與物質之相應關係的意味。而主與輔,則兩者都兼備虛與實、體與用的內容。本與末亦類是。本是根與幹,末是枝與葉,皆兼備虛實、體用之質。所以,給中體西用作出精準的界說是很難的,甚至可以說辦不到的。正因如此,這個口號,這個觀念框架,在不同時期,在不同環境下,在不同人那裏,往往具有不同的意義,以致一百四五十年以前的人有此觀念,一百四五十年以後的人仍可能有此觀念。[50]

潘光旦從本末、先後、主客、中心邊緣、常數變數、體用等範疇來理解「本位」,依據上引這位研究者的看法,應該說,這一系列概念中的對立雙方,都兼具精神與物質兩層含義,與「中體西用」說最初的將文化的體用割裂開來,是完全不同的。從潘光旦學術思想的實際來看,更有理由這樣認識,他當然不至於把西方文化簡單地等同於船堅炮利的物質器用——他在清華學校和美國接受的是深廣的精神層面的西方文化,其識見不可能停留在 19 世紀末中國朝野人士曾經達到的水準上。

潘光旦認為「中學為體,西學為用」的說法,「也不能說是全無道理」,表明他無意於對這個著名的口號進行全面的歷史評價,他只是在強調民族本位的重要性而已。

---

[50] 耿雲志:《近代中國文化轉型研究導論》,第 122 頁。

　　潘光旦眼中的「本位」，包括三個方面或三個因素：「一是我們個別的地理與物質環境，二是我們個別的歷史文化與社會組織，三是我們的也是比較個別的民族性格。」而且「真要講中國本位，這三者便全都得認識」。比如第一方面的因素，依據當時地質學家、農業經濟學家的看法，中國地雖大而物不博，並且可耕地的面積也不大。在第二個方面，中國的歷史文化更有其特殊之處，不便和別的國家混為一談。在這方面，他對近幾十年來國內的反傳統思潮頗有微詞，唯一加以肯定的是梁漱溟在《中國民族自救的最後覺悟》一書裏所發表的議論。[51]第三個方面屬於對民族性格的探討，當時在國內學術文化界言之者甚少，所以潘光旦說，「在這方面不斷的作一些寒蟬之鳴的，恐怕只有本刊（指《華年》──引者注）了。」民族性格不論是作為一種後天的習慣還是先天的遺傳，都是很實在的，而且它的個別性的顯著，也不在地理與歷史因素之下。

　　事實上，三個因素之中，潘光旦最看重民族性格這一方面。他認為，「十教授宣言」承認中國地域的特殊性和現在的時代性，主張不復古、不盲從，說明「十教授」對於「本位」的第一、二方面已經有一部分的認識，「但是對於第三個我們認為是更根本的因素，便壓根兒沒有提過隻字」。在他看來，不論是滿足此時此地的需要也好，還是吸收歐美文化也好，都需要條件與能力。條件應求諸我們個別的地理環境與歷史文化背景，而能力應求諸我們的民族性格。而「不問能力與條件而談需要，結果等於不談；不問能力與條件而言文化建設，即使有些微成就，也決不是『中國本位』的文化建設。」[52]

---

[51] 早在 1933 年 10 月寫的一篇短評裏，潘光旦就肯定《中國民族自救的最後覺悟》一書裏所發表的許多話，是「顛撲不破的」。（潘光旦（未署名）：《談何容易？》，《華年》第 2 卷第 40 期，1933 年 10 月 7 日）從其欣賞的作品，可見其思想傾向，潘、梁在中國社會文化的認識上確有共同語言。

[52] 上兩段的敘述，參見馬芳若編：《中國文化建設討論集》上集，第 48～50 頁。

　　潘光旦發表〈談「中國本位」〉不久，從事職業教育的江問漁就在《國訊旬刊》上作出回應，他準確地抓住了潘光旦「中國本位」論的獨特之處在於「民族性格」一層。他說：

> 中國民族的性格，究竟是怎麼樣子的，的確要好好的研究，把他認識清楚。如果經過分析認明以後，他是好的，便應該選擇他，發揚他；他是不好的，便應該遏抑他，淘汰他；他是可好可壞中性的，便應該引導他向好的一方面去。這一層研究分析認識決定的功夫，決不是隨隨便便可以做的，一定要集合多數人的聰明才力，才可以得到相當的成績。第一層工夫做好了，接著第二層，就要做如何選擇、發揚、如何遏抑、淘汰、如何引導的功夫了。釐定政法制度啦，改善經濟組織啦，酌定教育政策啦，自不能不看准中國此時此地此人的需要條件和能力如何。好的醫生診病，用藥，一定要先問明白，病人是生長在什麼地方，南方呢，還是北方呢？從前的身體怎樣？強的呢，還是弱的呢？有過什麼病沒有？一向是操何職業？靜的一類呢，還是動的一類呢？問清楚，認明白之後，才可以定用藥的分量，和施治的程序。大同小比[異]，我們要建設中國本位的文化應如何著眼著手，也就可以明瞭了。所以我說，潘先生所說「民族性格」一層，是很值得注意的。[53]

　　江問漁認為，研究分析中國民族性是中國文化建設的前提，把民族性認識清楚了，才不致於在文化建設上無的放矢。這一基本原則，潘光旦當可同意。潘光旦對民族病態的認識，在當時也有不少知音，但他對病態的成因以及解決辦法的認識，因側重於

---

[53] 江問漁：《關於「中國本位的文化建設宣言」的討論》，馬芳若編：《中國文化建設討論集》上集，第52頁。

不為人同情、理解的生物遺傳因素，在當時還是一種不折不扣的
少數派。

四、「不忘本來民族之地位」

　　儘管潘光旦是五四時期的學生，深受五四新文化運動與愛國運
動的影響，但在文化價值觀上，並沒有完全被時代潮流裹挾而去。
他幼承庭訓，養成尊重傳統文化的態度，在清華學校上學時期大量
閱讀經史舊籍。在他這樣讀書的後期，五四新文化運動的思潮已經
在清華學生中很有影響了，但他不改舊轍，沒有像吳稚暉憤激時所
說的，把線裝書丟進茅廁坑裏去，而是視之為民族文化的經驗寶
庫，嘗試著其與西方新知會通的管道。像潘光旦這樣的青年學生，
在五四時代可能是不多的。

　　有研究者指出：「有兩個典型事件形象地反映了潘光旦整個學
生時代埋下的思想種子：他帶了《十三經》去美國留學，回國時則
帶了一部《達爾文全集》。」[54]這兩顆思想種子在日後潘光旦的學
術生涯中逐漸發芽、生長，也就是將生物學的新知與中國傳統的典
籍融會貫通，闡發一種具有中國風格的社會思想。留學時期寫作的
〈社會生物學觀點下的孔門社會哲學〉、〈孔門社會哲學的又一方
面〉即是他最初的嘗試。看來，他赴美時帶的《十三經》派上了用
場，不像他的老朋友梁實秋——父親讓他帶了半箱子大字本《前四
史》，他帶過了太平洋，又帶回了太平洋，差不多是原封不動繳還
給父親。[55]潘光旦帶《十三經》出於個人主動，表明他對於經書的
價值有堅定的信念，自覺程度頗高。

54　楊勝榮：《潘光旦人文生物史觀研究》，北京大學歷史系博士論文，2004，
　　第6頁。
55　梁實秋：〈清華八年〉，莊麗君主編：《世紀清華》，光明日報出版社，1998，

　　新文化運動既有對民族文化進行理性的評判與分析，也有文化心態上的趨新厭舊，這兩方面對青年一代都產生了很深刻的影響。潘光旦對這兩個不同層面的事實認識得很清楚，他說：「五四以還，儘管一部分文教的領袖認為風氣所趨，已經替國家舊有的文物，開了一條重新估價、整理、與食古而化的路，但對於青年人的一般的影響的一種是，瞧不起線裝書與線裝書所包容的一切。這不能不說是很不幸的。舊書店的生涯冷落，門可羅雀，圖書館裏木板書籍少人借閱，等於束諸高閣，大學的中國文學系，選修與專修的學生屈指可數，而此少數選修與專修的人不免被人看作落伍、反動、冬烘、陳腐——又何嘗不是這風氣的一部分呢？」[56]

　　潘光旦對五四時期激進主義的反傳統言論及其對青年人的影響，屢有批評。

　　他在 1933 年批評新教育的「忘本」時說：「凡所設施，好像唯一的目的是要我們對於已往的文物，宣告脫離關係，並且脫離得越決絕越好似的。那些在在把一切的罪過都推在『禮教』與『封建思想』身上的人，我們固然不必說；就在比較心平氣和的批評家也時常會把一種錯誤或一種弱點推溯到孔二先生身上；以二千五百年後的事歸罪到二千五百年以前的一個個人的身上，無論本末原委說得怎樣清楚，我們總覺得太把一個問題看得單純了些。此種『罪人斯得』的心理，最多不過教孔二先生在棺材裏面翻一轉身，實際的效用是沒有的。但實際的壞處卻有。就是在教育上養成了『古舊』與『惡劣』變做通用名詞的一種風氣。凡是古舊的一定是陳舊的、一定是惡劣的。經書這樣東西，自然也是不堪寓目的了。」對於少數學者提倡的所謂國學，他認為，最多只是在學校的課程裏增添了一門與其他課程並列的學問，「辦新教育的人，也未嘗把這種遺業

第 375～376 頁。

[56] 潘光旦：〈南行記感〉，《潘光旦文集》第 10 卷，第 110 頁。

認為和民族所以生存與立之道息息相關。讀書的青年，既唯此種教育領袖的馬首是瞻，平日選讀一門國學，好比選讀一門文學或化學一般，目的不在裝門面，便在求實用，自然更不瞭解這一層意義了。」[57]

1947 年在〈人文學科必須東山再起〉一文中，潘光旦這樣論述「經」的價值：

> 經只是常道，即許許多多的人時常走過而走得通之路，別無它意。後人不察，把它當做地義天經之經，金科玉律之經，絲毫不容移動，固然是一個錯誤；而近人不察，聽到經書經典，便俪變色，詆毀排斥，不遺餘力，有如五四運動時期中的以「打倒孔家店」相號召，也未始不是一個錯誤。人文學科所能給我們就是這生活上的一些條理規律，一些真知灼見，約言之，就是生活上已經證明為比較有效的一些常經。說前人的閱歷中全無條理，全無真知灼見，全無效驗，當然是不通的，因為如果完全沒有這些，人類的生命怕早就已經寂滅，不會維持到今日。[58]

對青年人的鄙棄經書及線裝書，不讀古書，他感慨殊深。1932年，潘光旦在《華年》創刊號上提出「助少壯求位育」時，讀者不解「位育」其意，他在解釋時說：「編者要在此引經據典，證明這個觀念和『位』、『育』兩個字的出處，也許要挨迂腐陳舊的批評。但自所謂新式的學校教育發達以來，許多大學生連《大學》、《中庸》都沒有讀過，卻也真令人失望！」[59]據 1940 年代末的清華外文系學生資中筠回憶：「有一次，不記得是在什麼場合，潘先生在學生

---

[57] 潘光旦：〈忘本的教育〉，《潘光旦文集》第 8 卷，第 557 頁。

[58] 潘光旦：〈政學罪言〉，《潘光旦文集》第 6 卷，第 67 頁。

[59] 潘光旦：〈「位育」？〉，《潘光旦文集》第 8 卷，第 439 頁。

集會上講話，其中說到他抽查了一下圖書借出情況，發現最多的是『中文－白話－小說』（他說時每個詞都頓一下，加重語氣），說明現在學生有多懶，光看小說不說，連文言、外文的都不看，怎麼得了。他講這話時很激動。」[60]

潘光旦對經書文化價值的肯定，立場似乎頗為保守，與新文化運動的潮流背道而馳。但他的主張與官方或軍閥在不同時期所提倡的讀經確是迥然不同的。

1933 年 6 月，廣東軍閥陳濟棠提議，令各學校恢復讀經，已獲通過，並已交教育廳執行。其提案內容，亦經發表，大致說，各級學校嗣後應以讀經為主要科，每週至少授課六小時，對古文尤須熟習三小時，作文命題，經學應占一半，「藉以扶正學風」。潘光旦就此評論說：漢武帝表章六經，罷黜諸子百家，名為尊崇儒術，實際的目的也許是好教「皇圖永固，帝道遐昌」。就像羅馬學術界的拉丁文復活與國際化運動，名為便利學術界的互通消息，實際主持的人是國家主義極度膨脹的法西斯黨人，目的在把帝國主義的古羅馬，至少在文化方面，重新建立起來。粵省當局恢復讀經與讀古文的旨趣，假若不過在所謂「扶正學風」，在青年中間減少一些「犯上作亂」的人，在把「難治」的分子化成「易治」的分子，那末，也就不值得加以推敲討論了！[61]

潘光旦始終堅持認為，青年對於舊日的文物，也就是對民族生命所寄的文化，應該有相當的認識。其中也包括經書，「假若時易勢變，至少已經有經不起新經驗盤駁的地方，那末主持政教的人也該設法加以爬梳整理，把其中最顛撲不破的部分，依然介紹給民族的分子」。他對不加整理與選擇地讀經並不贊同，他說：「學校教育

---

[60] 資中筠：〈清華園裏曾讀書〉，《讀書》1995 年第 1 期。

[61] 潘光旦（未署名）：〈文教的復古〉，《華年》第 2 卷第 26 期，1933 年 7 月 1 日。

初興的時候，是有讀經的課程的，但這種課程只好算是舊習慣的一種餘響，談不上整理，談不上選擇。後來激進的新教育家主張索性把讀經廢了，結果是鬧了一個大家不知天地祖宗為何物。保守的卻始終以恢復讀經相呼號奔走，這次粵省讀經案的通過，便是此種呼號奔走後一種具體的結果。但從此天下便可以太平了麼？倒也未必，把先民的遺業完全唾棄不講，固然是不應該，固然是不幸，但要恢復三十年前的舊制，把經書囫圇吞棗似的講去，事實上既不可能，理論上的價值也大有懷疑的餘地。」[62]

潘光旦提倡對中國固有的文化採取選擇性吸收，用意在於使中國的青年人，在吸收外來文化的同時，能夠堅持民族本位，有所融合創造。

1933 年 2 月 12 日，《大公報・文學副刊》發表了清華大學教授陳寅恪先生審查馮友蘭先生著的《中國哲學史》下卷的報告。陳寅恪論到今後東西文化的交際時說：「竊疑中國自今日以後，即使能忠實輸入北美或東歐之思想，其結局當亦等於玄奘唯識之學，在吾國思想史上既不能居最高之地位，且亦終歸於歇絕者。其真能於思想上自成系統，有所創獲者，必須一方面吸收輸入外來之學說，一方面不忘本來民族之地位。」

潘光旦讀了這個審查報告，引述了上面的論述後，感歎道，「這真是一番大議論」。[63]因感到當時國人昧於「本來民族之地位」，潘光旦以自己的中國文化修養，盡力在他的主要著作中比較中西文化，闡釋中國文化特有的精神。從中國民族當時所處的環境來看，對於中西文化，潘光旦是主張在理性分析的基礎上堅持民族本位的。他對民族文化也非常具有自信心，希望經過現代眼光整理的中

---

[62] 潘光旦（未署名）：〈文教的復古〉，《華年》第 2 卷第 26 期，1933 年 7 月 1 日。

[63] 潘光旦（未署名）：〈一與二十之比〉，《華年》第 2 卷第 9 期，1933 年 3 月 4 日。

國文化，可以在一定程度上「轉移世界環境」。總體而言，他的態度大致可見於下面一段話：

> 第一，不能不作相當的遷就，換言之，就是竭力接受一部分的目前宰製世界的西洋文化。第二，對於西洋文化中的各個部分，不能沒有一番挑選，那些值得全部接受，那些只好接受到相當程度，那些最好全不接受，是宜乎先加以推敲的。第三，目前的民族雖然很像衰敗，但它是有過幾千年的閱歷和經驗的，難道這些閱歷和經驗，對於今日人類的其它的部分，竟然會全無貢獻？愚者千慮，容有一得，難道整個民族的生活經驗，竟不值得當代人的一盼，全都得拋向故紙堆中去？設或不然，那末，我們可能的幾微的貢獻究屬在那裏？怎樣的可以整理出來，以供世界的採擇？世界能採擇到什麼程度，就等於我們轉移世界環境到什麼程度。[64]

五、以「三才通論」分析中西文化的利弊

在中西文化觀上，潘光旦對當時流行的「中國本位文化」論，雖有一定程度的同情，但不一定就是他們的同調；對於「全盤西化」論，他雖有異議，但在一心一意地接受西方文明的某些部分這一點上，他與此派的胡適、陳序經之類人物，距離未必很遠，絕對不能簡單地說他們處於對立的位置。

潘光旦有關中西文化的比較，雖貫穿於許多論述之中，但多為零星的、片段的、側面的，還缺乏比較系統專門的論述。這樣，就

---

[64] 潘光旦：〈當前民族問題的另一種說法〉，《潘光旦文集》第 9 卷，第 48〜49 頁。

使得解讀的駁雜性大大增加。如果反覆閱讀潘光旦的著述，細加揣摩，可以理出一條理解他的中西文化觀的線索。

潘光旦關於文化觀的基本觀點，就是所謂「三才通論」。他對中西文化的整體觀察與分析，都是在這一視點下進行的。《說文》士字下引孔子的話說：「推十合一為士」，《韓詩外傳》形容「大儒」的性格說：「法先王，依禮義；以淺持博，以一行萬，苟有仁義之類，雖鳥獸若別黑白；奇物變怪，所未嘗聞見，卒然起一方，則舉統類以應之，無所疑，援法而度之，奄然如合符節」。董仲舒將「儒」定義為：「通天地人三才者」。潘光旦將這些中國經典上的論述糅合在一起，表達了他關於理想的儒者的形象。也就是，「所謂三才，人的一才而外，天就是形上的一界，地就是形下的一界；所謂推十合一之十，和以一行萬之萬，大約包舉形上形下兩界的事物而言。」[65]換言之，潘光旦所屬望的人文思想者（或以古典語言表達為「儒者」），對形而上的哲理、宗教（天），形而下的自然物質（地），以及中間的人事（人）都有興趣，都能予以考慮，而且能將這些龐雜的內容融會貫通，運用自如。

潘光旦認為，這種能夠兼籌並顧、通達無蔽的文化觀僅在中國的先秦、西方的古希臘出現過，「自此以降，因為民族的以及文化的種種內在的原因，始則發生了動盪，終則不免於支離破碎。結果在我們是蔽於人，而西洋則是先後蔽於天與蔽於物」。[66]

中國文化的蔽於人，即中國的主流文化儒家過於注重人，而忽略了人以外的其他事物，對形而上的哲理、宗教，形而下的自然物質都缺乏必要的關注與研究，使得中國的學問大都停留在日常倫理道德的層次。「中國的文化，本來以通天地人三才為目的的，通三才在人，人是本，天地到此可以看作末，但人本主義發達的結果，

---

[65]　潘光旦：《優生原理》，《潘光旦文集》第 6 卷，第 446 頁。
[66]　潘光旦：〈工與中國文化〉，《潘光旦文集》第 9 卷，第 560 頁。

終於把天地遺忘了；到了後世，研究義理之學的人居然會告訴我們
說，一切的大道理全都寄寓在倫常日用之間；我們如今學習到一點
外來的哲學科學，便知道倫常日用之外，屬於天地兩才的，還不知
道有多少大道理可供推敲」。[67]從後果來說，中國文化忽視天、地，
不能講求利用厚生，最終不免於把人的命運擠壓在人事的狹窄通道
上，不得舒展。在這種偏蔽的文化觀下，儒家和在儒家領導下的智
識界，「一面未嘗不談『天』，而所談只是一些『天人合一』的話，
始終不脫所謂『以人擬神論』的臭味；一面也未嘗不極言致知格物
的重要，但所格所知的事物始終不出『倫常日用』之間，始終不離
先聖昔賢的經驗的範圍。」[68]

所謂西方文化的先後蔽於天與蔽於物，指的是西方中古時代宗
教統制一切（蔽於天），文藝復興以來西方人用力在對自然物質的
瞭解與控制上（蔽於物，或稱蔽於地，這裏物、地均指自然物質）。
這種醉心於自然物質的認識與控制的文化，發展到後來必然是對人
的忽視。潘光旦認為「三十年來的西洋史，包括蘇俄的革新運動以
及第一次與目前第二次的世界大戰在內，可以說是西洋蔽物思想的
一個總結算。」[69]第二次世界大戰方酣的 1943 年，潘光旦在文章中
不無憂慮地說：「大凡有所偏蔽，即有所廢墜，在西洋所廢墜的是
人，而人的廢墜到相當程度以後，天地亦不免於閉塞，目前正進行
著的大規模的屠殺如果再延長下去，這天地閉塞，乾坤止息的終局
怕也就不遠了。」[70]

潘光旦的這種看法，顯然與兩次世界大戰之間部分西方知識份
子反思西方文化弊端的思潮有關。他非常關注「二、三十年來西方

---

[67] 潘光旦：〈優生與抗戰〉，《潘光旦文集》第 5 卷，第 11 頁。
[68] 潘光旦：《優生原理》，《潘光旦文集》第 6 卷，第 446 頁。
[69] 潘光旦：〈工與中國文化〉，《潘光旦文集》第 9 卷，第 560 頁。
[70] 潘光旦：〈工與中國文化〉，《潘光旦文集》第 9 卷，第 561 頁。

的學術界有所謂學術人化的呼籲」[71]，他的人文思想的深化也與汲取這種思潮的養分有密切的關係。他說，「我們在第二次大戰以後，要再造人類的文明，必須先再造人，就是再造我們自己；要再造人，尤須首先改正我們對於人的看法。對於人的研究方法，五、六年來，西方學者在此方面的議論很多。」[72]

正是出於這種考慮，1943 年，潘光旦翻譯了生物化學家和生理學家、諾貝爾獎得主卡瑞爾（Alexis Carrel）的《未知之數的人》一書末章的一節，題為「一個思想習慣的改正」。卡瑞爾深刻反思了西方自文藝復興以來重視物質的、數量的研究，而忽視精神的、品質的研究，認為這是西方近代一開始就犯的一個很大的理智上的錯誤，而且至今始終在這錯誤裏討生活。卡瑞爾認為，這種偏狹的科學文化觀把人們引入歧途，「結果是：科學是勝利了，人是墮落了」。他希望將來能夠拓寬科學研究的視野，把對人的研究容納進來。他說：「科學的最終目的是人在物質與精神兩方面的利用厚生。熱力學固然緊要，人的熱而有力的情感也未嘗不要緊。宇宙間萬殊的真實，我們都要引為思考與研究的對象，一樣都不能遺漏。科學研究了一部分的真實，抽繹了一部分的道理出來，把其餘的拋棄了，認為是渣滓，我們就要利用這渣滓，充分的利用，好比我們充分利用科學家已經抽繹出來的道理一樣。」卡瑞爾畢竟是一位有重要貢獻的實驗科學家，他儘管對近代西方科學多有批評，但並沒有走上另一個極端。他依然認為，自伽利略以來，「科學的一切實際收穫，我們必須保留。我們必須承認科學的方法與科學的技術是我們文化裏最值得寶愛的家珍」。他希望西方近代文化從「唯物的信仰」裏解放出來，但並不是要以精神主義完全取代物質主義。他說，

---

[71] 潘光旦：〈「倫」有二義──說「倫」之二〉，《潘光旦文集》第 10 卷，第 150 頁。

[72] 潘光旦：《自由之路》，《潘光旦文集》第 5 卷，第 289～290 頁。

「把人分解到成為一些生理與理化的機構之和，固然是一個大害，把他分解成只是一道靈光，也是一樣的要不得」，「拿精神主義來換取物質主義，並不能改正文藝復興時代所傳下來的錯誤。把物質擯斥在生活的視線以外，說不定比忽略精神生活更是弊多利少。」[73]

潘光旦在這篇譯文的注釋裏，結合卡瑞爾對西方近代文化的反思，對中國文化的歷史與未來，提出了他的看法。他認為，從嚴格的科學立場說，中國傳統學術固然不發達，但卡瑞爾所指陳的西方近代學術的弊病，一向倒也是沒有的。如卡瑞爾所指陳的西方醫學的弊病可以用「欠通」二字來概括──體質方面的專科醫師之間不相聞問，指的是方面之間的欠通，或物物之間的欠通。只研究體素，不研究心理，指的是心物之間的欠通。而「中國舊時的醫學，專精的程度儘管太差，至少『欠通』兩字的評論是用不上的。」[74]對於中國文化的未來，他認為並不是一個簡單的輸入西方文化，尤其是科學技術的問題，有必要通盤考慮文化與人類未來的關係，始終把人的因素放在首要位置。他說：「中國文化在科學與技術一方面，向不發達，今後應當亟起直追，固然不成問題，但我們一面用力提倡，一面也應當注意到，提倡科學終究是一個手段，而大目的還在民族中個人健康與集體健康的促進，使一種文化因素的發展提高一度，我們控制它的能力也提高一段，使它永久成為一種人生的工具，而不至於喧賓奪主。『科學是勝利了，人是墮落了。』──這兩句話真值得我們細細的咀嚼。」[75]

對於中西文化與科學技術產生的關係，他闡述道：「蔽於天與蔽於物的文化，表面上雖若南轅北轍，各不相干，而底子裏卻並不

---

[73] 本段引述卡瑞爾的話，參見潘光旦：《自由之路》，《潘光旦文集》第 5 卷，第 290～294 頁。

[74] 潘光旦：《自由之路》，《潘光旦文集》第 5 卷，第 295 頁。

[75] 潘光旦：《自由之路》，《潘光旦文集》第 5 卷，第 294～295 頁。

衝突，因為蔽於天的反動就是蔽於物，而蔽於人的文化則終有一天不知天高地厚，甚至於不知天地為何物。換言之，西洋黑暗時代的宗教文化，對於後來的科學文化和技術文化，不但不是一種阻障，並且是一個最主要的動力，而在中國則此種動力根本不存在。」[76]所以，中國文化中的科學技術不發達，可以說是早有根由的，儘管如此，在吸取西方文化時卻不能把眼睛只盯在科學技術一方面，而是要全面考察文化上的「天地人」三才。「三才通論」才是一個完整的文化觀。

以「三才通論」的立場來分析，中國文化和西方文化是各有所蔽的。潘光旦以這種觀點來評論當時的文化論爭，顯得很「超脫」。他說：「玄學與科學便無須發生論戰，不有蔽於天的因，就不會有蔽於物的果；不有玄學，何來科學？」，「本位文化和全盤西化之爭也是枉費心力，因為兩者所患的偏蔽雖有不同，而其為不免於偏蔽則一……這樣說來，本位文化固有他不能再事維持的理由，而全盤西化又有什麼可以豔羨的地方呢？」[77]對於當局的注重理工教育，他評論道：「至於目前的一味提倡理工，若目的在矯正以前的積習，認為非暫時『過正』，不足以言『矯正』則還說得過去，但若非如此不足以重新奠定民族文化的基礎，從而認為國家大計的一部分，那即使事實與能力容許我們做到，也無非是甘心於踏上西洋文化的覆轍而已。」[78]

以潘光旦「三才通論」的視點來看，問題不僅是要對於中國文化的前途提出對策，而且對西方文化也有補偏救弊的必要。儘管涉及面很寬廣，但結論是很簡潔的，那就是，怎樣建立一個通達三才的新文化，使一切的事物，各有其地位，使一切的才能，各有其用

---

[76] 潘光旦：〈工與中國文化〉，《潘光旦文集》第 9 卷，第 560 頁。
[77] 潘光旦：〈工與中國文化〉，《潘光旦文集》第 9 卷，第 561 頁。
[78] 潘光旦：〈工與中國文化〉，《潘光旦文集》第 9 卷，第 561 頁。

武的場合,而不再發生任何一方面過於偏蔽的弊病。他認為,如果說這是真正的問題的話,那麼,復古、維新、恪守本位、全盤西化、恢復固有精神以及銳意於現代化等等,都不成其為問題,也不是問題。[79]潘光旦在宏觀的中西文化比較的基礎上形成的三才通論的文化觀,是一種理想的、健全的狀態,現實中的具體問題只有放在這個框架裏,才能獲得在他看來是正確的方向。

---

[79] 潘光旦:〈工與中國文化〉,《潘光旦文集》第 9 卷,第 561 頁。

參考文獻

一、論文、一般文章

1. [日]阪元弘子著，閻小妹譯《近代中國的優生話語》，王笛主編：《時間・空間・書寫》，浙江人民出版社，2006。

2. 蔡慕暉：〈專一〉，《生活週刊》第 8 卷第 27 期，1933 年 7 月 8 日。

3. 蔡尚思：〈論教育的社會化——讀潘光旦先生的《論教育的更張》〉，《蔡尚思全集》第 6 冊，上海古籍出版社，2005。

4. 陳王：〈論婚禮之弊〉，《辛亥革命前十年間時論選集》第 1 卷下冊，三聯書店，1960（1978 年重印）。

5. 鞮賓（Warwick Deeping）著，潘光旦譯：〈結婚與耐性〉，《新月》第 4 卷第 2 期，1932 年 9 月。

6. 費孝通：〈體質研究與社會選擇〉，《費孝通文集》第 1 卷，群言出版社，1999。

7. 費孝通：〈遺傳與遺產〉，《費孝通文集》第 3 卷，群言出版社，1999。

8. 費孝通：〈中國社會學的長成——為《日本社會學報年報》寫〉，《費孝通文集》第 5 卷，群言出版社，1999。

9. 費孝通：〈家庭結構變動中的老年贍養問題——再論中國家庭結構的變動〉，《費孝通文集》第 9 卷，群言出版社，1999。

10. 費孝通：〈潘光旦先生關於畲族歷史問題的設想〉，《費孝通文集》第 10 卷，群言出版社，1999。

11. 費孝通：〈個人・群體・社會———生學術歷程的自我思考〉，《費孝通文集》第 12 卷，群言出版社，1999。

12. 費孝通:《人不知而不慍──緬懷史祿國老師》,《費孝通文集》第 13 卷,群言出版社,1999。

13. 胡適:〈貞操問題〉,《胡適文存》一集卷四,黃山書社,1996。

14. 胡適:〈美國的婦人〉,《胡適文存》一集卷四,黃山書社,1996。

15. 胡適:〈我們對於西洋近代文明的態度〉,《胡適文存》三集卷一,黃山書社,1996。

16. 蔣功成:〈潘光旦先生對生育節制等問題的看法〉,《中國優生與遺傳雜誌》第 14 卷第 12 期,2006。

17. 蔣功成、羅玉明:〈潘光旦與進化論在中國的發展〉,《自然辯證法研究》第 20 卷第 9 期,2004。

18. 蔣功成:〈文化的生物學解釋與還原──評《潘光旦文集》中的人文生物學與新人文思想〉,《社會學研究》2007 年第 6 期。

19. 蔣功成:〈偽科學,壞科學?──優生學所受到的批判及其分析〉,《科學技術與辯證法》第 24 卷第 5 期,2007。

20. 蔣功成:〈優生學與中國近代精英主義婚姻倫理觀──從《善惡家族》一書翻譯之婚姻故事說起〉,《中國科學史雜誌》第 28 卷第 1 期,2007。

21. 蔣功成:〈潘光旦優生學研究述評〉,《自然辯證法通訊》第 29 卷第 2 期,2007。

22. 蔣功成:〈新舊優生學的區別及其社會建構〉,《淮陰師範學院學報》(社會科學版)第 30 卷第 2 期,2008。

23. 蔣鵾:〈異種結婚之科學的研究〉,《留美學生季報》第 11 卷第 4 號,1927 年 5 月。

24. 韓明謨:〈中國社會學一百年〉,《社會科學戰線》1996 年第 1 期。

25. 侯菊坤整理:〈大江會〉,《近代史資料》總第 80 號,中國社會科學出版社,1992。

26. 黃克武:〈胡適與赫胥黎〉,《中央研究院近代史研究所集刊》第 60 期,2008 年 6 月。

27. 黃興濤:〈民族自覺與符號認同:「中華民族」觀念萌生與確立的歷史考察〉,《中國社會科學評論》2002 年創刊號(香港)。

28. 黃興濤：〈近代中國新名詞的思想史意義發微──兼談對於「一般思想史」之認識〉，《開放時代》2003 年第 4 期。

29. 雷頤：〈「中國農村派」對中國革命的理論貢獻〉，《近代史研究》1996年第 2 期。

30. 李長莉：〈《浮生六記》與「五四」文化人的三種解讀──一種民間傳統在現代家庭觀念中的延續與變異〉，陳平原主編：《現代中國》第七輯，北京大學出版社，2006。

31. 李喜所：〈近代留美學生的文化定位〉，《中國留學史論稿》，中華書局，2007。

32. 梁實秋：〈清華八年〉，莊麗君主編：《世紀清華》，光明日報出版社，1998。

33. 梁實秋：〈憶清華〉（節錄），鐘叔河、朱純編：《過去的學校》，湖南教育出版社，1982。

34. 林耀華：〈康北藏民的社會狀況〉，《從書齋到田野》，中央民族大學出版社，2000。

35. 劉廣京：〈中國國民性問題〉，《二十一世紀》（香港），2000 年 10 月號。

36. 劉海峰：〈論科舉的智力測驗性質〉，《廈門大學學報》（哲社版）1996年第 3 期。

37. 劉王立明：〈婦女與節制生育〉，《東方雜誌》第 32 卷第 1 號，1935年 1 月。

38. 劉緒貽：〈博學、濟世、風趣的社會學家潘光旦〉，《社會學家茶座》第 21 輯，山東人民出版社，2007。

39. 呂文浩：〈中國近代婚齡話語的分析──從清末到 1930 年代〉，（中國社會科學院近代史研究所編：《中國社會科學院近代史研究所青年學術論壇 2005 年卷》，社會科學文獻出版社，2006。

40. 呂文浩：〈他山之石──民國社會學者的歷史研究〉，中國社會科學院近代史研究所編：《中國社會科學院近代史研究所青年學術論壇（2006年卷）》，社會科學文獻出版社，2007。

41. 魯迅：〈理水〉，《故事新編》，人民文學出版社，1998。

42.馬戎：〈人文思想與中國現代教育〉,《社會學的應用研究》,華夏出版社,2002。

43.潘光旦：〈節育研究社最近工作〉（未署名）,《優生》第 1 卷第 5 期,1931 年 11 月 15 日。

44.潘光旦：〈優生的出路〉,《新月》第 4 卷第 1 期,1932 年 1 月。

45.潘光旦：（書評）劉王立明著《快樂家庭》,《優生》第 2 卷第 1 期,1932 年 1 月 15 日。

46.潘光旦：（書評）林眾可著〈愛的人生觀〉、〈色的社會問題〉,《優生》第 1 卷第 2 期,1931 年 6 月 15 日,又見《新月》第 3 卷第 9 期,時間不詳。

47.潘光旦（未署名）：〈「天下父母心」〉,《優生》第 2 卷第 1 期,1932 年 1 月 15 日。

48.潘光旦（未署名）：〈《機聯會刊》談「性」與「優生」〉,《優生》第 2 卷第 2 期,1932 年 2 月 15 日。

49.潘光旦（署名「古公」）：（書評）柴福沅著〈性學 ABC〉,《優生》第 2 卷第 3 期,1932 年 3 月 15 日,又見《華年》第 2 卷第 26 期,1933 年 7 月 1 日。

50.潘光旦：〈一本可讀的「社會學史」〉,《華年》第 1 卷第 1 期,1932 年 4 月 16 日。

51.潘光旦（未署名）：〈不教而誅〉,《華年》第 1 卷第 4 期,1932 年 5 月 7 日。

52.潘光旦（未署名）：〈母親節〉,《華年》第 1 卷第 5 期,1932 年 5 月 14 日。

53.潘光旦（未署名）：〈娼妓化的日報〉,《華年》第 1 卷第 8 期,1932 年 6 月 4 日。

54.潘光旦（未署名）：〈軍隊與孔廟〉,《年華》第 1 卷第 12 期,1932 年 7 月 2 日。

55.潘光旦：〈斷頭臺歟？瘋人院歟？〉,《華年》第 1 卷第 22 期,1932 年 9 月 10 日。

56. 潘光旦（未署名）:〈篤親興仁〉,《華年》第 1 卷第 28 期,1932 年 10 月 22 日。

57. 潘光旦（未署名）:〈文教的復古〉,《華年》第 2 卷第 26 期,1933 年 7 月 1 日。

58. 潘光旦（未署名）:〈「性學博士」被控〉,《華年》第 2 卷第 35 期,1933 年 9 月 2 日。

59. 潘光旦（未署名）:〈談何容易？〉,《華年》第 2 卷第 40 期,1933 年 10 月 7 日。

60. 潘光旦（未署名）:〈「人妖」？〉,《華年》第 3 卷第 4 期,1934 年 1 月 27 日。

61. 潘光旦（署名「大可」）:（書評）希爾虛費爾德著〈男人與女人〉,《華年》第 4 卷第 36 期,1935 年 9 月 14 日。

62. 潘光旦:〈積弱百年,一朝康復〉,《新觀察》第 1 卷第 7 期,1950 年 9 月。

63. 潘光哲:〈近現代中國「改造國民論」的討論〉,《開放時代》2003 年第 6 期。

64. 潘乃穆:〈潘光旦與羅店潘氏家譜〉（未刊稿,作於 2004 年 9 月）。

65. 潘綏銘:《性學史上的里程碑（編譯者序）》,[美]阿爾弗雷德‧金西著,潘綏銘編譯:《金西報告——人類男性性行為》,光明日報出版社,1989。

66. 潘綏銘:〈性文化:怎樣走到今天的〉（上）,《東方》1995 年第 4 期。

67. 任卓宣（署名「如松」）:〈評優生學與環境論底爭論——潘光旦、周建人、孫本文諸人意見的清算〉,《二十世紀》,第 1 卷 1 號,1931 年 2 月。

68. 錢伯城:〈《潘光旦文集》札記〉,《東方文化》2003 年第 4 期。

69. 錢杭:〈談「多元視野」〉,《天津社會科學》2004 年第 5 期。

70. 沈恩孚:〈上海龍門書院紀略〉,《人文月刊》第 8 卷第 9～10 期合刊,1937 年 12 月 15 日。

71. 孫本文:〈文化與優生學〉,《社會學刊》第 1 卷第 2 期,1929 年 10 月。

72. 孫本文：〈再論文化與優生學——答潘光旦先生商榷的文字〉，《社會學刊》第 1 卷第 2 期，1929 年 10 月。

73. 孫宏雲：〈汪精衛、梁啟超「革命」論戰的政治學背景〉，《歷史研究》2004 年第 5 期。

74. 孫宏雲：〈「清華學派」的淵源與建構〉，桑兵、關曉紅主編：《先因後創與不破不立：近代中國學術流派研究》，三聯書店，2007。

75. 王柯：〈「民族」：一個來自日本的誤會〉，《二十一世紀》（香港）2003 年 6 月號。

76. 威爾斯（H. G. Wells）著，潘光旦譯：〈離婚是不近人情的〉，《新月》第 4 卷第 2 期，1932 年 9 月。

77. 吳景超：〈西漢寡婦再嫁之俗〉，《清華週刊》第 37 卷第 9、10 期合刊，1932 年 5 月 7 日。

78. 吳景超：〈自信力的根據〉，原為 1935 年 7 月 7 日《大公報》星期論文，轉載於《獨立評論》第 161 號，1935 年 7 月 28 日。

79. 吳景超：〈論積極適應環境的能力〉，《獨立評論》第 162 號，1935 年 8 月 4 日。

80. 吳景超：〈回憶清華的學生生活〉，「1947 年校慶紀念特刊」《清華週刊》複第 10 期，1947 年 4 月 27 日。

81. 吳耀宗：〈時代變革中的婚姻戀愛與性道德〉，《華年》第 2 卷第 39 期，1933 年 9 月 30 日。

82. 夏明方：〈自然災害、環境危機與中國現代化研究的新視野——「自然災難史：思考與啟示」筆談之二〉，《史學理論研究》2003 年第 4 期。

83. 許廣平：〈魯迅先生與海嬰〉，《十年攜手共艱危——許廣平憶魯迅》，河北教育出版社，2001。

84. 許紀霖：〈20 世紀中國六代知識份子〉，《另一種啟蒙》，花城出版社，1999。

85. 顏筠：〈貞操觀革命的呼聲〉，《婦女雜誌》第 10 卷第 7 號，1924。

86. 楊琥：〈《每週評論》等報刊若干撰稿人筆名索解〉，《歷史研究》2009 年第 3 期。

87. 楊奎松：〈思想改造運動中的潘光旦——潘光旦「歷史問題」的由來及其後果〉，《史林》2007 年第 6 期。

88. 葉雋：〈芹獻三點〉，《中華讀書報》2006 年 7 月 5 日第 10 版。

89. 余英時：〈中國近代思想史上的激進與保守〉，《錢穆與中國文化》，上海遠東出版社，1994。

90. 查曉英：《地質學與現代考古學知識在中國的傳播》，《歷史研究》2006 年第 4 期。

91. 張春田：〈「影戀」，性心理與「病」——潘光旦寫馮小青〉，《書城》2008 年第 9 期。

92. 張惠仁：〈《周易‧鹹卦》涉性交辭正義及其他——兼對潘光旦、李敖諸說質疑〉，《中國文化》第 13 期，三聯書店，1996。

93. 張愷悌、夏傳玲：〈老年社會學研究綜述〉，《社會學研究》1995 年第 5 期。

94. 張玉法：〈新文化運動時期對中國家庭問題的討論，1915～1923〉，臺北中央研究院近代史研究所編：《近世家族與政治比較歷史論文集》（下冊），臺北中央研究院近代史研究所，1992。

95. 鄭師渠：〈晚清國粹派與社會學〉，《近代史研究》1992 年第 5 期。

96. 周建人：〈節烈的解剖〉，《婦女雜誌》第 11 卷第 3 號，1925 年 3 月。

97. 資中筠：〈清華園裏曾讀書〉，《讀書》1995 年第 1 期。

98. 周建人（署名「克士」）：〈戀愛與貞操〉，《生活週刊》第 8 卷第 15 期，1933 年 4 月 15 日。

99. 鄒韜奮：〈貞操〉，《鄒韜奮全集》第 4 卷，上海人民出版社，1995，第 214～217 頁。

100. 〈論潘烈女殉夫事〉，《婦女雜誌》第 10 卷第 4 號，1924 年 4 月。

101. Hu Shih, Conflict of Cultures, in *China Christian Year Book*(1929), Chapter V, P.112, Shanghai: Christian literature Society.

102. Quentin Pan, Book Review：*China Christian Year Book*(1929)(Edited by Frank Rawlinson), *The China Critic*, Feb. 27，1930.

103.Quentin Pan, Book Review: *The Companionate Marriage*(By Ben B. Lindsey and Winwright Evans), 1927-1929，*The China Critic*, May 8, 1930.

104.Quentin Pan, Havelock Ellis As A Humanist, *The China Critic*, Sep.7, 1933.

二、專著、資料集

1.[英]艾理斯[即靄理士]著，尚新建、杜麗燕譯：《男與女》，中國文聯出版公司，1989。

2.陳達：《人口問題》，商務印書館，1934。

3.陳達：《浪跡十年》，商務印書館，1946。

4.陳東原：《中國婦女生活史》，商務印書館，1937（1998年影印）。

5.陳潔：《媽媽成長記》，福建教育出版社，2009。

6.陳理、郭衛平、王慶仁主編：《潘光旦先生百年誕辰紀念文集》，中央民族大學，2000。

7.陳崧編：《五四前後東西文化問題論戰文選》，中國社會科學出版社，1985。

8.W. C.丹皮爾著，李珩譯，張今校：《科學史——及其與哲學和宗教的關係》，商務印書館，1979。

9.董家遵：《中國古代婚姻史研究》，廣東人民出版社，1995。

10.馮爾康：《18世紀以來中國家族的現代轉向》，上海人民出版社，2005。

11.[英]馮客著，楊立華譯：《近代中國之種族觀念》，江蘇人民出版社，1999。

12.[美]弗蘭茲‧博厄斯著，項龍、王星譯：《原始人的心智》，國際文化出版公司，1989。

13.[美]埃利希‧弗洛姆著，尚新建譯，王煒校：《佛洛伊德的使命——對佛洛伊德的個性和影響的分析》，三聯書店，1987。

14.葛兆光：《七世紀前中國的知識、思想與信仰世界》，復旦大學出版社，1998。

15.耿雲志：《近代中國文化轉型研究導論》，四川人民出版社，2008。

16.郭雙林：《西潮激蕩下的晚清地理學》，北京大學出版社，2000。

17.韓明謨：《中國社會學史》，天津人民出版社，1987。

18.韓明謨：《20世紀百年學案·社會學卷》，陝西人民教育出版社，2002。

19.韓明謨：《中國社會學名家》，天津人民出版社，2005。

20.何炳棣：《讀史閱世六十年》，廣西師範大學出版社，2005。

21.胡偉希：《觀念的選擇：20世紀中國哲學與思想透析》，雲南人民出版社，2002。

22.黃敏蘭：《中國知識份子第一人──梁啟超》，湖北教育出版社，1999。.

23.[美]C.S.霍爾著，陳維正譯：《佛洛伊德心理學入門》，商務印書館，1986。

24.江曉原：《性張力下的中國人》，上海人民出版社，1995。

25.江中孝主編：《張競生文集》（下卷），廣州出版社，1998。

26.[英]傑佛瑞·威克斯著，宋文偉、侯萍譯：《二十世紀的性理論與性觀念》，江蘇人民出版社，2002。

27.李樹青：《蛻變中的中國社會》，商務印書館，1947。

28.李新主編：《中華民國史》第二編第一卷，中華書局，1987。

29.梁景和：《近代中國陋俗文化嬗變研究》，首都師範大學出版社，1998。

30.梁實秋：《談聞一多》，傳記文學出版社（臺北），1967。

31.梁啟超：《清代學術概論》，江蘇文藝出版社，2007。

32.劉達臨：《20世紀中國性文化》，上海三聯書店，2000。

33.呂文浩：《潘光旦圖傳》，湖北人民出版社，2006。

34.羅檢秋：《近代中國社會文化變遷錄》第三卷，浙江人民出版社，1998。

35.馬芳若編：《中國文化建設討論集》，龍文書店，1935（臺灣帕米爾書店1980年影印本，封面上書名改為《文化建設與西化問題討論集》）。

36.麥惠庭：《中國家庭改造問題》，商務印書館，1935。

37. 潘光旦著，潘乃穆、潘乃和編：《潘光旦文集》（1-14 卷），北京大學出版社，2000。

38. 潘光旦著，潘乃谷、潘乃和編：《夔庵隨筆》，百花文藝出版社，2002。

39. 清華大學節約檢查委員會宣傳組編：「三反快報專刊」《批判潘光旦先生的反動思想》，1952 年 6 月。

40. 清華大學校史研究室編：《清華大學史料選編》第 2 卷（上）、第 4 卷，清華大學出版社，1991、1994。

41. 薩孟武：《學生時代》，廣西師範大學出版社，2007。

42. 沈恩孚：《沈信卿先生文集》（線裝本），1944。

43. 孫本文：《社會學原理》，商務印書館，1947。

44. 孫本文：《近代社會學發展史》，商務印書館，1947。

45. 孫本文：《當代中國社會學》，勝利出版公司，1948。

46. 孫宏雲：《中國現代政治學的展開：清華政治學系的早期發展（1926～1937）》，三聯書店，2005。

47. 孫世光編：《開拓與集成——社會學家孫本文》，南京大學出版社，2001。

48. 孫中山：《民族主義》，民智書局，1924。

49. 索羅金著，黃文山譯：《當代社會學學說》，商務印書館，1935。

50. 唐德剛：《書緣與人緣》，廣西師範大學出版社，2006。

51. 王雪峰：《教育轉型之鏡——20 世紀上半葉中國的性教育思想與實踐》，社會科學文獻出版社，2006。

52. 聞黎明、侯菊坤編：《聞一多年譜長編》，湖北人民出版社，1994。

53. 吳景超：《社會的生物基礎》，世界書局，1930。

54. 徐葆耕：《清華學術精神》，清華大學出版社，2004。

55. 許紀霖等：《近代中國知識份子的公共交往（1895～1949）》，上海人民出版社，2008。

56. 閻明：《一門學科與一個時代——社會學在中國》，清華大學出版社，2004。

57. 楊雅彬：《中國社會學史》，山東人民出版社，1987。

58. 楊雅彬：《近代中國社會學》，中國社會科學出版社，2001。

59. 姚純安：《社會學在近代中國的進程（1895～1919）》，三聯書店，2006。

60. [美]伊恩・夏因、西維亞・羅伯爾著，王一民、王仲民譯：《遺傳學的先驅摩爾根評傳》，商務印書館，1993。

61. 佚名譯，黃興濤校注：《中國人的氣質》，中華書局，2006。

62. 張君俊：《中國民族之改造》，中華書局，1935。

63. 張君俊：《中國民族之改造續編》，中華書局，1936。

64. 張君俊：《民族素質之改造》，商務印書館，1943。

65. 張君俊：《華族素質之檢討》，商務印書館，1943。

66. 張朋園：《立憲派與辛亥革命》，吉林出版集團有限責任公司，2007。

67. 張培忠：《文妖與先知——張競生傳》，三聯書店，2008。

68. 張祖道：《1956，潘光旦調查行腳》，上海錦繡文章出版社，2008。

69. 趙立彬：《民族立場與現代追求：20 世紀 20～40 年代的全盤西化思潮》，三聯書店，2005。

70. 鄭師渠、史革新：《近代中西文化論爭的反思》，高等教育出版社，1991。

71. 周寧主編：《世界之中國——域外中國形象研究》，南京大學出版社，2007。

72. 周作人：《周作人回憶錄》，湖南人民出版社，1982。

73. 周作人著，止庵校訂：《瓜豆集》，河北教育出版社，2002。

74. 周作人著，止庵校訂：《知堂乙酉文編》，河北教育出版社，2002。

75. 朱漢國、楊群主編：《中華民國史》第 2 冊，四川人民出版社，2006。

76. 左玉河：《中國近代學術體制之創建》，四川人民出版社，2008。

三、學位論文、博士後報告

1. 李玥：《潘光旦的中國社會論——位育範式解析下的中國社會研究》，吉林大學碩士學位論文，2004。

2.劉軍：《潘光旦人文教育思想研究》，湖南師範大學博士論文，2008。

3.呂文浩：《潘光旦教育觀念述略》，（北京）清華大學碩士論文，1996。

4.呂文浩：《中國文化的現代意義──潘光旦社會學思想研究（1922～1949）》，北京大學博士論文，2003。

5.閔鬱晴：《優生救國──潘光旦思想析論》，（臺灣新竹）清華大學碩士論文，2002。

6.宋軍威：《中國現代民族優化的思考：論潘光旦的民族優生思想》，河北大學碩士論文，2008。

7.喬東華：《尋求中國人的位育之道──潘光旦教育思想探微》，山東師範大學碩士論文，2007。

8.王麗豔：《潘光旦教育思想研究》，河北大學碩士學位論文， 2006。

9.王新：《潘光旦優生思想研究》，鄭州大學碩士論文，2007。

10.王雪峰：《20 世紀上半葉中國的性教育思想與實踐》，北京師範大學博士論文，2004。

11.王雪峰：《追求自由──潘光旦教育思想研究》，首都師範大學博士後研究工作報告，2008。

12.楊勝榮：《潘光旦的人文生物史觀研究》，北京大學博士論文，2004。

13.趙會凱：《二十世紀 20-40 年代中國社會學家對中國家族的研究》，華南師範大學碩士學位論文，2005。

14.周霞：《潘光旦大學德育思想研究》，蘇州大學碩士論文，2008。

15.Gerald H. J. Lee, *Pan Guangdan and the Concept of Minzu*, Master Degree Thesis, Cambridge University, 1996.

後記

　　2009 年 4 月，本書的簡體字版由福建教育出版社出版。這次有幸出版繁體字版，我對原版的文字略作了一些校訂和增補。在這本書裏，我主要評述了潘光旦對優生學、社會學、性心理學、民族學等新興學科的接受與認識，以及與此相聯繫的社會思想。

　　在寫法上，本書雖以潘光旦的學術經歷和社會思想為焦點，但並不希望想寫成一本「潘光旦學術思想評傳」之類，太突出個人作用，甚至完全為個人「樹碑立傳」的書。傳記的內容，學術思想分析的內容，我都下過一番功夫，在本書中也都有所體現，但我的著眼點並不在於它們本身。我的立意，毋寧說是把個人的經歷與思想，看作一種特定社會歷史環境的產物，同時探討它們在歷史進程中的作用與意義。這種似乎對國內讀者有點新鮮的做法是我從海外中國研究的若干作品中借鑒而來的。我體會，一個好的人物研究並不要去跟著人物的活動範圍亦步亦趨，而是要透過我們精心選擇過的人物活動的某些側面去敘說某一個時代某一類人的故事，並由此來闡述我們這些寫史者對那個時代的認識。選擇什麼人物的什麼側面，從什麼角度去切入，其實是大有學問的，它體現了我們對這段歷史的理解深度。一個好的切入點往往會讓人讚歎作者構思的精巧，不用看完全書，單單從題目上有時就能令人浮想聯翩。我在十幾年研究中國社會學史和潘光旦的社會思想的過程中走過很多彎路，一直苦於找不到好的切入點，曾經有多年陷入潘光旦所研究的諸多領域裏不能自拔，最終才將眼光聚焦於他的學術經歷和社會

思想。儘管現在的研究有了一些歷史學的意味，但由於長期地鑽研潘光旦學術思想本身的奧秘，這項研究的成品恐怕在反映時代論題的力度上還不夠突出，這是我要向讀者朋友們表示歉意的地方。

史學界有很多青年朋友在做人物研究，我以自己多年的研究經歷所得來的體會，誠懇地希望他們做的人物研究不要將人物研究本身作為主要的目的，而是通過人物可以透視一個時代的某個特別具有意味的側面。我覺得這種研究更有價值，也更能體現研究者的主體意識。我們的學術積累和社會閱歷還不夠豐富，在學術生命的開始就一頭紮進某個大人物的世界，我們未必理解得了他的所作所為，而且容易被他的活動範圍罩住，不由自主地跟著他的論述邏輯走。這是一條學術上的羊腸小徑。如果我們以問題為中心，選擇某個人的某個側面入手，將他的言論與活動始終置於歷史的脈絡中加以考察，隨時將幾個不同的文本加以比較，那麼我們的自主思索空間就不會被某一個人物的思路所束縛，從而呈現出相當的開放性。這是我多年來一直在思考的問題，目前達到的認識水準就是如此了。至於在我兩、三年前的這本作品裏能體現多少這種思考的成分，還是讓讀者朋友們來評判吧。

本書的臺灣版能夠及時面世，有賴於新近結識的臺灣作家和出版人蔡登山先生的幫助。蔡先生和大陸學術界、出版界有密切的接觸，曾在大陸出版過多種擁有廣泛讀者的書，我有幸閱讀過其中的一本。對於我來說，蔡先生早已是神交已久的前輩了。這次意外地獲得出版拙著繁體字版的機會，更是一個意外的驚喜。據我粗淺的瞭解，臺灣朋友對於潘光旦，對於中國現代社會思想史，還是有濃厚的興趣的，希望拙著的出版能夠為大家提供一些有益的幫助，也期待著來自大家的批評與指正。

史地傳記類　PC0200

五四啟蒙思想的延續與反思
——潘光旦社會思想研究

作　　者 / 呂文浩
主　　編 / 蔡登山
責任編輯 / 陳佳怡
圖文排版 / 楊家齊
封面設計 / 陳佩蓉

發 行 人 / 宋政坤
法律顧問 / 毛國樑　律師
印製出版 / 秀威資訊科技股份有限公司
　　　　　114 台北市內湖區瑞光路 76 巷 65 號 1 樓
　　　　　電話：+886-2-2796-3638　傳真：+886-2-2796-1377
　　　　　http://www.showwe.com.tw
劃撥帳號 / 19563868　戶名：秀威資訊科技股份有限公司
　　　　　讀者服務信箱：service@showwe.com.tw
展售門市 / 國家書店（松江門市）
　　　　　104 台北市中山區松江路 209 號 1 樓
　　　　　電話：+886-2-2518-0207　傳真：+886-2-2518-0778
網路訂購 / 秀威網路書店：http://www.bodbooks.com.tw
　　　　　國家網路書店：http://www.govbooks.com.tw
圖書經銷 / 紅螞蟻圖書有限公司
　　　　　114 台北市內湖區舊宗路二段 121 巷 28、32 號 4 樓
　　　　　電話：+886-2-2795-3656　傳真：+886-2-2795-4100

2012 年 2 月 BOD 一版
定價：440 元
版權所有　翻印必究
本書如有缺頁、破損或裝訂錯誤，請寄回更換

國家圖書館出版品預行編目

五四啟蒙思想的延續與反思：潘光旦社會思想
研究 / 呂文浩著. -- 一版. -- 臺北市 :
秀威資訊科技, 2012.02
　　面 ；　　公分. -- (史地傳記類；PC0200)
BOD 版
ISBN 978-986-221-893-8(平裝)

1.潘光旦 2.學術思想 3.社會哲學

540.2　　　　　　　　　　　　100025942

讀 者 回 函 卡

感謝您購買本書，為提升服務品質，請填妥以下資料，將讀者回函卡直接寄回或傳真本公司，收到您的寶貴意見後，我們會收藏記錄及檢討，謝謝！
如您需要了解本公司最新出版書目、購書優惠或企劃活動，歡迎您上網查詢或下載相關資料：http:// www.showwe.com.tw

您購買的書名：_____

出生日期：_____年_____月_____日

學歷：□高中 (含) 以下　　□大專　　□研究所 (含) 以上

職業：□製造業　□金融業　□資訊業　□軍警　□傳播業　□自由業
　　　□服務業　□公務員　□教職　　□學生　□家管　　□其它_____

購書地點：□網路書店　□實體書店　□書展　□郵購　□贈閱　□其他

您從何得知本書的消息？

　　□網路書店　□實體書店　□網路搜尋　□電子報　□書訊　□雜誌

　　□傳播媒體　□親友推薦　□網站推薦　□部落格　□其他_____

您對本書的評價：(請填代號　1.非常滿意　2.滿意　3.尚可　4.再改進)

　　封面設計____　版面編排____　內容____　文／譯筆____　價格____

讀完書後您覺得：

　　□很有收穫　□有收穫　□收穫不多　□沒收穫

對我們的建議：_____

_____

_____

_____

11466
台北市內湖區瑞光路 76 巷 65 號 1 樓

秀威資訊科技股份有限公司 　　收

BOD 數位出版事業部

⋯⋯⋯⋯⋯⋯⋯⋯⋯⋯⋯⋯⋯⋯⋯⋯⋯⋯⋯⋯⋯⋯⋯⋯⋯⋯

（請沿線對折寄回，謝謝！）

姓　　名：＿＿＿＿＿＿＿＿＿　年齡：＿＿＿＿　性別：□女　□男

郵遞區號：□□□□□

地　　址：＿＿＿＿＿＿＿＿＿＿＿＿＿＿＿＿＿＿＿＿＿＿＿

聯絡電話：(日) ＿＿＿＿＿＿＿＿＿＿＿　(夜) ＿＿＿＿＿＿＿＿＿＿＿

E-mail：＿＿＿＿＿＿＿＿＿＿＿＿＿＿＿＿＿＿＿＿＿＿＿